Der Management Buy-Out
als Privatisierungsinstrument in
den neuen Bundesländern

Europäische Hochschulschriften

Publications Universitaires Européennes
European University Studies

Reihe V
Volks- und Betriebswirtschaft

Série V Series V
Sciences économiques, gestion d'entreprise
Economics and Management

Bd./Vol. 2800

PETER LANG
Frankfurt am Main · Berlin · Bern · Bruxelles · New York · Oxford · Wien

Barbara Weiß

Der Management Buy-Out als Privatisierungsinstrument in den neuen Bundesländern

PETER LANG
Europäischer Verlag der Wissenschaften

Die Deutsche Bibliothek - CIP-Einheitsaufnahme

Weiß, Barbara:

Der Management Buy-Out als Privatisierungsinstrument in den neuen Bundesländern / Barbara Weiß. - Frankfurt am Main ; Berlin ; Bern ; Bruxelles ; New York ; Oxford ; Wien : Lang, 2001
(Europäische Hochschulschriften : Reihe 5, Volks- und Betriebswirtschaft ; Bd. 2800)
Zugl.: Regensburg, Univ., Diss., 2001
ISBN 3-631-36885-2

D 355
ISSN 0531-7339
ISBN 3-631-36885-2

www.peterlang.de

DANKSAGUNG

Schon oft habe ich in Danksagungen gelesen, wie eine Dissertation nur mit der Unterstützung vieler anderer geschrieben werden konnte und wie groß der diesen Helfern geschuldete Dank sei. Jetzt weiß ich aus eigener Erfahrung wie *tief* die empfundene Dankbarkeit bei den Verfassern ist. Ich schließe mich diesen Kollegen mit den folgenden Worten an, da auch diese Arbeit ohne den großen Rückhalt und der Hilfe vieler Personen, die mir lieb und teuer sind nie geschrieben, geschweige denn vollendet worden wäre.

Zuerst danke ich meinem wissenschaftlichen Lehrer, Herrn Professor Dr. Rainer Gömmel, durch dessen Anstoß dieses Projekt erst zustande kam, und der mich schon während meines Studiums und meiner Diplomarbeit fachkundig betreute und an seinem Wissen und seiner Erfahrung teilhaben ließ. Vielen Dank für die immer offene und umfassende Unterstützung, sowie die Ratschläge in allen Phasen der Dissertation, die er mit großem Sachverstand, Interesse und Engagement begleitete und förderte. Weiterer Dank geht an Herrn Professor Dr. Dr. h.c. Jochen Drukarczyk für die Übernahme der Zweitkorrektur.

Mein grosser Dank gilt den Geschäftsführern und Gesellschaftern der untersuchten Unternehmen, die sich Zeit für Interviews nahmen und ihre Erfahrungen in diese Untersuchung einfließen ließen.

Auch danke ich der Hanns-Seidel-Stiftung für die finanzielle und ideelle Unterstützung im Rahmen ihres Promotionsförderprogramms. Ich genoss sowohl die individuelle Betreuung, als auch die angebotenen Seminare mit ihren vielfältigen Themenschwerpunkten, die ich als willkommene und lehrreiche Abwechslung vom Promotions-Alltag zu schätzen wusste.

Besonders danke ich meiner Familie, die mich während der ganzen Zeit mit unendlicher Liebe, Geduld und Leidensfähigkeit unterstützte. Sie werden mich auch weiterhin durch mein Leben begleiten und immer für mich da sein. Ich danke meiner Mutter, ohne deren Liebe und Einfluß ich nie so viel im Leben erreicht hätte. Ich danke meinem Vater, dessen

Unterstützung mir immer sicher war. Ich danke meinem Bruder Florian, der mir ohne zu klagen unzählige Aufgaben und Besorgungen abnahm und mir Unterschlupf bei meinen Forschungsaufenthalten in Regensburg gewährte. Auch wünsche ich ihm viel Glück für seine Dissertation, die er bald in Angriff nehmen möchte und die sich mit der psychischen Extrembelastung enger Familienangehöriger von Doktoranden befassen wird.

Darüber hinaus gebührt mein Dank vielen Freunden und Kollegen, die sich trotz eigener zeitlicher Restriktionen und Belastungen bereit erklärten, unzählige Stunden Korrekturarbeit zu leisten. Mein Dank gilt Herrn Dr. Ralf Strauß für die vielen wertvollen Kommentare und Anmerkungen zur Arbeit, die ich dankbar und unter viel Schweiß und Tränen eingearbeitet habe. Ich danke den Herren Dipl.-Kfm. Patrick Da-Cruz und Dipl.-Kfm. Christian Schanz, die sich mit großer Sorgfalt der Materie widmeten und deren Vorschläge gerne aufgenommen wurden. Für weitere genaue Durchsicht des Manuskripts und letzte Korrekturen danke ich Herrn Dipl.-Kfm. Guido Kamann und Frau StRin Doris Kurz, sowie vielen weiteren ungenannten Helfern, die ihre Wochenenden opferten.

Zuletzt danke ich Herrn Dr. Stephen Dorgan für die persönliche Betreuung. Er ließ mich immer wieder an seinen eigenen Erfahrungen teilhaben und unterstützte mich mit viel Einfühlungsvermögen und unendlicher Geduld während des ganzen Zeitraums, ohne je das große Ziel aus den Augen zu verlieren.

Go raibh míle a maith agat, tá mé i ngrá leat agus ba mhaith liom fanacht leat.

Die Verfasserin, im November 1999

INHALTSÜBERSICHT

INHALTSVERZEICHNIS

DARSTELLUNGSVERZEICHNIS

I. Kapitel:

Einleitung

I. EINLEITUNG

1. Zielsetzung und Problemschwerpunkte

Noch bis vor wenigen Jahren handelte es sich bei dem Management Buy-Out (MBO) um eine in Deutschland wenig beachtete Form des Unternehmenskaufs. Sie fand vereinzelt Anwendung zur Nachfolgeregelung in mittelständischen Unternehmen. Es kam jedoch nicht zu einem wie in den 80er Jahren in den angelsächsischen Ländern zu beobachtenden, regelrechten „Buy-Out Boom" mit immer neuen Übernahme- und Kaufpreisrekorden.[1]

Dies änderte sich schlagartig mit der deutschen Wiedervereinigung. Im Rahmen dieses umfassenden Transformationsprozesses erlangte das Konzept des MBO einen hohen Bekanntheitsgrad, als es sich von seiner ursprünglichen Positionierung als Finanzierungsmethode weiterentwickelte und als Privatisierungsinstrument eingesetzt wurde. Seine Bedeutung für den Privatisierungsprozess in den neuen Bundesländern zeigt sich daran, dass ein Fünftel aller Unternehmensverkäufe durch die Treuhand in Form eines MBO durchgeführt wurde. Insgesamt erfolgten knapp 3.000 Privatisierungen durch einen MBO.

Schon bald nachdem die Treuhandanstalt 1990 ihren Privatisierungsauftrag umzusetzen begann, wurde der MBO auf Veranlassung der ostdeutschen Manager als Privatisierungsmethode anerkannt und im Rahmen der „Offensive Mittelstand"[2] zur Wiederbelebung des Mittelstandes eingesetzt. Nicht zuletzt dadurch positionierte sich der MBO als Instrument für eine möglichst schnelle und umfassende Privatisierung

[1] Als bekanntestes Beispiel gilt der MBO von RJR Nabisco durch Kohlberg, Kravis, Roberts & Co. für 23 Mrd. US Dollar. Vgl. Drukarczyk, Jochen [Buyouts, 1992], Seite 3.

[2] Die „Offensive Mittelstand" bezeichnet die von der Treuhand durchgeführten Maßnahmen, die auf die Förderung der Entstehung von mittelständischen Strukturen abzielen. Sie beinhaltet Regelungen, die bei der Privatisierung von mittelständischen Unternehmen zum Vorteil der Käufer angewandt wurden (z.B. Ausgliederung von Betriebsteilen zur Reduzierung des Kaufpreises, Patenschaften usw.). Vgl. Treuhandanstalt [Mittelstand, 1993], Seite 1; Wild, Klaus-Peter [Privatisierung, 1995], Seite108.

der kleinen Betriebe und Dienstleistungsunternehmen, die sich als Ausgliederungen aus den grossen Kombinaten ergeben hatten.

Doch schon bald führte der Einsatz dieser Form der Übertragung von Eigentumsrechten zu den ersten negativen Fällen: von Unternehmen, die einen schwierigen Start in die Marktwirtschaft hatten, bis hin zu Unternehmensinsolvenzen. Es zeigte sich, dass eine erfolgreiche Entwicklung der MBOs durch die Rahmenbedingungen der Transformation und durch die strukturellen Ausgangsbedingungen nach den Jahren der Zentralwirtschaft erschwert wurde.

Um diese negativen Erfahrungen und die neue Verwendung des Konzepts einordnen und bewerten zu können, rückte der MBO in den neuen Bundesländern in den Fokus der Wissenschaft. Die Forschungsarbeiten orientierten sich stark an der Praxis und entwickelten, ausgehend von einer Analyse der bis dahin erfolgten MBO-Privatisierungen, einen Leitfaden für eine erfolgreiche Durchführung des Konzepts in den neuen Bundesländern.[3]

Bisherige Untersuchungen machten es sich auch zur Aufgabe, die weitere Entwicklung der MBO-Unternehmen in den neuen Bundesländern zu prognostizieren. Sie bestimmen mögliche Einflussfaktoren auf deren Entwicklung, ohne jedoch die Ergebnisse durch einen Vergleich (z.B. im Zeitablauf oder mit anderen Unternehmen) zu relativieren und Aussagen zur tatsächlichen Eignung des MBO als Privatisierungsinstrument machen zu können.

Dies war nicht das erste Mal, dass der MBO zum Mittelpunkt verschiedener Forschungsarbeiten wurde.[4] Im Laufe der MBO-Entwicklung war fast jeder Aspekt eines MBO bereits Gegenstand von empirischen oder theoretischen Untersuchungen. Folgende Fragestellungen fanden u.a. eine weitergehende Beachtung in der Literatur:

---

[3] Vgl. Laub, Jens [Management Buy-Outs, 1995]; Schwien, Bernd [Konzept, 1995].
[4] Vgl. für eine Übersicht zu empirischen Studien in den USA und UK: Schmid, Helmut [Management Buy-Out, 1994], Seiten 232-238, 247-249.

- Gestaltungsvarianten des MBO[5]
- Finanzierungskonzepte für einen MBO[6]
- Rechtliche Aspekte des MBO[7]
- Steuerliche Chancen und Risiken eines MBO[8]
- MBO als Nachfolgeregelung[9]
- MBO beim mittelständischen Unternehmen[10]
- Darstellung und Bewertung der Austrittstrategien eines MBO[11]
- Zur Effizienz des MBO bei Aktiengesellschaften[12]
- Der MBO im Rahmen der Agency-Theorie[13]
- Unternehmensbewertung beim MBO[14]
- Unternehmenskultureller Wandel durch MBOs[15]
- Länderspezifische Situationsanalysen und Vergleiche[16]
- MBO als Form der Mitarbeiterbeteiligung[17]
- MBO als Privatisierungsinstrument[18]
- Der MBO in den neuen Bundesländern[19]

---

[5] Vgl. Graebner, Ulrich [Buyouts, 1991]; Schmid, Helmut [Management Buy-Out, 1994].

[6] Vgl. Krebs, Alexander E. [Finanzierungskonzepte, 1990].

[7] Vgl. Harbers, Nicolas [Zivilrechtliche, 1992]; Jeinsen, H. v. [Gesellschafterdarlehen, 1992].

[8] Vgl. Blumers, Wolfgang [Gestaltungsalternativen, 1991]; Streck, Michael/ Schwedhelm, Rolf [Gewinnausschüttung, 1992].

[9] Vgl. Huydts, Henrik J.M.A. [Nachfolge, 1992].

[10] Vgl. Forst, Martin [Übernahme, 1992].

[11] Vgl. Alvano, Wolfgang [Exit-Strategien, 1991].

[12] Vgl. Kaplan, Steven [Value, 1988].

[13] Vgl. Kessel, Annette [Buyout, 1995].

[14] Vgl. Hatzig, Christoph [Unternehmensbewertung, 1995]; Schmidt, Helmut [Bewertung, 1990].

[15] Vgl. Wieser, Oliver [Wandel, 1997].

[16] Vgl. Karsunky, Robert [Entwicklung, 1992]

[17] Vgl. Berger, Matthias [Mitarbeiterbeteiligung, 1992]; Wagner, Klaus-R. [Arbeitnehmerbeteiligung, 1993]

[18] Vgl. Stahl, Markus [Transformationsländern, 1995]; Gros, Stefan E. [Unternehmensprivatisierung, 1998]

[19] Vgl. Laub, Jens [Management Buy-Outs, 1995]; Schwien, Bernd [Konzept, 1995].

Die bisherigen Untersuchungen lassen offen, ob es sich beim MBO im Vergleich zu anderen Privatisierungsinstrumenten um eine geeignete Methode handelt.

Es fehlen Kenntnisse oder empirische Indizien für die Stärken und Schwächen des MBO als Privatisierungsinstrument während des Transformationsprozesses mit seinen spezifischen Rahmenbedingungen. Entsprechend soll diese Arbeit die folgenden Fragen beantworten:

1. Ist der MBO ein geeignetes Privatisierungsinstrument und erfüllt er die an ihn gestellten Erwartungen?

2. Wo liegen die Stärken und Schwächen des MBO als Privatisierungsinstrument?

Hierzu sind folgende Überlegungen anzustellen und eine Vielzahl von Problemen, die sich aus diesen Fragestellungen ergeben, zu lösen:

→ Welche grundsätzlichen Möglichkeiten zur Bestimmung der Eignung des MBO als Privatisierungsinstrument gibt es?

→ Inwieweit lassen sich Methoden zur Effizienzbestimmung nutzen, um Aussagen zur Eigung des MBO als Privatisierungsintrument treffen zu können?

→ Woher lassen sich Erwartungen an den MBO als Privatisierungsinstrument ableiten?

→ Welche Erfolgskriterien können für eine Privatisierung unter den besonderen Rahmenbedingungen eines Transformationsprozesses bestimmt werden?

→ Wie können diese gemessen werden?

→ Führt diese Messung zu empirisch gehaltvollen Aussagen über den Erfolg des MBO als Privatisierungsinstrument?

→ Lassen sich daraus besondere Stärken eines MBO für seinen Einsatz als Privatisierungsinstrument ableiten?

Diese problemorientierten Fragen geben den inhaltlichen Rahmen der Arbeit vor. Sie zeigen, dass Rahmenbedingungen besondere Beachtung finden und bestimmte Problemfelder bearbeitet werden müssen, bevor

Aussagen zur Eignung und den sich daraus ergebenden Stärken, respektive Schwächen, eines MBO als Privatisierungsinstrument gemacht werden können.

In dieser Arbeit wird eine Eignung des MBO als Privatisierungsinstrument angenommen, sobald er die an ihn gestellten Anforderungen erfüllt. Ein Erfolg des MBO soll immer dann vorliegen, wenn sich im Vergleich zeigt, dass er die Erwartungen besser erfüllt als eine andere Privatisierungsmethode, wobei hier der Verkauf an externe Investoren gewählt wurde.

Die Anforderungen werden in Form von Erfolgskriterien bestimmt, die sich aus den Zielsetzungen und Erwartungen verschiedener Teilnehmer am Privatisierungs-Prozess ableiten. Daraus folgt eine dreigeteilte Untersuchungsebene: die gesamtwirtschaftliche Dimension mit den Zielsetzungen und Anforderungen des Staates, die individuelle Ebene mit den Motiven, die der einzelne Manager bzw. Käufer hatte und die unternehmerische Ebene mit den bilanziellen Kennzahlen als Ausdruck der finanziellen Entwicklung. Basierend auf den jeweiligen Anforderungen der Privatisierungsteilnehmer ergibt sich ein Katalog von Erfolgskriterien. Diese werden dann in messbare Kriterien umgewandelt, um sie im Rahmen der empirischen Untersuchung ermitteln und vergleichen zu können.

2. Struktureller und inhaltlicher Aufbau

Der strukturelle Aufbau und Zusammenhang zwischen den einzelnen Inhalten und Problemfeldern der Arbeit wird in Abbildung 1 dargestellt.

Abbildung 1: Struktureller Aufbau

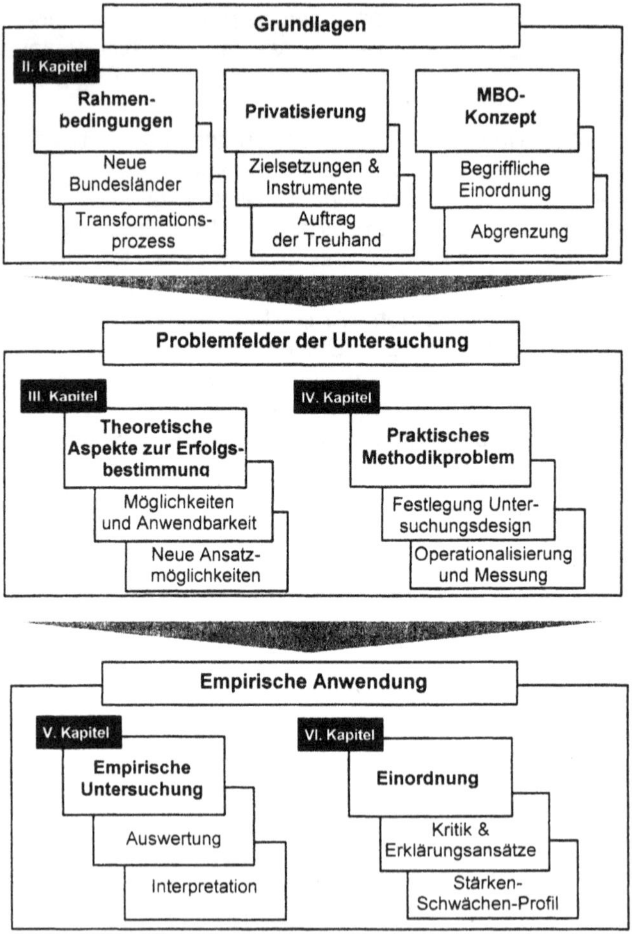

Quelle: Eigene Darstellung.

Der strukturelle Aufbau der Arbeit orientiert sich an den oben aufgeworfenen Fragestellungen und lässt sich in drei große Bereiche einteilen: Zuerst werden die **Grundlagen** für die Untersuchung gelegt, indem auf die relevanten Rahmenbedingungen, das Instrument „Privatisierung" und das MBO-Konzept eingegangen wird. Dies bildet die Basis für die Definition der **Problemfelder der Arbeit** und deren Bearbeitung. Ausgehend vom Untersuchungsgegenstand, die Eignung und den Erfolg des MBO als Privatisierungsinstrument, ergeben sich sowohl theoretische, als auch praktische Fragestellungen. Im theoretischen Bereich wird die Anwendbarkeit der bestehenden Ansätze zu Effizienz- und Erfolgsbestimmung überprüft und bewertet. Dies deckt die Notwendigkeit auf Lösungsmöglichkeiten zu entwickeln und führt zum neuen Ansatz der Gegenüberstellung des MBO im Vergleich zu einer anderen Privatisierungsmethode. Im praktischen Bereich behandelt die Arbeit ein Methodikproblem, das sich auf die tatsächliche Durchführung der empirischen Untersuchung bezieht. Es fordert eine Festlegung des Untersuchungsdesigns mit der Bestimmung der Erhebungsinstrumente, der Auswahl der Untersuchungsmenge und eine Messung der Erfolgskriterien oder ihrer Indikatoren.

Nach der methodischen Konzeption der praktischen Lösungsmöglichkeiten für die Probleme der Erfolgsbestimmung folgt die praktische Durchführung als **empirische Anwendung** mit einer Auswertung und Interpretation der Ergebnisse aus der Untersuchung und einer Einordnung. Diese behandelt mögliche Kritikpunkte, liefert Erklärungsansätze als Diskussionsgrundlage und bewertet die Stärken, respektive Schwächen des MBO als Privatisierungsinstrument.

Die inhaltliche Ausgestaltung der Arbeit folgt diesem strukturellen Aufbau und teilt sich in sieben Kapitel mit 19 Unterkapiteln auf.

Nach der Einleitung als I. Kapitel liefert das **II. Kapitel** die theoretischen Grundlagen für die entscheidenden Aspekte des MBO als Privatisierungsinstrument in den neuen Bundesländern.

Zuerst wird der Transformationsprozess im Rahmen der deutschen Wiedervereinigung dargestellt und die durch das planwirtschaftliche System bestimmten spezifischen Ausgangsbedingungen für unternehmerische Tätigkeiten herausgearbeitet.

Für eine vollständige Systemtransformation bedarf es der Umgestaltung der Eigentumsstrukturen mit Hilfe der Privatisierung, die in den neuen Bundesländern von der Treuhandanstalt verantwortet wurde. Eine Darstellung der Ziele und Instrumente führt zu einem Anforderungskatalog für eine erfolgreiche Privatisierung, der als Basis für die später zu definierenden Erfolgskriterien dient.

Der MBO stellt sich als eine von mehreren verwendeten Privatisierungsmethoden dar und wird begrifflich und konzeptionell eingeordnet. Um die Besonderheiten seiner Verwendung im Privatisierungskontext herauszuarbeiten, wird er zum klassischen MBO, sowie zu anderen Privatisierungsmethoden abgegrenzt. Um einen Überblick über seine tatsächliche Anwendung und Bedeutung zu geben, folgt eine kurze Situationsanalyse, bezogen auf die neuen Bundesländer.

Das **III. Kapitel** behandelt das theoretische Problemfeld der Erfolgs- und Effizienzbestimmung und deren Anwendbarkeit in den neuen Bundesländern im Rahmen einer Systemtransformation. Aufbauend auf einer Analyse der Möglichkeiten einer Erfolgs- und Effizienzbestimmung und ihren Beschränkungen in einer Transformationssituation, werden Lösungsansätze zu den analysierten Problemen bei der Anwendbarkeit der bisherigen Ansätze entwickelt und auf die Bestimmung der Eignung des MBO ausgerichtet. Zuerst wird ein neuer Vergleichsansatz eingeführt, der Unternehmen die durch verschiedene Privatisierungsmethoden privatisiert wurden, paarweise zuordnet und gegenüberstellt. Dadurch werden Aussagen zu Eignung und Erfolg grundsätzlich möglich. Der Fokus der Untersuchung wird vergrößert, indem eine Aufteilung auf drei Untersuchungsebenen (gesamtwirtschaftlich, individuell, unternehmerisch) erfolgt. Diese mehrdimensionale Betrachtung erlaubt es, allen Einflussebenen eines Privatisierungs-MBO gerecht zu werden und die unterschiedlichen Anforderungen der Teilnehmer am Privatisierungsprozess in Erfolgskriterien zu übersetzen. Das Problem der empirischen Messbarkeit wird gelöst, indem diesen Erfolgskriterien Indikatoren zugeteilt werden, die eine empirische Überprüfung ob ein vorher definierter Sachverhalt vorliegt, erlauben.

Die praktische Anwendung dieses theoretischen Rahmens findet sich im **IV. Kapitel**. Aus einer Evaluierung der Sekundärdaten ergibt sich die Notwendigkeit einer eigenen empirischen Untersuchung, für die das

Problem der empirischen Überprüfung und Messung der Erfolgskriterien in einen praktischen Lösungsansatz verwandelt werden muss. Dieser besteht aus der Bestimmung eines Untersuchungsdesigns. Dazu gehört die Auswahl der Primärerhebungsmethoden und deren Design und Entwicklung. Zum Abschluss der Operationalisierung werden sowohl für die Erfolgskriterien, als auch für die Indikatoren die Messvorgaben, sowie die zu verwendenden Datenquellen bestimmt. Auch bedarf es für die Durchführung des Unternehmensvergleichs einer genauen Definition des Anforderungskatalogs zur Auswahl der Unternehmen für die Untersuchungsmenge. Als Abschluss der Planungsphase werden die statistischen Auswertungsmethoden und entsprechende Testverfahren festgelegt. Die Durchführung der empirischen Studie endet mit einer Auswertung des Rücklaufs und Überprüfung zur Repräsentativität und zur Zielgruppenansprache.

Im **V. Kapitel** erfolgt die statistische Auswertung. Die Analyse wird auf den drei definierten Ebenen durchgeführt und liefert empirische Indizien zu Erfolg und Eignung des MBO im Vergleich zur Methode eines Verkaufs an externe Investoren. Jedes Erfolgskriterium wird mit Hilfe von entsprechenden statistischen Tests auf statistisch signifikante Ergebnisse untersucht. Diese werden im Anschluss interpretiert und mögliche Unterschiede herausgearbeitet.

Das **VI. Kapitel** ordnet die empirischen Indizien im Hinblick auf die Fragestellung ein. Zuerst wird auf mögliche Kritikpunkte zur primären und sekundären Datenanalyse eingegangen. Ausgewählte empirische Ergebnisse werden mit einem Erklärungsansatz bewertet und zur Diskussion gestellt. Es folgt eine Zusammenfassung der Ergebnisse. Unter Zuhilfenahme dieser Darstellungen wird eine abschließende Einordnung des MBO im Vergleich zu anderen Privatisierungsformen insbesondere ein Verkauf an externe Investoren vorgenommen und seine Stärken, sowie die implizierten Schwächen ermittelt.

Das **VII. Kapitel** bildet den Abschluss der Arbeit und beinhaltet eine kritische Würdigung zur Eignung des MBO als Privatisierungsinstrument, sowie eine Zusammenfassung der Forschungsergebnisse.

II. Kapitel:

Grundlagen der Privatisierung mittels MBO in den neuen Bundesländern

II. Grundlagen der Privatisierung mittels MBO in den neuen Bundesländern

3. Einordnung des Untersuchungsgegenstandes

Der MBO wird mit Hinblick auf das Ziel der Untersuchung, empirische Indizien zu Eignung und Erfolg als Privatisierungsinstrument in den neuen Bundesländern zu generieren, in einer graphischen Darstellung in Abbildung 2 eingeordnet.

Abbildung 2: Einordnung des Untersuchungsgegenstandes

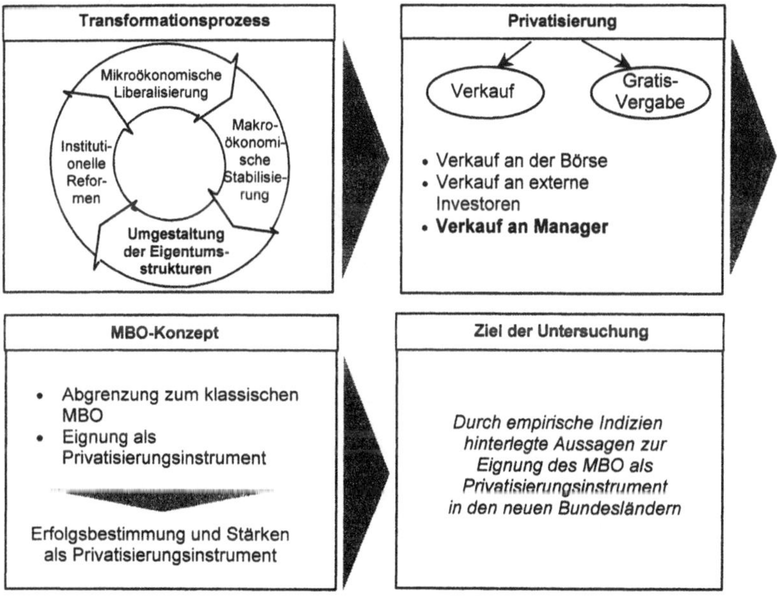

Quelle: Eigene Darstellung.

Im Rahmen des Transformationsprozesses in den neuen Bundesländern bildet die Umgestaltung der Eigentumsstrukturen eine notwendige Reformmaßnahme. Ein Instrument hierfür stellt die Privatisierung dar, die sich sowohl des Verkaufs von staatlichen Unternehmen, als auch ihrer

Gratis-Vergabe bedient. Zusätzlich zum Verkauf an der Börse und an externe Investoren gibt es den Verkauf an die Manager der Unternehmen. Dies verkörpert das MBO-Konzept, das sich vom klassischen MBO durch den Anlass und seine Verwendung als Privatisierungsform unterscheidet. Um dessen Eignung in seiner Verwendung als Privatisierungsinstrument zu untersuchen, wird es im Vergleich zu einer anderen Methoden, des Verkaufs an externe Investoren gesehen. Dadurch ergeben sich Aussagen zu Eignung und Erfolg und den Stärken des MBO als Privatisierungsinstrument.

4. Rahmenbedingungen in den neuen Bundesländern

Dieses Kapitel stellt die Rahmenbedingungen für eine wirtschaftliche Tätigkeit in den neuen Bundesländern dar. Die wirtschaftsgeschichtliche Entwicklung in der ehemaligen DDR führte zu einer besonderen Ausgangssituation für alle Privatisierungen mit Bezug auf Unternehmensstruktur und -kultur. Es werden die Grundsätze der zentralistischen Planwirtschaft, die Umgestaltung der Eigentumsordnung und das Konzept der Wirtschaftspläne dargestellt.

Weiteren Einfluss hatten die Transformationsumstände, die besondere Anforderungen an jede unternehmerische Führung zur Zeit der Wende stellten. Es werden die notwendigen Reformschritte im Rahmen einer Systemtransformation dargestellt. Ein Fokus richtet sich auf die Unterschiede beim Transformationsprozess, die der starken Einflussnahme durch Westdeutschland folgten. Das Kapitel schließt mit einer Zusammenfassung der relevanten Unterschiede, die sich aufgrund der erläuterten Rahmenbedingungen ergaben und verdeutlicht die Ausgangssituation für unternehmerische Aktivitäten.

4.1 Wirtschaftsgeschichtlicher Überblick zur DDR

In der ehemaligen DDR wurden das Wirtschafts- und Gesellschaftssystem von der zentralistischen Planwirtschaft geprägt. Dies führte zu besonderen wirtschaftlichen Strukturen, die wiederum einen nachhaltigen Einfluss auf die dortige Privatisierungstätigkeit hatten.

4.1.1 Grundsätze der zentralistischen Planwirtschaft

Die Gesellschaft der DDR war in einem über vierzig Jahre dauernden Prozess im Zeichen einer zentralistischen Planwirtschaft nach sowjetischem Vorbild geformt worden. Die Grundlagen des Systems bestehend aus sozialistischem Eigentum am Produktivvermögen (das „Volkseigentum"), zentraler Leitung und Planung der wirtschaftlichen Tätigkeiten, staatliche Bestimmung des Währungs- und Finanzsystems sowie des Außenhandels, erhielten bei der Gründung der DDR im Oktober 1949 Verfassungsrang.[20]

[20] Vgl. Kemmler, Marc [DDR-Volkseigentums, 1994], Seite 24.

Die Funktionsweise der zentralistischen Planwirtschaft war durch den Grundsatz der zentral gesteuerten Wirtschaftstätigkeit ausgedrückt und durch die besondere Position des Staates und der Partei in der Gesellschaft gesichert. Die Sozialistische Einheitspartei Deutschlands (SED) besaß neben der politischen Macht auch die Entscheidungsgewalt über wirtschaftliche Fragen, indem alle Entscheidungsebenen für wirtschaftliche Funktionen mit Parteifunktionären besetzt waren.[21]

Die Ablehnung von privatem Eigentum zugunsten des Volkseigentums bildet eine weitere Grundlage des marxistischen Sozialismus. Die Auswirkungen dieses Grundsatzes zeigten sich in einem Wirtschaftssystem, in dem sich die wirtschaftlichen Tätigkeit bis zum Tag der Wiedervereinigung zu 90,0 v.H. in staatlichen Betrieben anstatt in selbständigen Unternehmen vollzog.[22] Durch die Umwandlung des privaten Eigentums der DDR-Bürger an Produktionsmitteln in sozialistisches Allgemeingut sollte die Ausgangsbasis für die zentrale Leitung und Planung der Wirtschaft geschaffen, und eine größere Effizienz, sowie Gerechtigkeit im Vergleich zu dezentralistischen Wirtschaftsordnungen erreicht werden.[23]

4.1.2 Umgestaltung der Eigentumsordnung

Somit kam der Umgestaltung der Eigentumsordnung als Grundlage des sozialistischen Wirtschaftssystems eine herausragende Bedeutung zu. Sie wurde in mehreren Phasen durchgeführt: während der Jahre 1945 bis 1963, 1963 bis 1971 und 1971 bis 1989.

Die erste wichtige Periode beinhaltete die Einführung der Planwirtschaft und deren strikte zentrale Kontrolle. Sie ist zeitlich ab 1945 anzusetzen, als unter der sowjetischen Besatzung zuerst die Banken und Versicherungen geschlossen und deren Aktiva eingezogen wurden. Dann erfolgte die Gründung der ersten staatlichen Betriebe aufgrund von „Bodenreform" und Enteignungen in der Landwirtschaft und Industrie.[24] Von 1952 bis 1960 wurden viele Privatbetriebe und landwirtschaftliche

[21] Vgl. Hauer, A./ Kleinhenz, Th./ Schuttenbach, L. v. [Transformationsprozeß, 1993], Seite 15.
[22] Vgl. Bundesministerium der Finanzen [Privatisierung, 1994], Seite 27.
[23] Vgl. Maskow, Dietrich/ Hoffmann, Jutta [Privatisierung, 1990], Seite 1.
[24] Vgl. Haase, Herwig [DDR, 1983], Seite 41.

Betriebe zu einer Kollektivierung in Landwirtschaftliche Produktionsgenossenschaften (LPG) und in Produktionsgenossenschaften des Handwerks (PGH) gedrängt. Auch begann die Zeit des „Klassenkampfes", der auf eine Benachteiligung der verbleibenden privaten Industrie- und Handwerksbetriebe abzielte. Durch eine restriktive Steuerpolitik[25] und Behinderungen bei der Beschaffung von Finanzierungsmitteln, Rohstoffen und Arbeitskräften, sowie beim Absatz der Güter wurde erreicht, dass viele selbständige Unternehmer zwangsweise einer Beteiligung des Staates zustimmten.[26] Im Anschluss daran verloren viele Unternehmer das mehrheitliche Eigentum an ihren Betrieben und die Zahl der privaten Industriebetriebe verringerte sich von 23.440 im Jahre 1950 bis auf 3.408 im Jahre 1988.[27]

Eine zweite wichtige Phase in der Entwicklung der DDR lässt sich zeitlich auf die Jahre 1963 bis 1971 festlegen. Diese Zeit gilt als eine Reformperiode, in der die DDR-Regierung durch die Einführung einzelner marktwirtschaftlicher Elemente, die sich abzeichnenden Nachteile des zentralistischen Systems, wie fehlende Motivation, Ineffizienz der Planung und Versorgungsengpässe zu beheben versuchte. Doch die Bestrebungen des „Neuen ökonomischen Systems", wie z.B. die Schaffung von Leistungsanreizen durch Gewinnmöglichkeiten, konnten sich nicht durchsetzen und wichen erneut der zentralen Planung.[28]

Die letzte Phase wurde im Mai 1971 eingeleitet und zwang die DDR-Wirtschaft wieder in streng zentralistische Bahnen. Die neue Richtung der Parteipolitik äußerte sich in der letzten großen Verstaatlichungs- und Enteignungswelle des Jahres 1972. In deren Verlauf stieg der Anteil der staatlich geführten Industriebetriebe auf 99,0 v.H. von allen Unternehmen.[29] Der „Volkseigene Betrieb" wurde zum wichtigsten Träger des Volkseigentums bestimmt und sollte die Machtposition der SED im

[25] Der Steuersatz konnte bis zu 95,0 v.H. betragen. Vgl. Schneider, G. [DDR-Wirtschaft, 1990], Seite 23.
[26] Vgl. Haase, Herwig [DDR, 1983], Seite 41; Schneider, G. [DDR-Wirtschaft, 1990], Seite 23.
[27] Vgl. Berger, Roland [Perspektiven, 1991], Seite 108.
[28] Vgl. Schoepff, Nikolai v. [Geschichte, 1990], Seite 13.
[29] Vgl. Hauer, A./ Kleinhenz, Th./ Schuttenbach, L. v. [Transformationsprozeß, 1993], Seite 17.

wirtschaftlichen Bereich sichern.[30] Gleichzeitig wurde eine Politik der Zusammenfassung von Wirtschaftseinheiten verfolgt.[31] Im Sinne dieser Konzentrationsbestrebungen wurde begonnen, die VEBs nach Fertigungs- und Produktionsgesichtspunkten in große Kombinate einzugliedern.[32] Restbestände an privatem Eigentum,[33] v.a. in Bereichen des Handwerks, der Bauindustrie und des Einzelhandels, wurden nur noch aufgrund ihrer marginalen Bedeutung geduldet.[34]

Diese weitreichende Neuordnung der Eigentumsstrukturen konnte erst durch die deutsche Wiedervereinigung und ihre umfangreichen Privatisierungstätigkeiten wieder rückgängig gemacht werden.

4.1.3 Einführung der Wirtschaftspläne

Die umfassende Neuordnung der Eigentumsverhältnisse nach dem Grundsatz des Volkseigentums galt als zwingende Voraussetzung der zentralistischen Planwirtschaft, da sie eine staatliche Planung und Kontrolle der Volkswirtschaft ermöglichte. Im Gegensatz zu einer idealtypischen marktwirtschaftlichen Ordnung, in der jedes Unternehmen selbständig handelt und der Preis durch die Marktmechanismen geregelt wird, ließen die von den staatlichen Planungsbehörden (Plankommission) erarbeiteten Pläne keine individuelle Ausgestaltung durch die „Wirtschaftseinheiten" zu.[35] Zunächst waren die Pläne kurzfristiger Natur, doch ab Januar 1951 wurde der erste 5-Jahresplan der zum obersten Wirtschaftsgesetz der DDR wurde und zuletzt von 1986 bis

---

30 Vgl. Verordnung über die Aufgaben, Rechte und Pflichten der volkseigenen Betriebe, Kombinate und VVB, GBl. I, 1973, Seite 129; Kemmler, Marc [DDR-Volkseigentums, 1994], Seite 35.

31 Vgl. Fehl, Ulrich [Betriebsgrößenstruktur, 1990], Seite 116.

32 Vgl. Verordnung über die volkseigenen Kombinate, Kombinatsbetriebe und volkseigenen Betriebe, GBl. I 1979, Seite 355.

33 Diese Restbestände sind nicht mit dem Privatbesitz der DDR-Bürger zu verwechseln, das als „Konsumtionsmitteleigentum" bezeichnet wurde und auf die persönliche Versorgungssphäre des Bürgers beschränkt war, so dass eine aktive Einbeziehung des persönlichen Eigentums in eine wirtschaftliche Tätigkeit nicht möglich war. Vgl. Knüpfer, Werner [Eigentumsverhältnisse, 1990], Seite 2.

34 Vgl. Haase, Herwig E. [DDR, 1983], Seite 42.

35 Vgl. Hauer, A./ Kleinhenz, Th./ Schuttenbach, L. v. [Transformationsprozeß, 1993], Seite 14.

1990 Gültigkeit hatte, eingeführt.[36] Die von den Planungsbehörden vorgegebenen Wirtschaftspläne mussten von den Betrieben strikt eingehalten werden. Sie enthielten nicht nur genaue Vorgaben in Bezug auf Menge, Preis und Qualität der herzustellenden Güter, sondern regelten auch betriebliche Finanzierungsfragen und Investitionsvorhaben.[37] Die Preise dienten als vergleichendes Element zwischen den Wirtschaftsplänen und wurden aufgrund politischer Entscheidungen festgelegt, so dass sie nicht mehr für ökonomische Bewertungen herangezogen werden konnten. Die Pläne orientierten sich an der von der Partei festgelegten Rangfolge der wirtschaftlichen und gesellschaftlichen Ziele, die von der Plankommission in Bedarfsgrößen umgesetzt wurden.[38] Die ökonomische Motivation der individuellen Wirtschaftseinheiten in einer freien Marktwirtschaft konnte dadurch nicht ersetzt werden, so dass diese unternehmerische Grundvoraussetzung als Fähigkeit teilweise verloren ging.[39]

4.2 Transformationsprozess und staatliche Einflussfaktoren

4.2.1 Konzept der Systemtransformation

Das grundsätzliche Konzept der Systemtransformation wird durch drei Stufen bestimmt: es beinhaltet den Übergang von einer sozialistischen Planwirtschaft als Ausgangszustand (1) über eine Transformationsperiode (2) hin zum Zielzustand (3) der kapitalistischen Marktwirtschaft.[40]

Dieser Systemwandel vollzieht sich im Gegensatz zu den evolutionären Veränderungen in westlichen Demokratien durch eine radikale Überführung eines vormals totalitären Systems in ein anderes Werte- und Gesellschaftssystem. Er beinhaltet eine Umgestaltung des politischen und gesellschaftlichen Systems, eine Änderung der Eigentumsstrukturen und der Führungsordnung, sowie einen Wechsel

[36] Vgl. Schneider, Gernot [DDR-Wirtschaft, 1990], Seite 18.
[37] Vgl. Bundesministerium der Finanzen [Privatisierung, 1994], Seite 27.
[38] Vgl. Hauer, A./ Kleinhenz, Th./ Schuttenbach, L.v. [Transformationsprozeß, 1993], Seite 15.
[39] Vgl. Maskow, Dietrich/ Hoffmann, Julia [Privatisierung, 1990], Seite 1.
[40] Vgl. Wohlmut, Karl [Transformation, 1992], Seite 35.

der Eliten und der sozialen Beziehungen.[41] Im einzelnen stellen sich die Stufen des Systemwandels wie folgt dar:

1. Der *Ausgangszustand* wird durch eine Vielzahl von akuten Problemen und ihren Begleiterscheinungen bestimmt. Die jahrelangen funktionellen Schwächen der Zentralwirtschaft führten in den Ländern zu makroökonomischen Defiziten und mikroökonomischen Problemen: Sie leiden unter einer offenen oder zurückgestauten Inflation, negativen Budget- und Leistungsbilanzen, sowie einer Zahlungsbilanzkrise. Es gibt keine funktionsfähigen Arbeits-, Kapital- und Gütermärkte, was zu weitreichenden Produktions- und Versorgungsproblemen führt.[42] Bei diesen handelt es sich um einen veralteten Kapitalstock, nicht wettbewerbsfähige Unternehmen und eine unzureichende Güterversorgung der Bevölkerung.[43] Daraus entwickelt sich ein Vertrauensverlust in die führende Einheitspartei auf Seiten der Bevölkerung. Die dadurch motivierten Massenproteste führen zu Auflösungstendenzen bei der politischen Führung.[44]

2. Diese Phänomene führen zu einem Zerfall des alten Systems und setzten einen *Transformationsprozess* in Gang. Dieser folgt keinem fest vorgegebenen Modell, sondern stellt sich als dynamischer Prozess dar, der sich an länderspezifischen Gegebenheiten orientiert und sich an die Entwicklung anpasst.

3. Als angestrebter *Zielzustand*, der sich als Ergebnis aus Versuchskombinationen verschiedener Modelle bzw. Möglichkeiten des Transformationsprozesses ergeben kann, gilt eine marktwirtschaftlich orientierte Gesellschaft, in der die gesellschaftlichen Grundwerte Freiheit, Wohlstand und Gerechtigkeit gesichert sind.[45]

---

[41] Vgl. Reißig, Rolf [Zukunft, 1993], Seite 12.
[42] Vgl. Stahl, Markus [Transformationsländern, 1995], Seite 30.
[43] Vgl. Stuchtey, Tim [Privatisierungsstrategien, 1994], Seite 14.
[44] Vgl. Peters, Hans-Rudolf [Transformationstheorie, 1990], Seite 385.
[45] Vgl. Stuchtey, Tim [Privatisierungsstrategien, 1994], Seite 13.

4.2.2 Notwendige Reformschritte

Erreicht wird dieses Ziel über vier verschiedene Reformschritte, die zeitlich parallel anzuordnen sind und sich im Rahmen eines Transformationsprozesses ergänzen.[46]

1. *Mikroökonomische Liberalisierung:* Sie bedeutet eine Freigabe von Faktor- und Produktpreisen, sowie eine Öffnung der Volkswirtschaft für internationalen Handel und Wettbewerb. Hierzu gehört auch die Schaffung einer konvertierbaren Währung.[47]

2. *Makroökonomische Stabilisierung:* Sie wird erreicht durch eine Kontrolle und möglichst weitreichende Eindämmung von Inflation und Staatsverschuldung des betroffenen Staates.[48]

3. *Institutionelle Reform:* Sie hat Auswirkungen auf das Steuer- und Rechtssystem, die Finanz-, Arbeits- und Sozialordnung, sowie auf die Rolle des Staates im Wirtschaftsleben.[49]

4. *Veränderung der Eigentumsstrukturen*: Die privaten Verfügungsrechte der Wirtschaftssubjekte über Produktivvermögen werden rechtlich definiert und geschützt. Danach folgt die Übertragung dieser neuen Rechte in Form der Privatisierung.[50]

Der Transformationsprozess wird somit durch Fortschritte in den oben genannten vier Bereichen bestimmt.[51]

[46] Vgl. für eine detaillierte Übersicht: Wohlmuth, Karl [Transformation, 1992], Seite 41; vgl. für Fragen nach der optimalen zeitlichen Durchführung der Reformschritte: Fischer, Stanley/ Gelb, Alan [Transformation, 1991], Seiten 101-104; Lösch, Dieter [Marktwirtschaft, 1993], Seiten 32-33; 58-108; Nunnenkamp, Peter/ Schmieding, Holger [Wirtschaftsreformen, 1991], Seite 5; Kloten, Norbert [Transformation, 1991], Seiten 34-39.

[47] Vgl. Marer, Paul [Pitfalls, 1991], Seite 39; Peters, Hans-Rudolf [Transformationstheorie, 1990], Seite 387. Fischer, Stanley/ Gelb, Alan [Transformation, 1991], S. 96.

[48] Vgl. Koromzay, V./ Zecchini, S. [Transformation, 1991], Seite 33.

[49] Vgl. Estrin, Saul [Transition, 1994], Seite 3.

[50] Vgl. Peters, Hans-Rudolf [Transformationstheorie, 1990], Seite 389.

[51] Vgl. Marer, Paul [Pitfalls, 1991], Seite 39.

4.2.3 Staatliche Einflussfaktoren in den neuen Bundesländern

In den neuen Bundesländern war dieser Transformationsprozess beeinflusst durch die besondere Rolle der westdeutschen Regierung, die den Systemwandel in der DDR wirtschaftlich und rechtlich entscheidend mitgestaltete.[52]

Durch den Staats- und Einigungsvertrag waren bereits zu Beginn des Transformationsprozesses die mikroökonomische Liberalisierung und die institutionelle Reform abgeschlossen.

Die Liberalisierung umfasste inhaltlich die Aufnahme in eine international aktive Volkswirtschaft und die Übertragung eines zweistufigen, international offenen Bankensystems. Die Einführung der D-Mark und die Aufnahme in das westdeutsche Währungssystem führten zu monetärer und institutioneller Stabilität. Dadurch wurde die Bildung eines funktionstüchtigen Kapitalmarktes ermöglicht, die notwendige Kapitalzufuhr erleichtert und der Preis als regulierendes Element im Wirtschaftskreislauf etabliert.[53]

Die institutionelle Reform bestand aus der Übernahme der Wirtschafts-, Steuer- und Sozialgesetzgebung der Bundesrepublik. Ferner erfolgten staatsrechtliche, verfassungsmäßige, finanzrechtliche und völkerrechtliche Anpassungen.[54] Diese Aufnahme in das westdeutsche Rechtssystem gewährleistete, im Gegensatz zu anderen osteuropäischen Reformstaaten, Rechtssicherheit bei der Umgestaltung der Eigentumsstrukturen. Der Staat beeinflusste einen raschen Aufbau administrativer und sozialer Institutionen und verfolgte eine konsequente Umsetzung wirtschaftlicher Anpassung durch die Treuhandanstalt im Rahmen ihres im Treuhandgesetz vom 17. Juni 1990 festgelegten Privatisierungsauftrages.[55]

[52] Vgl. Hornef, Heinrich [Systemtransformation, 1996], Seiten 15-16.
[53] Vgl. Freese, Christopher [Privatisierungstätigkeit, 1995], Seiten 30-31.
[54] Vgl. Paraskewopoulos, Spiridon/ Schenzer, Werner [Problemfelder, 1993], S. 104.
[55] Vgl. Laub, Jens [Bundesländer,1995], Seite 33.

Dies wurde unterstützt von erheblichen Infrastrukturanstrengungen, einer direkten Aufnahme in die Europäische Gemeinschaft und einer umfassenden Subventions- und Investitionspolitik.[56]

Der frühzeitige Abschluss dieser Reformschritte ergibt sich als zentraler Unterschied zu den Transformationsbemühungen anderer ehemals sozialistischer Staaten.[57] Die Schritte mussten nicht zeitgleich ausgeführt werden und es kam nicht zu den, bei anderen Staaten zu beobachtenden Verzögerungen aufgrund unterschiedlich schnell greifender Reformfortschritte und lähmender politischer Abstimmungsprozesse über das weitere Vorgehen.[58]

4.2.4 Entwicklung der Unternehmensstrukturen

Bevor die ökonomischen Veränderungen des Transformationsprozesses greifen konnten, mussten erst die rechtlichen Voraussetzungen geschaffen werden und eine Umgestaltung der Unternehmensstrukturen erfolgen. Sie nahm schon 1989 ihren Anfang und gilt als Beginn des Systemwandels, der mit der staatlichen Vereinigung beider Teile Deutschlands am 3. Oktober 1990 seinen formalen Schlusspunkt fand.

Nach dem Rücktritt des SED-Politbüros am 8. November und der Grenzöffnung vom 9. November 1989 wurden unter der Übergangsregierung Modrow erste rechtliche Schritte unternommen, um bei einer grundsätzlichen Beibehaltung des sozialistischen Eigentums eine effektivere Ausnutzung nach marktwirtschaftlichen Gesichtspunkten zu erreichen.[59] Zuerst wurde im Januar 1990 eine Verfassungsänderung beschlossen, welche die Ausschließlichkeit des Volksvermögens nach Art. 12 der DDR-Verfassung durch mögliche *„Abweichungen"* einschränkte und die durch den neuen Art. 14a *„...die Gründung von*

[56] Vgl. Reißig, Rolf [Zukunft, 1993], Seite 16.

[57] Grundsätzliche zeigen sich länderspezifische Unterschiede im Transformationsprozess durch das Ausmaß der makroökonomischen Instabilitäten, sowie daran, wie weit sich eine Dezentralisierung, mit einer Abkehr von der zentralistischen Planwirtschaft hin zu einem nach marktwirtschaftlichen Gesichtspunkten handelnden Management, bereits vor der Transformation entwickelt hat. Vgl. Fischer, Stanley/ Gelb, Alan [Transformation, 1991], Seiten 92-93.

[58] Vgl. Paraskewopoulos, Spiridon/ Schenzer, Werner [Problemfelder, 1993], Seiten 104-105.

[59] Vgl. Knüpfer, Werner [Eigentumsverhältnisse, 1990], Seite 5.

Unternehmen mit ausländischer Beteiligung durch Kombinate, Betriebe..." ermöglichte.[60] Mit der „Joint-Venture-Verordnung" vom 25. Januar 1990 wurde kurz darauf versucht, eine Öffnung der sozialistischen Kombinatsstruktur hin zu marktwirtschaftlichen Unternehmensstrukturen einzuleiten.[61] Im Rahmen dieser Verordnung konnten Kapital- oder Personengesellschaften zusammen mit Westpartnern gegründet werden, wenn diese nur eine Minderheit der Anteile besaßen. Dadurch sollte westliches Kapital und Know-how in den Osten fließen und eine bessere Integration in den internationalen Wirtschaftskreislauf erreicht werden.[62] Weitergehende Versuche, die Reformbewegungen in Richtung auf eine tiefgreifende Neuordnung der Eigentumsstrukturen auszurichten, oder eine treuhänderische Behörde einzusetzen, gab es nicht.[63]

Der eigentliche Schritt zur Neugestaltung der Eigentumsstrukturen wurde erst mit einer Umwandlungsverordnung getan, die als weitreichende Konsequenz die zwingende Umwandlung aller volkseigenen Kombinate, Betriebe und Einrichtungen in Kapitalgesellschaften und somit in marktwirtschaftliche Unternehmensstrukturen nach sich zog.[64] Besitzerin der neu entstehenden Kapitalgesellschaften wurde die Treuhandanstalt, die als übergeordnete Verwaltungsbehörde zum gleichen Zeitpunkt eingerichtet wurde.[65] Die Umwandlungsverordnung gilt als wichtigste Entscheidung des Gesetzgebers, auch im Vergleich zu den kurz darauf folgenden Beschlüssen zur Reprivatisierung und der Unternehmensbeteiligung.[66] In ihrer wirtschaftspolitischen Bedeutung übertraf sie alle vorhergehenden Verordnungen und erreicht faktisch Verfassungsrang,

---

[60] Vgl. Gesetz zur Änderung und Ergänzung der Verfassung der Deutschen Demokratischen Republik, GBl. I, 1990, Seite 15.

[61] Vgl. Verordnung über die Gründung und Tätigkeit von Unternehmen mit ausländischer Beteiligung, GBl. I, 1990, Seite 16.

[62] Vgl. Modrow, Hans [Wirtschaftsreform, 1989], Seite 6; Luft, Christa [Reform, 1989], Seite 7.

[63] Vgl. Luft, Christa [Treuhandreport, 1992], Seite 28.

[64] Vgl. Umwandlungsverordnung vom 1.3.1990, GBl. I, 1990, Seite 107.

[65] Vgl. Beschluß zur Gründung der Anstalt zur treuhänderischen Verwaltung des Volkseigentums (Treuhandanstalt), GBl. I, 1990, Seite 107.

[66] Vgl. Gesetz über die Gründung und Tätigkeit privater Unternehmen und über Unternehmensbeteiligungen, GBl. I, 1990, Seite 141.

da durch sie die in Artikel 10 bis 12 der DDR-Verfassung festgelegte Wirtschaftsordnung wesentlich verändert wurde.[67]

Auch wenn die Umwandlungsverordnung nicht direkt auf eine Privatisierung abzielte, schuf sie dennoch die Voraussetzungen dazu. Abgelöst wurde sie durch das Treuhandgesetz, das gemeinsam mit der Wirtschafts-, Währungs-, und Sozialunion am 1. Juli 1990 in Kraft trat.[68] Das Treuhandgesetz wandelte aufgrund gesetzlicher Entscheidung alle verbliebenen Kombinate in Aktiengesellschaften und alle noch bestehenden VEBs in GmbHs um. Allerdings mussten die Gesellschaften den Zusatz „im Aufbau" in ihrem Namen führen, um auszudrücken, dass die Umwandlung kraft Gesetzesakt keinen Ersatz für die gesellschaftsrechtlich noch zu vollziehenden Schritte darstellte.[69] Um diesen Anforderungen zu entsprechen, wurde jeder Gesellschaft ein Maßnahmenkatalog auferlegt, der Punkte wie die Ausarbeitung der Statuten, Aufstellen von Schlussbilanz und DM-Eröffnungsbilanz, Verfassen des Gründungsberichts, Feststellung des Grundbesitzes und eine Prüfung der Bilanzen beinhaltete.[70]

Ab diesem Zeitpunkt kann man von einer vollständigen Übertragung des westdeutschen Rechtssystems auf die neuen Bundesländer ausgehen.

4.3 Ausgangssituation nach der Planwirtschaft

Die folgenden Schwachpunkte der Wirtschaft in den neuen Ländern ergeben sich als direkte Folge der Funktionsschwächen des zentralistisch organisierten Wirtschaftssystems der DDR. Sie prägten entscheidend die Ausgangssituation zur Zeit der deutschen Wiedervereinigung und hatten somit einen unmittelbaren Einfluss auf jede unternehmerische Tätigkeit, die im Rahmen von Privatisierungen oder Unternehmensgründungen begonnen wurde.

---

[67] Vgl. Knüpfer, Werner [Eigentumsverhältnisse, 1990], Seite 7.

[68] Vgl. Gesetz zur Privatisierung und Reorganisation des volkseigenen Vermögens (Treuhandgesetz), GBl. I, 1990, Seite 300.

[69] Vgl. zu den gesetzlichen Voraussetzungen für eine Unternehmensbildung: §§ 20, 21 TreuhandG; § 37 AktG; § 8 GmbHG.

[70] Vgl. Maskow, Dietrich/ Hoffmann, Jutta [Privatisierung, 1990], Seite 5.

Abbildung 3: Rahmenbedingungen nach der Planwirtschaft

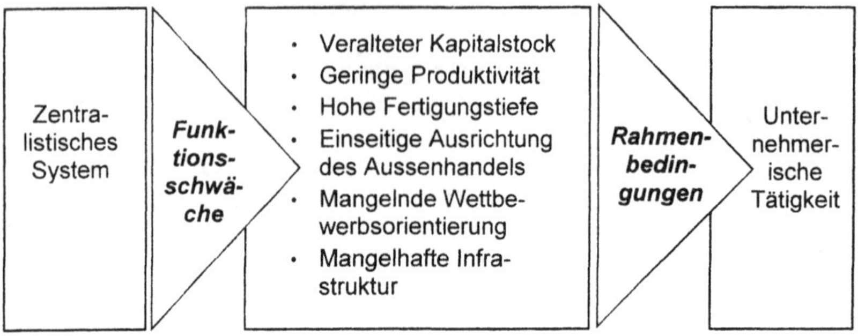

Quelle: Eigene Darstellung.

Veralteter Kapitalstock

Die Leistungsschwäche der ostdeutschen Wirtschaft, deren volles Ausmaß sich aufgrund verfälschter Statistiken erst nach der Wende offenbarte, zeigte sich deutlich an einem veralteten Bestand an Produktionsstätten.[71]

Aufgrund der sozialistischen Eigentümerstruktur mangelte es an der Anreiz- und Kontrollfunktion, die privates Eigentum mit sich bringt. Den staatlichen Betrieben war weder daran gelegen, sorgfältig und sparsam mit den Produktionsmitteln umzugehen, noch hatten sie Interesse an einem Erhalt der Substanz oder gar einer Steigerung der Ertragskraft.[72] Dieses Denken manifestierte sich vor allem in einem veralteten Maschinen- und Anlagebestand, der durch mangelhafte Instandhaltung und fehlende Umsetzung technischer Neuerungen praktisch wertlos geworden war.[73] In Zahlen ausgedrückt bedeutet dies, dass 1988 das Durchschnittsalter der ostdeutschen Industrieanlagen 18 Jahre, im Vergleich zu acht Jahren in Westdeutschland betrug.[74] Daraus ergab sich als Konsequenz, dass bereits 1987 die Hälfte aller Investitionsausgaben in der DDR zur Instandhaltung verwendet werden mussten

[71] Vgl. DIW [13. Bericht, 1995], Seite 464; Sinn, G./ Sinn, H.-W. [Kaltstart, 1991], Seite 88.
[72] Vgl. Kemmler, Marc [DDR-Volkseigentums, 1994], Seite 41.
[73] Vgl. Dt. Sparkassen- und Giroverband e.V. [Bestandsaufnahme, 1992], Seite 12.
[74] Vgl. Deutsches Institut für Wirtschaftsforschung [Anpassungsfortschritte, 1998], Seite 49.

und der Kapitalstock weiter veraltete.[75] Auch mussten durch die veraltete Fertigungstechnologien erhebliche Qualitätseinbußen bei den Produkten in Kauf genommen werden.

Geringe Produktivität

Die VEBs arbeiteten mit einem beträchtlichen Personalüberhang, der durch das faktische Verbot von Entlassungen, Fehlzeiten, sowie durch Planungs- und Organisationsmängel verursacht wurde und einer verdeckten Arbeitslosigkeit[76] entsprach.[77] Das Ausmaß des überhöhten Personaleinsatzes wurde vom Ifo-Institut im Jahre 1990 auf 15,0 v.H. der Gesamtbeschäftigung oder 1,4 Millionen der Beschäftigten geschätzt.[78]

Somit konnte die Arbeitsproduktivität des Einzelnen, bestimmt durch das Bruttoinlandsprodukt pro Erwerbstätigen, nicht mit westlichem Standard verglichen werden und erreichte nur etwa ein Drittel des Wertes in der BRD.[79] Ein weiterer Grund lag in den nivellierenden Lohn- und Gehaltsstrukturen, die keine Motivation erzeugten, zusätzliche Leistungen zu erbringen oder neue Qualifikationen zu erwerben.[80] Dieses Problem besteht nach wie vor, da die Produktivität seit 1991 mit 32,5 v.H. bis zum Jahr 1998 nur auf 55,8 v.H. des westdeutschen Niveaus verbessert werden konnte.[81]

Hohe Fertigungstiefen

Die Produktion war zum Schutz vor Lieferengpässen von einer hohen Fertigungstiefe bestimmt, so dass die Vorteile einer Spezialisierung nicht genutzt werden konnten.[82] Weiterhin war es ineffektiv, Dienstleistungen wie z.B. Bauaufträge, handwerkliche Tätigkeiten und Instandhaltungs-

---

[75] Vgl. Görzig, Bernd/ Gornig, Martin [Produktivität, 1991], Seiten 37-38.

[76] Eine verdeckte Arbeitslosigkeit liegt vor, sobald Arbeitskräfte aus betriebswirtschaftlicher Sicht oder bei veränderten Organisations- und Produktionsabläufen nicht mehr nötig wären. Vgl. zu den Komponenten der verdeckten Arbeitslosigkeit Vogler-Ludwig, K. [Arbeitslosigkeit, 1990], Seite 4.

[77] Vgl. Sachverständigenrat [Einheit, 1990], Seite 62, Rdnr. 87.

[78] Vgl. Vogler-Ludwig, K. [Arbeitslosigkeit, 1990], Seite 7.

[79] Vgl. Deutscher Bundestag [Drucksache, 1994], Seite 87; Kemmler, Marc [DDR-Volkseigentums, 1994], Seite 28; Hornef, Heinrich [Systemtransformation, 1996], Seite 14.

[80] Vgl. Peters, Hans-Rudolf [Transformationstheorie, 1990], Seite 385.

[81] Vgl. o.V. [Wettbewerbsfähigkeit, 1999], Seite 4.

[82] Vgl. Dt. Sparkassen- und Giroverband e.V. [Bestandsaufnahme, 1992], Seite 12.

maßnahmen, betriebsintern ausführen zu lassen und betriebseigene Sozialeinrichtungen, wie z.B. Kindergärten und Krankenhäuser zu betreiben.[83] Auch eine Einbindung der DDR in die weltwirtschaftliche Arbeitsteilung fand nur begrenzt statt. Aufgrund der Politik der Abschottung blieben weitere Spezialisierungsvorteile, die durch internationalen Handel entstehen, ungenutzt.[84]

Einseitige Ausrichtung des Aussenhandels
Diese Abschottung und einseitige Ausrichtung der Wirtschaft der DDR bezog sich auf die RGW-Handelsländer.[85] Die DDR führte 66,6 v.H. ihres Aussenhandels mit Handelspartnern des RGW durch und erhielt einen Großteil ihrer Energieträger im Rahmen von bilateralen Handelsabkommen. Der Abschluss von „Spezialisierungsabkommen" beeinflusste die Produktauswahl und die bereitgestellten Kapazitäten der Branchen. Nach dem Zusammenbruch des RGW sahen sich einzelne Branchen einem Verlust ihres gesamten Marktes gegenübergestellt und mussten für eine Neuorientierung hohe Überkapazitäten abbauen.[86]

Mangelnde Wettbewerbsorientierung
Durch den fehlenden Wettbewerb produzierten die Unternehmen oft am Konsumenten vorbei und sahen sich nicht gezwungen, kostenoptimal zu arbeiten.[87] Grundsätzliche Maßnahmen zur Förderung des Absatzes wurden in der Planwirtschaft nicht durchgeführt. Besondere Vermarktungsaktivitäten, z.B. zur Gestaltung der West-Exporte, wurden von staatseigenen Vertriebs- und Handelsorganisationen übernommen, so dass es bei den Unternehmen keinerlei Marketing-Know-how gab.[88] Auch die für einen wirtschaftlichen Neuanfang dringend notwendige Innovationsbereitschaft und Tatkraft ging den Unternehmen oftmals

[83] Vgl. Berger, Roland [Perspektiven, 1991], Seite 111.
[84] Vgl. DIW [13. Bericht, 1995], Seite 464.
[85] Der Rat für gegenseitige Wirtschaftshilfe (RGW), gegründet am 21.1.1949, bildete die internationale Organisation der sozialistischen Staaten zur Förderung der wirtschaftlichen Zusammenarbeit, bis er am 28.6.1991 aufgelöst wurde. Er setzte sich aus den folgenden Mitgliedstaaten zusammen: Sowjetunion, Bulgarien, Polen, Rumänien, Tschechoslowakei, Ungarn, Albanien, DDR, Mongolei und Kuba. Vgl. Dichtl, Erwin/ Issing, Otmar [Wirtschaftslexikon, 1994], Seite 1772.
[86] Vgl. Mayr, Robert [Privatisierungspolitik, 1995], Seite 11.
[87] Vgl. Sachverständigenrat [Einheit, 1990], Seite 57, Rdnr. 75.
[88] Vgl. Schraufstätter, Ernst [Privatisierung, 1993], Seite 70; Mayr, Robert [Privatisierungspolitik, 1995], Seite 13.

verloren, da das vorherrschende System eigenständiges Denken und Handeln nicht unterstützte.[89]

Mangelhafte Infrastruktur

Die zentralistische Planwirtschaft mit ihrer politisch orientierten Ausrichtung des Wirtschaftswachstums vernachlässigte die Versorgung der Bevölkerung („Restprinzip").[90] Dies äußerte sich durch fehlende Investitionen im Infrastruktur-Bereich und eine Ausbeutung der Umwelt. Bereits zu DDR-Zeiten hatte die Bevölkerung unter der qualitativ und quantitativ mangelhaften Infrastruktur zu leiden. Nach der Wende stellten die schlecht ausgebauten Strassen, kaum vorhandene Telekommunikationsnetze, der Mangel an erschlossenen Gewerbeflächen und eine unzuverlässige Energieversorgung ein großes Hindernis für eine schnelle Anpassung an das marktwirtschaftliche System dar.[91] Noch problematischer waren die Versäumnisse an der Umwelt. Die Bilanz der Umweltschäden umfasst kontaminierte Bodenflächen, biologisch verseuchte Gewässer und eine hohe Luftverschmutzung durch Schwefeldioxid und toxische Schadstoffe.[92]

All diese, durch die zentralistische Planwirtschaft entstandenen strukturellen Schwachpunkte erschwerten in besonderem Maße jede selbständige, unternehmerische Tätigkeit beim wirtschaftlichen Aufbau der neuen Bundesländer und wirkten sich somit gleichermaßen negativ auf den Erfolg von Privatisierungen und MBOs aus.

[89] Vgl. Dt. Sparkassen- und Giroverband e.V. [Bestandsaufnahme, 1992], Seite 12.
[90] Vgl. Schneider, Gernot [DDR-Wirtschaft, 1990], Seite 18.
[91] Vgl. Sachverständigenrat [Einheit, 1990], Seiten 80/81, Rdnr. 110/117; Sinnecker, Eberhard [Privatisierung, 1992], Seite 196.
[92] Vgl. Sachverständigenrat [Einheit, 1990], Seite 80, Rdnr. 110-115.

5. Privatisierung im Rahmen der Systemtransformation

Die Darstellung der grundsätzlichen Aspekte einer Privatisierung unterstützt die Einordnung des MBO als Privatisierungsinstrument. Die Privatisierungsziele liefern mögliche Ansatzpunkte für die Entwicklung von Erfolgskriterien, während die Besonderheiten in einer Transformationssituation das Ausmaß und die Bedeutung der Privatisierung zeigen. Der Bezug zu den neuen Bundesländern äußert sich in der Rolle der Treuhand, die bedingt durch ihren Auftrag die Position eines alleinigen Verkäufers der MBO-Unternehmen übernahm. Die Beschreibung der alternativen Privatisierungsmethoden ermöglicht die spätere Einordnung des MBO hinsichtlich seiner Stärken als Privatisierungsinstrument.

5.1 Definitorische Abgrenzung

Der Privatisierungsprozess lässt sich in folgende Teilschritte einteilen:

1. Zuerst erfolgt die formale Privatisierung, die vor der eigentlichen Privatisierung durchgeführt wird und die Überführung der Staatsbetriebe in eine private Rechtsform bezeichnet.[93]

2. Dann folgt die eigentliche oder die Privatisierung im engeren Sinne.[94] Sie bezeichnet einen Transfer der Eigentumsrechte an Unternehmen von der öffentlichen Hand in den privaten Bereich.[95]

Als abschließender Schritt des Privatisierungsprozesses übernimmt der neue Eigentümer das volle unternehmerische Risiko, das einen Anreiz für eine effiziente Unternehmensführung bildet.[96]

Eine Privatisierung beinhaltet somit eine Übertragung von Kontrollrechten vom Staat in den privaten Bereich, verbunden mit einer starken Verringerung von staatlichen Unterstützungsmaßnahmen.[97]

---

[93] Vgl. Cox, Helmut [Entflechtung, 1990], Seite 17.
[94] Vg. Schmieding, Holger/ Koop, Michael [Privatisierung, 1991], Seite 4.
[95] Vgl. Dhanji, Farid/ Milanovic, Branko [Privatisation, 1991], Seite 13; Estrin, Saul [Transition, 1994], Seite 3.
[96] Vgl. Leipold, Helmut [Privatisierung, 1990], Seite 133.
[97] Vgl. Boycko, M./ Shleifer, A./ Vishny, R. [Voucher, 1994], Seite 252.

Eine umfassende Privatisierung des Staatseigentums gilt als wichtiger Bestandteil des Transformationsprozesses.[98] Sie führt zusammen mit der Einführung einer verbindlichen Rechtsordnung zu einer kompletten Umgestaltung der Eigentumsverhältnisse und stellt eine der notwendigen Reformmaßnahmen dar.[99] Durch die Implementierung eines Privatisierungsprogrammes sollen verschiedene Zielsetzungen im Rahmen einer Systemtransformation verfolgt werden. Grundsätzlich lassen sich die Ziele in ökonomische und politische Anliegen unterteilen, wobei die ökonomischen Anforderungen auch an Privatisierungen in marktwirtschaftlichen Systemen gestellt werden. Die politischen Aspekte hingegen sind hauptsächlich von Bedeutung für die Länder, die eine Transformation ihres politischen und wirtschaftlichen Systems verfolgen.[100]

5.2 Ziele der Privatisierung

5.2.1 Ökonomische Ansprüche

Als wichtige Zielsetzung der Privatisierung gilt eine Erhöhung der ökonomischen Effizienz, sowohl im Sinne der Wohlfahrtsökonomie bezogen auf die gesamte Volkswirtschaft, als auch im Sinne der Mikroökonomie, bezogen auf das einzelne Unternehmen.[101]
Sie setzt sich aus einer Steigerung der Effizienz in den folgenden drei Bereichen zusammen: allokative, produktive und organisatorische Effizienz.

1. *Allokative Effizienz:* Sie bezieht sich auf die gesamte Wirtschaft und liegt vor, wenn die Unternehmer richtig auf die angebotenen relativen Faktorpreise reagieren und eine kostenminimale Produktionsfaktor-aufteilung wählen, so dass keine Reallokation der Ressourcen

[98] Vgl. Hare, Paul [Privatization, 1994], Seite 31.
[99] Vgl. Stahl, Markus [Transformationsländern, 1995], Seite 31.
[100] Vgl. Estrin, Saul [Transition, 1994], Seite 13.
[101] Vgl. Maskin, Eric S. [Privatization, 1992], Seite 117; Dhanji, Farid/ Milanovic, Branko [Privatisation, 1991], Seite 15; Hare, Paul [Privatization, 1994], Seite 32; Tirole, Jean [Incentives, 1991], Seite 223; Estrin, Saul [Transition, 1994], Seite 3; Dichtl, Erwin/ Issing, Otmar [Wirtschaftslexikon, 1994], Seite 493.

vorgenommen werden kann, ohne jemanden schlechter zu stellen.[102] Entsprechend der Property-Rights-Theorie bildet die Transferierbarkeit von Eigentumsrechten eine notwendige Voraussetzung für diese effiziente Ressourcenallokation.[103] Sie wird erreicht durch die Anreizfunktion einer individuellen und eindeutigen Zuordnung von Vermögen und künftigen Erträgen des wirtschaftlichen Handelns.[104] In diesem theoretischen Rahmen bringt die Privatisierung das Kapital zu seiner produktivsten Anwendung und führt zu einer Erhöhung der allokativen Effizienz.[105]

2. *Produktive Effizienz:* Die neuen Eigentumsstrukturen bewirken eine Steigerung der produktiven Effizienz, z.B. durch eine Verringerung der Produktionskosten, eine Verbesserung der Produktqualität und Angebotsvielfalt und eine positive Änderung des Innovations- und Investitionsverhaltens.[106]

3. *Organisatorische Effizienz (X-Effizienz):* Sie beinhaltet Effizienzsteigerungen durch eine organisatorische Umgestaltung und einen Anstieg der Motivation bei Management und Belegschaft.[107] Auch bezieht sie sich auf die Effizienzsteigerungen, die auf einer besseren Kontrolle des Managements beruhen. In Zeiten der Systemtransformation sind Kontrollmechanismen besonders wichtig, da sie verhindern, dass das Management den Status Quo beibehält und notwendige Umstrukturierungen nicht durchführt. Die Privatisierung bildet die Voraussetzung für Sanktionen für schlechte Management-Leistungen, wie z.B. Konkurs. Dadurch bietet sie eine Lösung des Principal-Agent Problems der mangelnden Kontrolle.[108] Ferner kommt es durch den Rückzug des Staates aus seiner Kontrollfunktion nicht mehr zu Effizienzverlusten auf bürokratischen und politischen Entscheidungswegen.[109]

---

[102] Vgl. Hare, Paul [Privatization, 1994], Seite 52; Rees, Ray [Economics, 1984], Seite 15; Domberger, Simon/ Pigott, John [Privatization, 1986], Seite 146.
[103] Für eine Darstellung des Property-Rights-Ansatzes im Privatisierungszusammenhang vgl. Stahl, Markus [Transformationsländern, 1995], Seiten 23-26.
[104] Vgl. Davies, David/ Brucato, Peter [Property, 1987], Seite 12.
[105] Vgl. Maskin, Eric S. [Privatization, 1992], Seite 117.
[106] Vgl. Hare, Paul [Privatization, 1994], Seite 32.
[107] Vgl. Leibenstein, Harvey [X-Effizienz, 1966], Seite 353.
[108] Vgl. Estrin, Saul [Transition, 1994], Seiten 14-16.
[109] Vgl. Dhanji, Farid/ Milanovic, Branko [Privatisation, 1991], Seite 15.

Doch nicht nur durch die neuen Eigentumsrechte und -strukturen werden Effizienzvorteile erwartet. Zusätzlich dazu kann die Privatisierung zu einer wichtigen Unterstützung der gesamtwirtschaftlichen Konsolidierungsphase führen. Werden ausländische Investoren gewonnen, ermöglicht die Privatisierung einen externen Kapitalzufluss, der für Restrukturierungsmaßnahmen verwendet werden kann. Zusätzlich dazu eröffnet sie über eine Beteiligung von externen Investoren einen Zugang zu westlichen Technologien, Märkten und Management-Wissen.[110]

5.2.2 Politische Ansprüche

Neben der ökonomischen Zielsetzung verfolgt die Privatisierung im Rahmen des Transformationsprozesses zusätzliche politische Ansprüche, die sich in vier Bereiche einteilen lassen: Struktur-, gesellschafts-, verteilungs- und haushaltspolitisch.

1. Strukturpolitisch:
Durch die Privatisierung sollen marktwirtschaftliche Wettbewerbsstrukturen geschaffen werden. Dies wird durch eine Entflechtung der monopolisierten und durch eine weitreichende vertikale und horizontale Integration gekennzeichneten industriellen Strukturen der ehemaligen Planwirtschaft erreicht.[111] Der steigende Wettbewerbsdruck führt zur Notwendigkeit, auf die Wünsche der Kunden einzugehen und entsprechende Veränderungen bei Produktart und -qualität vorzunehmen.

2. Gesellschaftspolitisch:
Ein weiteres Ziel der Privatisierung liegt in der Etablierung und Sicherung freiheitlich-demokratischer Strukturen und des marktwirtschafltichen Systems. Durch die Privatisierung erhöht sich die Zahl der Eigentumsträger. Diese neuen Eigentumsverhältnisse können einen Rückschritt in der Systemtransformation, z.B. in Form erneuter Verstaatlichungsmaßnahmen verhindern, da sie das Engagement der Bevölkerung und neuer Eigentümer in Richtung auf ein marktwirt-

---

[110] Vgl. Estrin, Saul [Transition, 1994], Seite 16.
[111] Vgl. Tirole, Jean [Incentives, 1991], Seite 224; Maskin, Eric [Privatization, 1992], Seite 117.

schaftliches System lenken.[112] Gleichzeitig wird ein enger Zusammenhang zwischen Eigentumsrechten, gesellschaftlichen Strukturen, demokratischen Freiheiten und politischen Systemen festgestellt.[113]

3. Verteilungspolitisch:
Ein grundsätzliches Anliegen der Privatisierung liegt in einer gerechteren Verteilung von Einkommen und Vermögen.[114] Gerade aufgrund des Ausmaßes der Umverteilung kommt diesem Aspekt besondere Bedeutung zu. Die Privatisierung soll eine möglichst gerechte und breite Streuung des Kapitals ermöglichen. Dadurch wird eine höhere Akzeptanz unter der Bevölkerung erreicht und eine ungleiche Verteilung der wirtschaftlichen Ressourcen und ihres Einflusspotentials verhindert.[115]

4. Haushaltspolitisch:
Als weitere Zielsetzung liegen den Privatisierungsprogrammen haushaltspolitische Überlegungen zugrunde. Der Staat versucht, durch die Privatisierung Einnahmen zu erzielen, die er entweder für öffentliche Projekte oder für Umverteilungsmaßnahmen verwenden kann.[116]

Kurzfristige Haushaltseffekte werden erzielt, indem der Staat seine Subventionszahlungen an krisenbehaftete Unternehmen verringern oder ganz einstellen kann, sobald sie privatisiert wurden.[117] Privatisierungen können zu einer dauerhaften Verbesserung des Staatshaushaltes führen, wenn die privatisierten Unternehmen Gewinnsteigerungen verbuchen, die unter staatlicher Leitung nicht erzielt worden wären und entsprechend höhere Steuerzahlungen leisten.[118]

---

112 Vgl. Dhanji, Farid/ Milanovic, Branko [Privatisation, 1991], Seite 16; Estrin, Saul [Transition, 1994], Seite 18.
113 Vgl. Stahl, Markus [Transformationsländern, 1995], Seite 28.
114 Vgl. Maskin, Eric S. [Privatization, 1992], Seite 117.
115 Vgl. Stahl, Markus [Transformationsländern, 1995], Seite 28; Tirole, Jean [Incentives, 1991], Seite 224.
116 Vgl. Maskin, Eric S. [Privatization, 1992], Seite 117; Estrin, Saul [Transition, 1994], Seite 3; Hare, Paul [Privatization, 1994], Seite 33.
117 Vgl. Dhanji, Farid/ Milanovic, Branko [Privatisation, 1991], Seite 16.
118 Vgl. Vickers, John/ Yarow, George [Privatization, 1991], Seite 118; Stahl, Markus [Transformationsländern, 1995], Seite 27. Der Staat erzielt hingegen keine zusätzlichen Einnahmen, wenn ein Privatisierungserlös nur dem Gegenwartswert

Die staatlichen Einnahmen können jedoch durch hohe direkte und indirekte Privatisierungskosten gemindert werden. Dazu zählen Ausgaben für umfangreiche Umstrukturierungs- und erste Sanierungsmaßnahmen, Aufwand aus notwendigen Bilanzkorrekturen, z.B. Abschreibungen auf veraltete Produktionsmittel, Entschuldung von zugeteilten Krediten oder Belastungen durch vernachlässigte Umweltschutzmaßnahmen.

In Anbetracht dieser möglichen Kosten, die trotz einer Privatisierung beim Staat verbleiben, wird es kaum gelingen, Einnahmeüberschüsse aus der Privatisierungstätigkeit zu erzielen.[119] Auch führt das Überangebot an Unternehmen und Vermögen von unterdurchschnittlicher Qualität mit nur geringen Ertragsaussichten zu einem Preisverfall und schmälert die Privatisierungserlöse.[120]

5.3 Transformationsspezifische Besonderheiten der Privatisierung

Die Privatisierungsbestrebungen in der Systemtransformation unterscheiden sich von Privatisierungen in westlichen Industrieländern sowohl aufgrund der quantitativen, als auch der qualitativen Besonderheiten.

1. Die **quantitativen** Unterschiede liegen in dem Umfang, den die Privatisierung in den Transformationsstaaten Mittel- und Osteuropas einnimmt. Im Gegensatz zu entwickelten Marktwirtschaften, wo sich der Staatssektor auf durchschnittlich 10 v.H. beläuft und es nur um

---

(auch negativen) der Unternehmen entspricht. Der gleiche Erlös ließe sich anstatt durch den Verkauf von Unternehmensanteilen auch durch die Auflage von Staatsanleihen erzielen. Dies gilt jedoch nur für Länder mit stabilen wirtschaftlichen und politischen Systemen, deren Anleihen einem geringen Risiko unterliegen. Je nach betroffener Industrie (z.B. aufgrund unterschiedlicher Sunk Cost und Regulierungsgrade) und Land (z.B. aufgrund der unterschiedlichen rechtlichen und politischen Rahmenbedingungen), kann die Risikoeinschätzung für Staatsanleihen über der von Unternehmensanteilen liegen und es kommt zu einer Bevorzugung der Methode der Privatisierung. Vgl. Domberger, Simon/ Pigott, John [Privatization, 1986], Seiten 152-154; Estrin, Saul [Transition, 1994], Seite 17; Hemming, Richard/ Mansoor, Ali [Privatisierung, 1988], Seite 32; Vickers, John/ Yarow, George [Privatization, 1991], Seiten 118-119.

[119] Vgl. Hare, Paul [Privatization, 1994], Seite 33.

[120] Vgl. Leipold, Helmut [Privatisierungsmethoden, 1993], Seite 20.

die Privatisierung eines verhältnismäßig kleinen Teils des Produktivvermögens geht, kann der Anteil der staatlichen Produktion am Bruttosozialprodukt in Transformationsländern bis zu 97,5 v.H. betragen. Um marktwirtschaftliche Eigentumsstrukturen zu schaffen, beläuft sich der notwendige Umfang der Privatisierungen somit auf mindestens vier Fünftel der Volkswirtschaft.[121]

2. Die **qualitativen** Besonderheiten beziehen sich einmal auf den *Kontext* in dem die Privatisierungen stattfinden. Daraus ergibt sich als weitere Besonderheit: die große *Bedeutung*, die der Privatisierung im Rahmen des Reformprozesses zukommt.

- **Kontext der Privatisierungen:**
  In den westlichen Marktwirtschaften, vollzieht sich die Privatisierung innerhalb eines bestehenden Ordnungssystems.[122] Die marktwirtschaftlichen Institutionen sind voll funktionsfähig. Ein breiter Sektor von privaten Unternehmen, sowie die Faktor- und Gütermärkte sind wettbewerblich organisiert. Diese Rahmenbedingungen sind in den Transformationsländern nicht gegeben. Die Privatisierung definiert sich dort als Teil eines tiefgreifenden politischen und ökonomischen Umstrukturierungsprozesses.[123] Daraus ergeben sich juristische, institutionelle und politische Hindernisse für die Durchführung der Privatisierungen:[124]

  - Ungeklärte Eigentumsrechte: Vielfach stehen dem Staat als jetzigem Besitzer Ansprüche der Alteigentümer gegenüber. Dies führt zu Zurückhaltung und Verunsicherung bei den Investoren.[125]

  - Nicht durchsetzbare Verfügungsrechte: Oft haben sich in „spontanen Privatisierungen" die Manager oder die

---

[121] Vgl. Schmieding, Holger/ Koop, Michael [Privatisierung, 1991], Seite 6; Winiecki, Jan [Privatization, 1992], Seite 40; Sondhof, Harald/ Stahl, Markus [Privatisierung, 1993], Seiten 38-39.
[122] Vgl. Winiecki, Jan [Privatization, 1992], Seite 42.
[123] Vgl. Kloten, Norbert [Transformation, 1991], Seiten 8-9, 39.
[124] Vgl. Schmieding, Holger/ Koop, Michael [Privatisierung, 1991], Seite 7.
[125] Vgl. Bohnet, Armin/ Reichhardt, Michael [Privatisierungsstrategien, 1993], Seite 137; Schmieding, Holger [Approaches, 1992], Seite 99; Deutsches Institut für Wirtschaftsforschung [Anpassungsfortschritte, 1998], Seite 49.

Belegschaft die Verfügungsrechte angeeignet und übernehmen Eigentümerfunktionen ohne Legitimation.[126]

- Nicht entwickelter Kapitalmarkt und Bankensystem: Es verhindert den schnellen Verkauf oder die Anteilsverteilung der zu privatisierenden Unternehmen.[127]
- Unzureichende Datenlage: Der Mangel an akkuraten und validen bilanziellen Daten sowie unzuverlässige Prognosen, erschweren die Wertbestimmung der zu privatisierenden Unternehmen und damit die Festlegung eines Verkaufspreise.[128]
- Geringe inländische Ersparnisse: Es droht die Gefahr eines Ausverkaufs an ausländische Investoren oder eine Bevorzugung der ehemaligen Eliten, die über das größte inländische Sparvermögen verfügen.[129]

Diese potentiellen Probleme, die sich durch die spezifischen Transformationsumstände ergeben, verdeutlichen welchen Einfluss der unterschiedliche Kontext auf die Privatisierung haben kann.

- **Bedeutung der Privatisierung:**
  Eine weitere Besonderheit liegt in der Bedeutung der Privatisierung für den Erfolg der anderen Reformschritte. Die *institutionellen und politischen Reformen* gewinnen erst an Glaubwürdigkeit, wenn das wichtigste Prinzip des zentralistischen Systems, das sozialistische Eigentum an Produktionsmitteln aufgelöst wird und es formal durch eine neue Eigentumsordnung und faktisch durch die Privatisierung umgesetzt wird. Durch die neu entstehenden Interessensgruppen, die Eigentumsrechte

[126] Vgl. Dhanji, Farid/ Milanovic, Branko [Privatisation, 1991], Seite 18; Sondhof, Harald/ Stahl, Markus [Privatisierung, 1993], Seite 46.
[127] Vgl. Dhanji, Farid/ Milanovic, Branko [Privatisation, 1991], Seite 23.
[128] Vgl. Schmieding, Holger/ Koop, Michael [Privatisierung, 1991], Seite 7.
[129] Vgl. Winiecki, Jan [Kapitalisten, 1990], Seite 98.

erworben haben, wächst auch der Widerstand gegen mögliche Rückschritte in Richtung Sozialismus.[130]

Die *makroökonomische Stabilisierung* kann nur erfolgreich sein, wenn sich der Staat gleichzeitig von seiner Planungs- und Lenkungsfunktion zurückzieht. So kann er nicht in einen Interessenskonflikt kommen und versucht sein, den Forderungen der Arbeitnehmer und Manager nach höheren Löhnen, Beschäftigungsgarantien und Subventionen nachzugeben.[131]

Auch für den Erfolg der *mikroökonomischen Liberalisierung* ist die Privatisierung notwendig. Für eine funktionierende Kontrolle und eine Anpassung der Unternehmen an die Güter- und Arbeitsmärkte bedarf es eines wettbewerblich strukturierten Kapitalmarkts mit freien Kapitalmarktpreisen.[132]

Dieses enge Zusammenwirken mit den anderen Reformschritten bildet eine Besonderheit der Privatisierung in der Systemtransformation und zeigt ihre weitreichende Bedeutung, die weit über die Komplexität und Relevanz in westlichen Industrienationen hinausgeht.

5.4 Privatisierung unter Leitung der Treuhand

In den neuen Bundesländern wurden die Privatisierungen durch einen einzigen Verkäufer, die Treuhandanstalt, durchgeführt.

5.4.1 Privatisierungsauftrag und gesetzliche Grundlagen

Die Treuhandanstalt wurde am 1. März 1990 durch einen Beschluss des Ministerrats der DDR gegründet. Ihre Tätigkeit wurde durch das Treuhandgesetz vom 17. Juni 1990[133] bestimmt und bestand in der Umstrukturierung und Privatisierung der ehemaligen volkseigenen Betriebe und Kombinate nach den Prinzipien der sozialen Marktwirtschaft.[134]

---

[130] Vgl. Nunnenkamp, Peter/ Schmieding, Holger [Wirtschaftsreformen, 1991], Seite 12; Sunstein, Cass [Constitutionalism, 1991], Seiten 377-380.
[131] Vgl. Egger, Urs/ Kappel, Rolf/ Melzer, Alex [Osteuropa, 1992], Seite 33.
[132] Vgl. Nunnenkamp, Peter/ Schmieding, Holger [Wirtschaftsreformen, 1991], S. 3.
[133] Vgl. Treuhandgesetz, GBl. I, 1990, Seite 300.
[134] Vgl. BVS [Jahresabschluß, 1995], Seite 18.

Entsprechend des Art. 25 Abs. 1 des am 29. September 1990 in Kraft getretenen Einigungsvertrages folgte die Treuhandanstalt als Körperschaft des öffentlichen Rechts einem wirtschafts- und sozialpolitischen Sonderauftrag.[135] Im Rahmen dieses Auftrags wurden ihr circa 8.500 volkseigene Betriebe und Kombinate übertragen. Diese Zahl erhöhte sich durch Spaltungen im Rahmen des Spaltungsgesetztes vom 5. April 1991[136] und Ausgliederungen auf 13.500 Betriebseinheiten.

Der Treuhandanstalt standen verschiedene Alternativen offen, um diesen Unternehmensbestand umzustrukturieren. Ihre Strategie ließ sich umschreiben mit *„...schnelle Privatisierung, entschlossene Sanierung und behutsame Stillegung..."*[137] Neben der Privatisierung durch einen Verkauf an Investoren oder der Reprivatisierung in Form der Rückgabe an die früheren Eigentümer, gab es den Versuch der Sanierung durch Bildung von Management-Kommanditgesellschaften und als letzte Möglichkeit die Abwicklung oder Stillegung der Betriebe.

Von einem ursprünglichen Bruttobestand an 12.354 Unternehmen ausgehend, kontrollierte die THA die Privatisierung von 6.546 Unternehmen. 1.588 Unternehmen wurden unter ihrer Verantwortung reprivatisiert, 310 kommunalisiert und bei 3.718 ein Liquidationsverfahren eingeleitet. Dies ergab zum Stichtag des 31. Dezember 1994 einen Nettobestand von 192 Unternehmen. Eine Zusammenfassung der Privatisierungsergebnisse vom 1. Juli 1990 bis zum 31. Dezember 1994 weist Investitionszusagen der Investoren in Höhe von 200 Milliarden DM, Beschäftigungszusagen für 1,5 Millionen Mitarbeiter und Erlöse in Höhe von 65 Milliarden DM aus.[138]

Somit war der Privatisierungsauftrag im wesentlichen abgeschlossen und die verbleibenden Aufgaben wurden im Rahmen einer Rechtsverordnung der Bundesregierung auf die Treuhandnachfolgeeinrichtungen übertragen.[139]

---

[135] Vgl. Einigungsvertrag, BGBl. II, 1990, Seite 889.
[136] Vgl. SpTrUG, BGBl. I, 1991, Seite 854.
[137] Vgl. Deutscher Bundestag [Drucksache, 1994], Seite 72.
[138] Vgl. BVS [Abschlußstatistik, 1994], Seite 2.
[139] Vgl. §23a, Gesetz zur abschließenden Erfüllung der verbliebenen Aufgaben der Treuhandanstalt, BGBl. I, 1994, Seiten 2062, 2063; vgl. für eine Zusammenfassung der verbleibenden Aufgaben: o.V. [Privatisierungs-Ära, 1994], Seite 2.

5.4.2 Zielsetzung der Treuhand

Die Zielsetzung der Treuhand wird in der Präambel des Treuhandgesetzes definiert. Sie bestand darin, *„die unternehmerische Tätigkeit des Staates durch Privatisierung so rasch und so weit als möglich zurückzuführen"* und *„die Wettbewerbsfähigeit möglichst vieler Unternehmen herzustellen und somit Arbeitsplätze zu sichern und neue zu schaffen".*[140] Die THA sollte dazu beitragen, *„daß sich durch eine zweckmäßige Entflechtung von Unternehmensstrukturen marktfähige Unternehmen herausbilden und eine effiziente Wirtschaftsstruktur entsteht".*[141]

Es wird deutlich, dass die Ziele der Treuhand weit mehr beinhalten als eine Privatisierung der ihr übertragenen Unternehmen. Noch vor der eigentlichen Privatisierung sollte die THA eine Umstrukturierung der Unternehmen erreichen, indem sie durch Spaltung, Ausgründung und Herauslösen von Betrieben und Betriebsteilen privatisierungsfähige Einheiten bildete. Danach gehörte es zu den Aufgaben der THA, die zu privatisierenden Unternehmen „anzusanieren", d.h. Maßnahmen (z.B. Reduzierung der Beschäftigten, Entschuldung) durchzuführen, die einen Verkauf erleichterten.[142] Davon abzugrenzen waren jedoch langfristige Investitionsentscheidungen und strategische Umstrukturierungsmaßnahmen nach der Privatisierung, die nicht mehr zu den Zielen der THA gehörten und den neuen Eigentümern überlassen blieben.[143]

Weiterhin bestand die Aufgabe der Treuhandanstalt darin, die Privatisierungen möglichst zügig durchzuführen, Investitionen zu erreichen, sowie Arbeitsplätze zu sichern und zu schaffen. Ferner sollte sie entsprechende Verkaufserlöse erwirtschaften.[144] Durch die Vertragsgestaltung hatte dies einen unmittelbaren Einfluss auf die Privatisierungen, sobald die Treuhandanstalt auf vertraglich zugesicherte

---

[140] Siehe Präambel, Gesetz zur Privatisierung und Reorganisation der volkseigenen Vermögen (Treuhandgesetz), GB1.I, 1990, Seite 300.

[141] Siehe §2 Abs. 6, Gesetz zur Privatisierung und Reorganisation der volkseigenen Vermögen (Treuhandgesetz), GB1.I, 1990, Seite 301.

[142] Vgl. Schmidt, Klaus-Dieter [Privatisierung, 1993], Seite 213.

[143] Vgl. Carlin, Wendy [Privatization, 1994], Seite 142; Hanke, Alexander [Transaktionen, 1993], Seiten 18, 19.

[144] Vgl. Schmidt, Klaus-Dieter [Privatisierung, 1993], Seite 213.

Arbeitsplatzgarantien oder Investitionszusagen bestand. Für ein Unterschreiten der zugesicherten Quoten wurden Pönalen fällig, die zwischen 30 und 50 TDM pro Arbeitsplatz lagen und bis zur vollen Investitionssumme gehen konnten.[145]

Aus diesen vielfältigen Zielvorstellungen der Treuhandanstalt ergaben sich folgende Problemschwerpunkte:

- Die Vorgaben durch den Gesetzgeber waren nicht eindeutig definiert. Die einzelnen Zielvorgaben erfuhren keine Gewichtung, und es wurde darauf verzichtet, Entscheidungsverfahren zu definieren oder verbindliche Richtlinien zu geben.[146]
- Zielkonflikte waren möglich. Im Einzelfall konnte es z.B. aus Sicht der THA sinnvoll sein, ein Unternehmen zu liquidieren, das jedoch aufgrund anderer Zielvorgaben weitergeführt wurde.[147]
- Die Treuhand musste ihre Aufgaben unter großem Zeitdruck übernehmen. So hatte sie gerade in der Anfangsphase der deutschen Wiedervereinigung Entscheidungen über Sofortmaßnahmen bezüglich der ihr anvertrauten Unternehmen zu fällen, ohne sich eine hinreichende Entscheidungsgrundlage geschaffen zu haben.[148]

5.5 Darstellung verschiedener Privatisierungsinstrumente

Die grundsätzliche Einteilung der Privatisierungsinstrumente richtet sich nach der Entscheidung, ob das zu privatisierende Staatsvermögen verkauft oder unentgeltlich aufgeteilt werden soll.[149]

---

[145] Vgl. Henneberg, Gerhard [Treuhandanstalt, 1993], Seite 31.
[146] Vgl. Schuppert, Gunnar Folke [Treuhandanstalt, 1992], Seite 193.
[147] Vgl. Schmidt, Klaus-Dieter [Privatisierung, 1993], Seite 213.
[148] Vgl. Kokalj, Ljuba/ Richter, Wolf [Privatisierung, 1992], Seite 4.
[149] Vgl. Vickers, John/ Yarow, George [Privatization, 1991], Seite 112; Leipold, Helmut [Staatseigentum, 1992], Seite 55; Estrin, Saul [Transition, 1994], Seite 20.

5.5.1 Gratisvergabe

Allen kostenlosen Verteilungsverfahren ist gemeinsam, dass der Staat keine Einnahmen aus der Privatisierung bezieht. Vielmehr händigt er Eigentumsanteile umsonst, oder gegen ein symbolisches Entgelt, an die Bürger aus, oder gibt mögliche Privatisierungserlöse an die Bevölkerung zurück.[150] Als wichtigste Methode des Verschenkens wird die Voucher- oder Coupon-Methode diskutiert. Sie bezeichnet die meist kostenfreie Verteilung von Gutscheinen an die Bevölkerung, die sie dann nach eigener Entscheidung gegen Anteile von ehemals staatlichen Unternehmen eintauschen.[151] Auch der Zwischenschritt über dezentrale Fonds ist möglich. Dabei werden die Staatsbetriebe zuerst an Investmentfonds übertragen; danach erhält die Bevölkerung Anteile an den Fonds.[152]

Die Vorteile des Verfahrens liegen in seiner schnellen Durchführbarkeit, da keine Unternehmensbewertungen vorangestellt und Verkaufsprozesse entwickelt werden müssen.[153] Durch die Verteilung der Gutscheine wird das Problem des geringen inländischen Sparvermögens umgangen. Auch erfolgt eine breite und gerechte Streuung des Vermögens, die zu einer hohen sozialen Akzeptanz der Methode führt.[154] Ferner können die Gutscheine und deren Handel als Vorbereitung für die Etablierung von Aktien- und Kapitalmärkte dienen.[155]

Gerade aber die breite Streuung der Eigentumsanteile hat eine starke und schwer zu kontrollierende Position der Manager zu Folge, mit allen Effizienzverlusten, die sich daraus ergeben. Auch fließt den Unternehmen weder Investitions- und Risikokapital zu, noch werden umfassende Sanierungskonzepte erarbeitet und umgesetzt.[156]

---

[150] Vgl. Leipold, Helmut [Staatseigentum, 1992], Seite 57.
[151] Vgl. Boycko, M./ Shleifer, A./ Vishny, R. [Voucher, 1994], Seite 251; Leipold, Helmut [Staatseigentum, 1992], Seite 57.
[152] Vgl. Leipold, Helmut [Privatisierungsmethoden, 1993], Seite 25.
[153] Vgl. Boycko, M./ Shleifer, A./ Vishny, R. [Voucher, 1994], Seite 256.
[154] Vgl. Gruszecki, T./ Winiecki, J. [Privatization, 1991], Seiten 81-82.
[155] In Rußland entwickelte sich durch den Handel mit Vouchern ein erster aktiver und liquider Finanzmarkt. Vgl. Boycko, M./ Shleifer, A./ Vishny, R. [Voucher, 1994], Seite 261.
[156] Vgl. Leipold, Helmut [Staatseigentum, 1992], Seite 58.

5.5.2 Verkauf

Alle Privatisierungsverfahren, die einen Verkauf des Vermögens zum Ziel haben, lassen sich schwerpunktmäßig dem Auktions- oder dem Verhandlungsmodell zuordnen.[157]

1. Beim **Auktionsmodell** erfolgt eine öffentliche oder beschränkte Ausschreibung. Den Zuschlag für das zu privatisierende Objekt bekommt, wer nach variabel festzulegenden Entscheidungskriterien das beste Gebot vertritt. Der Zuschlag kann sich z.B. nach dem höchsten Preis, aber auch nach dem fundiertesten Investitionsprogramm oder der umfangreichsten Beschäftigungsgarantie richten.[158]

   Die Vorteile des Modells liegen in seiner Transparenz und Schnelligkeit.[159] Auch entfällt eine schwierige Unternehmensbewertung, da die Auktion, sobald die Anonymität der Bieter Absprachen verhindert, zu einer marktbestimmten Kaufpreisfindung führt.[160] Laut Maskin bewirkt die Auktion eine effiziente Allokation, da die Produktionsmittel in die Hände desjenigen gelangen, der sie am höchsten bewertet (und entsprechend am profitabelsten nutzen wird) und gleichzeitig den höchsten Preis dafür bezahlt.[161] Das Verfahren ist nicht geeignet für komplexe oder krisenbehaftete Unternehmen, da es eine hinreichende Wettbewerbssituation auf Seiten der Käufer, sowie ein unkompliziertes Ausschreibungsverfahren verlangt.[162]

2. Das **Verhandlungsmodell** unterscheidet sich dadurch, dass Interessenten aktiv angesprochen werden und Verhandlungsgespräche entscheiden, wer das Kaufobjekt erwerben wird. Es zeichnet sich durch eine größere Freiheit bei der Vertragsgestaltung für beide Seiten aus. Dieses Modell ist zu empfehlen, wenn nur

[157] Vgl. Schmidt, Klaus-Dieter [Privatisierung, 1993], Seite 217.
[158] Vgl. Boycko, M./ Shleifer, A./ Vishny, R. [Voucher, 1994], Seite 251.
[159] Gerade um die Gefahr von Bereicherung, Korruption und Insider-Geschäften zu minimieren, sollte der Privatisierungsprozess so transparent wie möglich gestaltet werden Vgl. Schmieding, Holger [Approaches, 1992], Seite 100.
[160] Vgl. Leipold, Helmut [Privatisierungsmethoden, 1993], Seite 21.
[161] Vgl. Maskin, Eric S. [Privatization, 1992], Seite 115.
[162] Vgl. Schmidt, Klaus-Dieter [Privatisierung, 1993], Seite 217.

wenige Interessenten auftreten. Allerdings sind die Entscheidungen nicht transparent und erfordern einen hohen Zeitaufwand.[163]

Im Rahmen dieser grundsätzlichen Modelle gibt es folgende Ausgestaltungen zur Durchführung der Privatisierung: Börseneinführung, Verkauf an externe Investoren, verschiedene Formen des Buy-Out.

- ***Börseneinführung***
  Die öffentliche Plazierung auf dem Kapitalmarkt ermöglicht eine Streuung der Unternehmensanteile. Das Unternehmen wird den Kontroll- und Allokationsmechanismen des Kapitalmarktes unterworfen. Die Preisfindung ergibt sich durch die Kapitalmarktkräfte. Allerdings ist ein Börsengang mit hohen Kosten verbunden und fordert Unternehmen, die eine entsprechende Kapitalmarktfähigkeit mit sich bringen. Auch muss sich ein Kapitalmarkt hinreichend entwickelt haben.[164] Die Privatisierung durch Börsengang kann aus diesen Gründen, und weil sie den Zugang zu Sanierungskonzepten behindert, nur in Ausnahmefällen zur Anwendung kommen.[165]

- ***Verkauf an externe Investoren***
  Diese Einschränkungen für eine Börseneinführung sind bei einem Verkauf an externe Investoren nicht gegeben. Als Voraussetzung gilt hier jedoch, dass es eine hinreichende Nachfrage auf Seiten der Käufer geben muss. Doch kann es im Inland an Kapital, und im Ausland an Interesse fehlen, da die politische Situation noch nicht als stabil eingeschätzt wird. Die Vorteile dieses Instruments liegen in einem schnellen Transfer von Management, Technologie und Kapital.[166] Probleme können sich durch mangelnde Akzeptanz auf Seiten der Bevölkerung ergeben.

- ***Buy-Out-Konzept***
  Erste übertragbare Erfahrungen mit dem Buy-Out-Konzept als Privatisierungsinstrument in Form eines Verkaufs an interne

[163] Vgl. Schmidt, Klaus-Dieter [Privatisierung, 1993], Seite 217.
[164] Vgl. Sondhof, Harald/ Stahl, Markus [Privatisierung, 1993], Seiten 39, 40.
[165] Vgl. Leipold, Helmut [Privatisierungsmethoden, 1993], Seite 22.
[166] Vgl. Sondhof, Harald/ Stahl, Markus [Privatisierung, 1993], Seite 40.

Investoren gab es in Großbritannien. Mit dem Ziel der leistungswirtschaftlichen Entflechtung und Dezentralisierung der Staatsunternehmen wurden seit 1979 118 Unternehmen durch MBOs privatisiert. Dies liefert ein erstes Indiz für die Anwendbarkeit des Konzepts als Privatisierungsinstrument.[167]

Grundsätzlich ist der MBO geeignet, eine schnelle Privatisierung zu ermöglichen und zum Aufbau eines Mittelstandes beizutragen. Insbesondere eignet sich die Privatisierung über MBOs für kleine und mittlere Betriebe.[168] Gerade für diese Unternehmen gibt es keine Privatisierungsalternativen in Form einer Börseneinführung oder eines Verkaufs an externe Investoren, da potentielle Geldgeber wenig Interesse zeigen. Der MBO ermöglicht also ein zusätzliches Nachfragepotential unter den Beschäftigten der Unternehmen.[169]

[167] Vgl. Fehrle, Klaus [Buyout-Verfahren, 1992], Seite 477.

[168] In den osteuropäischen Ländern kommt dem Konzept des MBO aufgrund der erschwerten Bedingungen für Neugründungen und einem kaum vorhandenen Interesse ausländischer Investoren eine noch größere Bedeutung zu als in den neuen Bundesländern. Vgl. Sondhof, Harald/ Stahl, Markus [Privatisierung, 1993], Seite 43.

[169] Vgl. Sondhof, Harald/ Stahl, Markus [Privatisierung, 1993], Seiten 38, 40.

6. Abrenzung des MBO als Privatisierungsinstrument

Die folgende begriffliche Einordnung des MBO mit Hinblick auf seine Verwendung als Privatisierungsinstrument zeigt die Unterscheidungskriterien, die einen Privatisierungs-MBO bestimmen. Diese Merkmale bilden die Basis für eine spätere Aufteilung auf verschiedene Untersuchungsebenen im Rahmen des Forschungsdesigns dieser Arbeit. Die Gegenüberstellung zum klassischen MBO zeigt die Besonderheiten des Privatisierungs-MBO auf, während ihn die Einordnung in das Insider-Outsider-Modell zu anderen Privatisierungsmethoden abgrenzt. Die anschließende Situationsanalyse des Privatisierungs-MBO in Ostdeutschland verdeutlicht die Bedeutung des Instruments und gibt Aufschluss über die spätere Auswahl der Untersuchungsmenge.

6.1 Begriffliche Einordnung

Grundsätzlich ist der Management Buy-Out als Privatisierungsinstrument eine besondere Form des **Buy-Out**, der als Oberbegriff eine Vielzahl von Gestaltungsvarianten umfasst, in denen eine Erwerbergruppe die wesentlichen Vermögenswerte oder Gesellschaftsanteile eines Unternehmens oder Unternehmensteils übernimmt.[170]

Ohne die Zufügung von erklärenden Begriffselementen unterscheidet sich der Buy-Out nicht von einer normalen Unternehmensakquisition.[171] Die begriffskonstituierenden Merkmale des Buy-Outs richten sich nach dem jeweiligen Betrachtungsstandpunkt und dienen als Abgrenzungskriterium. Aufgrund der unterschiedlich gesetzten Schwerpunkte ergibt sich in der Literatur eine begriffliche Unübersichtlichkeit. Dies führt zu einer Vielzahl von sich überschneidenden Begriffserweiterungen, die den Buy-Out, wie in Abbildung 4 dargestellt, im Hinblick auf die Käufer (oder Verkäufer), den Anlass des Verkaufs, oder die Finanzierungsstruktur präzisieren, oder eine Mischform bilden.[172]

[170] Vgl. Karsunky, Robert [Entwicklung, 1992], Seiten 20-21.
[171] Vgl. Vest, Peter [Verkauf, 1995], Seite 12.
[172] Vgl. Fehrle, Klaus [Buyout-Verfahren, 1992], Seite 476.

Abbildung 4: Systematisierung des Buy-Out-Begriffes

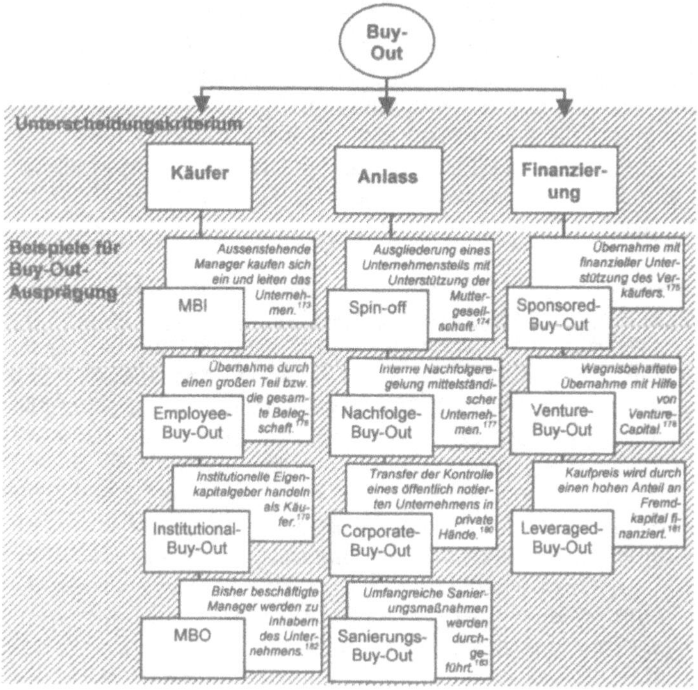

Quelle: Eigene Darstellung.

---

[173] Vgl. Laub, Jens [Bundesländer,1995], Seite 24.
[174] Vgl. Ballwieser, Wolfgang/ Schmidt, Helmut [Charakteristika, 1990], Seite 300.
[175] Vgl. Vest, Peter [Verkauf, 1995], Seite 12; Fehrle, Klaus [Buyout-Verfahren, 1992], Seite 486.
[176] Vgl. Ballwieser, Wolfgang/ Schmidt, Helmut [Charakteristika, 1990], Seite 300.
[177] Vgl. Malms, Christoph [Nachfolgelösung, 1990], Seite 79; Huydts, Henrik [Nachfolge, 1992], Seite 13; Koch, Maximilian [Möglichkeiten, 1997], Seite 32.
[178] Vgl. Vest, Peter [Verkauf, 1995], Seite 12.
[179] Vgl. Fehrle, Klaus [Buyout-Verfahren, 1992], Seite 484.
[180] Vgl. Leimbach, Andreas [Transactions, 1989], Seite 14; Berger, Matthias [Mitarbeiterbeteiligung, 1992], Seite 26.
[181] Vgl. Karsunky, Robert [Entwicklung, 1992], Seite 21.
[182] Vgl. Rojan, Walter [Manager, 1991], Seite 182; Wolbert, J.G./ Hornberger, M. [MBO-Instrumentarien, 1993], Seite 52.
[183] Vgl. Koch, Maximilian [Möglichkeiten, 1997], Seite 33; Hoffmann, Peter [DDR-Wirtschaft, 1990], Seite 276; Berger, Matthias [Mitarbeiterbeteiligung, 1992], S. 27.

Der MBO als Privatisierungsinstrument kann nicht durch eines der Unterscheidungsmerkmale (Käufer, Anlass oder Finanzierung) allein bestimmt werden, sondern beinhaltet Aspekte aller Kriterien. Er definiert sich wie der klassische MBO durch die ehemals beschäftigten Manager als Käufer, ein hohes Maß an Fremdkapital für die Kaufpreis- und Folgefinanzierung und zusätzlich durch die Privatisierung als Anlass. Vor einer Definition des MBO als Privatisierungsinstrument werden diese Abgrenzungskriterien, die selbst eigenständige Buy-Out-Formen bestimmen, erläutert.

Beim ***Management Buy-Out*** setzt sich die Erwerbergruppe aus Mitgliedern des bisher abhängig beschäftigten Management zusammen. Sie erwerben die Mehrheit oder wesentliche Anteile eines Unternehmens und werden dadurch zu Inhabern bzw. Miteigentümern des Betriebs. Die Manager investieren ihre persönlich verfügbaren Mittel als Eigenkapital und beschaffen das notwendige Restkapital mit Hilfe von Banken, Kapitalbeteiligungsgesellschaften und institutionellen Anlegern.[184]

Beim ***Leveraged Buy-Out*** wird der Kaufpreis durch einen hohen Anteil an Fremdkapital finanziert und erhöht dadurch das Risiko für den Käufer.[185] Wenn die Gesamtkapitalrentabilität über dem Fremdkapitalzinssatz liegt, führt dieser hohe Fremdkapitalanteil bei konstantem Gesamtkapital zu einer Erhöhung der Eigenkapitalrendite.[186] Dies wird als Leverage-Effekt bezeichnet und führt dazu, dass die hohe Verschuldung aus dem operativen Cash Flow und nicht nur aus dem Gewinn des erworbenen Unternehmens getilgt werden kann.[187]

Im Rahmen eines **Privatisierungs-Buy-Out** wird ein vorher staatseigenes Unternehmen oder ein Unternehmensteil verkauft und durch diese Änderung der Eigentumsverhältnisse in den Besitz des Käufers überführt.[188]

---

184 Vgl. Rojan, Walter [Manager, 1991], Seite 182; Wolbert, J.G./ Hornberger, M. [MBO-Instrumentarien, 1993], Seite 52.

185 Vgl. Karsunky, Robert [Entwicklung, 1992], Seite 21.

186 Vgl. Matzen, Thomas/ Krenz, Thomas [Option, 1989], Seite 452; Otto, Hans-Jochen [Leveraged Buy-Out, 1989], Seite 1389.

187 Vgl. Peltzer, Martin [Problematik, 1987], Seite 973.

188 Vgl. Wright, M./ Thompson, S./ Chiplin, B./ Robbie, K. [Buy-Outs, 1992], Seite 90; Vest, Peter [Verkauf, 1995], S. 22; Fehrle, Klaus [Buyout-Verfahren, 1992], S. 485.

Als Verbindung dieser drei Aspekte und mit Bezug auf den Untersuchungsschwerpunkt in den neuen Bundesländern definiert sich der MBO im Sinne dieser Arbeit wie folgt:

Definition Privatisierungs-MBO:
Ein Privatisierungs-MBO liegt vor, wenn ein vorher im Unternehmen beschäftigter Manager oder Management-Team zur Sicherung des Unternehmensfortbestandes wesentliche Teile des Anlagevermögens oder Anteile dieses Unternehmens von der Treuhandanstalt im Kontext von staatlicher Privatisierungsstrategie und gesamtwirtschaftlicher Systemtransformation erwirbt und als selbständig unternehmerisch tätiger Eigentümer in die Marktwirtschaft überführt.

Diese Systematik und Entwicklung der Begriffe wird in Abbildung 5 zusammengefasst:

Abbildung 5: Begriffsentwicklung des Privatisierungs-MBO

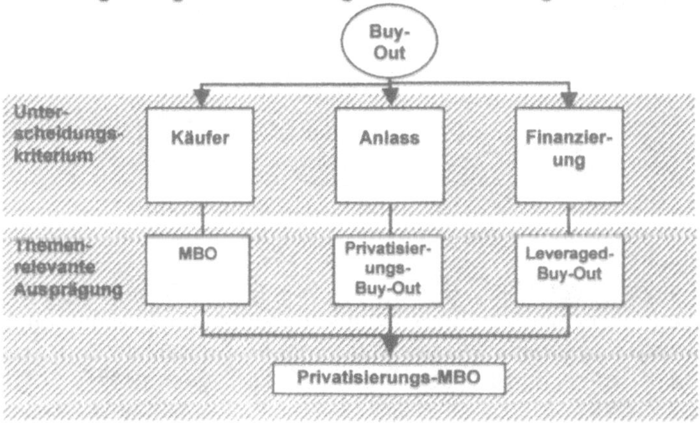

Quelle: Eigene Darstellung.

6.2 Unterschiede zum klassischen MBO

Der MBO als Privatisierungsinstrument in den neuen Bundesländern unterscheidet sich erheblich von seiner Ausgestaltung in Westdeutschland.[189] Die in Abbildung 6 zusammengefassten Merkmale konstituieren Unterschiede zu den klassischen MBOs.

Abbildung 6: Unterscheidungsmerkmale des Privatisierungs-MBO

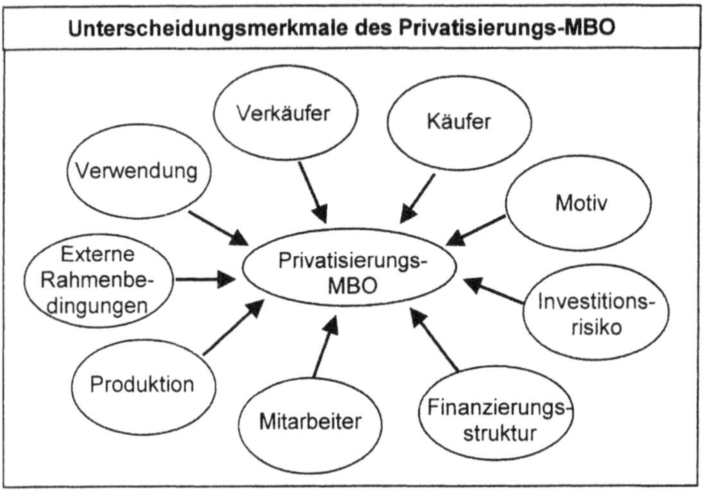

Quelle: Eigene Darstellung.

Ein grundlegender Unterschied ergibt sich aus der **Verwendung** des MBO als Privatisierungsmethode im Rahmen des wirtschaftlichen und strukturellen Umgestaltungsprozesses in den neuen Bundesländern. Die Treuhandanstalt betrachtete den MBO als geeignetes und eigenständiges Privatisierungsinstrument, das sich im besonderen Maße für mittelständische Unternehmen eignete.[190] Diese neue Anwendung brachte sowohl Herausforderungen in Bezug auf die transformationsspezifischen Rahmenbedingungen mit sich, als auch eine zusätzliche Verantwortung für den Käufer im Hinblick auf die politischen und gesamtwirtschaftlichen Anforderungen an ein Privatisierungsinstrument.

[189] Vgl. Wolbert, J.G./ Hornberger, M. [MBO-Instrumentarien, 1993], Seite 51.
[190] Vgl. Treuhandanstalt [Orientierungsrahmen, 1991], Seiten 225, 226.

Unmittelbar als Folge des Privatisierungskontext stellte der **Verkäufer** ein weiteres Unterscheidungsmerkmal dar. Während sich in marktwirtschaftlichen Systemen die Verkäuferseite beim MBO hauptsächlich aus Konzernen, die einen Unternehmensteil ausgliedern wollen und Inhabern von Familienunternehmen, die an Nachfolgeproblemen leiden, zusammensetzt,[191] gab es in den neuen Bundesländern nur einen Verkäufer: die Treuhandanstalt als einzige zentrale Eigentümerin mehrerer tausend zum Verkauf ausgeschriebener Unternehmen und Unternehmensteile. Die Treuhandanstalt nahm entsprechend eine unterschiedliche Position zu den üblichen Verkäufern ein, da sie auch politische und strukturpolitische Aufgabenstellungen beachten musste.

Auch die **Käufer** unterschieden sich von den bisher üblichen Interessenten. Obwohl die MBO-Manager wie ihre westlichen Kollegen hochmotiviert waren, wurde ihnen zumindest am Anfang fehlende markt- und betriebswirtschaftliche Kenntnisse nachgesagt. Typisch für die meisten MBO-Manager ist die fachliche Herkunft aus der Technik, der Produktion oder ähnlichen Bereichen.[192] So ließen viele trotz hoher technischer Qualifikation, aufgrund der Wirtschaftsstruktur in der DDR, Wissen auf den Gebieten Marketing, Controlling, Rechnungswesen und Vertrieb vermissen.[193]

Während die westlichen MBOs oftmals als eine Form der Nachfolgeregelung betrachtet wurden und ein starker Wunsch nach unternehmerischer Selbständigkeit als hauptsächliche Antriebskraft gilt, findet man in Ostdeutschland andere **Motive**.[194] Hier waren die Manager oft durch die Umstände zu einem MBO getrieben, wenn es keine anderen potentiellen Käufer gab und der Erhalt des Unternehmens und der Arbeitsplätze auf dem Spiel stand. Da das Bestreben der ostdeutschen Unternehmer hauptsächlich auf eine Sicherung der Existenzgrundlage abzielte, wurde auch von „Unternehmern aus Zwang" gesprochen.[195]

Die **externen Rahmenbedingungen** erfüllten ebenfalls nicht die üblichen Erwartungen. Das Branchenwachstum und die Marktent-

---

[191] Vgl. Peltzer, Martin [Problematik, 1987], Seite 973.
[192] Vgl. Rossig, Hans [Startbedingungen, 1993], Seite 18.
[193] Vgl. Sinnecker, Eberhard [Privatisierung, 1992], Seite 196.
[194] Vgl. Stefanovic', Milos [Bedeutung, 1994], Seite 18.
[195] Vgl. Friedrich, Werner [Ergebnisse, 1992], Seite 135.

wicklung konnte nicht vorhergesagt werden und unterlag großen Schwankungen. Während sich die Manager in Westdeutschland an fundierten Erfahrungswerten orientieren konnten, wurden ihre ostdeutschen Kollegen mit einem vollständigen Wechsel auf allen, für ein Unternehmen relevanten, Märkten konfrontiert. Alle bisherigen Lieferanten- und Absatzbeziehungen fielen weg oder waren starken Veränderungen unterworfen. Beschaffungsmarkt für Material und Dienstleistungen, sowie der Arbeitsmarkt, verwandelten sich und stellten einen unbekannten Faktor für das Unternehmen dar.[196] Die größte Bedeutung hatten jedoch die Veränderungen auf dem Absatzmarkt. Die ehemals starken Abnehmer der früheren Ostblockstaaten fielen nach der Währungsunion und der Abschaffung des Transferrubels im Jahr 1991 weg. Auch die regionalen Märkte der ostdeutschen Unternehmen brachen zusammen, da sich die Konsumenten anfänglich nur noch für westliche Produkte interessierten.[197] Diese Westorientierung auf dem Konsumgütermarkt wich jedoch einer „nostalgischen" Rückbesinnung auf „Ostmarken" und regionale Produkte. Angesichts dieser unmittelbaren, unternehmensrelevanten Ungewissheiten wären MBOs in Westdeutschland kaum unternommen worden.[198]

Auch bei der **Produktion** gab es einige Unterschiede zu den klassischen MBO-Objekten. Die Betriebe waren kapazitätsmäßig überdimensioniert, die Produkte entsprachen anfangs nicht dem westlichen Standard und wurden nicht nach Effizienzgesichtspunkten produziert.[199] Dementsprechend stellte der deutsche Bundestag durch seinen Untersuchungsausschuss fest, dass *„...die Rentabilität der Ostbetriebe im Vergleich zum Westen gleich Null war und die Arbeitsproduktivität insgesamt unter 30% lag...* ".[200] Somit waren in der Produktion massive Umstellungen erforderlich um wettbewerbsfähig zu werden. Auch bei den Produkten waren Anpassungen an die Marktgegebenheiten notwendig.

---

[196] Vgl. Grüner, Dietmar [Fehler, 1993], Seite 66.
[197] Vgl. Deutscher Bundestag [Drucksache, 1994], Seite 87, Freese, Christopher [Transformationsprozeß, 1993], Seite 33.
[198] Vgl. Grüner, Dietmar [Fehler, 1993], Seite 66.
[199] Vgl. Sinnecker, Eberhard [Privatisierung, 1992], Seite 196.
[200] Vgl. Deutscher Bundestag [Drucksache, 1994], Seite 87.

Die **Mitarbeiter** verfügten über eine solide Grundausbildung und ein breitgefächertes Wissen in vielen Fachbereichen, hatten aber ihr Fachwissen nicht auf den neuesten technischen Stand bringen können. Auch mangelte es ihnen an Erfahrung mit modernen Organisationen und Führungsstrukturen, was zu ineffizientem und unwirtschaftlichem Arbeiten führte.[201] Als weiteres Problem stellte sich der Personalüberhang heraus.[202] So waren nur 8,2 v.H. der Arbeitsplätze in Treuhandunternehmen für den Produktionsbetrieb rentabel.[203]

Die **Finanzierungsstruktur** unterscheidet sich durch die große Rolle, die öffentliche Fördermittel bei den ostdeutschen MBOs gespielt haben. Insbesonders, da Risikokapital von Kapitalbeteiligungsgesellschaften angesichts ihrer hohen Zielrenditen von bis zu 20 v.H. nicht in Frage kam. Auch konventionelle Darlehen zur Kaufpreisfinanzierung wurden aufgrund der unzureichenden Besicherungsgrundlagen nicht gewährt. Selbst die bei normalen MBOs als Alternative der Kreditsicherung ansetzbare Cash Flow-Prognose war mit großer Unsicherheit behaftet.[204]

Auch waren die MBO-Projekte gebremst durch **Investitionsrisiken,** wie ungeklärte Eigentumsverhältnisse, Altschulden, ökologischen Altlasten und der Verpflichtung des Käufers durch § 613a BGB, die Beschäftigten zu übernehmen.[205] Das Problem der ungeklärten Eigentumsverhältnisse, das sich als ein Haupthindernis für ein Engagement von Investoren herausstellte, wurde jedoch durch das „Gesetz zur Beseitigung von Hemnissen bei der Privatisierung von Unternehmen und zur Förderung von Investitionen" (Investitionsvorranggesetz) vom 29. März 1991 entschärft.[206]

---

201 Vgl. Kathemann, Werner [Wirtschaftsstandort, 1993], Seite 232; Deutscher Bundestag [Drucksache, 1994], Seite 87.

202 Vgl. Sinnecker, Eberhard [Privatisierung, 1992], Seite 196.

203 Vgl. Deutscher Bundestag [Drucksache, 1994], Seite 87.

204 Vgl. Vest, Peter [Verkauf, 1995], Seite 24.

205 Vgl. Picot, Gerhard [Unternehmenskaufs, 1995], Seiten 79-80, Rdnr. 225.

206 Investoren, die ein erfolgversprechendes Unternehmenskonzept, das Arbeitsplätze sicherte und Investitionen garantierte, vorlegten, wurde der Vorrang vor Alteigentümern eingeräumt, wenn diese keine Investitionen beabsichtigten. In diesen Fällen erging ein Investitionsvorrangbescheid und die Treuhand konnte nach §3a Vermögensgesetz einen gesicherten Erwerb durch den Investor garantieren. Der Alteigentümer wurde in solchen Fällen mit einer Entschädigung bedacht. Vgl. Treuhand [Privatisierung, 1991], Seite 14.

Die angeführten Probleme behinderten die erfolgreiche Durchführung eines MBO in den neuen Bundesländern. Im Gegensatz zu den alten Bundesländern, wo die für einen MBO in Frage kommenden Unternehmen einen Wettbewerbsvorteil besitzen sollen und auf eine positive Unternehmensentwicklung zurückblicken können, eröffnete sich bei den ostdeutschen Unternehmen die Aussicht auf zukünftige Erfolgspotentiale nur nach eingehenden Umstrukturierungs- und Sanierungsmaßnahmen.[207]

Entsprechend wiesen viele kritische Stimmen darauf hin, dass ein Großteil der Unternehmen im Osten gegen alle bekannten Eignungskriterien verstieß und demnach nicht für einen MBO geeignet war.[208]

6.3 Einordnung des MBO in das Insider-Outsider-Modell

Im Rahmen der Verwendung des MBO als Privatisierungsinstrument ergibt sich ein wichtiges Kriterium, das als Beurteilungsmaßstab im Vergleich zu anderen Privatisierungsinstrument herangezogen werden kann. Es handelt sich um die Kontrollfunktion, die eine Privatisierungsmethode wahrnehmen kann und die in einem Insider-Outsider-Kontrollsystem verankert ist.[209] Man kann die Privatisierung entsprechend in eine „Insider" oder „interne Privatisierung" und eine „Outsider" oder „externe Privatisierung" unterteilen.

Bei den Insidern handelt sich um Angestellte und Manager des entsprechenden Unternehmens, die als potentielle Erwerber auftreten. Der MBO stellt somit das Hauptinstrument der internen Privatisierung dar. Die Privatisierung durch Outsider bezeichnet den Verkauf oder die Weitergabe von Unternehmen an natürliche oder juristische Einzelpersonen, sowie an Gruppen, die sich außerhalb des unternehmerischen Bereichs befinden. Die externen Investoren können

207 Vgl. Stefanovic´, Milos [Bedeutung, 1994], Seite 18; Wagner, Klaus-R. [Mitarbeiterbeteiligung, 1991], Seite 91.
208 Vgl. für viele: Berger, Matthias [Mitarbeiterbeteiligung, 1992], Seite 44; Forst, Martin [Unternehmen, 1992], Seite 44; Kessel, Bernd [Grundlagen, 1991], Seite 134; Oelsnitz, Dietrich [Entwicklungstendenzen, 1993], Seite 629.
209 Vgl. Hare, Paul [Privatization, 1994], Seite 37.

sich dabei aus privaten inländischen und ausländischen Personen, Unternehmen oder institutionellen Investoren zusammensetzen.[210]

1. Im Rahmen des **Insider-Modells**, d.h. einer Übertragung der Kontrolle und der Eigentumsrechte an Manager des betroffenen Unternehmens im Rahmen des MBO oder an Angestellte durch einen Belegschafts-Buy-Out, wird eine schnelle Privatisierung ermöglicht und das Produktivvermögen bleibt innerhalb der Staatsgrenzen. Es erfolgt jedoch kein Zufluss von externem Investitionskapital, oder ein Wissens- und Technologie-Transfer.[211] Bezüglich der Akzeptanz eines Verkaufs an die ehemaligen Manager liegen die Vorteile darin, dass der Verkauf nicht als Ausverkauf an Außenstehende empfunden wird. Probleme kann es aber durch eine politisch belastete Vergangenheit der Führungskräfte geben, wenn sie der Nomenklatura, also den ehemaligen politischen Führungsebenen, angehört haben.[212] Ein weiterer Vorteil des Insider-Modells besteht in der Erschließung eines zusätzlichen Nachfragepotentials für Privatisierungen, indem gezielt die Beschäftigten der Betriebe als potentielle Investoren angesprochen werden. Dadurch ist der MBO besonders für kleine und mittlere Betriebe geeignet, für die eine eher geringe Nachfrage auf Seiten der Investoren besteht.[213]

2. Im Gegensatz dazu steht die Privatisierung durch **Outsider**. Die neuen Eigentümer können sowohl aus dem eigenen Land, als auch aus dem Ausland stammen. Im optimalen Fall bringen sie einen Wissensvorsprung und neues Kapital mit sich. Zumindest aber zeigen sie nach Hare eine eher wirtschaftlich bzw. profit-orientierte Motivation, so dass sie entsprechende Veränderungen schneller einleiten, als es die Insider tun würden.[214] Der Kreis der potentiellen externen Investoren ist jedoch in der Regel nicht groß genug, um eine ausreichende Käufer-Nachfrage nach allen zu privatisierenden Unternehmen zu bilden.[215]

---

[210] Vgl. Dhanji, Farid/ Milanovic, Branko [Privatisation, 1991], Seite 26.
[211] Vgl. Hare, Paul [Privatization, 1994], Seite 37.
[212] Vgl. Fehrle, Klaus [Buyout-Verfahren, 1992], Seite 483; Gros, Stefan E. [Unternehmensprivatisierung, 1998], Seite 103.
[213] Vgl. Sondhof, Harald/ Stahl, Markus [Privatisierung, 1993], Seite 40.
[214] Vgl. Hare, Paul [Privatization, 1994], Seite 37.
[215] Vgl. Sondhof, Harald/ Stahl, Markus [Privatisierung, 1993], Seite 40.

6.4 Situationsanalyse des Privatisierungs-MBO

Nachdem die Unterschiede des MBO als Privatisierungsinstrument beleuchtet wurden, folgt eine Bestandsaufnahme der tatsächlichen Anwendung des MBO zur Privatisierung in den neuen Bundesländern. Es wurde eine monatliche Erfassung der MBO-Aktivitäten von Beginn der Privatisierung durch die Treuhandanstalt zum 1. Juli 1990 bis zum offiziellen Abschluss am 31. Dezember 1994 durchgeführt.[216]

Diagramm 1: Anteil der MBOs an Privatisierungen

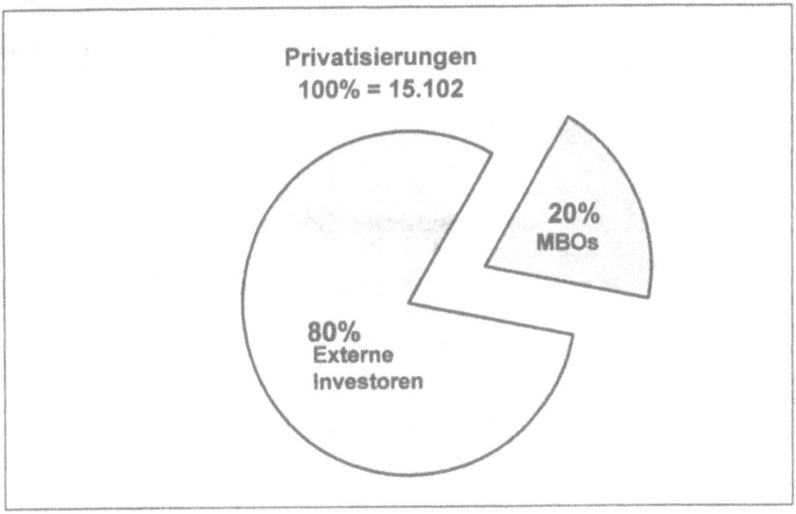

Quelle: Abschlussstatistik der THA, Stand: 31.12.1994; eigene Darstellung.

Diagramm 1 zeigt, daß insgesamt, vom 1. Juli 1990 bis zum 31. Dezember 1994, **2.983 MBOs** im Rahmen des Privatisierungsauftrages der Treuhandanstalt durchgeführt wurden. Dies entspricht einem Anteil von 19,75 v.H. an den 15.102 insgesamt durchgeführten Privatisierungen und zeigt die große Bedeutung des MBO. Durch die

[216] Die Daten sind den Monatsinformationen der THA, Abteilung „Zentrales Controlling" und der Abschlussstatistik vom 31. Dezember 1994, veröffentlicht von der Bundesanstalt für vereinigungsbedingte Sonderaufgaben, entnommen.

MBOs wurden 135.000 Arbeitsplätze erhalten und Investitionszusagen in Höhe von 5,8 Milliarden DM erreicht.[217]

Diagramm 2: Management Buy-Out nach Branchenkategorien

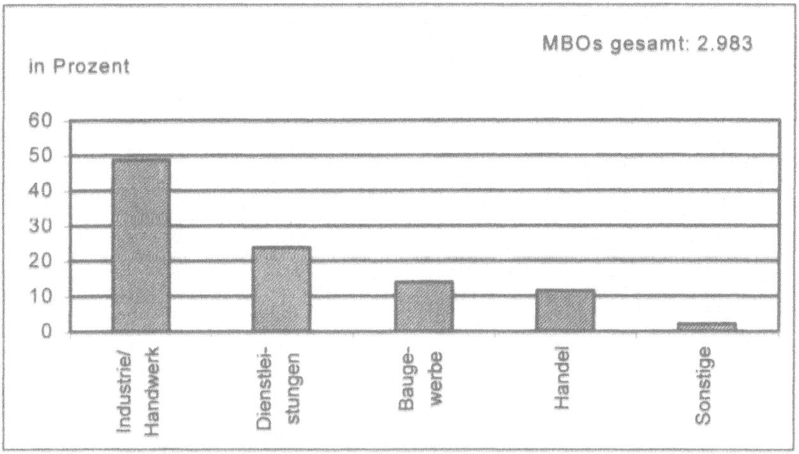

Quelle: Monatsstatistik der THA, Stand: 31.03.1994; eigene Darstellung.

In Diagramm 2 wird die Gesamtanzahl der bis zum 31. März 1995 durchgeführten MBOs nach Branchenkategorien aufgeteilt: mit 48,7 v.H. fand fast die Hälfte der MBOs in der Kategorie „Industrie und Handwerk" statt. Mit 23,7 v.H. und 14,0 v.H. stellen der Dienstleistungssektor und das Baugewerbe weitere wichtige Branchen für den MBO dar. Als Erklärung hierfür ist einmal der regionale Wettbewerbscharakter des Baugewerbes zu nennen, da hohe Transportkosten eine Schutzfunktion gegenüber der überregionalen Konkurrenz darstellen.[218] Gleichzeitig konnte das Baugewerbe aufgrund der Wiederaufbau- und Investitionsaktivitäten in den neuen Bundesländern mit einer guten Auftragslage rechnen und gehörte zu den erfolgversprechenden Bereichen der ostdeutschen Wirtschaft. Die hohe Zahl von MBOs im Dienstleistungssektor lässt sich durch den relativ geringen Investitionsbedarf, sowie den großen Nachfrageüberhang auf dem tertiären Sektor erklären. Im Handel waren 11,5 v.H. der MBOs

[217] Vgl. Treuhandanstalt [Monatsinformationen, 1994], Stand: 31. März 1994.
[218] Vgl. DIW [13. Bericht, 1995], Seite 467.

angesiedelt und konnten dort von einer erhöhten Nachfrage nach Konsumgütern profitieren.

Diagramm 3: MBOs nach Branchen in Industrie/Handwerk

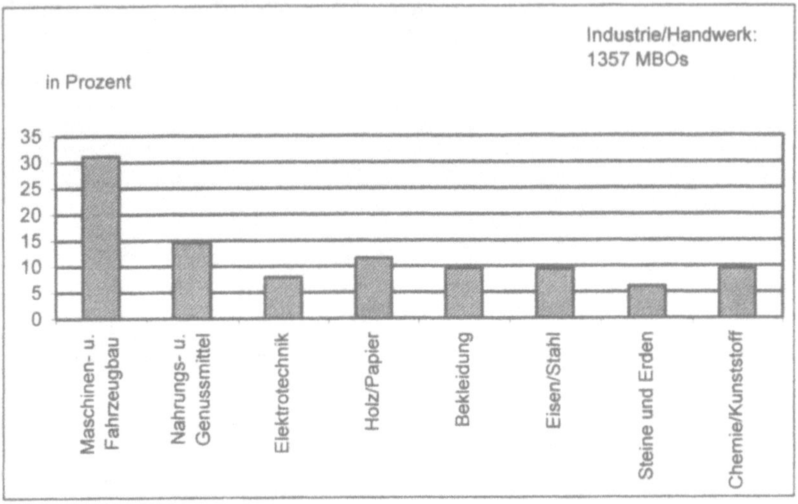

Quelle: Monatsstatistik der THA, Stand: 31.03.1994; eigene Darstellung.

Der industrielle Sektor, dargestellt in Diagramm 3, sah sich im allgemeinen erschwerten Bedingungen ausgesetzt: im Gegensatz zum Handwerk, das wie die Baubranche von einer guten Auftrags- und Konjunkturlage profitierte, hatte die Industrie besonders unter ihrer mangelnden Wettbewerbsfähigkeit zu leiden. Besonders stark sind neben dem Maschinen- und Fahrzeugbau als früherem Herzstück der DDR-Industrie mit 31,1 v.H. der MBOs, noch diejenigen Branchen vertreten, die vom überregionalen Wettbewerb abgeschirmt sind, wie z.B. die Papier- und Druckindustrie mit 11,6 v.H., oder die Stahl- und Eisenverarbeitung mit 9,4 v.H. der MBOs. Die Manager wählten die Nahrungs- und Genussmittelbranche in 14,7 v.H. der Fälle für einen MBO, da dieser Sektor ebenfalls über regional überschaubare Märkte verfügte und teilweise auf Markenpotentiale aus früheren DDR-Zeiten zurückgreifen konnte.

Grundsätzlich ist der hohe Anteil an Industriebetrieben hervorzuheben. Die MBOs leisteten im Vergleich zu den neugegründeten Unternehmen, bei denen der industrielle Bereich nur mit etwa 2,7 v.H. vertreten war, einen wichtigen Beitrag zur Sicherung industrieller Arbeitsplätze.[219]

Diagramm 4 zeigt die MBO-Aktivitäten von 1990 bis 1994 im zeitlichen Verlauf.

Diagramm 4: Realisierte MBOs pro Jahr

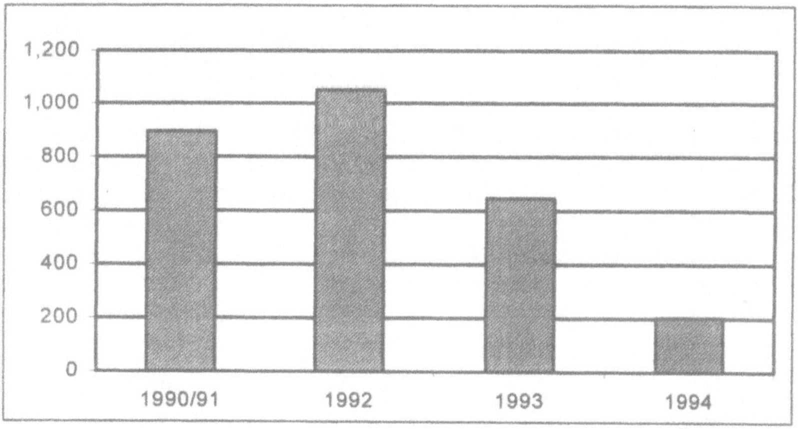

Quelle: Monatsinformationen der THA, Juli 1991 bis September 1994; Abschlussstatistik der THA, Stand: 31.12.94; eigene Darstellung

Die meisten MBOs fanden in den Jahren 1990/91 und 1992 statt. Die hohe Anzahl von MBOs gleich zu Beginn mag angesichts der anfangs skeptischen Haltung der THA zum Konzept des MBO etwas verwundern.[220] Da auch während dieser Phase, in der sich die Konzepte teilweise gegen die Treuhand durchsetzen mussten, viele MBOs durchgeführt wurden, wird deutlich, wie groß der Bedarf an und die Motivation zu einem MBO in den neuen Ländern war. Die ablehnende Einstellung der THA wurde erst im Laufe des Privatisierungsprozesses im Rahmen der „Initiative Mittelstand" aufgegeben und von einer

219 Vgl. Lennardt, Jörg [Unternehmergeneration, 1994], Seite 5.
220 Vgl. Oelsnitz, Dietrich v. d. [Entwicklungstendenzen, 1993], Seite 631.

positiven, unterstützenden Grundeinstellung abgelöst, womit sich auch die große Zahl von MBOs im Jahre 1992 erklärt. In den beiden Folgejahren sank die Zahl der jährlich realisierten MBOs stetig, was die insgesamt rückläufige Zahl an Privatisierungen widerspiegelt.

Die Situationsanalyse des MBO in den neuen Bundesländern verdeutlicht die große Bedeutung dieser Privatisierungsform, durch deren Anwendung etwa ein Fünftel der Privatisierungen durchgeführt wurde. Diese wichtige Rolle im Umstrukturierungsprozess verhalf dem MBO-Konzept zu einer breiten Anerkennung und einem Bekanntheitsgrad, den man vor 1990 in der Bundesrepublik Deutschland nicht vorfand.

Bezogen auf diese Arbeit liefert die Situationsanalyse wichtige Implikationen für eine geeignete Auswahl der Untersuchungsmenge. Um möglichst viele Unternehmen zu identifizieren empfiehlt sich eine zeitliche Konzentration auf die ersten 2,5 Jahren der Privatisierungswelle, da dann die meisten MBOs durchgefürht wurden, sowie einen möglichst weitgefassten Branchenfokus und Verteilung auf die einzelnen Bundesländer.

III. Kapitel:

Theoretische Überlegungen zur Erfolgsbestimmung

III. Theoretische Überlegungen zur Erfolgsbestimmung

7. Erfolgs- und Effizienzuntersuchung in einer Transformationssituation

7.1 Abgrenzung zum Effizienzbegriff

Grundsätzlich muss man zwischen der Effizienz des MBO als Privatisierungsinstrument und als Unternehmen unterscheiden:

1. **Effizienz als Privatisierungsinstrument:**
   Die Definition von Effizienz bei einer Privatisierung fordert, dass das Kapital auf die fähigsten Unternehmer verteilt wird, um das Ziel der Privatisierung, eine Erhöhung der ökonomischen Effizienz zu erreichen.[221] Dies ist Ausdruck der *allokativen Effizienz*, die sich auf die Verteilung von Resourcen innerhalb einer gesamten Volkswirtschaft bezieht.[222] Sie besagt, dass eine Resourcenallokation dann effizient ist, wenn niemand durch eine Veränderung besser gestellt werden kann, ohne jemand anderen schlechter zu stellen (Pareto-Optimum).[223]

2. **Effizienz als Unternehmen:**
   Die *unternehmerische Effizienz* des MBO erstreckt sich auf verschiedene Effizienzformen, die sich mit dem Verhältnis von Input und Output beschäftigen:[224] Die technische Effizienz bedeutet einen optimalen technischen Produktionsprozess, d.h. die Minimierung des Inputs von Resourcen für die Produktion des gleichen Outputs.[225] Die

---

221 Vgl. Maskin, Eric S. [Privatization, 1992], Seite 117; Dhanji, Farid/ Milanovic, Branko [Privatisation, 1991], Seite 15; Hare, Paul [Privatization, 1994], Seite 32; Tirole, Jean [Incentives, 1991], Seite 223; Estrin, Saul [Transition, 1994], Seite 3.
222 Vgl. Domberger, Simon/ Pigott, John [Privatization, 1986], Seite 146.
223 Vgl. Rees, Ray [Economics, 1984], Seite 15.
224 Vgl. Leipold, Helmut [Privatisierung, 1990], Seite 143; Domberger, Simon/ Pigott, John [Privatization, 1986], Seite 147; Rees, Ray [Economics, 1984], Seite 14.
225 Vgl. Domberger, Simon/ Pigott, John [Privatization, 1986], Seite 148; Wöhe, Günther [Einführung, 1993], Seite 583.

operative oder produktive Effizienz verfolgt das Ziel der Kostenminimierung bei gleichem Output. Die produktive Effizienz wird auch synonym als ökonomische Effizienz (im mikroökonomischen Sinne) bezeichnet und setzt oben angeführte technische Effizienz voraus.[226] Die X-Effizienz fasst verschiedene Anforderungen an eine effiziente Unternehmensform auf einzelwirtschaftlicher Ebene zusammen und ist der allokativen Effizienz gegenübergestellt. Nach Leibenstein bezeichnet sie Effizienzgewinne, die durch Wettbewerbsdruck, gesteigerte Motivation von Management und Mitarbeitern und Änderungen bei Arbeitsmethoden, sowie Materialeinsatz entstehen. Sie bildet die Voraussetzung für eine höhere Effizienz der MBO-Unternehmen auf einzelwirtschaftlicher Ebene.[227]

Eine effiziente Privatisierung mit ihrer effizienten Allokation fordert aber genau diese erfolgreiche ökonomische Entwicklung der einzelnen Unternehmen und schließt sie mit ein. Die produktive Effizienz auf einzelwirtschaftlicher Ebene bildet somit eine notwendige, jedoch keine hinreichende Bedingung für das Vorliegen einer allokativen Effizienz.[228]

Für diese Arbeit liefert dies einen interessanten Ansatzpunkt für die Bestimmung der Eignung und des Erfolgs des Privatisierungs-MBO. Obwohl eine Effizienzbestimmung nur schwer möglich ist, können Eignung und Erfolg anhand verschiedener Kriterien, die sich an der Zielsetzung einer effizienten Privatisierung orientieren, bestimmt werden.

7.2 Möglichkeiten der Erfolgs- und Effizienzbetrachtung und ihre Anwendbarkeit

Zunächst werden die Möglichkeiten zur Erfolgs- und Effizienzbetrachtung bei MBOs untersucht und ihre Anwendung in den neuen Bundesländern

[226] Vgl. Dichtl, Erwin/ Issing, Otmar [Wirtschaftslexikon, 1994], Seite 493.
[227] Vgl. Leibenstein, Harvey [X-Effizienz, 1966], Seite 353; Dhanji, Farid/ Milanovic, Branko [Privatisation, 1991], Seite 15; Dichtl, Erwin/ Issing, Ottmar [Wirtschaftslexikon, 1994], Seite 2424; Gabler [Volkswirtschafts-Lexikon, 1996], Seite 1335.
[228] Vgl. Rees, Ray [Economics, 1984], Seite 15; Domberger, Simon/ Pigott, John [Privatization, 1986], Seite 148.

bewertet. Dadurch ergeben sich Ansatzpunkte für mögliche Erfolgskriterien.

7.2.1 Vergleich der ökonomischen Daten

Untersuchungen zu Erfolg und Effizienz bei MBOs können durchgeführt werden, indem die wirtschaftliche Lage der Unternehmen vor und nach der MBO-Transaktion verglichen wird. Dazu sind ökonomische Daten als jeweilige Bezugspunkte nötig:

Jahresabschlussbasierte Kennzahlen
Aus Positionen der Bilanz und der Gewinn- und Verlustrechnung werden Kennzahlen gebildet, die im Vergleich mit Kennzahlen vergangener Jahre oder anderer Unternehmen einen Einblick in die Vermögens- und Ertragslage des Unternehmens erlauben.[229]

Cash Flow Größen
Entsprechend kann ein Vergleich der Cash Flows im Zeitablauf oder von verschiedenen Unternehmen gewählt werden. Der Vorteil des Cash Flow-Vergleichs liegt darin, dass er im Gegensatz zum Jahresüberschuss das Innenfinanzierungsvolumen aufzeigt.[230]

Aktienrenditen
Bei öffentlich notierten Unternehmen, die durch einen Buy-Out zurückgekauft werden, lassen sich die Aktienpreise vor und nach der Ankündigung des Buy-Outs vergleichen. Eine mögliche Effizienz des Buy-Outs wird so durch die Beurteilung des Marktes gemessen. [231]

Stellt man eine positive Entwicklung dieser ökonomischen Daten und Kennziffern fest, wird auf eine Erhöhung der Effizienz bzw. einen Erfolg durch den MBO geschlossen.

Allerdings lassen sich in einer Transformationssituation, wie sie sich in den neuen Bundesländern beim Übergang von der Plan- zur

[229] Vgl. Schmalen, Helmut [Grundlagen, 1996], Seite 689.
[230] Vgl. Wöhe, Günther [Einführung, 1993], Seiten 851-854.
[231] Vgl. Kaplan, Steven [Value, 1988], Seite 1.

Marktwirtschaft darstellte, oben aufgeführte Kennzahlen aus den folgenden Gründen nicht anwenden:[232]

Jahresabschlussbasierte Renditen:
Ein vorher-nachher Vergleich der Unternehmenssituation ist aufgrund der unter anderen gesetzlichen Voraussetzungen entstandenen Jahresabschlüsse nicht möglich.[233] Die Unternehmen bestanden nicht in der gleichen Gestalt (z.B. nach einer Ausgliederung von Betriebsteilen) und betätigten sich in einem Wirtschaftssystem mit anderen wirtschaftlichen und politischen, sowie legislativen Rahmenbedingungen.[234]

Auch gewähren die meisten Unternehmen keinen näheren Einblick in ihre finanzielle Situation. Da es sich bei den zu untersuchenden Unternehmen um kleine und mittlere Kapitalgesellschaften handelt, unterliegen sie nur einer eingeschränkten Veröffentlichungspflicht.[235]

Cash Flow:
Es liegen keine vergleichbaren Cash Flow-Größen aus der Zeit vor der Transformation vor. Auch die kurz nach der Wende aufgezeichneten Cash Flow-Größen sind nicht verwendbar, da sie großen Schwankungen aufgrund der Veränderungen im Wirtschaftssystem unterlagen.[236]

Aktienrenditen:
Ein Vergleich ist in Deutschland grundsätzlich nur selten möglich, da die Aktiengesellschaften gemessen an der Gesamtanzahl aller Unternehmen eine zahlenmässig geringe Bedeutung haben.[237] Auch konzentriert sich die Privatisierungsform des MBO auf mittelständische Betriebe, die in der Regel nicht öffentlich notiert sind.

---

[232] Vgl. Enke, Margit [Entstehung, 1993], Seite 264.
[233] Vgl. Anordnung über den Abschluß der Buchführung in Mark der DDR zum 30.6.1990, GBl. I, 1990, Seite 593; Einigungsvertrag, BGBl. II, 1990, Seite 889 (1169), Anlage II, Kap. III, Sachgebiet D, Abschnitt I. Vgl. für eine Übersicht zur Bilanzierungspraxis in der DDR auch: Lanfermann, Josef/ Gewehr, Michael [DM-Bilanzgesetzes, 1990], Seiten 385-392.
[234] Vgl. Kokalj, Ljuba / Hüfner, Peter [Übernahmestrategie, 1994], Seite 178; IDW (Hrsg.) [Unternehmesbewertungen, 1990], Seite 403.
[235] Vgl. §326 HGB.
[236] Vgl. Enke, Margit [Entstehung, 1993], Seite 264.
[237] Vgl. Drukarczyk, Jochen [Effizienzgewinne, 1993], Seite 23.

7.2.2 Theoretische Erklärungsmuster

Eine weitere Möglichkeit zur Erfolgs- und Effizienzbestimmung besteht darin, von theoretischen Überlegungen als Erklärung für das Zustandekommen von MBOs auszugehen und dadurch Potentiale und Bereiche für mögliche Effizienzsteigerungen aufzuzeigen. Die Erklärungsmuster versuchen zu begründen, warum Manager bei der Durchführung eines MBO für die Unternehmensanteile eine Prämie bezahlen können, die zwischen 30,0 und 50,0 v.H. über dem eigentlichen Marktwert des öffentlich gehandelten Unternehmens liegt.[238]

Als Begründung für die scheinbar überhöhten Kaufpreise gelten in der Literatur die folgenden fünf Thesen mit ihren Annahmen:[239]

1. **Effizienzthese:**
   MBOs werden in der Erwartung durchgeführt, dass nach der Umstrukturierung das von der neuen Kapitalstruktur disziplinierte Management die Erträge steigert. Dies gelingt durch eine Reduzierung der Agency-Kosten,[240] die aufgrund einer Trennung der Eigentümer-, Kontroll- und Managerfunktion entstehen.[241]

2. **Steuerthese:**
   Durch den MBO können steuerliche Vorteile aufgrund einer erhöhten Abschreibungsbasis durch Zuschreibungen auf die Vermögensgegenstände und eine Aktivierung der stillen Reserven, sowie der steuerlichen Absetzbarkeit von Fremdkapitalzinsen entstehen. Ferner können in den USA durch eine teilweise Finanzierung des MBO durch

---

238 Vgl. Drukarczyk, Jochen [Effizienzgewinne, 1993], Seite 25; Kaplan, Steven [Taxes, 1989], Seiten 611; Lowenstein, Louis [Buyout, 1985], Seite 730.

239 Vgl. Drukarczyk, Jochen [Buyouts, 1992], Seiten 8-22; Drukarczyk, Jochen [Buyouts, 1990], Seiten 546-547; Kaplan, Steven [Value, 1988], Seiten 5-13; Lehn, Kenneth/ Poulsen, Annette [Going Private, 1989], Seiten 772-773.

240 Agency-Kosten entstehen aufgrund der Trennung von Eigentum und Kontrolle bei gleichzeitiger asymmetrischer Informationsverteilung. Sie beinhalten Kontrollkosten aufgrund von Aktivitäten des Eigentümers (Principals) zur Überwachung des Managers (Agenten), Bindungskosten durch die Manager, die das ihnen entgegengebrachte Misstrauen abschwächen wollen, und Residualkosten, die durch ein falsches Verhalten des Managers in dem ihm verbleibenden Freiraum entstehen. Vgl. Kessel, Annette [Buyout, 1995], Seite 76.

241 Vgl. Stahl, Markus [Transformationsländern, 1995], Seite 18.

einen Employee Stock Ownership Plan (ESOP) weitere steuerliche Vorteile generiert werden.[242]

3. **Manipulationsthese:**
Da es sich bei den MBO-Managern um Insider des Unternehmens handelt, könnten sie vor der MBO-Transaktion die Gewinnlage des Unternehmens negativ darstellen und somit den Kaufpreis senken. Die bezahlte Prämie würde dann nur den eigentlichen Wert des Unternehmens voll bzw. teilweise widerspiegeln.[243]

4. **Umverteilungsthese:**
Der erhöhte Kaufpreis eines MBO erklärt sich durch die Umverteilung der Belastung auf Gläubiger, Arbeitnehmer und andere Betroffene, indem z.B. die Arbeitsplätze reduziert und Restrukturierungsmassnahmen durchgeführt werden.[244]

5. **Rechenfehlerthese:**
MBO-Manager bezahlen einen zu hohen Kaufpreis, da sie sich, obwohl sie Insider sind und von ihrer sehr guten Informationslage ausgegangen werden muss, verrechnet haben.[245]

Diese Thesen für das Zustandekommen eines MBO bieten eine Ansatzmöglichkeit für eine Erfolgs- und Effizienzbestimmung, da durch theoretische Überlegungen analysiert wird, ob Potentiale für eine Effizienzsteigerung vorhanden sind und ob sich der Kaufpreis durch eine Erhöhung der Effizienz des Management rechtfertigen lässt oder auf andere Ursachen zurückzuführen ist.

---

[242] Vgl. Drukarczyk, Jochen [Buyouts, 1992], Seiten 14; vgl. für eine empirische Untersuchung mit Bezug auf die amerikanische Steuergesetzeslage: Kaplan, Steven [Value, 1988], Seiten 5-6; vgl. für eine Darstellung der Steuervorteile im deutschen System: Streck, Michael [Steuerinteressen, 1992], Seite 685; Schmidt, Gerhard [Bestandsaufnahme, 1993], Seite 119.

[243] Vgl. DeAngelo, Linda Elizabeth [Buyouts, 1986], Seite 401; Drukarczyk, Jochen [Buyouts, 1992], Seiten 17-19.

[244] Vgl. Lehn, Kenneth/ Poulsen, Annette [Going Private, 1989], Seiten 772-773; Drukarczyk, Jochen [Buyouts, 1992], Seiten 19-20.

[245] Vgl. Drukarczyk, Jochen [Effizienzgewinne, 1993], Seiten 36-37.

Allerdings sind die theoretischen Erklärungsmuster als Ausgangsbasis für eine Bestimmung der Bereiche für Effizienzsteigerungen bei MBOs in einer Transformationssituation nur bedingt anwendbar:[246]

1. **Effizienzthese:**
   Es stellt sich das Problem der empirischen Überprüfung. Die Relevanz der These kann nur durch einen Vergleich des ökonomischen Erfolgs der Unternehmen vor und nach der Transaktion untersucht werden, wobei sich hier das Problem der fehlenden und nicht vergleichbaren Datenlage stellt.[247]

2. **Steuerthese:**
   Aufgrund hoher verrechenbarer Verlustvorträge ist diese These in den neuen Bundesländern von geringerer Bedeutung. Auch eine Bevorzugung der Form des MBO bei steuerlichen Subventionen liegt nicht vor.[248]

3. **Manipulationsthese:**
   In den neuen Bundesländern ist diese These nicht haltbar, da die Privatisierungen unter Zeitdruck erfolgten. Auch führte die Unkenntnis der MBO-Manager vielmehr zu einer positiveren Darstellung der Unternehmenssituation, z.B. durch eine Überbewertung in der Eröffnungsbilanz und lässt sich eher der Rechenfehlerthese zuordnen.[249]

4. **Umverteilungsthese:**
   Bei den ostdeutschen MBOs trifft diese These weniger zu, da die Treuhandanstalt nicht nur Verkäufer, sondern auch Gläubiger war und Entlassungen der Arbeitnehmer durch die transformationsspezifische Situation bedingt war.[250]

5. **Rechenfehlerthese:**
   Diese These scheint in den neuen Bundesländern möglich, da sich der Kaufpreis von Ost-Unternehmen nicht auf einen Barkaufpreis als

246 Vgl. Enke, Margit [Entstehung, 1993], Seiten 265-267.
247 Vgl. Enke, Margit [Entstehung, 1993], Seite 266.
248 Vgl. Schmidt, Gerhard [Bestandsaufnahme, 1993], Seite 119.
249 Vgl. o.V. [Fehleinschätzungen, 1993], Seite 18.
250 Vgl. Laub, Jens [Bundesländer,1995], Seite 43.

unmittelbar zu zahlende Kaufsumme beschränkte, sondern Nebenbedingungen (z.B. Arbeitsplatzgarantien und Investitionszusagen) und zusätzliche kaufpreisbeeinflussende Faktoren (z.B. Altschulden, Ausgleichsforderungen, Rückstellungen, ökologische Altlasten, Sanierungsaufwand und Investitionen, sowie Nachbewertungsklauseln) enthielt.[251] Es ergab sich ein Gesamttransaktionsaufwand, der von vielen ostdeutschen MBO-Managern nicht in vollem Ausmaß erkannt und berücksichtigt wurde. Dies würde bedeuten, dass der MBO nicht die Organisation des Unternehmens verbessert, sondern lediglich im voraus ein zu hoher Kaufpreis bezahlt wurde.

7.2.3 Geschäftsplan als Bezugsbasis

Eine weitere eher praktisch orientierte Möglichkeit einer Untersuchung zum Erfolg des MBO entwickelte sich in den neuen Bundesländern. Unter Berücksichtigung der dortigen Rahmenbedingungen wurde als Bezugspunkt der vor der Privatisierung aufzustellende Geschäftsplan gewählt. Dieser Plan war ein zwingender Bestandteil der Privatisierungsverhandlungen mit der Treuhand, und lieferte Informationen und Prognosen über die unternehmerische Entwicklung und strategische Planung bezüglich des Zielobjekts.[252] Die MBOs gelten als erfolgreich, wenn sie die im Geschäftsplan aufgestellten Planvorgaben in Bezug auf Umsatz- und Gewinnentwicklung erfüllen.[253]

Bei diesem praktischen Ansatz, der sich als Antwort auf eine nicht vorhandene historische Datenlage entwickelte, liegt das Problem in der subjektiven Vergleichsbasis. Als Bezugspunkt werden die individuellen Einschätzungen der MBO-Manager zum Zeitpunkt der Privatisierung gewählt. Inzwischen hat sich gezeigt, dass sich gerade die falschen Einschätzungen der Manager zu einem Problem für die MBOs entwickelten. Ein Vergleich mit den wirtschaftlichen Prognosen der Geschäftspläne bedeutet somit eine Verzerrung der Ergebnisse, da die Vergleichsbasis nicht extern und neutral, sondern ein Teil des MBO-Prozesses ist und von den Managern festgelegt wurde.

---

[251] Vgl. Mackebrandt, Lutz [Kaufpreisfindung, 1992], Seite 45.

[252] Vgl. Brandenstein-Zeppelin, Constantin von [Geschäftsplan, 1992], Seiten 68-79; Brotchie, Chris/ Kühr, Thomas [Business Plan, 1992], Seite B7.

[253] Vgl. Kokalj, Ljuba / Hüfner, Peter [Übernahmestrategie, 1994], Seite 179.

7.2.4 Zusammenfassung der Anwendbarkeit

Diese Überprüfung der Anwendbarkeit möglicher Effizienzmessungen für die Erfolgsbestimmung zeigt, dass die transformationsspezifische Situation in den neuen Bundesländern eine eigene Methode mit neu entwickelten Ansatzpunkten benötigt. Für eine Untersuchung müssen Kriterien herangezogen werden, die nicht nur theoretisch, sondern auch empirisch überprüfbar sind und den speziellen Gegebenheiten in den neuen Bundesländern Rechnung tragen.

Die Problematik einer Untersuchung zu Eignung und Erfolg des MBO als Privatisierungsinstrument in einer Transformationssituation als Ableitung der bisher verwendeten Methoden zur Effizienzbestimmung lässt sich wie folgt zusammenfassen:

⇨ Keine Verfügbarkeit von ökonomischen Bezugsdaten der Unternehmen vor der MBO-Transaktion.

⇨ Nur beschränkter Einblick in aktuelle ökonomische Daten, die nicht genügen, um umfangreiche Untersuchungen zu Effizienz und Erfolg anzustellen.

⇨ Keine Verwendungsmöglichkeit anderer unternehmensinterner Bezugspunkte, wie z.B. des Geschäftplans, aufgrund mangelnder Objektivität und zugrundeliegender Fehleinschätzungen.

8. Ansatz zur Eignungs- und Erfolgsbestimmung

Die angeführten Probleme in den neuen Bundesländern verlangen nach zusätzlichen Ansatzmöglichkeiten für eine Eignungs- und Erfolgsbestimmung.

Die grundsätzliche Problematik jeder Untersuchung ist die fehlende Vergleichsmöglichkeit, da die historischen Daten nicht verwendet werden können. Es gilt somit zuerst, die Herausforderung der mangelnden Vergleichbarkeit zu lösen.

8.1 Einführung eines neuen Vergleichsansatzes

Es besteht die Forderung, dass Aussagen zum Erfolg des MBO nur gemacht werden können, wenn man durch einen *Vergleich* der Ergebnisse zu den Erfolgskriterien bestimmen kann, ob der MBO die Situation des Unternehmens verbessert hat, oder nicht.[254]

Dadurch stößt man an die Grenzen der bisher angewandten Untersuchungen, da die nicht vorhandenen historischen Daten der Unternehmen ein unüberwindliches Hindernis für eine vergleichende Darstellung des Unternehmens vor und nach der MBO-Transaktion bilden.

Hier setzt diese Arbeit an, indem sie eine neue Bezugsmöglichkeit entwickelt: den Vergleich zwischen möglichst identischen Unternehmen, die sich lediglich in der Form der Privatisierung unterscheiden.[255]

Die Unternehmen sollen sich in möglichst vielen Faktoren entsprechen, um den Einfluss potentieller Störfaktoren auf einen Vergleich zu minimieren.[256] Als Forderung ergibt sich eine möglichst weitgehende Übereinstimmung der wirtschaftlichen und rechtlichen Rahmen-

[254] Vgl. zur Notwendigkeit eines Vergleichs für betriebswirtschaftliche Aussagen: Vodrazka, Karl [Vergleichsrechnungen, 1993], Sp. 1997.

[255] Für eine Vergleichbarkeit sollten sich zwei Objekte im Idealfall bis auf ein Merkmal gleichen, d.h. eine Strukturgleichheit vorliegen. Vgl. Baetge, J./ Commandeur, D. [Vergleichbar, 1986], Seite 327.

[256] Vgl. für Störquellen eines Vergleichs: Schnettler, A. [Betriebsvergleich, 1961], Seiten 29-46.

bedingungen:[257] Die Unternehmen sollen der gleichen Branche angehören und eine vergleichbare Anzahl Arbeitnehmer beschäftigen.[258] Auch sollen sie im gleichen Bundesland tätig und im gleichen zeitlichen Rahmen privatisiert worden sein. Während jedoch ein Teil durch einen MBO privatisiert wurde, hat die Treuhandanstalt die unternehmerischen Gegenstücke an externe Investoren verkauft. Dadurch unterscheiden sich die Unternehmen lediglich in einem wichtigen Kriterium, der Gruppe der Käufer, die einmal aus internen Managern und einmal aus externen Investoren besteht.

Dies ermöglicht eine Vergleichbarkeit und verringert das Problem der nicht vorhandenen historischen Daten. Es können zwar keine vorher-nachher Analysen im Rahmen eines Zeitvergleichs durchgeführt werden, aber durch den direkten Vergleich mit der Performance möglichst ähnlicher Unternehmen, die unter vergleichbaren Rahmenbedingungen tätig wurden, können Aussagen zum Erfolg der jeweils angewandten Privatisierungsform getroffen werden.

8.2 Aufteilung der Untersuchungsebenen

Nachdem ein neuer Vergleichsansatz eingeführt wurde, stellt sich als nächste Frage, welche Informationen verglichen werden können. Hier kommt eine weitere Problematik der Unternehmen in den neuen Bundesländern zum tragen: es ist nur ein begrenzter Einblick in die ökonomischen Daten der Unternehmen möglich, weshalb keine umfassenden Analysen durchgeführt werden können.

Als Lösung bietet sich an, den Vergleichsansatz und die empirische Untersuchung auf verschiedene Bereiche auszudehnen. Durch die Messung auf mehreren Untersuchungsebenen wird eine einfachere Überprüfung der Indikatoren ermöglicht und umfassendere Indizien zum Erfolg des MBO gesammelt. Die Aussagekraft der Ergebnisse vergrößert sich dadurch, dass sich die Resultate der verschiedenen Ebenen ergänzen und den Fokus der Untersuchung thematisch erweitern.

[257] Vgl. auch Baetge, Jörg [Bilanzanalyse, 1998], Seiten 17, 18.
[258] Vgl. Beaver, William [Financial, 1966], Seite 75.

Für eine Aufteilung der Untersuchungsebenen wird auf die Definition des MBO als Privatisierungsinstrument zurückgegriffen.[259] Sie beinhaltet die Komponenten, die eine MBO-Privatisierung ausmachen und bildet drei entscheidende Plattformen, auf denen eine Erfolgsbestimmung durchgeführt werden soll.

Abbildung 7: Aufteilung der Untersuchungsebenen

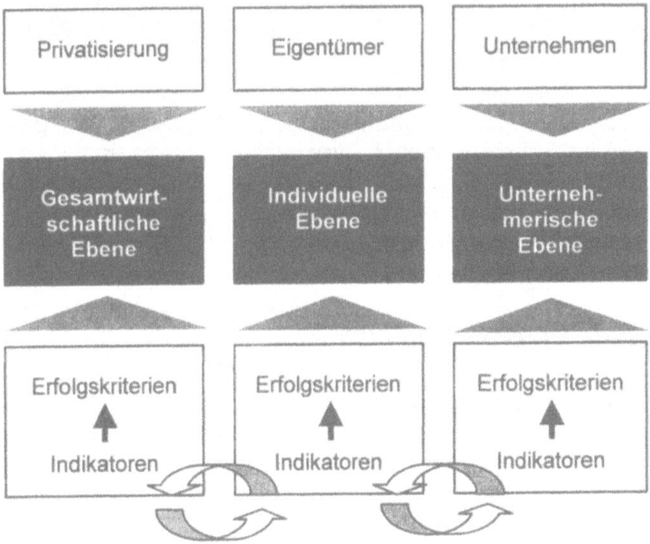

Quelle: Eigene Darstellung.

Diese drei, in Abbildung 7 dargestellten Untersuchungsebenen repräsentieren die verschiedenen Einflusssphären eines MBO und legen eine Aufteilung der Erfolgsbestimmung auf verschiedene Ebenen fest. Die empirischen Indizien, die sich auf allen Ebenen mit Hilfe der Erfolgskriterien und ihren Indikatoren ergeben, ergänzen sich und das Problem einer nur bedingten Einsichtnahme in die ökonomischen Daten wird entschärft. Im Einzelnen liegen den Ebenen die folgenden Überlegungen zugrunde:

---

[259] Vgl. Kapitel 6.1, Seite 66.

Gesamtwirtschaftliche Ebene:
Hier wird die Verwendung des MBO berücksichtigt, da seine spezielle Form als Privatisierungsinstrument wichtige Kriterien für eine Erfolgsbestimmung liefert. Ausgehend von den Anforderungen an ein Privatisierungsinstrument, ausgedrückt in der Zielsetzung der Treuhand, soll der MBO anhand seiner Rolle bei deren Erfüllung bewertet werden.

Individuelle Ebene:
Eine weitere Plattform für eine Erfolgsbetrachtung bildet die individuelle Ebene. Der MBO wird mehr als jedes andere Finanzierungs-, bzw. Privatisierungsinstrument durch die beteiligten Manager bestimmt. Um so naheliegender ist es, auch deren Motive und ihre Erfüllung mit in eine umfassende Bewertung zum Erfolg des MBO als Privatisierungsinstrument miteinzubeziehen.

Unternehmerische Ebene:
Die unternehmerische Ebene steht als Plattform für die wirtschaftliche Lage der Unternehmen. Eine Untersuchung wird durch den nur begrenzten Einblick in die ökonomischen Kennzahlen der Unternehmen erschwert. Entsprechend muss sich eine Erfolgsbestimmung an der vorliegenden Datenlage orientieren. Soweit es die Datenlage erlaubt, wird eine Bilanzanalyse durchgeführt, um durch eine paarweise Auswertung im Rahmen eines Betriebs- oder Unternehmensvergleichs weitere Aussagen treffen zu können. Zusätzliche Erkenntnisse sollen durch Plausibilitätsüberlegungen gewonnen werden.[260]

Diese drei Bereiche repräsentieren die verschiedenen Ebenen, die von einem MBO beeinflusst werden. Die Resultate der einzelnen Untersuchungsebenen ergänzen sich und führen dadurch zu Ergebnissen mit größerer Aussagekraft, die sicherstellen, dass die Aussagen zu Eignung und Erfolg des MBO einen Gesamteindruck widerspiegeln.

Als nächste Frage stellt sich in diesem Zusammenhang, wie man vergleichen, also messen, und Aussagen zum Erfolg machen kann. Dafür werden im Rahmen der Operationalisierung detaillierte

---

260 Beispielsweise zeigt sich der „minimalste" ökonomische Erfolg nach einem Zeitraum von 6-7 Jahren seit der Privatisierung bereits dadurch, dass ein Unternehmen noch am Markt tätig ist.

Erfolgskriterien zu den einzelnen Untersuchungsebenen ausgearbeitet und Indikatoren entwickelt, um die empirische Messbarkeit sicherzustellen.

Zusammenfassend ergeben sich die folgenden Lösungsmöglichkeiten zur Bestimmung der Eignung und des Erfolgs des MBO als Privatisierungsinstrument:

⇨ Das vergleichende Element entsteht nicht mehr durch eine unternehmensinterne vorher-nachher Analyse, sondern durch die Einführung eines paarweisen Vergleichs der Entwicklung von möglichst ähnlichen Unternehmen.

⇨ Die Aufteilung in drei Untersuchungsebenen führt zu Aussagen, die sich ergänzen und durch diese Verbreiterung des Untersuchungsfokus den Mangel einer nur beschränkten Einblicksfähigkeit in ökonomische Daten ausgleichen.

⇨ Empirische Messbarkeit wird möglich, indem detaillierte Erfolgskriterien und ihre Indikatoren zu jeder Untersuchungsebene bestimmt werden. Es wird sichergestellt, dass ein empirischer Bezug besteht und entweder die Kriterien oder ihre Indikatoren beobachtbar im Sinne von messbar sind.

8.3 Operationalisierung der Erfolgsbestimmung

Das Vergleichsdesign als Voraussetzung für eine Erfolgsbestimmung wurde bereits festgelegt, so dass eine empirische Überprüfung grundsätzlich möglich ist. Die empirische Messung des Erfolgs erfordert als weiteren Schritt die Operationalisierung. Zunächst werden Erfolgskriterien entwickelt und bestimmt, danach müssen Indikatoren festgelegt und genaue Messangaben gemacht werden. Dieser zweite Schritt ist notwendig, da es sich bei den Erfolgskriterien nicht notwendigerweise um Aussagen handelt, die einen direkten empirischen Bezug haben, also beobachtet oder festgestellt werden können. Den Kriterien, die nur einen indirekten Bezug haben, müssen Indikatoren zugeteilt werden, die sich anstelle der eigentlichen Kriterien beobachten und messen lassen.[261] Teilweise beinhalten die Erfolgskriterien einen

[261] Vgl. Stier, Winfried [Forschungsmethoden, 1996], Seite 27.

genauen empirischen Bezug, so dass der Zwischenschritt über Indikatoren nicht nötig ist und eine Spezifizierung der Kriterien ausreichend ist.

Als Ausgangsbasis wird auf die bestehenden Verfahren zur Messung und Bewertung von Transformationserfolgen zurückgegriffen. Für eine Messung werden in der Forschung z.B. die folgenden Faktoren herangezogen:[262] Konzentrationsgrad in der Industrie, Veränderung der Lohnstruktur, Verfestigen der weichen Budgetrestriktionen, Zeit, Kosten, Akzeptanz und Praktikabilität.

Diese messbaren Dimensionen und Bewertungskriterien dienen jedoch nur als Ansatzpunkte. Sie zielen auf eine Messung und Bewertung des Transformationserfolges auf gesamtwirtschaftlicher Ebene ab, während das Ziel dieser Untersuchung auch in einer Aussage auf einzelwirtschaftlicher Ebene liegt. Entsprechend wird auf die Kriterien zur Bewertung eines Privatisierungsmodells zurückgegriffen, das auch einzelwirtschaftliche Komponenten einfließen lässt:[263]

- Effizienz bei Unternehmensleitung und -kontrolle
- Zufluss von Kapital und Know-How
- Strukturelle Veränderungen
- Schnelligkeit
- Geringe Kosten für den Staatshaushalt
- Soziale Akzeptanz

Als Ausdruck der spezifischen Situation in den neuen Bundesländern wird ferner auf die Zielvorgaben der Treuhandanstalt zurückgegriffen, die zusätzlich noch die Sicherung und Schaffung von Arbeitsplätzen beinhalten und die Entstehung einer effizienten Wirtschaftsstruktur fordern.[264] Auch soll den spezifischen Umständen der asymetrischen

[262] Vgl. Wohlmuth, Karl [Transformation, 1992], Seiten 39-40; Lösch, Dieter [Marktwirtschaft, 1993], Seite 59.
[263] Vgl. Stutchey, Tim [Privatisierungsstrategien, 1994], Seiten 38-39.
[264] Vgl. Siehe §2 Abs. 6, Gesetz zur Privatisierung und Reorganisation der volkseigenen Vermögen (Treuhandgesetz), GB1.I, 1990, Seite 301.

Informationsverteilung und einer entsprechenden Forderung nach Kontrolle während des Privatisierungsprozessen entsprochen werden.[265]

Aus diesen Möglichkeiten für Ansatzpunkte und Indikatoren folgt unmittelbar die Detaillierung der Erfolgskriterien, die in dieser Arbeit zur Anwendung kommen, und entsprechend auf die drei Untersuchungsebenen aufgeteilt werden.

8.4 Detaillierung der Erfolgskriterien

8.4.1 Gesamtwirtschaftliche Ebene

Die Erfolgskriterien auf der gesamtwirtschaftlichen Ebene ergeben sich unmittelbar aus den Zielvorstellungen, die einer Privatisierung zugrunde liegen und im Privatisierungsauftrag der Treuhand verankert wurden. Sie lassen sich als Anforderungen an ein Privatisierungsinstrument interpretieren und entsprechen den Bewertungskriterien für ein Privatisierungsmodell.[266] Es handelt sich um Strukturveränderung, Sicherung und Erhalt von Arbeitsplätzen, Sicherung von Investitionen, Schnelligkeit, Kontrollfunktion durch die Privatisierung und soziale Akzeptanz. Der MBO ist erfolgreich in seiner gesamtwirtschaftlichen Dimension, wenn er diese Anforderungen besser erfüllt, als eine andere Privatisierungsmethode. Im Einzelnen beinhalten sie folgende Punkte:

- ***Strukturen verändern***

Ein Privatisierungsinstrument in den neuen Bundesländern sollte eine Entflechtung der Kombinatsstrukturen unterstützen, sowie den Mittelstand wiederbeleben, um dadurch der Wirtschaft ihre Wettbewerbs-, Anpassungs- und Innovationsfähigkeit zurückzugeben.
Als Indikator für das Kriterium der Strukturveränderung bietet sich an, die Anzahl der geschaffenen mittelständischen Unternehmen zu ermitteln. Die qualitativen Veränderungen zeigen sich in der Schaffung einer innovativen Unternehmenskultur. Diese drückt sich aus durch den

[265] Vgl. Nunnenkamp, Peter/ Schmieding, Holger [Wirtschaftsreformen, 1991], Seiten 7, 12-13.
[266] Vgl. Präambel, Gesetz zur Privatisierung und Reorganisation der volkseigenen Vermögen (Treuhandgesetz), GB1.I, 1990, Seite 300; Stutchey, Tim [Privatisierungsstrategien, 1994], Seiten 38-39.

Einfluss der Marktwirtschaft auf das Innovationspotential, anhand des Ausmaßes der Veränderungen in den Unternehmen und durch die Inanspruchnahme von Innovationsförderprogrammen, sowie durch die strategische Bedeutung von Innovationsfähigkeit.

- ***Arbeitsplätze erhalten und schaffen***

Die strukturpolitische Anforderung an ein Privatisierungsinstrument verlangte, dass Arbeitsplätze erhalten und neue geschaffen werden, was eines der politischen Hauptanliegen in den neuen Bundesländern war.

Eine Überprüfung bezieht sich auf einen quantitativen Vergleich der erhaltenen, also noch bestehenden Arbeitsplätze im jeweiligen Unternehmen, sowie der qualitativen Einschätzung der zukünftigen betrieblichen Beschäftigungssituation. Ein weiterer Indikator liegt in der Erfüllung der in den Privatisierungsverträgen vereinbarten Arbeitsplatzzusagen.[267]

- ***Investitionen fördern***

Aufgrund des mangelhaften Zustandes des Produktiv- und Investitionsvermögens in den neuen Bundesländern galt auch die Sicherung von Investitionen, also im weitesten Sinne der Zufluss von Kapital, als Ziel einer erfolgreichen Privatisierung.[268]

Zur Überprüfung können als quantitative Einschätzung die getätigten Gesamtinvestitionen seit der Privatisierung, sowie die Investition pro Mitarbeiter verwendet und diese in Relation zur qualitativen Investitionsabsicht in den Unternehmen gesetzt werden. Wie bei den Arbeitsplätzen waren auch die Investitionszusagen Bestandteil der Privatisierungsverträge, so dass die Erfüllung dieser Zusagen ebenfalls als Indikator herangezogen werden kann.

---

[267] Vgl. für die zusätzlichen Vertragsvereinbarungen bei Investitionen und Arbeitsplatzzusagen: Hornef, Heinrich [Systemtransformation, 1990], Seite 19.
[268] Vgl. Stutchey, Tim [Privatisierungsstrategien, 1994], Seite 38.

- ***Schnelle Durchführbarkeit***

Die Umstrukturierung muss schnell erfolgen, um die Gefahr einer wirtschafts- und sozialpolitischen „Reformfalle" zu vermeiden, in der sich die Situation stabilisiert, ohne dass entsprechende Umstrukturierungen durchgeführt wurden.[269]

Dieses Erfolgskriterium bestimmt sich durch die Dauer der Privatisierungsverhandlungen bis zum Abschluss, die Informationslage über das Unternehmen zum Zeitpunkt der Privatisierung und die Einschätzung der Verhandlungsführung der Treuhandanstalt, sowie ihrer gesamten Privatisierungsleistung.

- ***Kontrolle sichern***

Gerade in einer Transformation des gesamten politischen und wirtschaftlichen Systems kommt es zu Defiziten im Hinblick auf die Kontrolle zur Zeit des Übergangs. Grundsätzlich ergeben sich Probleme durch den Wegfall eines alten Ordnungssystems, während sich noch keine greifenden, neuen Kontrollinstanzen herausgebildet haben. Die Zeit der Transformation zeichnet sich durch eine asymmetrische Informationsverteilung mit hoher Unsicherheit aus,[270] die zu einer fehlenden Disziplinierung des Managements führen kann.[271] Somit kommt es als Konsequenz der sich noch nicht gebildeten marktbasierten Mechanismen zu Bereicherung und illegalen Aktivitäten, sowie Effizienzverlusten.[272]

Die Kontrolleffizienz ist nur schwer festzustellen. Anzeichen für illegale Bereicherungsgeschäfte und Effizienzverluste kann man bei Unternehmen vermuten, die zwar noch existieren und im Registergericht eingetragen sind, aber nicht mehr aktiv am wirtschaftlichen Leben teilnehmen, z.B. keine Produktion mehr betreiben und nur noch Verwaltungsaufgaben wahrnehmen.[273] Als Indikator dient somit die Art

[269] Vgl. Leipold, Helmut [Staatseigentum, 1992], Seiten 54, 55.
[270] Vgl. Kokalj, Ljuba/ Richter, Wolf [Privatisierung, 1992], Seite 5.
[271] Vgl. Stahl, Markus [Transformationsländern, 1995], Seite 33.
[272] Vgl. Nunnenkamp, Peter/ Schmieding, Holger [Wirtschaftsreformen, 1991], Seiten 7, 12-13.
[273] Vgl. auch die enge Auslegung des Maßstabes der „Fortführung" eines Betriebes, den die Treuhand bei potentiellen Investoren anlegte. Eine Fortführung des Betriebes

der Geschäftstätigkeit bzw. das Ausmaß der Teilnahme am wirtschaftlichen Leben.

- ***Soziale Akzeptanz der Methode***

Durch die Privatisierung wird eine umfassende Neuverteilung der Eigentums- und Vermögensrechte begonnen. Diese Umverteilung sollte von einer möglichst großen Akzeptanz auf Seiten der Bevölkerung begleitet werden.

Probleme entstanden aus Furcht vor einem „Ausverkauf des Ostens"[274] durch westliche und ausländische Investoren, da sie zu den Gruppen gehören, die über Investitionsmittel verfügen. Aber auch wenn die potentiellen Käufer aus den neuen Bundesländern kommen, kann es Schwierigkeiten geben, wenn bei ihnen eine Zugehörigkeit zur ehemaligen Nomenklatura vermutet wird.[275]

Ein erfolgreiches Privatisierungsinstrument muss sich als sozial akzeptable Lösung positionieren und von der Bevölkerung getragen werden. Dies lässt sich feststellen durch das Verhältnis zwischen Geschäftsführung und den Beschäftigten (als Repräsentanten der Bevölkerung), die Akzeptanz der Manager innerhalb des Unternehmens, sowie am Ausmaß des Mitspracherechts der Belegschaft an der Privatisierungsentscheidung.

8.4.2 Individuelle Ebene

Neben der gesamtwirtschaftlichen Untersuchungsdimension soll auch die individuelle Ebene in eine Bewertung mit einbezogen werden. Es ergeben sich zweierlei Fragestellungen:

1. Lassen sich Unterschiede zwischen den Managern in bezug auf ihre persönlichen Eigenschaften und Stärken feststellen, so dass daraus

bedeutete zwingend eine Beibehaltung des bisherigen Geschäftsschwerpunktes und des Standortes. Vgl. Schmidt, Klaus-Dieter [Privatisierung, 1993], Seite 216.

[274] Vgl. Breuel, Birgit [Spannungsfeld, 1992], Seite B5; Hamer, Eberhard [Miteigentum, 1992]. Seite 13.

[275] Vgl. Leipold, Helmut [Staatseigentum, 1992], Seite 55; Schmieding, Holger [Approaches, 1992], Seite 97.

eine Begründung für eine unterschiedliche Entwicklung gezogen werden kann?

2. Haben sich die Motive der Käufer erfüllt? Dazu muss eine Analyse der jeweiligen Bedeutung der Motive durchgeführt werden und daraufhin die Erfüllung anhand von Erfüllungstatbeständen oder Indikatoren ermittelt werden.

Für eine Überprüfung wurden folgende Beweggründe ausgewählt, da sie sich in den bisherigen empirischen Untersuchungen als die wichtigsten Motive herausgestellt hatten und somit deren Erfüllung die größte Relevanz für die Käufer hat:[276]

- Gewinnstreben
- Sicherung des eigenen Arbeitsplatzes
- Sicherung von Arbeitsplätzen
- Abwehr einer feindlichen Übernahme
- Regionale Präsenz in Ostdeutschland
- Expansion
- Aufrechterhalten der Tradition
- Sicherung von Ostprodukten
- Ausnutzung von Fördergeldern und Subventionen
- Unternehmerische Unabhängigkeit
- Prestige, Ansehen, Selbstverwirklichung

Teilweise kann die Erfüllung dieser Motive mit objektiven Daten überprüft werden, teilweise muss auf die subjektive Einschätzung der Beteiligten zurückgegriffen werden. Die Überprüfung mit objektiven Daten ist bei den folgenden Motiven durch die jeweils angegebenen Erfüllungstatbestände oder Indikatoren möglich:

Die Erfüllung des Motivs „Gewinnstreben" lässt sich an einer positiven Ertragslage des Unternehmens überprüfen. Die „Sicherung des eigenen

[276] Vgl. Friedrich, Werner [Management-Buy-Out, 1993], Seite 79; Kokalj, Ljuba/ Hüfner, Peter [Übernahmestrategie, 1994], Seite 72.

Arbeitsplatzes" wird durch die berufliche Tätigkeit bestätigt, die „Sicherung von Arbeitsplätzen" lässt sich anhand der Entwicklung der Anzahl der Arbeitsplätze im Unternehmen nachweisen, die „Abwehr einer feindlichen Übernahme" stellt sich durch die Identifikation des Käufers und die Existenz des Unternehmens heraus, „Regionale Präsenz in Ostdeutschland", „Sicherung von Ostprodukten" und „Expansionsbestrebungen" zeigen sich ebenfalls durch die Existenz des Unternehmens, „Aufrechterhaltung von Traditionen" wird durch das Ausmaß der Veränderungen im Unternehmen ausgedrückt, „Ausnutzung von Fördergeldern und Subventionen" zeigt sich anhand der Bewilligung von Förderprogrammen, „Unternehmerische Unabhängigkeit" wird durch die Ertragslage verdeutlicht.

Für das Motiv „Prestige, Ansehen und Selbstverwirklichung" werden subjektive Einschätzungen bezüglich der Akzeptanz des Managements als Indikator herangezogen.

Für eine Einschätzung zum Erfolg wird die individuelle Bedeutung der Motive verbunden mit dem objektiven Vorliegen der Indikatoren, also deren Erfüllung und daraus die tatsächliche gewichtete Erfüllung der Motive ermittelt.

Einen übergreifenden Indikator zur Überprüfung anhand von subjektiven Einschätzungen bildet die Analyse, ob der bisherige Weg der Privatisierung so noch einmal gewählt werden würde.

8.4.3 Unternehmerische Ebene

Grundsätzlich wird die unternehmerische Ebene durch eine erfolgreiche Etablierung des Unternehmens am Markt ausgedrückt. Sie spiegelt sich in der wirtschaftlichen Lage des Unternehmens wider und wird in der Vermögens-, Finanz- und Ertragslage zusammengefasst.[277] Entsprechend der grundsätzlichen finanziellen Zielsetzung jedes Unternehmens, sowohl seine Ertragskraft zu stärken, als auch die Vermögens- und Finanzlage zu stabilisieren,[278] wird in dieser Arbeit sowohl auf Elemente der erfolgswirtschaftlichen, als auch der finanzwirtschaftlichen Analyse zurückgegriffen. Diese bestimmen die

[277] Vgl. Baetge, J./ Commandeur, D. [§264 HGB, 1990], Seite 1108, §264, Rn. 13.
[278] Vgl. Baetge, Jörg [Bilanzanalyse, 1998], Seite 3.

einzelnen Erfolgskriterien, die auf der unternehmerischen Ebene einer Prüfung unterzogen werden müssen.[279]

- ***Erfolgslage***

Die Erfolgslage drückt sich einmal durch eine Analyse der Umsatzentwicklung aus, da ersichtlich wird, wie die Akzeptanz der Produkte und Dienstleistungen am Markt ist.[280] Als Indikator wird das Umsatzwachstum herangezogen. Das Effizienzkriterium der Rendite/Rentabilität wird durch die Indikatoren Umsatz-, Gesamtkapital- und Eigenkapitalrendite ausgedrückt. Die Umsatzrendite verkörpert dabei eine Vergleichskennzahl, die eine kostenoptimale Unternehmensführung ausdrückt. Sie bildet die Erfolgssituation des Unternehmens ab und zeigt, wie produktiv das Unternehmen arbeitet. Gesamtkapital- und Eigenkapitalrendite sind ein Maß dafür, ob sich die Privatisierung des Unternehmens für den internen oder externen Investor rechnet und erlauben bei einer Gegenüberstellung Aussagen zur ökonomischen Entwicklung der Unternehmen.

Produktivität wird anhand der Mitarbeiterproduktivität gemessen. Diese berechnet sich aus Informationen zur Beschäftigungsentwicklung, die als allgemeine Kennzahl für die wirtschaftliche Entwicklung eines Unternehmens dienen.

Die Erfolgslage kann auch über Aussagen der befragten Manager zur Ertragslage des Unternehmens als Indikator ausgedrückt werden.

- ***Vermögenslage:***

Die Analyse des Kriteriums der Vermögensstruktur liefert über die Indikatoren Anlagevermögensintensität, Investitionsverhältnis und Kapitalumschlagshäufigkeit Aufschluss über die Vermögenslage des Unternehmens und lässt einen Rückschluss auf das Investitionsverhalten der Unternehmen und die allgemeine wirtschaftliche Entwicklung zu.

---

[279] Vgl. hierzu auch die Erfolgsmessung in der empirischen MBO-Forschung: Barjak, F./ Heimpold, G./ Junkerheinrich, M./ Loose, B./ Skopp, R. [Management Buy-Outs, 1996], Seite 41; Wieser, Oliver [Wandel, 1997], Seite 167; Vest, Peter [Verkauf, 1995], Seite 324.

[280] Vgl. Hundsdiek, Detlef / May-Strobl, Eva [Entwicklungslinien, 1986], Seite 13.

- ***Finanzlage:***

Der Erfolg bei der Finanzlage drückt sich durch die Finanzstruktur aus. Sie wird anhand der Eigenkapitalquote festgestellt. Die Fristenkongruenz wird durch die Anlagendeckungsgrade bestimmt. Bei der Analyse der Liquidität werden mit dem Cash Flow sowohl Stromgrößen, als auch Liquiditätsgrade als Bestandsgrößen herangezogen. Wegen der hohen Abschreibungen bietet sich der Cash Flow, insbesondere in Ergänzung zur Betrachtung der Ertragslage an.[281] Die erfolgswirtschaftliche Finanzlage wird durch einen Einblick in die Deckung der Zinszahlungen ermittelt. Als vereinfachte Indikatoren gelten Aussagen der Manager zur Eigenkapital-, und Fremkapitalausstattung, sowie der Liquiditätssituation.

Durch eine Untersuchung dieser drei Bereiche soll ein umfassendes Bild der ökonomischen Situation und Entwicklung der Unternehmen entstehen.

Als übergreifendes Erfolgskriterium wird die Existenz des Unternehmens herangezogen: Sobald das Unternehmen nach 6-7 Jahren wirtschaftlicher Tätigkeit noch aktiv ist, wird das als Erfolg gewertet und für den Fall, dass das Vergleichsunternehmen nicht mehr wirtschaftliche aktiv ist, als Zeichen von Effizienz gesehen. Die empirische Messung des Indikators wirtschaftliche Tätigkeit ist für die gesamte Untersuchungsmenge anhand von Überprüfungen der Handeslregister-eintragungen möglich.

[281] Vgl. Barjak, F./Heimpold, C./Junkerheinrich, M./Loose, B./Skopp, R. [Management Buy-Outs, 1996], Seite 41.

IV. Kapitel:

Konzeption der empirischen Untersuchung

IV. KONZEPTION DER EMPIRISCHEN UNTERSUCHUNG

9. Evaluierung der sekundären Datenquellen

9.1 Vorhandene empirische Untersuchungen

Gerade bei einer so intensiv untersuchten Erscheinungsform wie der des MBO bietet es sich an, soweit als möglich auf die bestehenden empirischen Forschungsbeiträge zurückzugreifen.

Wichtige Untersuchungen zum Management Buy-Out in den neuen Bundesländern sind die folgenden Schriften, die in der Reihenfolge ihrer Durchführung angegeben sind:

1. Friedrich führte 1992 für die ISG Sozialforschung und Gesellschaftspolitik, Köln eine Untersuchung im Auftrag des Bundesministers für Wirtschaft durch, mit dem Ziel „*...aktuelle und zukünftige Schwierigkeiten dieser Unternehmen zu analysieren und darauf aufbauend den weiteren Beratungs- und Unterstützungsbedarf zu definieren.*"[282] Die Untersuchung erstreckte sich auf eine schriftliche Befragung aller bis Mitte 1992 durchgeführten MBOs. Insgesamt wurde bei den rund 1.400 untersuchten MBO-Unternehmen eine Rücklaufquote von 34,0 v.H. erzielt.[283] Als Ergebnis lieferte die Studie einen ersten Eindruck von der wirtschaftlichen Situation der MBOs in den neuen Bundesländern. Zum Großteil handelt es sich um Privatisierungs-MBOs ohne weitere Beteiligung von externen Investoren, die bei kleinen und mittelständischen Betrieben mit unter 100 Mitarbeitern durchgeführt wurden. Die Zusammenarbeit mit der Treuhandanstalt wurde meist als zufriedenstellend oder einigermaßen problemlos bezeichnet, während knapp ein Viertel der Befragten massive Kritik übte. Fast alle MBOs verpflichteten sich zu Investitions- und Arbeitsplatzzusagen,

[282] Siehe Friedrich, Werner [Management-Buy-Out, 1992], Seite 1.
[283] Vgl. Friedrich, Werner [Management-Buy-Out, 1992], Seite 8.

wobei ein Viertel der Unternehmen diese Zusagen bis 1992 übererfüllte. Ihre Geschäftslage bezeichneten knapp die Hälfte der Befragten als gut, ebenso viele als mittelmäßig und nur ein geringer Anteil als schlecht. Entsprechend befand sich mit 5,0 v.H. nur ein kleiner Teil der MBOs in Konkurs oder Liquidation. Die Eigenkapitalquote wird mit durchschnittlich 19,0 v.H. ermittelt und liegt tendenziell über anderen ostdeutschen Mittelstands-Unternehmen. Die Finanzierung der MBOs stützt sich zum grossen Teil auf öffentliche Förderprogramme. Bei den Motiven für einen MBO nannten drei Viertel der MBO-Manager den Erhalt des eigenen, sowie von anderen Arbeitsplätzen als wichtigstes Motiv und nur ein Drittel gab den Wunsch nach Selbständigkeit an. Auch identifizierte die Untersuchung umfangreichen Beratungs- und Informationsbedarf bei den MBO-Unternehmen.[284]

2. Schwien führte im Rahmen seiner Promotion zwischen Mai und August 1992 eine schriftliche Befragung von 200 frei ausgewählten MBO-Managern durch. Den Fragenkatalog entwickelte er auf Grundlage von vorangegangenen Expertengesprächen. Seine Ergebnisse beziehen sich auf 72 auswertbare Fragebögen, was einer Rücklaufquote von 36,0 v.H. entspricht. Auch in dieser Untersuchung ergaben sich als hauptsächliche Motivationsfaktoren bei knapp der Hälfte der Befragten der Wunsch nach einem Erhalt der Arbeitsplätze, während das Streben nach beruflicher Selbständigkeit bei einem Drittel entscheidend war. Als Kaufpreisbemessungsgrundlage wurde bei 64,2 v.H. das Substanzwertverfahren angewandt, gefolgt vom Ertragswertverfahren in 19,6 v.H. der Fälle. Beim Kaufpreis ergibt sich eine große Diskrepanz zwischen dem nominalen und dem effektiven Kaufpreis. Der effektive Preis beinhaltet auch die vertraglichen Zusatzbedingungen, die für die meisten Unternehmen bei zwei bis fünf Millionen DM liegen. Die Mitarbeiterpönalen erstreckten sich von unter Tausend DM bis über 30 TDM, liegen aber bei 19,4 v.H. als größte Gruppe zwischen 20-30 TDM. Die Eigenkapitalausstattung wurde als schwach eingeschätzt und lag bei 66,7 v.H. der Unternehmen bei unter 25 v.H. des Kaufpreises, wobei 11,1 v.H. der Privatisierungen ganz ohne Eigenkapital finanziert wurden. Unterstützung durch öffentliche Fördermittel gaben nur 61,9 v.H. an, was eine hohe Quote von Unternehmen, die ohne

[284] Vgl. Friedrich, Werner [Management-Buy-Out, 1992], Seiten 86-89, 94, 98, 100.

öffentliche Hilfe finanziert wurden, bedingt. Bei 62,5 v.H. der Unternehmen kam es zu einem Personalabbau nach dem MBO.[285]

3. Kokalj/Hübner analysierten 1994 die MBOs im Auftrag des Instituts für Mittelstandsforschung, Bonn im Rahmen von Forschungsarbeiten zur mittelständischen Wirtschaft in den neuen Bundesländern. Auch hier wurde als Form eine schriftliche Gesamtbefragung gewählt. Bei den 1.425 bis Ende 1992 durchgeführten und identifizierten MBOs wurde mit einem Rücklauf von 349 Fragebögen eine Quote von 27,2 v.H. erzielt.[286] Diese Untersuchung stellte die eingeleiteten betrieblichen Maßnahmen, die Problematiken und die Entwicklungstendenzen der MBOs detailliert da. Wichtige Erkenntnisse waren, dass die MBO-Unternehmen ausschließlich mittelständisch, schwerpunktmäßig mit unter 99 Mitarbeitern, geprägt waren. Die wichtigste Motivation lag in einer Sicherung des Unternehmensfortbestands und der Arbeitsplätze. Der durchschnittliche Startkapitalbedarf betrug 3,4 Mio. DM. Für die Finanzierung griffen 67,2 v.H. der Unternehmen auf Fördermittel zurück, 12,6 v.H. waren ausschließlich eigenfinanziert und 20,2 v.H. privat fremdfinanziert. Bezüglich der Mittelverwendung ergaben sich durchschnittliche Investitionen pro MBO in den ersten beiden Jahren von 2,0 Mio. DM bzw. 37 TDM pro Beschäftigter. Die Eigenkapitalquote stieg bei einem späteren Zeitpunkt der Privatisierung an (von 23,0 v.H. im Jahr 1991 bis 31,1 v.H. 1992 und 34,0 v.H. im Jahr 1993), wobei ein Viertel der Unternehmen nur eine Eigenkapitalquote von 10,0 v.H. hatte. Fast alle Unternehmen konnten ihren Umsatz steigern und drei Viertel blickten auf eine planmäßige Gewinnentwicklung zurück. Probleme nach der Übernahme traten vor allem im Finanzbereich, beim Absatz und in betrieblichen Teilbereichen auf. Bei etwa 15,0 v.H. der Unternehmen führte dies bis hin zu einer existenzbedrohenden Gefährdung, mit einem tatsächlichen Konkurspotential von vier bis sechs Prozent.[287]

4. Barjak/Heimpold/Junkernheinrich/Loose/Skopp führten 1996 die neueste und umfangreichste Untersuchung zu den MBOs in den neuen Bundesländern durch. Für das Institut für Wirtschaftsforschung

[285] Vgl. Schwien, Bernd [Konzept, 1995], Seiten 105, 110-127.
[286] Vgl. Kokalj, Ljuba / Hüfner, Peter [Übernahmestrategie, 1994], Seite 3.
[287] Vgl. Kokalj, Ljuba/ Richter, Wolf [Privatisierung, 1992], Seiten 205-210.

Halle und im Auftrag der BVS befragten sie nach Abschluss der Privatisierungstätigkeit im November 1995 in einer Totalerhebung 1.793 Unternehmen. Insgesamt erreichten sie eine Rücklaufquote von 36,5 v.H.[288] Die Untersuchung hatte sich zum Ziel gesetzt, die wirtschaftliche Lage ostdeutscher MBOs mit Berücksichtigung der transformationsbedingten Entstehungsbesonderheiten und mögliche Einflussgrößen auf die Performance der MBOs zu analysieren, sowie ihre Zukunftsperspektiven und den wirtschaftspolitischen Handlungsbedarf zu identifizieren. Als Resultat ergab sich eine schwach positive Entwicklung der MBOs: zwei Drittel der befragten MBO-Unternehmen warfen Gewinn ab oder arbeiteten kostendeckend. Bei der Produktivität zeigten sie noch Defizite. Bezüglich der Kapitalstruktur ergab sich 1994 eine durchschnittliche Eigenkapitalquote von 25,1 v.H. mit einer sehr großen Streuung. Ein sehr interessantes Ergebnis bezog sich auf die Marktaustrittsquote in Verbindung mit der Struktur der Anteilseigner: Die Untersuchung lieferte eine Marktaustrittsquote von 11,8 v.H., wobei rein ostdeutsche MBOs bei 10,7 v.H. lagen und MBOs mit einer ausländischen oder westdeutschen Beteiligung überdurchschnittlich betroffen waren (33,3 v.H. bei Auslandsbeteiligung und 17,9 v.H. bei Westbeteiligung). Für die Zukunft sahen die Autoren bei knapp der Hälfte der MBOs eine gute Ausgangslage und eine Tendenz zur Stabilisierung, bei gut einem Drittel zeigten sich Wachstumstendenzen mit gleichzeitig umfangreichen Liquiditäts- und Absatzproblemen, und bei 17,0 v.H. der Unternehmen herrschte ein hoher Sanierungs- und Konsolidierungsbedarf.[289]

Allen Untersuchungen ist gemeinsam, dass sie sehr breit an die Thematik des MBO herangehen und die befragten Unternehmen zu möglichst vielen Bereichen der unternehmerischen Wirklichkeit befragen, um dadurch umfassende Erkenntnisse über die sich in den neuen

---

288 Vgl. Barjak, F./Heimpold, G./Junkerheinrich, M./Loose, B./Skopp, R. [Management Buy-Outs, 1996], Seiten 29, 40.

289 Vgl. Barjak, F./ Heimpold, G./ Junkerheinrich, M./ Loose, B./ Skopp, R. [Kurzfassung, 1996], Seiten 5, 22, 23, 27, 28, 30; Barjak, F./ Heimpold, G./ Junkerheinrich, M./ Loose, B./ Skopp, R. [Management Buy-Outs, 1996], S. 167, 173.

Bundesländern eigenständig entwickelten Privatisierungsform des MBO zu erhalten.

Gerade aber der Schwerpunkt dieser Arbeit, der sich auf eine Bestimmung der Eignung und des Erfolgs des MBO als Privatisierungsinstrument in den neuen Bundesländern richtet, macht es unmöglich, die bereits erhobenen Daten anderer empirischer Untersuchungen weiter zu verwenden. Die jeweilige Datenbasis bezieht sich aufgrund anderer Zielsetzungen ausschließlich auf die durchgeführten MBOs, mit dem Ziel deren Entwicklung aufzuzeigen und mögliche Trends oder Problemfelder zu identifizieren. Die Untersuchungen beinhalten kein vergleichendes Element, da es sich um zeitpunktbezogene Bestandsaufnahmen handelt, die keine Entwicklung aufzeigen. Es findet kein Vergleich zur Entwicklung anderer Unternehmen auf Unternehmensebene statt, sondern nur in stark gruppierter Form, z.B. bei einem Vergleich der Eigenkapitalquote der MBOs mit der von anderen ostdeutschen Unternehmen.[290]

Auch liegen die Daten nur in konsolidierter oder bereits ausgewerteter Form vor, so dass es weder möglich ist, Informationen und Werte zu bestimmten Fragestellungen aus der Datenbasis bzw. aus den Ergebnissen herauszulösen, noch sie bestimmten Unternehmen zuzuordnen.[291]

Die bereits bestehenden empirischen Untersuchungen erlauben jedoch eine Einführung in die Problematiken der MBO-Unternehmen, sowie einen Überblick über die wirtschaftliche Entwicklung und Lage, so dass sie für diese Arbeit hauptsächlich als Quellen für Hintergrundwissen herangezogen werden.

9.2 BVS-Privatisierungs-Datenbank

Neben diesen bereits analysierten und bewerteten Untersuchungen bezüglich der MBOs in den neuen Bundesländern gibt es weiteres Datenmaterial, das von der BVS als Nachfolgeorganisation der Treuhand

[290] Vgl. Friedrich, Werner [Management-Buy-Out, 1992], Seite 100.
[291] Vgl. zur Problematik der Verwendung von Sekundär-Daten: Stier, Winfried [Forschungsmethoden, 1996], Seite 235.

verwaltet wird. Dieses Material beinhaltet alle grundsätzlichen Informationen, die im Zusammenhang mit der Privatisierung von Bedeutung waren. D.h. neben allen wirtschaftlichen Daten für den Zeitraum der Unternehmensleitung durch die THA und der anschließenden Privatisierung, auch die jeweiligen Vertragsvereinbarungen, sowie im späteren Verlauf die Ergebnisse des Vertragsmanagement, also der späteren Kontrolle der Verträge. Obwohl die BVS über vollständige Daten zur wirtschaftlichen und rechtlichen Ausgangssituation aller MBO-Unternehmen verfügt, sind diese Daten aufgrund des Datenschutzes nur im Einzelfall zugänglich. Auch verlieren sie im Zeitablauf an Relevanz, da die BVS keine Aktualisierung ihrer Datensätze betreibt.[292]

Für diese Untersuchung hatte gerade diese Datenquelle eine große Bedeutung, da sich die Vergleichsanordnung nur aufgrund einer vorherigen Paarung von Unternehmen gewährleisten lässt. Für diese Paarungen ist es notwendig, auf eine Datenbank zuzugreifen, die sowohl MBO-Unternehmen, als auch Privatisierungen mit externen Investoren enthält und die es dem Nutzer erlaubt, Unternehmen nach festzulegenden Kriterien zu selektieren und paarweise zuzuteilen. Diese Möglichkeiten waren durch die BVS-Privatisierungs-Datenbank gegeben.

9.3 Handelsregistereintragungen

Die Handelsregistereintragungen stellen eine weitere wichtige Quelle bzgl. grundsätzlicher Unternehmensinformationen dar. So werden in den Registergerichten Informationen über Namen, Sitz, Geschäftsinhalt des Unternehmens, seine Gründung, Geschäftsführer, Gesellschafterverhältnisse, Namensänderungen, Löschung und Eröffnung von Insolvenzverfahren verwaltet.

Für diese Arbeit sind Handelsregistereintragungen von Bedeutung, da sich nur durch ihre Überprüfung und Auswertung die formale Entwicklung eines Unternehmens nachvollziehen lässt. Dazu gehört auch die Bestimmung der Existenz eines Unternehmens.

[292] Beispielsweise die Pflege der Datensätze mit Informationen zu Adressänderungen, Unternehmensauflösungen, Konkursen usw.

9.4 Jahresabschlussdaten der Unternehmen

Grundsätzlich bilden für eine vergleichende Untersuchung mit Bezug auf die wirtschaftliche Entwicklung von Unternehmen die Jahresabschlussdaten der Unternehmen eine wichtige Datenquelle. Die Unternehmen sind aufgrund des §326 HGB verpflichtet, ihre Jahresabschlüsse zumindest in verkürzter Form als Bilanz an den zuständigen Registergerichten einzureichen und der Öffentlichkeit zugänglich zu machen.

Die tatsächliche Verfügbarkeit und Qualität dieser Datenquelle richtet sich jedoch stark danach, inwieweit die einzelnen Unternehmen dieser Veröffentlichungspflicht nachkommen. Bei einer Überprüfung der tatsächlich vorhandenen Daten bei den Registergerichten stellte sich heraus, dass viele Unternehmen mit dem Einreichen ihrer Jahresabschlüsse in Verzug waren.[293] Dadurch liefert diese Datenquelle für eine Untersuchung nur bedingt Informationen.

9.5 Statistische Erhebungen

Obwohl sich die Untersuchung auf die Privatisierungs-MBOs konzentriert, sollen auch die allgemeinen Privatisierungen in den neuen Bundesländern betrachtet werden. Da Vergleiche im gesamtwirtschaftlichen Rahmen angestellt werden, müssen auch statistische Erhebungen als sekundäre Datenquellen in Betracht gezogen werden. Gerade zur Überprüfung und Relativierung von Aussagen und vergleichenden Betrachtungen liefern statistische Veröffentlichungen des Statistischen Bundesamtes und verschiedener Wirtschaftsforschungsinstitute wichtige Informationen, die zur Ergänzung eigener empirischer Indizien verwendet werden können.

Eine Informationsquelle stellen insbesondere die Monatsberichte der Deutschen Bundesbank dar. Anhand der Berichte können branchenspezifische Kennzahlen als Basis für Betriebsvergleiche innerhalb der Branche bzw. als „Benchmarks" für eine Einordnung der Ergebnisse aus der Jahresabschlussanalyse ermittelt werden.

293 Die Verweigerungsrate der Registerpublizität von GmbHs wird mit bis zu 90 Prozent ermittelt. Vgl. Weilbach, Erich [Zwangspublizität, 1992], Seite 1537.

10. Gestaltung der empirischen Untersuchung

Hier wird die methodische Konzeption und Gestaltung des empirischen Teils der Arbeit erläutert. Die Problembereiche finden sich in der Festlegung des Untersuchungsdesigns. Dann muss die Auswahl der Erhebungsinstrumente und eine Ausgestaltung der Operationalisierung durch die Angabe genauer Messangaben zu den Indikatoren erfolgen. Als weitere Fragestellungen ergeben sich die Auswahl der Untersuchungsmenge und eine Ausgestaltung der Datenanalyse. Diese legt neben einem Überblick über die verwendeten Datenquellen und das Skalenniveau der Variablen die statistischen Auswertungsmethoden und Testverfahren fest.

Die Entscheidungen bezüglich dieser Bereiche können nicht mehr sukzessive oder unabhängig voneinander getroffen werden, sondern erfolgen weitgehend parallel.[294]

10.1 Festlegung des Untersuchungsdesigns

Das grundsätzliche Untersuchungsdesign ist bereits durch die Prämisse des Unternehmensvergleichs bestimmt und basiert auf der Gegenüberstellung von vorher bestimmten Unternehmen, die sich nur in der Form der Privatisierung unterscheiden.

Die Unternehmen werden in der Untersuchungsmenge definiert und bilden zwei Gruppen, einmal die Privatisierungs-MBOs, die eine zu untersuchende Experimentalgruppe darstellen, zum anderen die durch einen Verkauf an externe Investoren privatisierten Unternehmen als Kontrollgruppe.[295]

---

[294] Vgl. Kromrey, Helmut [Sozialforschung, 1994], Seite 141-

[295] Vgl. Schnell, Rainer/ Hill, Paul/ Esser, Elke [Sozialforschung, 1999], S. 212-213; Zimmermann, Ekkart [Experiment, 1972], Seite 58.

Bei dieser empirischen Untersuchung kommen zwei konzeptionell verschiedene statistische Auswertungsdesigns zur Anwendung:[296]

1. Die paarweise Auswertung oder das „Matched-pair Design"

2. Die gruppenweise Auswertung oder das „Matched-group Design"

1. Das „Matched-pair Design" bedeutet, dass jedem Unternehmen einer Privatisierungsform bei der statistischen Analyse genau das entsprechende Vergleichsunternehmen mit dem vorher definierten Anforderungsprofil gegenübergestellt wird. Diese Anordnung wird auch als Präzisionskontrolle bezeichnet.[297] Die paarweise Auswertung stellt das bevorzugte Untersuchungsdesign dar, das sobald die Datenlage es erlaubt, angewandt wird. Es wird insbesondere bei der ökonomischen Entwicklung auf der unternehmerischen Untersuchungsebene verwendet, da hier die externen Rahmenbedingungen wie z.B. Branche und Unternehmensgrösse einen besonders starken Einfluss haben und diese durch die paarweise Auswertung so weit wie möglich isoliert werden. Der Nachteil liegt in einer geringeren Rücklaufquote, da für ein komplettes Unternehmenspaar bzw. einen erfolgreichen Rücklauf, Datensätze von jeweils zwei genau spezifizierten Unternehmen vorliegen müssen.

2. Das „Matched-group Design" stellt eine einfache Auswertung getrennt nach Gruppen dar. Der Vergleich findet zwischen den Privatisierungs-MBOs und den externen Investor-Unternehmen statt, wobei die ausgewählten Unternehmen in ihrer Eigenschaft als Repräsentant einer Gruppe einbezogen werden. Die Aussagekraft wird in diesem Fall dadurch gewährleistet, dass die Häufigkeitsverteilung bezüglich der parallelisierten Merkmale in den Gruppen identisch ist.[298] Entsprechend wird diese Anordnung auch „Kontrolle durch die Häufigkeitsverteilung" genannt.[299] Dieses Auswertungsdesign wird

[296] Vgl. Zimmermann, Ekkart [Experiment, 1972], Seiten 67-70; Schnell, Rainer/ Hill, Paul/ Esser, Elke [Sozialforschung, 1999], Seiten 212-213.
[297] Vgl. Zimmermann, Ekkart [Experiment, 1972], Seite 67.
[298] Diese Möglichkeit der paarweisen Auswertung durch parallelisierte Gruppen gilt als weniger strenge Technik (im Vergleich zum Matched-Pair-Design), da sie eine geringere Kontrolle über die Störfaktoren und externen Einflüsse erlaubt. Vgl. Schnell, Rainer/ Hill, Paul/ Esser, Elke [Sozialforschung, 1999], Seite 213.
[299] Vgl. Zimmermann, Ekkart [Experiment, 1972], Seite 67.

verwendet, wenn sich keine entsprechend große Anzahl an einzelnen Paarungen ergibt. Der Nachteil liegt in der Möglichkeit einer Verfälschung der Ergebnisse, da die externen Einflüsse durch z.B. unterschiedliche Branchenentwicklung nicht mehr vollkommen ausgeschalten werden können.

Die zwei Arten des Designs zur statistischen Auswertung werden in Abbildung 8 zusammengefasst.

Abbildung 8: Statistisches Auswertungsdesign

Auswertungsdesign

Auswertung der Daten

	Paarvergleich/ „Matched-pair"-Design	**Gruppenvergleich/ „Matched-group"-Design**
Methodik	***Auswertung mit paarweiser Zuordnung von Unternehmen und einem Vergleich der beiden Unternehmen***	***Auswertung mit gruppenweiser Zuordnung von Unternehmen und einem Vergleich der beiden Gruppen***
Daten-quelle	• Allgemeine Infos der Handelsregister • Kennziffern aus Jahresabschlussdaten	• Allgemeine Infos der Handelsregister • Fragebogen
Vorteil	• Isolierung von externen Einflüssen	• Umfangreichere Untersuchungs-menge aufgrund höherer Rück-laufquote • Eine Relativierung durch externe Vergleichswerte ist möglich
Nachteil	• Geringe Rücklaufquote	• Mögliche Verfälschung durch externe Einflüsse und gruppen-interne Abweichungen

Gesamtanalyse zu den verschiedenen Untersuchungsebenen

Quelle: Eigene Darstellung.

10.2 Operationalisierung und Messung

Wie die Vergleichsanordnung der Untersuchung sowie die Bewertung der sekundären Datenquellen fordern, ist eine eigene empirische Erhebung notwendig. Dazu muss eine Auswahl aus den verschiedenen Methoden der primären Datenerhebung getroffen und diese instrumentalisiert werden, z.B. durch die Entwicklung eines Fragebogens oder Interviewleitfadens.

10.2.1 Auswahl der primären Datenerhebungsmethoden

Die verschiedenen Instrumente zur primären Datenerhebung lassen sich in drei Grundtechniken einteilen:[300]

1. Befragung
2. Beobachtung
3. Inhaltsanalyse

Dabei stellt die Befragung das am häufigsten eingesetzte und wichtigste Instrument dar.[301] Für diese Untersuchung wird die Befragung als gewählt, da der Untersuchungsgegenstand nicht wie für eine Inhaltsanalyse notwendig aus schriftlichen Dokumenten besteht und eine Beobachtung von Merkmalsträgern nicht die gewünschten Einblicke und Informationen liefern kann.

Die Befragung setzt sich aus der persönlichen Befragung und dem Telefoninterview, sowie der schriftlichen Befragung zusammen und unterscheidet sich insbesondere durch das Ausmaß der Standardisierung. Entsprechend lässt sich das Interview in ein „stark strukturiertes" Interview, das sich exakt an einen standardisierten Fragebogen hält, ein „teilstrukturiertes" und ein „wenig strukturiertes" Interview, bei dem der Interviewer die Auswahl der Fragen, deren Formulierung und Anordnung individuell anpasst einteilen. Diese Form des freien Interviews wird auch Leitfadengespräch genannt.[302]

---

[300] Vgl. Schnell, Rainer/ Hill, Paul/ Esser, Elke [Sozialforschung, 1999], Seite 297; Stier, Winfried [Forschungsmethoden, 1996], Seite 163.
[301] Vgl. Stier, Winfried [Forschungsmethoden, 1996], Seite 163.
[302] Vgl. Schnell, R./ Hill, P./ Esser, E. [Sozialforschung, 1999], Seiten 298-300; Stier, Winfried [Forschungsmethoden, 1996], Seiten 173, 186.

Für die Wahl des geeigneten Instruments der Befragung werden zuerst die notwendigen Anforderungen ermittelt und danach in einer Übersicht die jeweilige Eignung der Datenerhebungsinstrumente zur Erfüllung der Bedingungen zusammengestellt.

Die ausgewählten Instrumente zur primären Datenerhebung sollen die folgenden Bedingungen erfüllen:

- Anwendbar auf Untersuchungsobjekte aus beiden Gruppen, unabhängig von ihrer Gruppenzugehörigkeit
- Abdecken der thematischen Vielfalt und Breite der gewünschten Informationen
- Vertrauensbildend, um auch sensible Informationen (z.B. wirtschaftliche Daten) abfragen zu können
- Möglichkeit der individuellen Ansprache der Untersuchungsobjekte, um auf spezifische Problemfelder einzugehen
- Leicht verständlich und übersichtlich
- Förderlich für die Bereitschaft der Untersuchungsobjekte für einen längeren Zeitrahmen zur Verfügung zu stehen
- Schnelle und zielgerichtete Informationsabfrage vom Untersuchungsobjekt
- Informationsgewinnung unvoreingenommen und ohne direkte oder indirekte Beeinflussung des Untersuchungsobjektes
- Vergleichbarkeit der Informationen
- Kontrolle über die Befragungssituation
- Hohe Rücklaufquote
- Örtlich variabel einsetzbar
- Leichte Dokumentation und dadurch effiziente Auswertbarkeit der generierten Daten

Diese Anforderungen werden von den möglichen Instrumenten einer Befragung in unterschiedlichem Ausmaß erfüllt, wie die Übersicht in Tabelle 1 veranschaulicht.

Tabelle 1: Anforderungen an Datenerhebungsinstrumente

Datenerhebungs-instrument	**schriftliche Befragung**	**struktur-iertes Interview**	**Leitfaden-gespräch**	**Telefon-interview**
Anforderung				
Variable Zielgruppenansprache	xx	xx	xxx	xx
Thematische Vielfalt	xx	xx	xxx	x
Vertrauensbildend	x	xxx	xxx	xx
Individuelle Ansprache	x	xx	xxx	xx
Leicht verständlich und übersichtlich	xx	xxx	xx	x
Zur Verfügung stehender Zeitrahmen	xx	xxx	xxx	x
Schnelligkeit der Informationsabfrage	xxx	xx	x	xx
Keine Verzerrung der Antworten	xxx	x	x	xx
Vergleichbarkeit der Antworten	xxx	xxx	x	xxx
Kontrolle der Befragungssituation	x	xxx	xxx	xx
Hohe Rücklaufquote	x	xxx	xxx	xx
Örtlich variabel einsetzbar	xxx	x	x	xxx
Leichte Dokumentation und Auswertung	xxx	xxx	x	xx

mit:

x = nicht geeignet

xx = geeignet

xxx = gut geeignet

Quelle: Eigene Darstellung.

Die Übersicht in Tabelle 1 über die Eignung der Instrumente zur Erfüllung der spezifischen Anforderungen zeigt die Vorteile, die zur Auswahl des strukturierten Interviews als Hauptinstrument für diese Untersuchung führen.

Als herausragende Punkte sprechen für das **strukturierte Interview,** dass durch die persönliche Anwesenheit ein Vertrauensverhältnis aufgebaut und eine hohe Rücklaufquote erreicht werden kann.[303] Gleichzeitig sichert diese Methode die Vergleichbarkeit und leichte Auswertung der Informationen.[304] Auch bietet sie die Möglichkeit, Sachverhalte oder Fragen näher zu erläutern und noch während des Gesprächs zu klären.[305] Trotz der Standardisierung kann individuell auf den Befragten (z.B. durch offene Fragen oder Kommentarfelder), seine spezifischen Problemfelder und jeweilige Situation eingegangen und zusätzliche Informationen gesammelt werden.

Als großer Nachteil ergibt sich die schwierige Logistik, d.h. zeitliche und räumliche Beschränkungen bei der Terminabsprache. Auf Seiten der Befragten kann die eher längere Dauer als negativ empfunden werden.

Eine alleinige Verwendung der anderen Instrumente wurde insbesondere aus folgenden Gründen abgelehnt:

Die **schriftliche Befragung** erreicht aufgrund ihres Aufbaus nur eine relativ geringe Rücklaufquote. Auch ermöglicht sie keinen persönlichen Kontakt zu den Merkmalsträgern und eröffnet keine der Vorteile, die sich durch eine individuelle Ansprache ergeben.[306]

Das **Telefoninterview** ist nur bedingt geeignet, ein Vertrauensverhältnis zu dem Befragten aufzubauen. Die zur Verfügung stehende Zeit ist begrenzt und eine breite Themenansprache wird erschwert. Auch ist das Telefoninterview eher für kurze und einfache Fragen anzuwenden, da es bei einem umfangreichen Fragenkatalog mit vielen Antwortkategorien schwierig für den Befragten wird, den Überblick zu behalten.[307]

Beim **Leitfadengespräch** fällt vor allem die schwierige Dokumentation und dadurch die erschwerte Auswertung negativ ins Gewicht.[308] Die Vergleichbarkeit der Antworten ist nicht gewährleistet und es besteht die

303 Vgl. Schnell, Rainer/ Hill, Paul/ Esser, Elke [Sozialforschung, 1999], Seite 336.
304 Vgl. Schnell, Rainer/ Hill, Paul/ Esser, Elke [Sozialforschung, 1999], Seite 301.
305 Vgl. Stier, Winfried [Forschungsmethoden, 1996], Seite 200.
306 Vgl. Schnell, Rainer/ Hill, Paul/ Esser, Elke [Sozialforschung, 1999], Seite 336.
307 Vgl. Kromrey, Helmut [Sozialforschung, 1994], Seite 285; Stier, Winfried [Forschungsmethoden, 1996], Seite 204.
308 Vgl. Stier, Winfried [Forschungsmethoden, 1996], Seiten 190-191.

Gefahr eines langwierigen und unergiebigen Informationstransfers. Das Hauptanwendungsgebiet des Leitfadengesprächs liegt deswegen auch in einer frühen Phase einer Untersuchung, wenn die Bereiche und Forschungsdimensionen noch nicht klar umrissen sind. Es kommt aber für diese Untersuchung, die gezielte Daten generieren möchte, weniger in Betracht.[309]

Um jedoch die oben genannten Nachteile des strukturierten Interviews auszugleichen, wird es nicht als einzige Methode der Datenerhebung verwendet. Obwohl die anderen Instrumente als *alleiniges* Datenerhebungsmittel abgelehnt wurden, können ihre jeweiligen Vorzüge doch noch genutzt werden, sobald sie in Kombination oder als Ergänzung zum strukturierten Interview verwendet und auf die Anforderungen dieser Untersuchung zugeschnitten werden.

Als hilfsweise Methode wird die schriftliche Befragung gewählt, da sie eine örtlich variable Datenerhebung mit einer kürzeren Bearbeitungszeit erlaubt. Sie basiert auf dem gleichen Instrument, dem Fragebogen und kommt zur Anwendung, wenn die Untersuchungsobjekte nicht persönlich interviewt werden können oder wollen, aber dennoch bereit sind, an der Befragung mitzuwirken.

Auch soll das strukturierte Interview durch einen offenen Interviewteil, der die Form eines Leitfadengesprächs annimmt, ergänzt werden. Er schließt sich an den standardisierten Fragenkatalog an und erlaubt es, gezielt auf die Probleme und jeweilige Situation der Untersuchungsobjekte einzugehen, ohne der Begrenzung durch die Fragebogenstruktur unterworfen zu sein. Dadurch kann es gelingen, weitere qualitative Informationen als Hintergrundwissen und für weiterführende Einordnungen zu sammeln.

Auch die Stärke des Telefoninterviews, die in der Schnelligkeit des Informationstransfers durch einfache und kurze Fragen liegt, kommt zum Einsatz. Das Interview wird jedoch abgeändert in eine Form der kurzen, unstrukturierten Informationssammlung über das Unternehmen und seine wirtschaftliche Situation. Es soll verwendet werden, sobald sich abzeichnet, dass die kontaktierten Unternehmen zu keiner weiteren Teilnahme an der Untersuchung bereit sind.

---

[309] Vgl. Schnell, Rainer/ Hill, Paul/ Esser, Elke [Sozialforschung, 1999], Seite 300.

Das strukturierte Interview als hauptsächliches Erhebungsinstrument und die hilfsweise verwendete Methode der schriftlichen Befragung basieren beide auf der Verwendung eines Fragebogens. Daraus ergibt sich die Notwendigkeit, neben der Auswahl der Untersuchungsmenge in Form von Unternehmen, die Gruppe der Merkmalsträger zu definieren. Als Zielgruppe für die Befragung werden die Geschäftsführer der Unternehmen identifiziert, da sie den größten Überblick über die ganzheitliche Entwicklung haben und die operative wie auch strategische Entscheidungsbefugnis besitzen. Bei den MBO-Unternehmen antworten sie in ihrer zusätzlichen Funktion als Eigentümer oder Gesellschafter, bei den externen Investor-Unternehmen als Angestellte oder ebenfalls als Anteilseigner.

10.2.2 Entwicklung des Fragebogens

Der Fragebogen[310] bildet die wichtigste Datenquelle und wird sowohl für die Interviews als Haupterhebungsinstrument, als auch zur schriftlichen Befragung eingesetzt.

Er ist so konzipiert, dass er trotz seines Umfangs von 34 Fragen zügig, d.h. innerhalb von 45 Minuten ausgefüllt werden kann. Dies ermöglicht die Form der geschlossenen Frage mit vorgegebenen Antwortmöglichkeiten im Multiple-Choice-Design.[311] Die größtenteils vollstandardisierten Fragen gewährleisten eine hohe Vergleichbarkeit. Sowohl die Fragen, als auch die Antwortmöglichkeiten sind so angelegt, dass sie gleichermaßen für MBO-Manager, als auch für externe Investoren bzw. deren Manager verwendet werden können.

Der Fragebogen orientiert sich inhaltlich an den drei Untersuchungsebenen, wobei das Layout des Fragebogens jedoch für die Befragung modifiziert und in enger abgegrenzte thematische Komplexe eingeteilt wird. Dadurch soll den Befragten ein leichteres Verständnis des Fragebogens ermöglicht werden, ohne dass ihnen das zugrundeliegende theoretische Gerüst erläutert werden muss.[312]

---

[310] Vgl. Fragebogen, Anhang.

[311] Vgl. zu den Vor- und Nachteilen der „Geschlossenen" und „Offenen Frage": Stier, Winfried [Forschungsmethoden, 1996], Seiten 176-178.

[312] Vgl. für die Problematik unterschiedlicher Bezugsrahmen bei Forscher und Befragten: Kromrey, Helmut [Sozialforschung, 1994], Seite 279.

Im Einzelnen teilt sich der Fragebogen in folgende thematische Bereiche auf:

1. Fragen zum Management
2. Mitarbeiter
3. Investition und Finanzierung
4. Verhandlungen mit der Treuhand
5. Innovationen
6. Motivation
7. Strategie und Organisation
8. Grundsätzliche Daten
9. Ökonomische Daten des Unternehmens

Für die Formulierung der Fragen und ihre Anordnung wurden die Grundsätze der Frageformulierung und der Fragebogenkonstruktion beachtet.[313] Die Fragen orientieren sich direkt an den vorher bestimmten Erfolgskriterien und deren Indikatoren.

Tabelle 2 zeigt die Auswahl der Fragen zu den Themenbereichen und verdeutlicht das jeweilige Informationsbedürfnis, das der Einzelfrage zugrunde liegt, d.h. zu welchem Kriterium Informationen gesammelt werden, oder welche andere Zielsetzung durch die Frage erreicht werden soll.

[313] Vgl. Kromrey, Helmut [Sozialforschung, 1994], Seiten 277-278; Schnell, Rainer/ Hill, Paul/ Esser, Elke [Sozialforschung, 1999], Seiten 312-313.

Tabelle 2: Fragenauswahl und Informationsbedürfnis

Frage Nr.	Fragentext	Informationsbedürfnis/ Erfolgskriterium
Fragen zum Management		
1.	Welches ist Ihre genaue Funktion im Unternehmen?	Überprüfung der Zielgruppenansprache
2.	Waren Sie bereits vor der Privatisierung tätig in diesem Unternehmen/ einem ostdt./ westdt. Unternehmen der gleichen/ einer anderen Branche?	Überprüfung der Zielgruppenansprache, Hintergrund der Befragten
3.	Wie würden Sie sich persönlich in Bezug auf die folgenden Eigenschaften einschätzen?	Personenbezogener Einfluss durch führungsspezifische Charakterzüge
4.	Worin sehen Sie Ihre persönlichen Stärken in Bezug auf die Unternehmensleistung?	Soziale Akzeptanz, personenbezogene Erklärung für unterschiedliche Entwicklung
Mitarbeiter		
5.	Wie viele Mitarbeiter waren zum Zeitpunkt der Privatisierung in Ihrem Unternehmen beschäftigt?	Sicherung von Arbeitsplätzen
6.	Wie viele Mitarbeiter waren zum Abschluss des Geschäftsjahres 1997 in Ihrem Unternehmen beschäftigt?	Sicherung von Arbeitsplätzen
7.	Inwieweit werden bzw. wurden durch diese Mitarbeiteranzahl die Bedingungen im Privatisierungsvertrag erfüllt?	Sicherung von Arbeitsplätzen
8.	Wie sieht Ihre diesjährige Planung in Bezug auf die Anzahl Ihrer Mitarbeiter aus?	Sicherung von Arbeitsplätzen
9.	Wie wurden die Mitarbeiter vor der Privatisierung in die Entscheidung über mögliche Investoren/Käufer mit einbezogen?	Soziale Akzeptanz
10.	Wie würden Sie die Akzeptanz des Managements und seines Führungsstils unter den Mitarbeitern beurteilen?	Soziale Akzeptanz
Investition und Finanzierung		
11.	In welches Höhe haben Sie seit der Privatisierung Investitionen getätigt?	Sicherung von Investitionen

Fortsetzung Tabelle 2:

Frage Nr.	Fragentext	Informationsbedürfnis/ Erfolgskriterium
12.	Welchen Prozentsatz Ihres Jahresumsatzes verwenden Sie durchschnittlich für Investitionsmaßnahmen?	Sicherung von Investitionen
13.	Inwieweit erfüllen bzw. Erfüllten Sie dadurch die Investitionszusagen im Privatisierungsvertrag?	Sicherung von Investitionen
14	Wie beurteilen Sie das Investitionsvolumen Ihres Unternehmens?	Sicherung von Investitionen
15.	Wie sieht Ihre Planung für das Investitionsvolumen in diesem Jahr aus?	Sicherung von Investitionen
16.	In welcher Ertragslage befand sich Ihr Unternehmen im Jahr 1997?	Ökonomische Eckdaten
17.	Wie beurteilen Sie die Eigenkapitalausstattung Ihres Unternehmens?	Ökonomische Eckdaten
18.	Wie beurteilen Sie die Fremdkapitalausstattung Ihres Unternehmens?	Ökonomische Eckdaten
19.	Wie beurteilen Sie die Möglichkeiten Ihres Unternehmens Fremdkapital nach der Privatisierung aufzunehmen?	Unterschiede bei Fremdkapitalaufnahme
20.	Führten folgende Punkte bei Ihrem Unternehmen zu Schwierigkeiten bei der Fremdkapitalaufnahme?	Erklärungsansatz für unterschiedliche Möglichkeiten der Fremdkapitalaufnahme
21.	Welche der folgenden Fördermaßnahmen konnte Ihr Unternehmen tatsächlich in Anspruch nehmen?	Strukturveränderung; Unterschiede bei Ausnutzung der Fördermittel
22.	Wie beurteilen Sie die gegenwärtige Liquiditätslage Ihres Unternehmens?	Ökonomische Eckdaten
23.	Beurteilen Sie bitte, inwieweit folgende Punkte eine Rolle bei einer möglichen Liquiditätsschwäche Ihres Unternehmens spielen bzw. spielten?	Erklärungsansätze für Liquiditätsschwäche

Fortsetzung Tabelle 2:

Frage Nr.	Fragentext	Informationsbedürfnis/ Erfolgskriterium
Verhandlungen mit der Treuhand		
24.	Wie lange dauerten in etwa die Privatisierungsverhandlungen bis zum Abschluss	Schnelligkeit der Privatisierung
25.	Wie beurteilen Sie die Informationslage über Ihr Unternehmen vor seinem Erwerb?	Einfluss des Informationsstandes der Manager auf Schnelligkeit der Privatisierung
26.	Wie beurteilen Sie die Verhandlungsführung der Treuhand in Ihrem Fall?	Einfluss auf Schnelligkeit der Privatisierung
27.	Wie wichtig waren für Ihr Unternehmen Nachverhandlungen?	Einfluss auf Sicherung von Arbeitsplätzen, Investitionen
28.	Wie beurteilen Sie insgesamt die Privatisierungsleistung der Treuhand in Ihrem Fall?	Unterschiedliche Bewertung der Treuhandleistung und Einfluss auf Schnelligkeit der Privatisierung
Innovation		
29.	Wie hat sich Ihrer Meinung nach die Wettbewerbsstruktur auf das Innovationspotential Ihres Unternehmens ausgewirkt?	Strukturveränderung
30.	Wie beurteilen Sie das Ausmaß der Veränderung in Ihrem Unternehmen seit der Privatisierung?	Strukturveränderung
Motivation		
31.	Welche Motive waren bei Ihrem Unternehmen ausschlaggebend für seine Übernahme von der Treuhand?	Erfüllung der Motive
32.	Würden Sie den gewählten Weg der Privatisierung noch einmal einschlagen?	Erfüllung der Motive
Strategie und Organisation		
33.	Wie beurteilen Sie die Erfolgswirksamkeit folgender strategischer Alternativen für Ihr Unternehmen?	Strukturveränderung
34.	Wie beurteilen Sie das Ausmaß der seit der Privatisierung durchgeführten Veränderungen in den folgenden innerbetrieblichen Bereichen?	Strukturveränderung

Quelle: Eigene Darstellung.

Diesen Fragen schließt sich im Fragebogen noch ein kurzer Teil mit grundsätzlichen Daten an, der zur Überprüfung der korrekten Auswahl der Untersuchungsobjekte und der Richtigkeit des ursprünglichen Datenmaterials der BVS dient. Er beinhaltet Fragen nach dem Zeitpunkt der Privatisierung, der Branche und der Privatisierungsform.

Den Abschluss des Fragebogens bildet die Abfrage der ökonomischen Daten der Unternehmen als Rumpfdaten zur Bilanz.

10.2.2 Ergänzung durch offenen Interviewteil

Neben der standardisierten und strukturierten Datengenerierung durch den Fragebogen werden Interviews mit den Vertretern der Geschäftsleitung geführt, um spezifische Problemfelder zu vertiefen. Diese Form der offenen Interviewtechnik wird als Ergänzung zum Fragebogen mit dem Ziel verwendet, die Auskunftsbereitschaft und Motivation der Befragten zu erhöhen und einen besseren Einblick in ihre Erfahrungshintergründe zu erlangen. [314] Gerade die schriftlich und quantitativ schwer fassbaren Problemschwerpunkte können angesprochen werden und dadurch ein Ausgleich für die Reduktion der Informationen, sowie den Verlust komplexer Zusammenhänge durch das starre Gerüst des Fragebogens erreicht werden. Oft wird durch den befragten Manager Hintergrundwissen vermittelt und dadurch ein entsprechender Kontext für die Entwicklung in den neuen Bundesländern geschaffen. Obwohl diese Informationen sehr subjektiv geprägt und von rein qualitativer Natur sind, ermöglichen sie doch ein besseres Verständnis der besonderen Situationsumstände. Auch mit Rücksicht auf eine Fragestellung dieser Untersuchung nach der Erfüllung der Motive der jeweiligen Beteiligten bietet sich die offene Gesprächsführung an, da dadurch besser auf den persönlichen Bezugsrahmen der Befragten eingegangen werden kann und ihnen eine bessere Möglichkeit geboten wird, ihre individuellen Eindrücke zu schildern.

Die Auswertung der Gespräche besteht in einer protokollarischen Aufbereitung der während des offenen Interviewteils durchgeführten handschriftlichen Notizen.[315] Diese Mitschriften werden nach bestimmten

[314] Vgl. Böhler, Heymo [Marktforschung, 1992], Seite 79; Atteslander, Peter [Sozialforschung, 1984], Seite 112.
[315] Vgl. Meuser, M./ Nagel, U. [ExpertInneninterviews, 1991], Seite 455.

Themenbereichen geordnet. Gegebenenfalls fließen diese zusätzlichen Informationen in die Analyse der Fragebögen mit ein, oder werden als Zitat zur Unterstützung eines Ergebnisses verwendet.

10.2.4 Messung auf den verschiedenen Ebenen

Die folgende Übersicht in Tabelle 3 verdeutlicht den Weg der Operationalisierung, d.h. die Verknüpfung der Begriffe mit empirischen Sachverhalten und der Entscheidungsgrundlage, ob dieser Sachverhalt in der Realität vorliegt oder nicht.[316] Sie beinhaltet die gewählten Erfolgskriterien, ihre zugehörigen Indikatoren, die Messvorgaben und die Datenquellen für die Erhebung der jeweiligen Information.

Tabelle 3: Operationalisierung der Erfolgskriterien

Erfolgs-kriterium	**Indikator**	**Begründung**	**Messung**	**Daten-quelle**
Gesamtwirtschaftliche Ebene				
Struktur-veränderung	Anzahl der durch MBO privatisierten mittelständischen Unternehmen	Zeigt, wie viele Unternehmen durch den MBO zusätzlich geschaffen wurden. Allerdings kann nicht geklärt werden, wie viele der MBO-Manager auch ohne MBO eine Neugründung durchgeführt hätten.	Anzahl der mittelständischen MBOs nach einer Privatisierung	BVS
	Einfluss der Marktwirtschaft auf Innovationsfähigkeit	Verdeutlicht die grundsätzliche Einstellung der Manager gegenüber Innovationsfähigkeit.	Fragestellung an Manager	Fragebogen, Frage Nr. 29
	Ausmaß der Veränderung im Unternehmen	Bei großen Veränderungen wird eine hohe Innovationsfähigkeit und weitreichende Umstrukturierung vermutet.	Fragestellung an Manager	Fragebogen, Frage Nr. 30

[316] Vgl. Kromrey, Helmut [Sozialforschung, 1994], Seite 70.

Fortsetzung Tabelle 3:

Erfolgs-kriterium	**Indikator**	**Begründung**	**Messung**	**Daten-quelle**
	Inanspruch-nahme v. Inno-vationsförder-programmen	Die Inanspruchnahme vieler Innovationsförder-programme deutet auf eine innovative Kultur hin.	Fragestellung an Manager	Frage-bogen, Frage Nr. 21
	Strategische Bedeutung von Innovations-fähigkeit	Erkennen die Manager die Bedeutung von Innovationsfähigkeit, werden sie diese entsprechend umsetzen und fördern.	Fragestellung an Manager	Frage-bogen, Frage Nr. 33
Arbeits-plätze sichern und schaffen	Anzahl der erhaltenen Arbeitsplätze	Die Notwendigkeit von Entlassungen zur Erhöhung der Produktivität bewirkt, dass bereits die Erhaltung von Arbeits-plätzen die Zielsetzung der Privatisierung abbildet.	Anzahl Mitarbeiter Ende 1991, Anzahl Mitarbeiter Ende 1997	Frage-bogen, Fragen Nr. 5, 6; BVS-Daten, JA-Daten
	Zukünftige Be-schäftigungs-entwicklung	Es ist nicht nur die bisherige Arbeitsplatzsich-erung, sondern auch die zukünftige Entwicklung in bezug auf die Arbeitsplätze wichtig.	Fragestellung an Manager	Frage-bogen, Frage Nr. 8
	Erfüllung der Arbeitsplatz zusagen	Wenn die Unternehmen die Auflagen erfüllt haben, wurden die entsprechen-den Privatisierungsziele der Treuhand erreicht.	Fragestellung an Manager	Frage-bogen, Frage Nr. 7
	Bedeutung von Nachverhand-lungen bzgl. Arbeitsplatz-zusagen	Wenn Nachverhandlungen eine große Bedeutung hatten, deutet das auf Zusagen hin, die betriebs-wirtschaftlich nicht haltbar waren, bzw. auf Manager, die schlechter verhandelt haben.	Fragestellung an Manager	Frage-bogen, Frage Nr. 27

Fortsetzung Tabelle 3:

Erfolgs-kriterium	Indikator	Begründung	Messung	Daten-quelle
Investitionen sichern	Höhe der Gesamtinvestitionen seit der Privatisierung	Zeigt, inwieweit beide Unternehmen der Forderung nach Zufluss von Kapital und Investitionen bisher nachgekommen sind.	Fragestellung an Manager	Fragebogen, Frage Nr. 11
	Investitionssumme pro Mitarbeiter	Liefert eine Größenrelation der Investitionen zum besseren Vergleich der Unternehmen und zeigt die Investitionsneigung in den Unternehmen.	$\frac{Anzahl\ Mitarbeiter\ 1997}{Investitionen\ 1991-97}$	Fragebogen, Fragen Nr. 6, 11
	Erfüllung der Investitionszusagen	Wenn die Unternehmen die Auflagen erfüllt haben, wurden Investitionen getätigt und die Zielvorgaben der Treuhand erreicht.	Fragestellung an Manager	Fragebogen, Frage Nr. 13
	Bedeutung von Nachverhandlungen bzgl. Investitionszusagen	Wenn Nachverhandlungen eine große Bedeutung haben, kann man vermuten, dass die ursprünglich gegebenen Investitionszusagen betriebswirtschaftlich nicht haltbar waren, bzw. die Manager schlecht verhandelt haben.	Fragestellung an Manager	Fragebogen, Frage Nr. 27
	Investitionsanteil am Umsatz	Zeigt die Investitionsneigung und finanziellen Möglichkeiten der Unternehmen.	$\frac{Investitionsmaßnahmen}{Umsatz}$	Fragebogen, Frage Nr. 12
Schnelle Durchführbarkeit	Dauer der Privatisierungsverhandlung	Lässt sich eine unterschiedliche Verhandlungsdauer für beide Unternehmensformen feststellen?	Fragestellung an Manager	Fragebogen, Frage Nr. 24

Fortsetzung Tabelle 3:

Erfolgs-kriterium	Indikator	Begründung	Messung	Daten-quelle
	Informations-lage über zu privatisierendes Unternehmen	Bieten vermutete Insider-Kenntnisse über das zu privatisierende Unter-nehmen einen Vorteil für die MBO-Manager und führen sie zu einer schnelleren Privatisierung?	Fragestellung an Manager	Frage-bogen, Frage Nr. 25
	Verhandlungs-führung der Treuhand	Lässt sich eine Bevor-zugung des MBO erkenn-nen und fördert dies eine schnellere Privatisierung?	Fragestellung an Manager	Frage-bogen, Frage Nr. 26
	Privatisier-ungsleistung der THA	Gibt es Unterschiede bei der Beurteilung und Zusammenhänge zwischen Dauer und Leistungsbewertung?	Fragestellung an Manager	Frage-bogen, Frage Nr. 28
Kontrolle sichern	Art der Geschäfts-tätigkeit	Wie aktiv oder passiv nehmen die Unternehmen am wirtschaftlichen Leben teil? Handelt es sich nur um Scheinfirmen, die jede wirtschaftliche Tätigkeit eingestellt haben?	Fragestellung an Gesprächs-partner; Eintrag des Unterneh-mens im Handelsregister	Telefoni-sche Informa-tions-samm-lung
Soziale Akzep-tanz	Verhältnis zu Mitarbeitern	Wenn die Manager ein gutes Verhältnis zu den Mitarbeitern als Stärke angeben, kann man von einer Akzeptanz im Unternehmen ausgehen.	Fragestellung an Manager	Frage-bogen, Frage Nr. 4
	Akzeptanz des Management	Zeigt die Belegschaft eine mangelnde Akzeptanz des Management, kann das auf eine Unzufriedenheit mit den Privatisierungsvor-gängen zurückgeführt werden.	Fragestellung an Manager	Frage-bogen, Frage Nr. 10

Fortsetzung Tabelle 3:

Erfolgs-kriterium	**Indikator**	**Begründung**	**Messung**	**Daten-quelle**
	Mitspracherecht der Belegschaft vor Privatisierung	Hatte die Belegschaft ein Mitspracherecht und sich für das jetzige Management und die Privatisier-ungslösung ent-schieden, steigert dies die Akzeptanz.	Fragestellung an Manager	Frage-bogen, Frage Nr. 9
Individuelle Ebene				
Gewinn-streben	Ertragslage	Wenn die Ertragslage positiv ist, wird auch das Motiv „Gewinn-streben" erfüllt.	Fragestellung an Manager	Frage-bogen, Frage Nr. 16
Sicherung des eigenen Arbeits-platzes	Berufliche Tätigkeit	Das Motiv erfüllt sich bereits dadurch, dass der Befragte noch als Geschäftsführer/ Manager tätig ist.	Auswahl der Untersuchung setzt voraus, dass der Befragte im Unter-nehmen tätig ist	entfällt
Sicherung von Arbeits-plätzen	Entwicklung der Anzahl der Arbeitskräfte im Unternehmen	Zeigt wie viele Arbeitsplätze gerettet wurden, wenn als andere Alternative die Schließung des Betriebs angenom-men wird.	Fragestellung an Manager	Frage-bogen, Fragen Nr. 5, 6
Abwehr einer feind-lichen Über-nahme	Identifikation des Käufers/ Existenz des Unternehmens	Abwehr erfolgreich durchgeführt, wenn der Geschäftsführer entweder selber Investor ist (MBO), oder ein anderer Investor gewonnen werden konnte (Externer Investor).	Fragestellung an Manager, Eintrag des Unternehmens im Handelsregister	Frage-bogen, Frage Nr. 1; Handels-register
Regionale Präsenz in Ost-deutsch-land	Existenz des Unternehmens	Die Existenz des Unternehmens beinhaltet eine Präsenz in Ostdeutschland.	Eintrag des Unternehmens im Handelsregister	Handels-register

Fortsetzung Tabelle 3:

Erfolgskriterium	Indikator	Begründung	Messung	Datenquelle
Expansion	Existenz des Unternehmens	Für externe Investoren beinhaltet eine Existenz die Erfüllung ihrer Expansionspläne in Bezug auf dieses Unternehmen.	Eintrag des Unternehmens im Handelsregister (Privatisierungsform: Externer Investor)	Handelsregister
Aufrechterhaltung der Tradition	Ausmaß der Veränderung im Unternehmen	Sobald keine weitreichenden Veränderungen durchgeführt wurden, gelang es, alte Traditionen zu bewahren.	Fragestellung an Management	Fragebogen, Frage Nr. 30
Ausnutzung von Fördergeldern	Bewilligung von Fördermaßnahmen	Konnten viele Förderprogramme bewilligt werden, liegt eine erfolgreiche Ausnutzung vor.	Fragestellung an Management	Fragebogen, Frage Nr. 21
Unternehmerische Unabhängigkeit	Ertragslage	Positive Ertragslage ist eine Voraussetzung für die unternehmerische Unabhängigkeit und ihre Sicherung. Der finanziellen Erfolg belohnt die unternehmerische Unabhängigkeit.	Fragestellung an Manager	Fragebogen, Frage Nr. 16
Prestige, Ansehen, Selbstverwirklichung	Akzeptanz des Managements	Die Akzeptanz des Managements ist eine Wertschätzung ihrer Entscheidungen und wirtschaftlichen Fähigkeiten.	Fragestellung an Manager	Fragebogen, Frage Nr. 10
Erfüllung der Motive	Zufriedenheit über Privatisierungsentscheidung	Würden die Manager ihre Entscheidungen bezüglich der Privatisierung auch im nachhinein wieder so treffen, scheinen sich ihre Motive weitgehend erfüllt zu haben.	Fragestellung an Manager	Fragebogen, Frage Nr. 32

Fortsetzung Tabelle 3:

Erfolgs-kriterium	**Indikator**	**Begründung**	**Messung**	**Daten-quelle**
Unternehmerische Ebene				
Existenz des Unter-nehmens	Geschäftliche Tätigkeit	Ersatzkriterium unter der Annahme, dass alle Unternehmen, die 6-7 Jahren nach der Privatisierung noch existieren, erfolgreich geführt werden.	Einteilung der Unternehmen in „existent" oder „nicht existent" erfolgt aufgrund der HR-Eintragung („nicht existent"= Eintrag gelöscht oder Gesamtvollstreckung beantragt)	Handels-register
Unterneh-merische Eckdaten	Ertragslage	Qualitative Einschätzung der Manager als Anhaltspunkt und Referenzrahmen.	Fragestellung an Manager	Frage-bogen, Frage Nr. 16
	Eigenkapital-ausstattung	Qualitative Einschätzung der Manager als Anhaltspunkt und Referenzrahmen.	Fragestellung an Manager	Frage-bogen, Frage Nr. 17
	Fremdkapital-ausstattung	Qualitative Einschätzung der Manager als Anhaltspunkt und Referenzrahmen.	Fragestellung an Manager	Frage-bogen, Frage Nr. 18
	Liquiditäts-lage	Qualitative Einschätzung der Manager als Anhaltspunkt und Referenzrahmen.	Fragestellung an Manager	Frage-bogen, Frage Nr. 22

Fortsetzung Tabelle 3:

Erfolgs-kriterium	**Indikator**	**Begründung**	**Messung**	**Daten-quelle**
Umsatz-ent-wicklung	Umsatz-wachstum	Drückt Akzeptanz der Produkte und Dienstleistungen am Markt aus.	$\left(\frac{x_{t\,Ende}}{x_{t\,Anfang}}\right)^{\frac{1}{n}}-1$ mit $x_{t\,Anfang}$=Wert am Anfang des Untersuchungszeitraums, $x_{t\,Ende}$=Wert am Ende des Untersuchungszeitraums, n=Anzahl Perioden zwischen t Anfang und t Ende.	Jahresab-schluss-daten
Rendite/ Rentabilität	Umsatz-rendite[317]	Die Umsatzrendite bildet die Erfolgs-situation des Unternehmens ab und zeigt, wie produktiv gearbeitet wird.	$\frac{Jahresüberschuß}{Umsatzerlöse}$	Jahresab-schluss-daten
	Gesamt-kapital-rendite[318]	Als Maß für die interne Verzinsung erlaubt sie eine Beurteilung der Privatisierung als Investitionsobjekt.	$\frac{Jahresüberschuß + Zinsen}{Gesamtkapital}$	Jahresab-schluss-daten
	Eigenkapital-rendite[319]	Erlaubt eine Beurteilung der Privatisierung als Investitionsobjekt für die Anteilseigner am Unternehmen.	$\frac{Jahresüberschuß}{Eigenkapital}$	Jahresab-schluss-daten

317 Vgl. Jacobs, Otto H. [Bilanzanalyse, 1994], Seiten 94-95; Küting, K./ Weber, C.-P. [Bilanzanalyse, 1999], Seite 307.

318 Vgl. Küting, K./ Weber, C.-P. [Bilanzanalyse, 1999], Seite 302; Baetge, Jörg [Bilanzanalyse, 1998], Seite 430.

319 Vgl. Schult, Eberhard [Bilanzanalyse, 1999], Seite 97; Vgl. Jacobs, Otto H. [Bilanzanalyse, 1994], Seite 108; Küting, K./ Weber, C.-P. [Bilanzanalyse, 1999], Seite 305; Baetge, Jörg [Bilanzanalyse, 1998], Seite 432.

Fortsetzung Tabelle 3:

Erfolgs-kriterium	**Indikator**	**Begründung**	**Messung**	**Daten-quelle**
Produktivität	Mitarbeiter-produktivität[320]	Maßzahl für erfolgreiche Anpassung an Marktwirtschaft und Entwicklung der produktiven Effizienz.	$\frac{Umsatz}{Beschäftigtenzahl}$	Jahresabschlussdaten
Vermögensstruktur	Anlagevermögens-intensität[321]	Gibt Einblick in die Vermögenslage der Unternehmen mit Bezug auf das langfristig gebundene Kapital.	$\frac{Anlagevermögen}{Gesamtvermögen}$	Jahresabschlussdaten
	Investitions-verhältnis[322]	Stellt das Verhältnis zwischen Umlauf- und Anlagevermögen dar und zeigt insbesondere Tendenzen zur Lagerhaltung auf.	$\frac{Umlaufvermögen}{Anlagevermögen}$	Jahresabschlussdaten
	Kapitalum-schlag-häufigkeit[323]	Verdeutlicht, wieviel Umsatz mit dem eingesetzten Vermögen generiert wird.	$\frac{Umsatz}{AV+UV}$	Jahresabschlussdaten
Finanzstruktur	Eigenkapital-quote[324]	Eigenkapital dient als Sicherungsgrundlage und zählt als wichtige Entscheidungsbasis für Fremdkapitalgeber; je höher die Eigenkapitalbasis desto geringer die Belastung durch Zins- und Tilgungsverpflichtungen.	$\frac{Eigenkapit\ al}{Gesamtkapi\ tal}$	Jahresabschlussdaten

[320] Vgl. Thommen, Jean-Paul [Betriebswirtschaftslehre, 1996], Seite 104.
[321] Vgl. Jacobs, Otto H. [Bilanzanalyse, 1994], Seite 121.
[322] Vgl. Thommen, Jean-Paul [Betriebswirtschaftslehre, 1996], Seite 93.
[323] Vgl. Jacobs, Otto H. [Bilanzanalyse, 1994], Seite 110.
[324] Vgl. Baetge, Jörg [Bilanzanalyse, 1998], Seite 198.

Fortsetzung Tabelle 3:

Erfolgs-kriterium	**Indikator**	**Begründung**	**Messung**	**Daten-quelle**
Fristen-kongruenz	Anlagen-deckungs-grade[325]	Das Umlauf- und Anlagevermögen sollte entsprechend der Kapital-bindungsfristen finanziert sein.	$DG\,A = \frac{Eigenkapital}{Anlagevermögen}$ $DG\,B = \frac{EK + lfr.\,FK}{Anlagevermögen}$	Jahresab-schluss-daten
Liquidität	Cash Flow[326]	Liefert eine ergänzende Betrachtung zur Ertragslage.	Jahresüberschuss/-fehlbetrag + Abschreibungen (- Zuschreibungen) + Erhöhungen (- Verminderungen) v. lgfr. Rückstellungen	Jahresab-schluss-daten
	Liquiditäts-grade[327]	Kann das Unternehmen jeder-zeit seinen Zahlungs-verpflichtungen nachkommen?	$LQ1 = \frac{Liqu.\ Mittel}{kzfr.\ Verbindlichkeiten}$ $LQ2 = \frac{Liqu.\ Mittel + kzfr.\ Forderungen}{kzfr.\ Verbindlichkeiten}$ $LQ3 = \frac{Liqu.\ Mittel + kzfr.\ Ford. + Vorräte}{kzfr.\ Verbindlichkeiten}$	Jahresab-schluss-daten
Erfolgswirt-schaftliche Finanzlage	Zins-deckungs-grad	Werden die Zinsbelastungen durch das Geschäftsergebnis getragen?	$\frac{Jahresüberschuß + Zinsen}{Zinsaufwand}$	Jahresab-schluss-daten

Quelle: Eigene Darstellung.

[325] Vgl. Coenenberg, Adolf G. [Jahresabschluß, 1993], Seiten 510, 511; Schult, Eberhard [Bilanzanalyse, 1999], Seite 51.
[326] Vgl. Coenenberg, Adolf G. [Jahresabschluß, 1993], Seite 528.
[327] Vgl. Küting, K./ Weber, C.-P. [Bilanzanalyse, 1999], Seite 120; Jacobs, Otto H. [Bilanzanalyse, 1994], Seiten 137-138; Baetge, Jörg [Bilanzanalyse, 1998], S. 249.

10.3 Bestimmung der Untersuchungsmenge

Da es sich bei der durchzuführenden Untersuchung nicht um eine Vollerhebung zu allen durchgeführten Privatisierungs-MBOs in den neuen Bundesländern handelt, muss eine Auswahl der Untersuchungsmenge erfolgen. Dies soll in Form einer „bewussten Auswahl" durchgeführt werden und sich nach vorher festgelegten Anforderungskriterien richten.[328]

10.3.1 Definition des Anforderungskatalogs

Die primäre Anforderung an die Untersuchungsmenge bezieht sich auf eine unterschiedliche Form der Privatisierung: die zu bildenden Unternehmenspaare sollen einmal durch einen Privatisierungs-MBO, zum anderen durch einen Verkauf an externe Investoren privatisiert worden sein.

Im nächsten Schritt werden möglichst viele exogene Entscheidungsparameter die vorgegebene wirtschaftliche und rechtliche Rahmenbedingungen für die Unternehmen darstellen, bestimmt.[329] Die Aufgabe ist es, möglichst viele dieser externen Einflüsse gleichzusetzen, um sie nicht mehr als Variable für die Geschäftsentwicklung beachten zu müssen und sie dadurch auszuschalten.[330]

Es entsteht ein Anforderungskatalog an die Untersuchungsobjekte, der die in Abbildung 9 dargestellten wichtigen Einflüsse normiert:

[328] Vgl. Kromrey, Helmut [Sozialforschung, 1994], Seite 200.
[329] Vgl. Schmalen, Helmut [Grundlagen, 1996], Seite 138; Baetge, Jörg [Bilanzanalyse, 1998], Seiten 17, 18.
[330] Vgl. allgemein zu den Anforderungen beim Branchenvergleich: Riebell, Claus [Bilanz-auswertung, 1992], Seiten 149, 150; Baetge, J./Commandeur, D. [Vergleichbar, 1986], Seite 327; Schnettler, Albert [Betriebsvergleich, 1961], Seiten 28-51; vgl. als Beispiel für weitere Unternehmensvergleiche beim LBO: Kessel, Annette [Buyout, 1995], Seiten 185-190.

Abbildung 9: Anforderungskatalog an Untersuchungsobjekte

Einflussfaktoren	**Begründung**
Branche	Unterschiedliche branchenspezifische Entwicklung.[328]
Größe	Größe bestimmt Anforderungen und Möglichkeiten der Unternehmen.
Zeitpunkt der Privatisierung	Im Zeitablauf unterschiedliche Behandlung durch die Treuhandanstalt.[329]
Bundesland	Unterschiedliche infrastrukturelle, legislative und politische Bedingungen in den Ländern.[330]
Rechtsform	Entfällt, da alle Unternehmen Kapitalgesellschaften in Form einer GmbH sind.

Quelle: Eigene Darstellung.

Der Anforderungskatalog bewirkt, dass eine idealtypische Strukturgleichheit[334] weitgehend erreicht und eine Vergleichbarkeit ermöglicht wird, sobald sich die Unternehmen in den dargestellten Variablen entsprechen und lediglich in einem Merkmal, der Form der Privatisierung, unterscheiden.

[331] Beispielsweise verbesserte sich die wirtschaftliche Situation im Bauwesen schneller, als im produzierenden Gewerbe. Vgl. DIW [13. Bericht, 1995], Seite 467; o.V. [Strukturwandel, 1995], Seite 4; Sachverständigenrat [Aufschwung, 1994], Seite 79.

[332] Beispielsweise wurden Vertragsstrafen erst ab dem 2. Jahr der Privatisierungen in den Verträgen verankert; dafür ließ sich im Laufe der Privatisierungen über den Kaufpreis eines Unternehmens verhandeln. Vgl. Hummel, Marlies [Finanzierungsprobleme, 1994], Seite 82.

[333] Vgl. für eine Aufstellung von länderspezifischen Förderprogrammen: Hummel, Marlies [Finanzierungsprobleme, 1994], Seiten 12-21

[334] Vgl. Baetge, J./Commandeur, D. [Vergleichbar, 1986], Seite 327.

Bezüglich der Privatisierungsform wurde noch folgende Bedingung festgelegt: in die Gruppe der MBO-Unternehmen sollten nur reine MBOs und keine MBIs aufgenommen werden. Dadurch war es möglich, das entscheidende Element eines MBO, das Management, explizit zu betrachten, ohne dass die Aussagen durch Einflüsse von externen Beteiligten verfälscht wurden. In der Gruppe der externen Investoren wurde nicht zwischen westdeutschen, ostdeutschen oder internationalen Käufern unterschieden, da hier das entscheidende Kriterium die Beteiligung eines im Vergleich zu den MBO-Käufern von ausserhalb des Unternehmens kommenden Investors war. Zur genaueren Analyse wird bei der Umfrage der berufliche und geographische Hintergrund der Manager durch den Fragebogen ermittelt.

Um eine praktische Durchführbarkeit zu gewährleisten, wurde dieser Anforderungskatalog so spezifiziert, dass die geforderten Informationen der BVS in der entsprechenden Form vorlagen und eine Selektion der Unternehmen nach den Kriterien möglich war. Alle Unternehmenspaare sollten sich jeweils in den in Tabelle 4 dargestellten Merkmalen mit der definierten Ausprägung entsprechen:

Tabelle 4: Anforderungskatalog an Untersuchungsobjekte

Merkmal	Ausprägung	Anmerkung
Zeitpunkt der Privatisierung	– 2. Halbjahr 1991 – 1. Halbjahr 1992	Während dieses Zeitrahmens wurde mit 34,7 v.H.[335] aller Privatisierungs-MBOs ein sehr großer Anteil in relativ kurzer Zeit durchgeführt. Nach 1992 sinkt die Zahl der MBOs wieder. Durch den gewählten zeitlichen Rahmen wird eine hohe Vergleichbarkeit und Trefferquote ermöglicht. Auch erlaubt er Aussagen über die Entwicklung der Unternehmen, da sie bereits auf eine sechs- bis siebenjährige Geschäftstätigkeit zurückblicken.
Branche	– Energie, Wasser, Bergbau – Chemie, Mineralöl, Kunststoff, Gummiindustrie – Steine und Erde – Stahl, Metall, Maschinen- u. Fahrzeugbau – Elektrotechnik, Feinmechanik – Nahrungs- und Genussmittel – Textil, Leder, Holz, Papier – Baugewerbe – Handel, Verkehr, Dienstleistung – Gewerbeparks, Land- u. Forstwirtschaft – Sonstige Branchen	Entspricht der Branchenaufteilung der THA, um die Datenrecherche zu erleichtern und eine Übertragbarkeit der sekundären Daten zu gewährleisten.[336]
Unternehmensgröße	– 1-15 Arbeitsplätze – 16-25 Arbeitsplätze – 26-39 Arbeitsplätze – 40-79 Arbeitsplätze – 80-100 Arbeitsplätze	Einteilung anhand der im Privatisierungsvertrag gegebenen Arbeitsplatzzusagen mit einer Konzentration auf kleine bis mittelgroße Betriebe, da die MBOs ausschließlich mittelständisch geprägt waren.[337]
Bundesland	– Sachsen – Sachsen-Anhalt – Brandenburg – Thüringen – Mecklenburg-Vorpommern	

Quelle: Eigene Darstellung.

[335] Vgl. Treuhandanstalt [Niederlassungsberichte, 1990-93]
[336] Vgl. BVS [Abschlußstatistik, 1994], Seite 6.
[337] Vgl. Kokalj, Ljuba/ Hüfner, Peter [Übernahmestrategie, 1994], Seite 8.

Die Anforderungen in Tabelle 4 wurden an die BVS weitergeleitet mit der Bitte, entsprechende Paarbildungen mit den ihnen vorliegenden Unternehmensdaten aus der BVS-Privatisierungsdatenbank vorzunehmen.

10.3.2 Ergebnis der Paarbildung

Als Ergebnis wurden 86 Unternehmen herausgefiltert, die 43 vergleichbare Unternehmenspaare ergeben. Diese bilden die durch logische Überlegungen bestimmte Stichprobe der Grundgesamtheit aller Privatisierungs-MBOs und definieren gleichzeitig die Kontrollgruppe der externen Investor-Unternehmen.[338]

Die Paare unterscheiden sich in der Form der Privatisierung und sind vergleichbar im Hinblick auf alle geforderten exogenen Parameter, was anhand der Unternehmensdaten der BVS sichergestellt wurde. Um eine möglichst breite Basis zu gewährleisten, kommen die Unternehmenspaare aus vier verschiedenen Bundesländern, sind in 15 verschiedenen Branchen tätig und vertreten die fünf definierten Größenkategorien zu möglichst gleichen Teilen.

Die von der BVS zur Verfügung gestellten Daten beinhalten paarweise angeordnete Unternehmen mit den folgenden Angaben:

- Privatisierungsform
- Branche
- Firmenname
- alte Postanschrift
- Größe nach Arbeitsplatzzusage
- Zeitrahmen der Privatisierung

Dieses Datengerüst bildet die Ausgangslage für die Untersuchung. Es bestimmt die Untersuchungsmenge und liefert die entsprechenden Informationen, um sowohl sekundäre als auch primäre Daten auf die Unternehmenspaare zu beziehen und zu erheben.

[338] Vgl. für Kontrollgruppen im statistischen Forschungsdesign: Schnell, Rainer/ Hill, Paul/ Esser, Elke [Sozialforschung, 1999], Seiten 212-213.

10.4 Vorbereitung der Datenanalyse

10.4.1 Verwendete Datenquellen und Skalenniveaus

Es folgt eine Zusammenfassung der verwendeten Datenquellen für Analysen auf den jeweiligen Untersuchungsebenen. Auch werden die jeweils zu erreichenden Skalenniveaus der Variablen bestimmt, da dies einen unmittelbaren Einfluss auf die Wahl der statistischen Verfahren und Tests hat.[339]

Verschiedene Datenquellen werden verwendet, um aussagefähige Ergebnisse zu den unterschiedlichen Ebenen zu erhalten. Für jede Untersuchungsebene und für jedes Erfolgskriterium wird die beste Alternative aus den identifizierten Datenquellen gewählt. Die Aussagen und empirischen Indizien der Untersuchung basieren somit nicht auf einer Datenquelle, sondern sind durch den Vergleich der Privatisierungsformen, der die Untersuchungsmenge auf 86 genau bestimmte Unternehmen festlegt, verbunden. Jede Datenerhebung erfolgt unabhängig von der verwendeten Datenquelle, gezielt für die jeweiligen Unternehmen und wird ihnen einzeln zugeordnet, ehe gemäß des Auswertungsdesigns über eine paarweise oder gruppenweise Auswertung bestimmt wird.

Tabelle 5 fasst die verwendeten Datenquellen, ihre Skalenniveaus und ihre Verwendung in Bezug auf die Untersuchungsebenen zusammen. Bei der Primärerhebung zeigt sich der Fragebogen als wichtigste Datenquelle und liefert als einziges Instrument Daten zu allen drei Untersuchungsebenen. Für die meisten Fragen ergibt sich durch die vordefinierten Antwortmöglichkeiten ein ordinales Skalenniveau, während bei der Informationsgewinnung und beim offenen Interviewteil nur ein nominales Niveau erreicht wird. Die telefonische Informationsgewinnung wird in die Zusammenstellung der Datenquellen mit aufgenommen, obwohl es sich nicht um ein eigenes Datenerhebungsinstrument, sondern nur um eine hilfsweise eingesetzte Methode handelt. Sie bezieht sich auf den vor der eigentlichen Untersuchung durchgeführten Schritt der telefonischen Kontaktaufnahme. Wenn sich die Untersuchungsobjekte nicht bereit erklären, an

339 Vgl. Hochstädter, Dieter [Methodenlehre, 1991], Seiten 18-20; Bamberg, G/ Baur, F. [Statisitk, 1991], Seiten 6-7.

der Untersuchung über Interview oder die schriftliche Befragung teilzunehmen, wird versucht, zusätzliche unstrukturierte Informationen bezüglich des Unternehmens und seiner geschäftlichen Entwicklung am Telefon zu generieren.

Bei den sekundären Datenquellen liefern nur die Handelsregistereintragungen zu zwei Ebenen Informationen. Die Jahresabschlussdaten haben ihre Bedeutung aufgrund der quantitativen Informationen die sie für eine Auswertung auf der unternehmerischen Ebene liefern und dem kardinalen Skalenniveau, das durch sie erreicht wird.

Tabelle 5: Verwendete Datenquellen

Datenquellen	Skalenniveau	Untersuchungsebene
Primärerhebung		
Telefonische Informationsgewinnung	Nominal, Ordinal	Gesamtwirtschaftliche Ebene
Fragebogen	Ordinal, Ausnahmen: Fragen Nr. 1, 2, 21, 33 (Nominal); Fragen Nr. 5, 6, 11, 12, ökonomische Daten (Kardinal)	Gesamtwirtschaftliche Ebene Individuelle Ebene Unternehmerische Ebene
Offener Interviewteil	Nominal	Gesamtwirtschaftliche Ebene Unternehmerische Ebene
Sekundärerhebung		
BVS-Privatisierungsdaten	Nominal	Gesamtwirtschaftliche Ebene
Handelsregister-eintragungen	Nominal	Gesamtwirtschaftliche Ebene Unternehmerische Ebene
Jahresabschlussdaten	Kardinal	Unternehmerische Ebene
Statistische Kennzahlen	Kardinal	Unternehmerische Ebene

Quelle: Eigene Darstellung.

10.4.2 Statistische Auswertungsmethoden

Die für die Auswertung eingesetzten statistischen Methoden richten sich nach dem grundsätzlichen Auswertungsdesign, das die Abhängigkeit oder Unanbhängigkeit der Stichproben bestimmt. Danach folgen sie dem Skalenniveau der Variablen. Je nachdem, ob es sich um nichtparametrische Variablen (nominal und ordinal), oder metrische Variablen (intervall- und ratioskaliert) handelt, stehen verschiedene statistische Methoden der Auswertung zur Verfügung, die in Abbildung 10 zusammengefasst werden.

Abbildung 10: Statistisches Auswertungskonzept

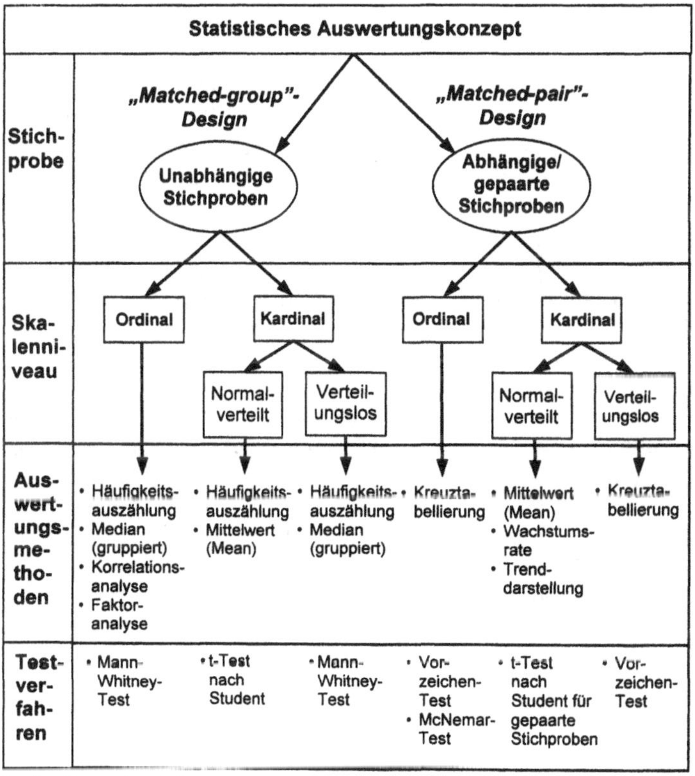

Quelle: Eigene Darstellung.

Beim **„Matched-group"-Design** das auf *unabhängigen Stichproben* basiert, kommen die folgenden Verfahren in Abhängigkeit des Skalenniveaus zur Anwendung:

Bei den ordinalskalierten Variablen (Erhebung durch Fragebogen) wird eine Häufigkeitsauszählung (dargestellt in Tabellen- oder Diagrammform) durchgeführt. Gleichzeitig werden die Mediane der beiden Gruppen miteinander verglichen, da der normalerweise durchgeführte Mittelwertvergleich mit Hilfe des arithmetischen Mittels bei ordinalskalierten Variablen empirisch wenig sinnvoll ist.[340] Um die Ungenauigkeiten, die der Median im Vergleich zum Mittelwert mit sich bringt auszuschalten, wird bei der gesamten Auswertung der „Median bei gehäuften Daten" (gruppierter Median) angewandt, der es erlaubt, durch die Wahl von Klassengrenzen eine feinere Abgrenzung durchzuführen.[341]

Um differenziertere Aussagen zu erhalten und ein vergleichendes Element zusätzlich zur Gegenüberstellung der Mediane in die Auswertung mit einzubeziehen werden multivariate Analysemethoden, sowohl als Zusammenhangs- als auch als Unterschiedsanalyse eingesetzt.[342] Es wird eine Korrelationsanalyse zur Bestimmung von Zusammenhängen durchgeführt. Ihr thematischer Einsatz bezieht sich auf die Schnelligkeit der Privatisierung (Fragen Nr. 24, 25, 26), Soziale Akzeptanz (Fragen Nr. 9, 10) und Motivation (Frage Nr. 31). Aufgrund des nichtmetrischen Skalenniveaus wird eine mögliche Korrelation mit Hilfe des Rangkorrelationskoeffizienten von Spearman r_s ausgedrückt.

Die Faktoranalyse als „Strukturentdeckendes" Verfahren wird zur Bündelung verschiedener Variablen auf wenige erklärende Faktoren verwendet. Sie wird eingesetzt bei einer großen Anzahl von Variablen, bei denen noch nicht bekannt ist, ob ein und wenn ja welcher Zusammenhang zwischen ihnen besteht. Die Faktoranalyse untersucht, ob sich diese Variablen in Gruppen einteilen und durch eine Hintergrundvariable, einen „Faktor" ausdrücken lassen.[343] Sie kommt bei

340 Vgl. Stier, Winfried [Forschungsmethoden, 1996], Seite 47.
341 Vgl. Bühl, Achim/ Zöfel, Peter [Datenanalyse, 1995], Seiten 104-106.
342 Vgl. für eine Übersicht anhand einer empirischen Anwendung: Töpfer, Armin [Transformationsprozeß, 1996], Seite 40.
343 Vgl. Backhaus, K./ Erichson, B./ Plinke, W./ Weiber, R. [Multivariate, 1996], Seite XXI; Brosius, Felix [Statistik, 1998], Seite 639.

der Analyse der Motive für eine Durchführung der Privatisierung zum Einsatz, wenn die Motive in bestimmte Gruppen nach aktiven und passiven Beweggründen eingeteilt werden.

Die kardinalskalierten Variablen unterteilen sich in normalverteilte Werte und Variablen ohne eine Verteilungsform. Die normalverteilten Datensätze werden mit Hilfe von Häufigkeitsauszählungen und Darstellungen als Balkendiagramm visualisiert. Anstatt des Medians bei gehäuften Daten kann hier das genauere arithmetische Mittel, der Mean oder Mittelwert herangezogen werden. Bei den verteilungslosen Werten wird jedoch wieder der Median verwendet.

Die *gepaarten Stichproben* des **„Matched-pair"-Design** verlangen nach differenzierten Auswertungsmethoden. Bei den nichtparametrischen Variablen mit nominalen oder ordinalen Skalenniveau wird die Kreuztabellierung verwendet. Dieses Analyseinstrument wird auch hinzugezogen, wenn es sich um zwar kardinalskalierte, aber nicht normalverteilte Werte handelt.[344] Bei den kardinalskalierten und normalverteilten Variablen kommt insbesondere der Mittelwertvergleich zum Einsatz. Auch werden Wachstumsraten und eine Trendentwicklung im Zeitablauf als Analyse- und Darstellungsmethode eingesetzt.

10.4.3 Statistische Testverfahren

Für die Datenanalyse werden auch verschiedene statistische Testverfahren im Rahmen der Unterschiedsanalyse eingesetzt, um Hypothesen über die Grundgesamtheit der Privatisierungs-MBOs zu testen.[345] Die Hypothesen werden dann abgelehnt und statistisch verworfen, wenn das Stichprobenergebnis in einem signifikanten Gegensatz zu ihnen steht.[346] Das Signifikanzniveau als Wahrscheinlichkeit, dass die Nullhypothese zu Unrecht abgelehnt wird, ist für alle Tests im Rahmen dieser Untersuchung auf α = 0,10 fest-

[344] Vgl. Bühl, Achim/ Zöfel, Peter [Datenanalyse, 1995], Seite 209.
[345] Aufgrund der nicht zufällig ausgewählten Untersuchungsmenge werden die Hypothesen nicht auf die Grundgesamtheit, sondern nur auf die Untersuchungsmenge von n=86 Unternehmen bezogen, wobei unterstellt wird, dass sich die untersuchten Fälle zufällig aus dieser Untersuchungsmenge ergeben haben.
[346] Vgl. Bamberg, G./ Baur, F. [Statisitk, 1991], Seite 173.

gelegt.[347] Im Rahmen der Ergebnisdarstellung wird bei den Variablen der jeweilige Test und die Irrtumswahrscheinlichkeit p, sowie ein Hinweis auf die Signifikanz des Ergebnisses, sobald $p < \alpha$ ist, ausgewiesen.

Eine Übersicht über die Testsituationen und die dafür verwendeten statistischen Tests, sowie ihre Voraussetzungen und die Begründungen für deren Auswahl sind in Tabelle 6 dargestellt.[348]

Tabelle 6: Verwendete statistische Tests

Test	Testsituation	Nullhypothese	Voraus-setzungen	Begründung
Verbundene/gepaarte Stichprobe[349]				
Vor-zeichen-Test	Abstammung zweier verbundener Stichproben	Beide Stichproben entstammen einer Grundgesamtheit mit gleicher Verteilung	Ordinal-skaliert, verteilungs-frei	Nur Anzahl der positiven und nega-tiven Differenzen wird ausgezählt (Vorteil zum Wilcoxon-Test, der auf Rangreihe der Differenzen basiert)
McNemar-Test	Ausprägung und Richtung der wert-mäßigen Unterschiede	Unterschiede in den Werten beider Variablen liegen in beide Richtungen gleichermaßen vor	Ordinal-skaliert, ver-teilungsfrei, dichotom (zweifach abgestuft)[350]	
Kolmo-gorov-Smirnov-Test	Überprüfung der Verteil-ungsform	Werte sind normalverteilt	Kardinal-skaliert	Das Vorliegen einer Normalverteilung gilt als Bedingung für die Anwendung der metrischen Tests[351]

[347] Vgl für die Wahl eines „weicheren" Signifikanzniveaus: Bühl, Achim/ Zöfel, Peter [Einführung, 1998], Seite 101.
[348] Vgl. auch Bühl, Achim/ Zöfel, Peter [Datenanalyse, 1995], Seiten 96, 251-257, 267-278; Brosius, Felix [Statistik, 1998], Seiten 383-385, 455, 467-469, 645-647, 739-741.
[349] *„Zwei Stichproben werden als verbundene Stichproben bezeichnet, wenn ihre Werte gemeinsam und damit paarweise auftreten und inhaltlich zusammenhängen".* Siehe Brosius, Felix [Statistik, 1998], Seite 770.
[350] Vgl. Bühl, Achim/ Zöfel, Peter [Datenanalyse, 1995], Seite 227.
[351] Vgl. Bühl, Achim/ Zöfel, Peter [Datenanalyse, 1995], Seite 251.

Fortsetzung Tabelle 6:

Test	Testsituation	Nullhypothese	Voraus-setzungen	Begründung
t-Test bei gepaarten Stich-proben	Mittelwert-vergleich bei zwei ab-hängigen (gepaarten) Stichproben	Mittelwerte in Grundgesamtheit sind gleichgroß und Stichproben aus derselben Grund-gesamtheit (Unter-schiede sind zufällig)	Kardinal-skaliert, normal-verteilt	Vorteil: verringert bzw. schließt zufällige Unter-schiede zwischen den beiden Gruppen durch deren Zusammen-setzung aus.[352]
Unabhängige Stichprobe				
Mann-Whitney-U-Test	Abstammung der beiden unabhängigen Stichproben	Beide Stichproben entstammen derselben Grundgesamtheit	Ordinal-skaliert, verteilungs-frei	
Levene-Test	Überprüfung der Gleichheit der Varianzen	Varianzen in der Grundgesamthiet sind homogen	Kardinal-skaliert, normal-verteilt	Eine Bestimmung der Homogenität der Varianzen bildet die Voraussetzung für die Anwendung des t-Test nach Student, wobei bei p<0,05 die Homogenität verworfen wird
t-Test nach Student bei unabhän-gigen Stich-proben	Mittelwert-vergleich bei zwei unabhängigen Stichproben	Mittelwerte in Grundgesamtheit sind gleichgroß und Stichproben aus der selben Grundgesamtheit (d.h. Unterschiede sind zufällig)	Kardinal-skaliert, normal-verteilt	Zeigt, ob sich die Mittelwerte zweier Gruppen unter-scheiden, und ob sie in der Grundgesamt-heit gleichgroß sind.
Bartlett-Test auf Sphärizität	Wert der Korrelations-koeffizienten	Alle Korrelations-koeffizienten zwischen den Variablen in der Grundgesamthiet haben den Wert Null	Korrelierte Variablen, für die eine Faktor-analyse durchgeführt werden soll	Sichert die Anwendung der Faktoranalyse nur für korrelierte Variablen.

Quelle: Eigene Darstellung.

[352] Vgl. Brosius, Felix [Statistik, 1998], Seite 467.

Im Rahmen der Zielsetzung dieser Arbeit wird die paarweise Auswertung so oft als möglich eingesetzt und die dazugehörigen Hypothesentests verwendet. Bei den ordinalskalierten Variablen werden entsprechend ihres Skalenniveaus die nichtparametrischen Tests „McNemar-Test" und „Vorzeichentest" eingesetzt, da diese verteilungsfreien Tests nicht die Messwerte selbst, sondern nur die Rangplätze verarbeiten und entsprechend unempfindlich gegen Ausreißer sind.[353] Bei den kardinalkskalierten Variablen kommt beim Mittelwertvergleich der „t-Test für gepaarte Stichproben" zur Anwendung. Vor der Verwendung des t-Tests muss sichergestellt sein, dass die Werte normalverteilt sind, was sich durch den „Kolmogorov-Smirnov-Test" feststellen lässt.[354]

Wenn eine paarweise Auswertung aufgrund der fehlenden Zuordnung nicht möglich ist, wird auf die gruppenweise Analyse zurückgegriffen. Dabei finden bei den nichtparametrischen Variablen der „Mann-Whitney-U-Test", und falls es das Skalenniveau erlaubt der „t-Test von Student" Anwendung. Für eine Auswahl der richtigen Ergebnisse wird vor dem t-Test noch der Levene-Test auf Gleichheit der Varianzen durchgeführt, der bestimmt, ob es sich um den „pooled-Variance" oder „separate-Variance" t-Test handelt.[355]

Für die Durchführung der Faktoranalyse spielt der „Bartlett-Test auf Sphärizität" eine Rolle, da er bestimmt, ob eine Faktoranalyse mit den ausgewählten Variablen grundsätzlich sinnvolle Ergebnisse liefern kann.

Zu beachten ist hier jedoch, dass jeder Zusammenhang zwischen den Variablen, der durch die Signifikanztests aufgedeckt wird, noch zu keinen Rückschlüssen auf die Kausalität führt. Sie decken nur eine Tendenz auf, mit der bestimmte Werte einer Variablen mit bestimmten Werten der anderen Variablen zusammenfallen. Der Signifikanztest testet also lediglich die Vereinbarkeit einer durch theoretische Überlegungen aufgestellten Hypothese mit der empirischen Beobachtung.[356]

---

[353] Vgl. Bühl, Achim/ Zöfel, Peter [Datenanalyse, 1995], Seiten 267, 276-277.
[354] Vgl. Bühl, Achim/ Zöfel, Peter [Datenanalyse, 1995], Seite 94.
[355] Vgl. Brosius, Felix [Statistik, 1998], Seite 465.
[356] Vgl. Brosius, Felix [Statistik, 1998], Seite 406.

11. Durchführung der Studie

11.1 Vorbereitende Schritte

Im Rahmen der von der BVS erhaltenen Daten waren die Unternehmenspaare zwar zugeordnet, doch bezogen sich die Informationen auf den Wissensstand der Treuhand zum Zeitpunkt der Durchführung der Privatisierung der Unternehmen, also auf die Jahre 1990-92. Um die zur Verfügung gestellten Unternehmenslisten verwenden zu können, musste eine Überprüfung, sowie gegebenenfalls eine Aktualisierung der Adresse und Ermittlung der Telefonnummer durchgeführt werden.

Dies geschah durch einen Abgleich der Unternehmenslisten mit den Handelsregisterauszügen der zuständigen Registergerichte. Dadurch wurden nicht nur Adress- und Namensänderungen ermittelt, sondern auch Informationen bezüglich der Existenz der Unternehmen erhoben. Ein Unternehmen wurde aufgrund der Recherchen bei den Registergerichten als nicht mehr existent eingestuft, sobald sein Eintrag im Handelsregister gelöscht, oder die Gesamtvollstreckung beantragt war.

Ein Informationsschreiben informierte die noch existierenden Unternehmen über die Ziele der Untersuchung und deren wissenschaftlichen Anspruch. Die jeweiligen Geschäftsführer wurden um ihre Mithilfe gebeten und ihnen absolute Vertraulichkeit ihrer Angaben zugesichert.[357] Erklärten sich die Manager dazu nicht bereit, wurde versucht, sie von einer Teilnahme an der schriftlichen Befragung zu überzeugen, oder zumindest einige grundsätzliche Informationen bezüglich der Unternehmenssituation zu sammeln.

[357] Vgl. Anschreiben an Manager, Anhang.

11.2 Überprüfung der generierten Daten

11.2.1 Rücklauf zu Interview und Fragebogen

Die Feldphase begann im Januar 1998 und endete im April 1998. Während dieses Zeitrahmens wurden von den ursprünglich 86 Unternehmen, die 61 noch tätigen Unternehmen telefonisch kontaktiert. Daraus resultierten 24 Interviewtermine, sieben Teilnehmer an der schriftlichen Befragung und 10 kurze informative Gespräche am Telefon.

Zusammenfassend ergibt das folgende, in Tabelle 7 dargestellte Rücklaufquote:

Tabelle 7: Rücklaufquote

	Anzahl	Prozent	Prozent kummuliert
Grundgesamtheit der Untersuchung	86		
Noch tätige Unternehmen = korrigierte Grundgesamtheit	61	100	
Davon			
Interview	24	39,3	39,3
Schriftliche Befragung	7	11,5	50,8
Telefonauskunft	10	16,4	67,2
keine Auskunft	20	32,8	100,0

Quelle: Eigene Darstellung.

Insgesamt wurde mit 39,3 v.H. der noch tätigen Unternehmer Interviews geführt und ausgefüllte Fragebögen generiert. Zusammen mit den weiteren Fragebögen, die im Rahmen der schriftlichen Befragung beantwortet wurden, gelang es, bei den Fragebögen eine Rücklaufquote von 50,8 v.H. zu erreichen. Rechnet man noch die Informationsgewinnung durch Telefonate hinzu, wurden Informationen zu 67,2 v.H. der korrigierten Grundgesamtheit gesammelt.

Bei einer getrennten Betrachtung der beiden Privatisierungsformen, stellt sich die Rücklaufquote wie folgt in Tabelle 8 dar.

Tabelle 8: Rücklaufquote nach Privatisierungsformen

Privatisierungsform		Anzahl	Prozent	Prozent kummuliert
Teilmenge MBO		43		
	Nicht mehr existent	9	20,9	
Korrigierte Teilmenge MBO		34		
	Interview	17	50,0	50,0
	Schriftliche Befragung	2	5,9	**55,9**
	Telefonauskunft	2	5,9	61,8
	Keine Auskunft	13	38,2	100,0
Teilmenge Externer Investor		43		
	Nicht mehr existent	16	37,2	
Korrigierte Teilmenge Externer Investor		27		
	Interview	6	22,2	22,2
	Schriftliche Befragung	5	18,5	**40,7**
	Telefonauskunft	7	25,9	66,6
	keine Auskunft	9	33,3	100,0
	Total	28	100,0	

Quelle: Eigene Darstellung.

Bei den MBO Unternehmen war eine sehr hohe Auskunftsbereitschaft zu beobachten. Dies spiegelt sich in einer Interviewbeteiligung von 50,0 v.H. und einer gesamten Rücklaufquote der Fragebogen von 55,9 v.H. wider. Die externen Investoren zeigten sich mit nur 22,2 v.H. zurückhaltender bei den Interviews. Insgesamt beantworteten aber 40,7 v.H. der noch existierenden Unternehmen den Fragebogen.

Zusammenfassend kann man von einer sehr guten Rücklaufquote der primären Datenerhebung über Interviews und Fragebögen sprechen, so dass trotz einer geringen Untersuchungsmenge von 86 Unternehmen bzw. 61 noch existenten Unternehmen eine umfassende Analyse möglich ist.

Davon zu unterscheiden ist die Rücklaufquote bezogen auf den gesamten Informationsrückfluss, der sich sowohl aufgrund der primären, als auch der sekundären Datenerhebung ergeben hat und alle

Unternehmen der Untersuchungsmenge als Grundgesamtheit einbezieht.

Tabelle 9: Gesamter Informationsrückfluss

	Anzahl	Prozent	Prozent kummuliert
Interview	24	27,9	27,9
Schriftliche Befragung	7	8,1	36,0
Telefonauskunft	10	11,6	47,7
Jahresabschlussdaten (davon zusätzliche Unternehmen)	20 (9)	23,3 (10,5)	71,0 (58,1)
Keine Auskunft (nicht möglich, oder nicht gewollt)	36	41,9	100,0
Total	86	100,0	

Quelle: Eigene Darstellung.

Tabelle 9 zeigt, dass es bezogen auf die gesamte Untersuchungsmenge zusätzlich zu den Daten aus den Handelsregistereintragungen bei 58,1 v.H. gelang, Informationen verschiedener Qualität und Umfang zu sammeln. So ist auch bei denjenigen Fragestellungen, die eine Analyse der Grundgesamtheit erfordern, eine entsprechend hohe Rücklaufquote gewährleistet.

11.2.2 Überprüfung der Zielgruppenansprache

Es muss sichergestellt sein, dass im Rahmen der Untersuchung auch die tatsächliche Zielgruppe, die Geschäftsführer und das Führungsmanagement, erreicht werden konnte.

Die Auswertung der Funktionen in Diagramm 5 zeigt, dass bei den MBOs eine 100,0 v.H. Trefferquote der Zielgruppe erreicht wurde, da alle 19 befragte Personen die Geschäftsführung ausüben und als Gesellschafter an dem Unternehmen beteiligt sind. Bei den externen Investoren gelang es aufgrund der Verteilung der Management-Funktionen die oft von angestellten Geschäftsführern ausgeübt werden nicht, eine hundertprozentige Deckung mit der Gruppe der externen Investoren zu erreichen. Lediglich 24,9 v.H. der befragen Personen hatten ein Eigentümerinteresse am Unternehmen. Bei den verbleibenden 75,1 v.H. beantworteten die angestellten Geschäftsführer oder Manager die Fragen. Die Zusammensetzung des befragten Personenkreises spiegelt also die Ausgangslage der Untersuchung wider, d.h. die MBO-Manager sind jeweils auch am Unternehmen beteiligt, während sich das Führungsmanagement bei den externen Investoren sowohl aus den eigentlichen Investoren, als auch aus angestellten Managern zusammensetzt.

Diagramm 5: Funktion im Unternehmen

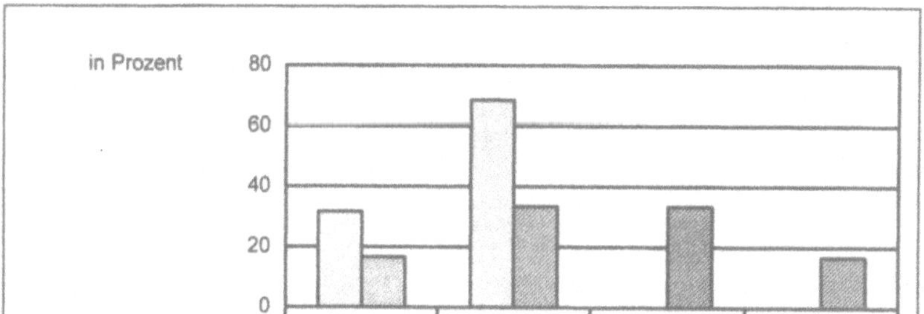

	alleiniger Gesellschafter	Gesellschafter	Geschäfts-führer	Führungs-funktion
MBO (n=19)	31.6	68.4		
Externer Investor (n=12)	16.7	33.3	33.3	16.7

Quelle: Eigene Untersuchung.

Ebenfalls zur Überprüfung der Zusammensetzung der Zielgruppe dient eine Analyse der Herkunft der Manager und Unternehmer. Viele empirische Untersuchungen und Erklärungsversuche basieren auf der Annahme, dass die MBO-Manager aus Ostdeutschland stammen, während die externen Investoren den westdeutschen Unternehmertyp verkörpern. Bei der hier vorgestellten Untersuchung haben die beteiligten Personen den in Diagramm 6 dargestellten beruflichen und regionalen Hintergrund.

Diagramm 6: Tätigkeit vor der Privatisierung

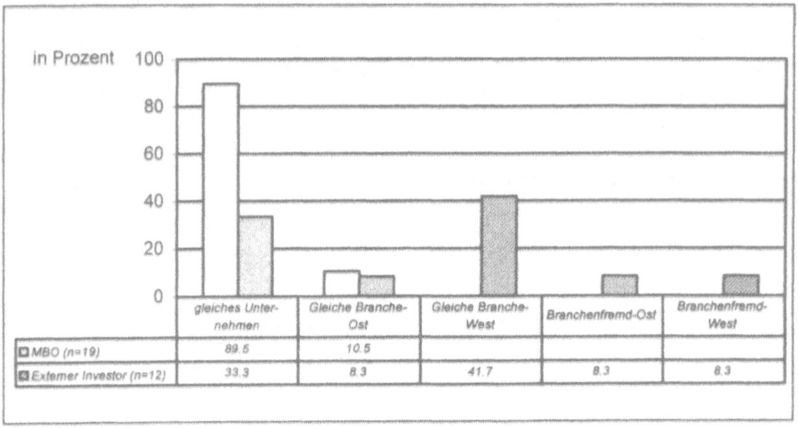

Quelle: Eigene Untersuchung.

In Diagramm 6 zeigt sich, dass die MBO-Manager zu 100,0 v.H. aus Ostdeutschland stammen und entsprechend der Definition zum überwiegenden Teil vor der Privatisierung im gleichen Unternehmen beschäftigt waren. Die Manager in den externen Investor-Unternehmen blicken auf einen gemischten Hintergrund. Entgegen der oftmals getroffenen Annahme, dass die Externen Investor-Unternehmen von westdeutschen Managern geleitet werden, kommen bei dieser Untersuchung mit 41,6 v.H. nur knapp die Hälfte aus Westdeutschland. Der größere Teil der Führungkräfte kommt aus den neuen Bundesländern, wobei die größte Gruppe mit 41,7 v.H. sogar im gleichen Unternehmen tätig war. Dadurch fällt eine unterschiedliche berufliche und regionale Herkunft als Einflussfaktor weg und der Unterschied zum MBO-Manager reduziert sich auf dessen Eigentümerfunktion.

Dieses Ergebnis zur Überprüfung der Zielgruppenansprache bedeutet auch, dass sich mögliche Unterschiede in der Unternehmensentwicklung nicht monokausal durch eine unterschiedliche Herkunft, Ausbildung und marktwirtschaftliche Erfahrung der Manager erklären lassen.

11.2.3 Repräsentativität der Datensätze

Nach Abschluss der Feldphase folgte eine Überprüfung der Repräsentativität der gesammelten Datensätze im Hinblick auf ihre Fähigkeit die Grundgesamtheit aller MBO-Privatisierungen widerzuspiegeln.[358] Hierfür wird auf die Verteilungsdaten von MBOs zurückgegriffen, da auf sie das Hauptaugenmerk der Untersuchung gerichtet ist und die externen Investor-Unternehmen nur eine Vergleichsbasis darstellen sollen.

Um zu überprüfen, inwieweit die ausgewählten Datensätze die Menge aller MBO-Privatisierungen repräsentieren, werden die Werte in Tabelle 10 einmal den offiziellen Angaben der THA bezüglich MBOs in ihrer Abschlussstatistik,[359] sowie der MBO-Untersuchung des IWH Halle[360] gegenübergestellt.

Tabelle 10: MBO-Unternehmen nach Bundesland im Vergleich

	THA		IWH		Eigene Untersuchung	
	Anzahl	*Prozent*	*Anzahl*	*Prozent*	*Anzahl*	*Prozent*
Berlin-Ost	219	7,3	102	6,2	0	0
Brandenburg	449	15,1	274	16,6	7	16,3
Sachsen	860	28,8	443	26,9	12	27,9
Sachsen-Anhalt	437	14,6	289	17,5	18	41,9
Thüringen	459	15,4	258	15,7	6	14,0
Mecklenburg-Vorpommern	521	17,5	282	17,1	0	0
Sonstiges	38	1,3	0	0	0	0
Total	2.983	100,0	1.648	100,0	43	100,0

Quelle: Eigene Untersuchung.

Die herausgefilterten MBO-Unternehmen der eigenen Untersuchung setzen sich bezüglich ihrer Aufteilung auf die verschiedenen

[358] Der Begriff „Repräsentativität" wird hier nicht in seiner statistisch klar definierten Form verwendet, da dies nur im Rahmen einer Zufallsauswahl möglich ist, sondern orientiert sich an seiner praktischen Verwendung. Vgl. hierzu auch: Schnell, Rainer/ Hill, Paul/ Esser, Elke [Sozialforschung, 1999], Seiten 284-285.

[359] Vgl. BVS [Abschlußstatistik, 1994], Seite 9.

[360] Vgl. Barjak, F./ Heimpold, G./ Junkerheinrich, M./ Loose, B./ Skopp, R. [Management Buy-Outs, 1996], Seite 32.

Bundesländer ähnlich zusammen, wie die Mengen in den zwei zu vergleichenden Untersuchungen. Das Verhältnis in drei Bundesländern (Brandenburg, Sachsen, Thüringen) stimmt fast vollständig überein. Berlin-Ost und Mecklenburg-Vorpommern sind in der Untersuchungsmenge nicht vertreten, da es keine entsprechenden Paarungen mit an externe Investoren verkaufte Unternehmen zum festgelegten Zeitpunkt gab. Auffällig ist der hohe Anteil an Unternehmen in Sachsen-Anhalt, der mit 41,9 v.H. fast doppelt so hoch liegt wie bei den Vergleichsuntersuchungen. Als Erklärung gelten hier die Erfordernisse der Paarbildung, die eine absolut repräsentative Auswertung aus der Menge aller MBOs unmöglich macht, während in Sachsen-Anhalt eine entsprechende Aufteilung der Unternehmen vorliegt.

Eine Überprüfung der Repräsentativität des Rücklaufs erfolgt, indem die korrigierte Grundgesamtheit der Antwortquote der Fragebogenaktion gegenübergestellt wird. Dies bedeutet zuerst einen Strukturvergleich nach Bundesländern in Tabelle 11, im Anschluss daran nach Wirtschaftszweigen in Tabelle 12.

Sowohl der Vergleich anhand der regionalen in Tabelle 11, als auch anhand der sektoralen Struktur in Tabelle 12, zeigt keine gravierenden Abweichungen zwischen Rücklauf und Grundgesamtheit.[361]

Tabelle 11: Strukturvergleich-Rücklauf Bundesland bei korrigierter Grundgesamtheit

	Korrigierte Grundgesamtheit		**Rücklauf**	
	Häufigkeit	***Prozent***	***Häufigkeit***	***Prozent***
Brandenburg	9	14,8	0	0
Sachsen	16	26,2	8	25,8
Sachsen-Anhalt	28	45,9	17	54,8
Thüringen	8	13,1	6	19,4
Total	61	100,0	31	100,0

Quelle: Eigene Darstellung.

361 Ein statistischer Signifikanztest zur Abweichung lässt sich nicht durchführen, da die Auswahl der Grundgesamtheit nicht als Zufallsauswahl konzipiert ist. Vgl. Schnell, Rainer/ Hill, Paul/ Esser, Elke [Sozialforschung, 1999], Seite 284.

Tabelle 12: Strukturvergleich-Rücklauf Branche bei korrigierter Grundgesamtheit

	Korrigierte Grundgesamtheit		Rücklauf	
	Häufigkeit	*Prozent*	*Häufigkeit*	*Prozent*
Chemie, Mineralöl, Kunststoff, Gummi	2	3,3	1	3,2
Steine und Erde	2	3,3	1	3,2
Stahl, Metall, Maschinen-, Fahrzeugbau	16	26,2	10	32,3
Nahrungs-, Genussmittel	9	14,8	6	19,4
Textil, Leder, Holz, Papier	5	8,2	2	6,5
Baugewerbe	11	18,0	4	12,9
Handel, Verkehr, Dienstleistungen	16	26,2	7	22,6
Total	61	100,0	31	100,0

Quelle: Eigene Darstellung.

Zusammenfassend lässt sich nach dieser Überprüfung der Daten sagen, dass sowohl die Auswahl der MBO-Unternehmen, die mit ihren „Unternehmenszwillingen" die Grundgesamtheit der Untersuchung bilden, als auch der tatsächliche Rücklauf im Vergleich zur korrigierten Grundgesamtheit repräsentative Ergebnisse liefert.

Für den Fortgang der Analyse kann von einer hinreichenden Repräsentativität der Daten ausgegangen werden; ohne Einschränkung für die Grundgesamtheit der zu untersuchenden Unternehmen, mit Einschränkungen auch in Bezug auf die Gesamtheit aller durch einen MBO privatisierten Unternehmen in den neuen Bundesländern. Die Einschränkungen ergeben sich aufgrund der ersten Priorität die der Bildung von Unternehmenspaaren gegeben wurde, so dass keine deckungsgleiche Abbildung der MBO-Privatisierungen in bezug auf Bundesland und Branchenzugehörigkeit durch die Grundgesamtheit der Untersuchung möglich ist.

11.2.4 Erfassung der Jahresabschlussdaten

Die Recherche bei den zuständigen Registergerichten lieferte Jahresabschlussdaten von insgesamt 20 Unternehmen, also für

23,3 v.H. der Untersuchungsmenge. Die Daten unterscheiden sich jedoch stark in Umfang, Detailtiefe und abgebildeten Geschäftsjahren. Deswegen musste als erster Schritt eine standardisierte Datenerfassung durchgeführt werden, um danach eine Vergleichbarkeit und Berechnung von Kennzahlen zu ermöglichen. Die Erfassung orientierte sich an den festgesetzten Effizienzkriterien und ihren Indikatoren. Von den Datensätzen bildet nur ein kleiner Teil die Unternehmensentwicklung seit der Privatisierung lückenlos ab. Doch zumindest lassen sich Aussagen über die Tendenz der Geschäftsentwicklung im Zeitablauf machen.

Grundsätzlich sollten die Jahresabschlussdaten im Rahmen einer Bilanzanalyse zur Bildung verschiedener Kennzahlen herangezogen werden und in einer paarweisen Gegenüberstellung weitere Informationen zur ökonomischen Situation der untersuchten Unternehmen liefern.

Es ergaben sich jedoch Probleme bei der paarweisen Auswertung der Daten. Je nach Kennzahl konnten nur sechs bis neun Paarungen untersucht werden, da entweder die Daten nicht zur Verfügung standen, sich keine Paarung ergab oder die Daten nicht aus den gleichen Geschäftsjahren stammten.

V. Kapitel:

Empirische Befunde zu Eignung und Erfolg

V. EMPIRISCHE BEFUNDE ZU EIGNUNG UND ERFOLG

12. Erfolgsbestimmung auf der gesamtwirtschaftlichen Ebene

12.1 Forderung der Strukturveränderung

Das Instrument des MBO führte zu einer Strukturveränderung in Hinblick auf die Schaffung eines wettbewerbsorientierten, wiederbelebten Mittelstands. Alle noch am Markt tätigen MBO-Unternehmen bilden einen wichtigen Bestandteil des Mittelstands in den neuen Bundesländern. Bei vielen MBOs bot sich als einzige Alternative die Liquidation an, oder sie mussten ein Gesamtvollstreckungsverfahren befürchten. Insoweit muss man die Durchführung eines MBO als Schritt in Richtung einer strukturellen Anpassung interpretieren.[362]

Fraglich ist hierbei, inwieweit bei einem Nichtzustandekommen der MBOs andere Alternativen, z.B. in Form von Neugründungen durch die unternehmerisch denkenden Manager, dieses Bild relativiert hätten. Grundsätzlich müsste untersucht werden, wie sich der Mittelstand unabhängig von der Form des MBO entwickelt hätte.

Im Rahmen dieser Untersuchung können hierzu keine neuen Ergebnisse erarbeitet werden, da die Definition einer gerade hinsichtlich Größe und Branche vergleichbaren Unternehmensmenge eine der Voraussetzungen bildet. Somit können Aussagen über eine unterschiedliche strukturelle Entwicklung aufgrund von verschiedenen Privatisierungsinstrumenten nicht getroffen werden.

Neben der rein quantitativen Veränderung in Richtung einer wettbewerblich organisierten Struktur durch eine wachsende Anzahl an mittelständischen Unternehmen, bildet auch die qualitative Veränderung, ausge-

[362] 60,4 v.H. der befragten MBO-Manager vermuten, dass ihr Unternehmen, wenn sie es nicht gekauft hätten in ein Konkurs- oder Gesamtvollstreckungsverfahren gegangen wäre. Vgl. Kokalj, Ljuba/ Richter, Wolf [Privatisierung, 1992], Seite 82.

drückt durch die Schaffung einer innovativen Unternehmenskultur eine wichtige Zielsetzung bei der Prämisse der Strukturveränderung.

Um die grundsätzliche Einstellung gegenüber Innovationen feststellen zu können, kann man im Rahmen der empirischen Untersuchung auf eine Analyse verschiedener Fragestellungen zurückgreifen. Zuerst werden die Manager zu ihrer Einschätzung bezüglich der Auswirkungen der marktwirtschaftlichen Konkurrenzsituation auf das Innovationspotential befragt.[363]

Bei der Frage nach der Auswirkung der Marktwirtschaft auf das Innovationspotential in ihrem Unternehmen ergibt der gruppierte Median mit 3,5 zu 4,0 eine positivere Einschätzung auf Seiten der externen Investoren (Diagramm 7a).[364] Diagramm 7b zeigt, dass mit 53,0 v.H. über die Hälfte der befragten MBO-Manager durch die Einführung der Marktwirtschaft eine positive Auswirkung auf das Innovationspotential sieht. Bei den externen Investoren liegt der Anteil mit 83,4 v.H. höher. Insgesamt kann jedoch nicht von einem signifikanten Unterschied gesprochen werden.[365]

Diagramm 7a: Gruppierter Median-Auswirkung auf Innovationspotential

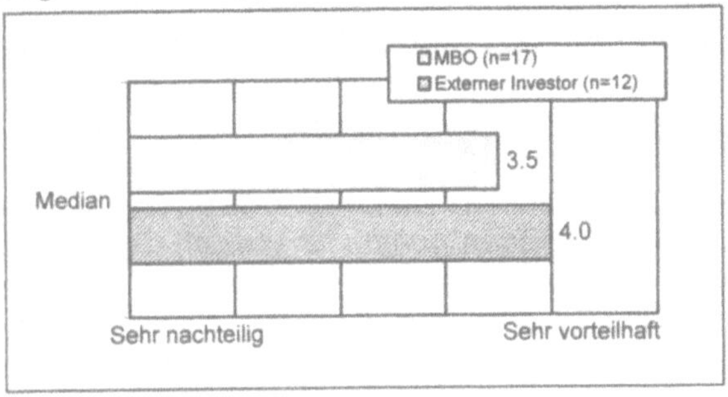

Quelle: Eigene Untersuchung.

[363] Vgl. Fragebogen, Frage 29, Anhang.
[364] Mit 1=„Sehr nachteilig" bis 5=„Sehr vorteilhaft".
[365] Mann-Whitney-Test mit Irrtumswahrscheinlichkeit p=0,163.

Diagramm 7b: Auswirkung auf Innovationspotential

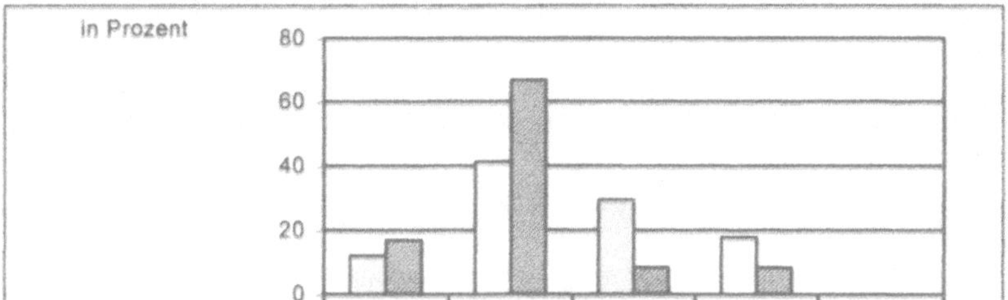

	Sehr vorteilhaft	Vorteilhaft	Neutral	Nachteilig	Sehr nachteilig
MBO (n=17)	11.8	41.2	29.4	17.6	
Externer Investor (n=12)	16.7	66.7	8.3	8.3	

Quelle: Eigene Untersuchung.

Als nächstes gilt es, das Ausmaß der Veränderungen im Unternehmen bezüglich verschiedener Bereiche zu analysieren, indem die Manager zu den angebotsbezogenen Neuerungen im Produkt- und Servicebereich befragt werden.[366]

Diagramm 8a: Gruppierter Median-Ausmaß der angebotsbezogenen Veränderungen

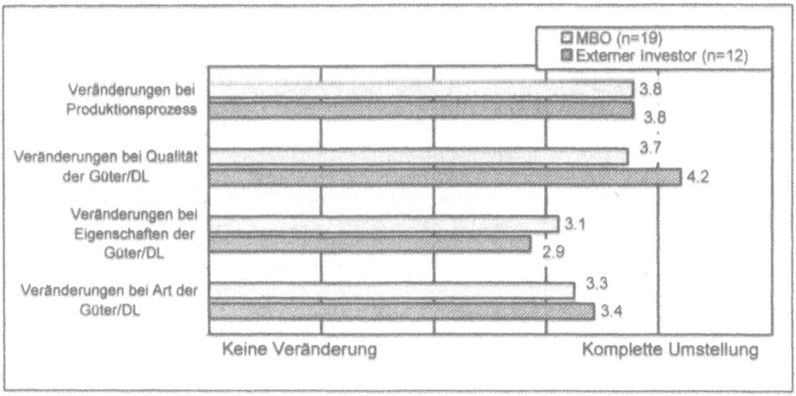

Quelle: Eigene Untersuchung.

366 Vgl. Fragebogen, Frage 30, Anhang.

Diagramm 8b: Ausmaß der angebotsbezogenen Veränderungen (MBO)

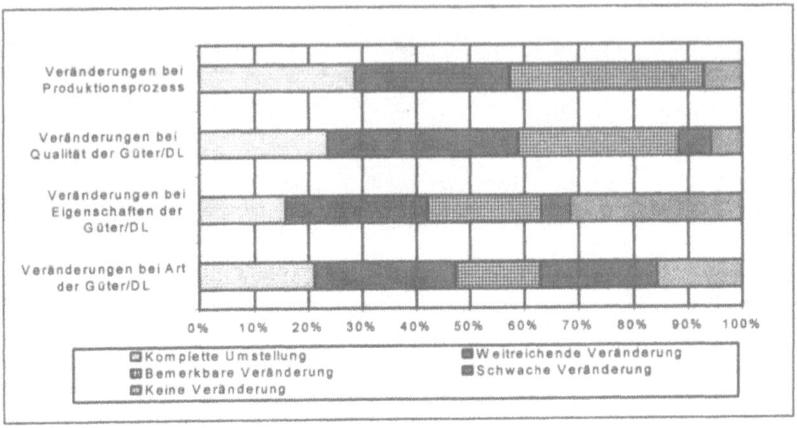

Quelle: Eigene Untersuchung.

Diagramm 8c: Ausmaß der angebotsbezogenen Veränderungen (Externer Investor)

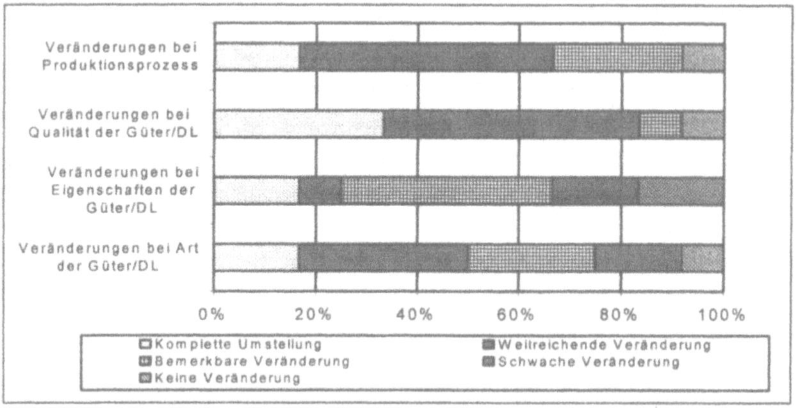

Quelle: Eigene Untersuchung.

Bei den Medianwerten bezüglich der durchgeführten Veränderungen im Unternehmen kann man keine wesentlichen Unterschiede in beiden

Gruppen feststellen.[367] Eine detaillierte Auswertung „kompletter" oder „weitreichender" Umstellungen zeigt jedoch Unterschiede. Die externen Investoren haben zu 83,3 v.H. im Vergleich zu 58,8 v.H. der MBO-Manager eine „komplette/weitreichende" Umstellung in Bezug auf die Qualität der Güter oder Dienstleistungen durchgeführt. Bei 66,7 v.H. der externen Investor-Unternehmen im Vergleich zu 57,2 v.H. der MBOs zeigen sich stärkere Tendenzen zur Veränderung des Produktionsprozesses. Die Art der Güter und Dienstleistungen wurde von beiden Gruppen in ähnlichem Umfang verändert. Die MBO-Manager zeigen sich hinsichtlich der Eigenschaften der Produkte und Dienstleistungen mit 42,1 v.H. einer „kompletten/weitreichenden" Umstellung etwas aufgeschlossener als die externen Investoren mit 25,0 v.H. Allerdings lässt sich keine statistische Signifikanz nachweisen.[368]

Als weiteren Ansatzpunkt wird das Ausmaß der Veränderungen in den innerbetrieblichen Bereichen abgefragt.[369]

Der Vergleich der Mediane in Diagramm 9a zeigt, dass die externen Investoren in fast allen innerbetrieblichen Bereichen weitreichendere Veränderungen durchgeführt haben. Ein statistisch signifikanter Unterschied ergibt sich aber lediglich im Bereich Marketing und Vertrieb.[370]

Ein Vergleich der gruppeninternen Auswertungen in den Diagrammen 9b/c zeigt, dass die externen Investoren mit 100,0 v.H. im Vergleich zu 63,2 v.H. „komplette" bis „weitreichende" Veränderungen im Bereich Marketing und Vertrieb mit signifikant unterschiedlichem Umfang durchführten. Ferner ergeben sich Unterschiede im Bereich Lagerwirtschaft/Logistik, in dem von 90,9 v.H. der befragten externen Investor-Unternehmen „komplette" oder „weitreichende" Veränderungen vorgenommen wurden, im Vergleich zu lediglich 61,1 v.H. der befragten MBO-Unternehmen. Im Bereich EDV/Informationstechnologie sahen beide Unternehmensgruppen die Notwendigkeit für Umgestaltungen, so

[367] Mit 1=„Keine Veränderung" bis 5=„Komplette Umstellung".

[368] Mann-Whitney-Tests mit Irrtumswahrscheinlichkeiten p=0,771 (Art), p=0,950 (Eigenschaften), p=0,283 (Qualität), p=0,957 (Produktionsprozess).

[369] Vgl. Fragebogen, Frage 34, Anhang.

[370] Mann-Whitney-Tests mit Irrtumswahrscheinlichkeiten p=0,516 (Produktion), p=0,144 (Lagerwirtschaft), p=0,009 (Marketing/Vertrieb) (signifikant), p=0,946 (Finanzierung), p=0,199 (EDV), p=0,426 (Personalabteilung), p=0,516 (Verwaltung), p=0,517 (Rechnungswesen).

dass die externen Investoren zu 100,0 v.H. und die MBO-Manager zu 94,7 v.H. große Veränderungen veranlassten.

Diagramm 9a: Gruppierter Median-Ausmaß der innerbetrieblichen Veränderungen

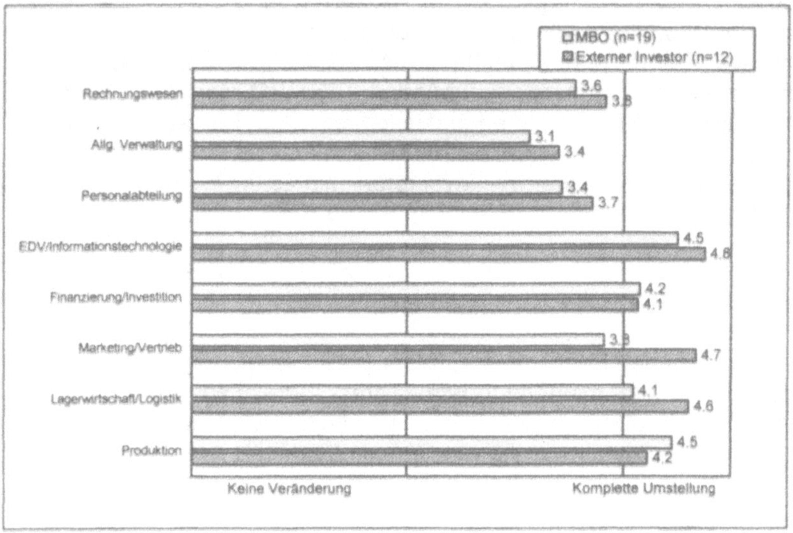

Quelle: Eigene Untersuchung

Diagramm 9b: Ausmaß der innerbetrieblichen Veränderungen (MBO)

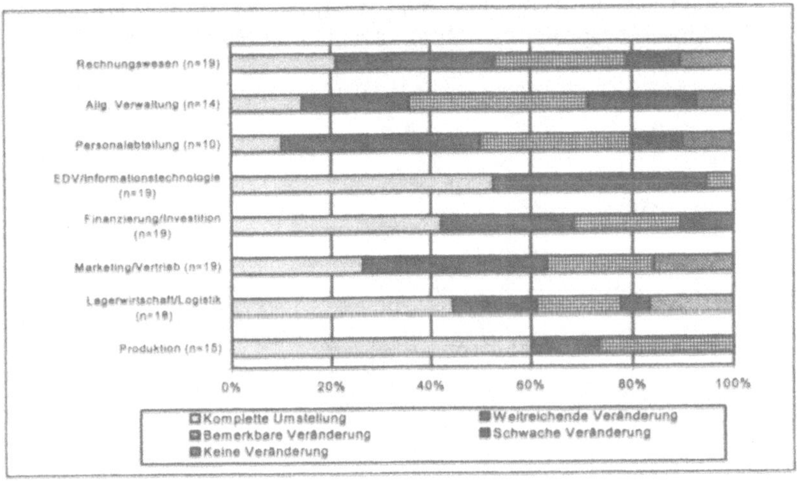

Quelle: Eigene Untersuchung.

Diagramm 9c: Ausmaß der innerbetrieblichen Veränderungen (Externer Investor)

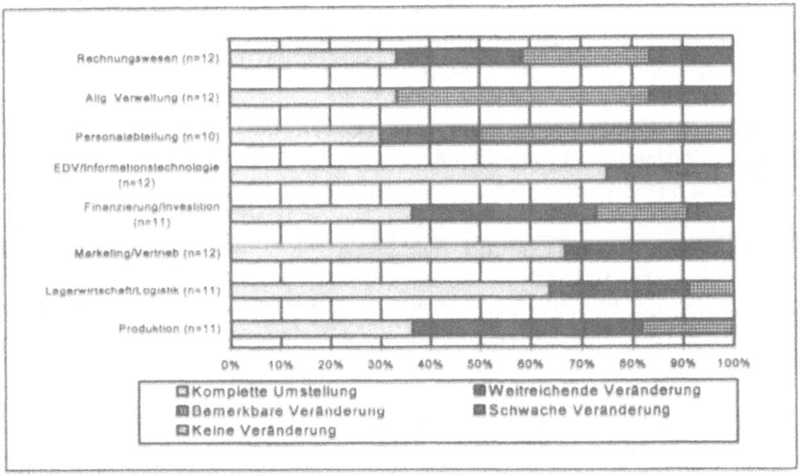

Quelle: Eigene Untersuchung.

Eine weitere Möglichkeit zur Feststellung der Innovationsfähigkeit der Unternehmen könnte sich durch eine Analyse, wie viele Unternehmen Innovationsförderprogramme in Anspruch genommen haben ergeben.[371]

Diagramm 10: Inanspruchnahme von Innovationsförderung

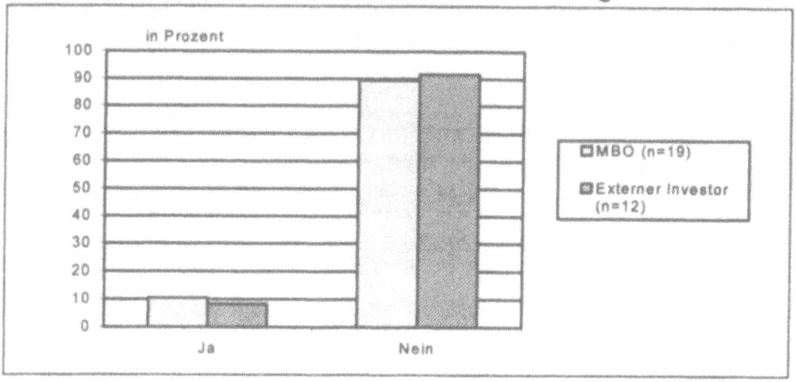

Quelle: Eigene Untersuchung.

Allerdings liefert der Blick auf die Inanspruchnahme der Innovationsförderung keine Anhaltspunkte für eine unterschiedliche innovative Kultur bei den Gruppen.[372] Beide Unternehmensarten haben nur in sehr geringem Maße Innovationsförderung erhalten.[373]

Eine weitere Möglichkeit besteht in der Überprüfung, inwieweit die Manager Innovationsfähigkeit als wichtigen Erfolgsfaktor für die Entwicklung ihres Unternehmens ansehen.[374]

Der Rolle von Innovation und Flexibilität als strategische Alternative messen die MBO-Manager eine weitaus größere Bedeutung bei. Entsprechend ergibt sich beim Median für die MBOs ein Wert von 4,4 im Vergleich zu 3,8 bei den externen Investoren (Diagramm 11a).[375] Bei den

[371] Vgl. Fragebogen, Frage 21, Anhang.
[372] Mann-Whitney-Test mit Irrtumswahrscheinlichkeit p=0,843.
[373] Im Rahmen der Interviews gaben ca. 80,0 v.H. auf Nachfrage an, Innovationsförderung zwar beantragt, aber nicht erhalten zu haben.
[374] Vgl. Fragebogen, Frage 33, Anhang.
[375] Mit 1=„Sehr gering" bis 5=„Sehr hoch".

MBOs schätzen mit 94,7 v.H. signifikant mehr Manager im Vergleich zu 58,3 v.H. bei den externen Investor-Unternehmen die Relevanz dieser Option als „sehr hoch" oder „hoch" ein (Diagramm 11b).[376]

Diagramm 11a: Gruppierter Median-Strategische Bedeutung von Innovation und Flexibilität

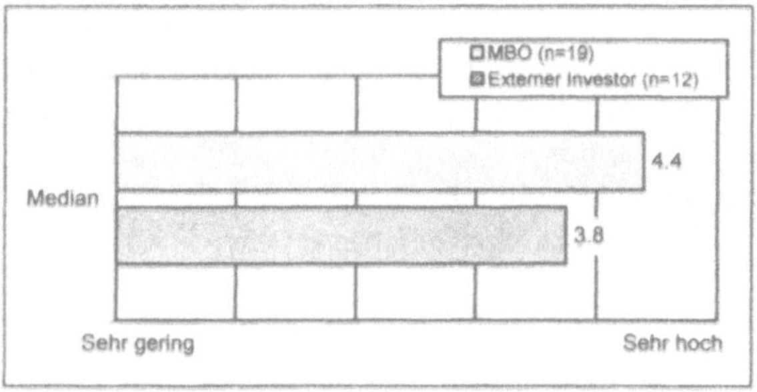

Quelle: Eigene Untersuchung.

Diagramm 11b: Strategische Bedeutung von Innovation und Flexibilität

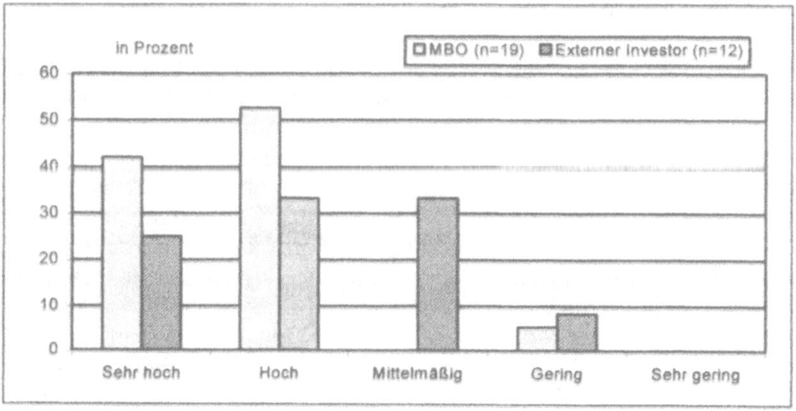

Quelle: Eigene Untersuchung.

In Bezug auf die quantitative Strukturveränderung liefert diese Untersuchung aufgrund ihrer Konzeption keinen genaueren Einblick,

[376] Mann-Whitney-Test mit p=0,077 (signifikant).

inwieweit der MBO tatsächlich in größerem Maße als andere Privatisierungsformen zu einer strukturellen Veränderung geführt hat.

- Zusammenfassend lässt sich kein entscheidender Unterschied zwischen den MBOs und den externen Investor-Unternehmen in Bezug auf Innovationsfähigkeit und Flexibilität feststellen. Die Privatisierungsform hat auf die qualitative Struktur der Unternehmen keine Auswirkung. Der überwiegende Einfluss scheint durch die innovativ ausgerichtete Form des mittelständischen Unternehmens gegeben zu sein, so dass der tatsächlichen Form der Privatisierung in dieser Frage keine Bedeutung zukommt.

12.2 Schaffung und Sicherung von Arbeitsplätzen

Eine der Hauptforderungen an ein Privatisierungsinstrument stellt die Schaffung und Sicherung von Arbeitsplätzen dar. Dieses Anliegen war aufgrund des Personalüberhangs in den ostdeutschen Unternehmen politisch brisant und stand im Konflikt zu ökonomischen Produktivitäts- und Effizienzgesichtspunkten.

Ein Blick auf die Entwicklung der absoluten Mitarbeiterzahlen in Tabelle 13 und Diagramm 12 zeigt, dass die MBOs seit Durchführung der Privatisierung die Anzahl ihrer Beschäftigten um 6,43 v.H. auf eine Durchschnittsanzahl von 40,63 Beschäftigte gesenkt haben.[377] Die an externe Investoren verkauften Unternehmen haben eine Verringerung ihrer Beschäftigtenzahl um 39,75 v.H. auf 40,67 zu verzeichnen, was sich in einer Tendenz zur statistischen Signifikanz niederschlägt.[378] Diagramm 12 verdeutlicht die relativ konstante Anzahl der Mitarbeiter in den MBO-Unternehmen, im Vergleich zu einer deutlich sinkenden Tendenz bei den externen Investor-Unternehmen. Dies deutet auf eine weitreichendere Sicherung von Arbeitsplätzen durch die MBOs hin.[379]

---

[377] t-Test für gepaarte Stichproben mit p=0,727.

[378] t-Test für gepaarte Stichproben mit p=0,111 (Tendenz zur Signifikanz).

[379] Allerdings muss beachtet werden, dass dieses Ergebnis keiner paarweisen Auswertung folgt und entsprechend stark von branchenspezifischen Entwicklungen beeinflusst sein kann.

Tabelle 13: Entwicklung durchschnittliche Mitarbeiteranzahl[380]

	N	Mitarbeiter-Anzahl (Privatisierung)	Mitarbeiter-Anzahl 1997	Entwicklung Mitarbeiter-Anzahl	Entwicklung Mitarbeiter in Prozent
MBO					
Mittelwert	19	43,42	40,63	-2,79	-6,43
Externer Investor					
Mittelwert	12	67,50	40,67	-26,83	-39,75

Quelle: Eigene Untersuchung.

Diagramm 12: Vergleich Entwicklung der Mitarbeiter-Anzahl

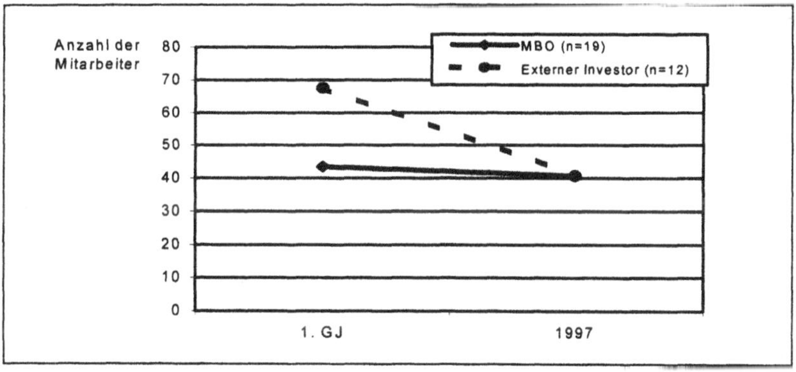

Quelle: Eigene Untersuchung.

Als Frage bleibt, inwieweit sich diese Zahlen auch aus betriebswirtschaftlicher Sicht bestätigen lassen. Der zunächst positive Eindruck muss relativiert werden, wenn man annimmt, dass die Arbeitsplätze nur erhalten wurden, weil die Unternehmen durch Konditionen in den Privatisierungsverträgen dazu verpflichtet waren.[381] Für diese Fälle ließe sich aus den Ergebnissen lediglich schließen, dass die MBO-Manager härtere Vertragsbedingungen als die externen Investoren akzeptiert haben.

[380] Vgl. Fragebogen, Fragen 5 und 6, Anhang.

[381] Vgl. auch Gros, Stefan E. [Unternehmensprivatisierung, 1998], Seite 178.

Zur Überprüfung dieser These schließt sich die Frage nach der Bedeutung von Nachverhandlungen in Bezug auf die vereinbarten Arbeitsplatzzusagen an.[382]

Diagramm 13a: Gruppierter Median-Bedeutung von Nachverhandlungen bei Arbeitsplatzzusagen

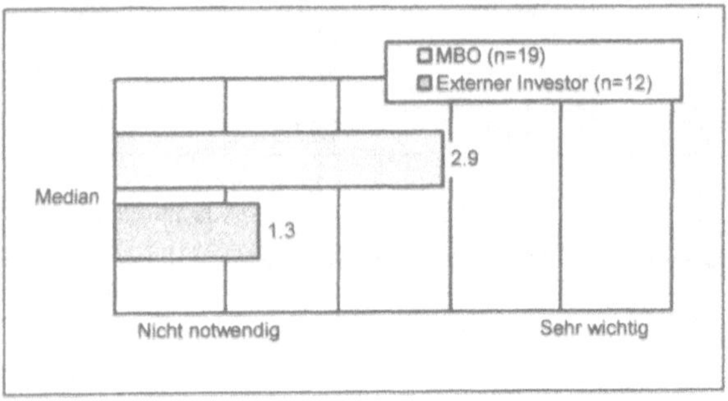

Quelle: Eigene Untersuchung.

Diagramm 13b: Bedeutung von Nachverhandlungen bei Arbeitsplatzzusagen

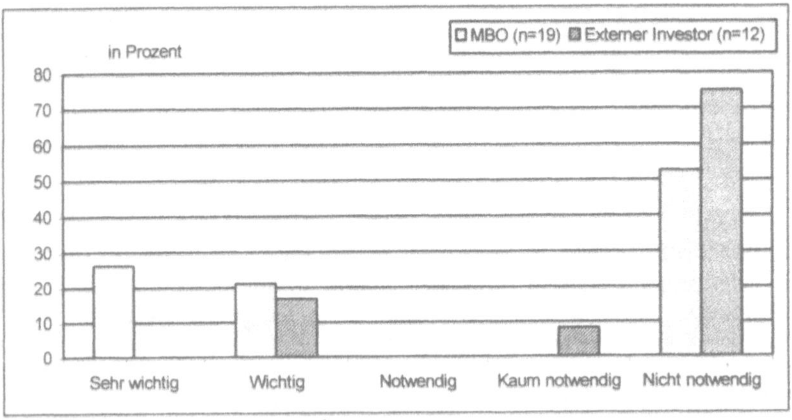

Quelle: Eigene Untersuchung.

[382] Vgl. Fragebogen, Frage 27, Anhang.

In Übereinstimmung mit oben angeführter Vermutung zeigt der Vergleich der Mediane (Diagramm 13a), dass die MBOs mit 2,9 im Vergleich zu einem Wert von 1,3 auf Seiten der externen Investor-Unternehmen, Nachverhandlungen bei den Arbeitsplatzzusagen eine große Bedeutung zusprechen.[383] Entsprechend halten 47,4 v.H. der MBO-Unternehmen Nachverhandlungen bei den Arbeitsplatzzusagen für wichtig, während dies bei den externen Investoren nur 16.7 v.H. sind.[384] Dies bekräftigt die Eingangsthese, dass die MBOs nur gezwungenermaßen eine bessere Bilanz in bezug auf die Arbeitsplätze vorweisen können, dies aber nicht auf eine bessere ökonomische Entwicklung hinweisen muss.

Eine weitere Möglichkeit der Bewertung, inwieweit der MBO geeigneter im Hinblick auf die Sicherung von Arbeitsplätzen ist, besteht in der Analyse der Erfüllung der Arbeitsplatzzusagen.[385]

Stellt man die beiden Mediane nebeneinander (Diagramm 14a), ergibt dies einen Wert von 3,9 bei den MBOs im Vergleich zu 3,1 auf Seiten der externen Investor-Unternehmen.[386] Die Analyse der Einhaltung der Vertragsbedingungen in Diagramm 14b zeigt, dass 94,7 v.H. der MBO-Unternehmen die Arbeitsplatzzusagen „erfüllt" bzw. „weit mehr als erfüllt" haben. Auf Seiten der externen Investoren geben dies nur 75,0 v.H. der Unternehmen an. Dies führt zu einer statistischen Signifikanz.[387]

[383] Mit 1=„Nicht notwendig" bis 5=„Sehr wichtig".
[384] Mann-Whitney-Test mit p=0,103 (Tendenz zur Signifikanz).
[385] Vgl. Fragebogen, Frage 7, Anhang.
[386] Mit 1=„Bei weitem nicht erfüllt" bis 5=„Weit mehr als erfüllt".
[387] Mann-Whitney-Test mit p=0.068 (signifikant).

Diagramm 14a: Gruppierter Median–Erfüllung der Arbeitsplatzzusagen

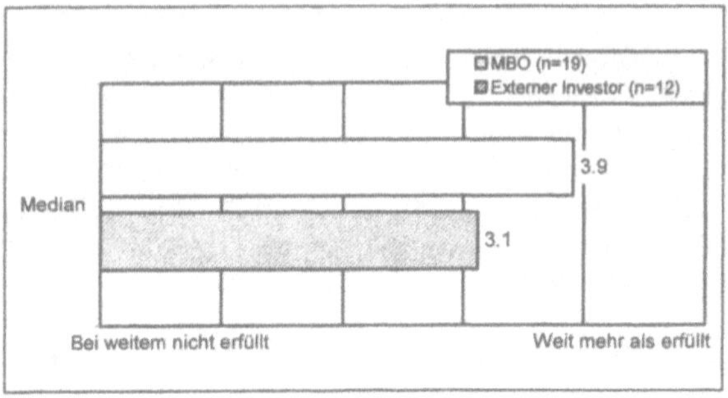

Quelle: Eigene Untersuchung.

Diagramm 14b: Erfüllung der Arbeitsplatzzusagen

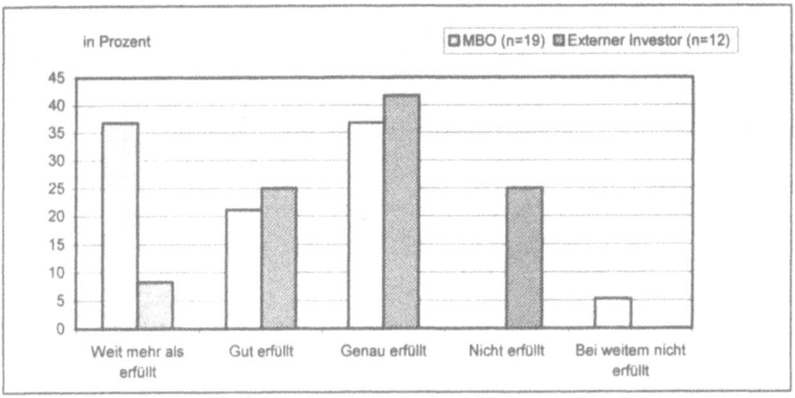

Quelle: Eigene Untersuchung.

Dieses Ergebnis wird in Relation zur insgesamt festgestellten Erfüllungsquote bei Arbeitsplatzzusagen gesetzt.

Die BVS bestimmte bei der Prüfung der Verträge eine Quote von 80,0 v.H. erfüllter Arbeitsplatzzusagen.[362] Dieser Wert für alle

[362] Vgl. Sachverständigenrat [Entscheidungen, 1998], Seite 101.

Privatisierungen wird als Basiswert für eine Indexbildung angesetzt. Diagramm 15 zeigt eine überdurchschnittliche Erfüllung auf Seiten der MBOs, sowie ein negativer Indexwert bei den externen Investoren, der auf eine unterdurchschnittliche Erfüllung der Arbeitsplatzzusagen im Vergleich zu allen Privatisierungen hinweist.

Diagramm 15: Indexwert-Erfüllungsquote für Arbeitsplatzzusagen

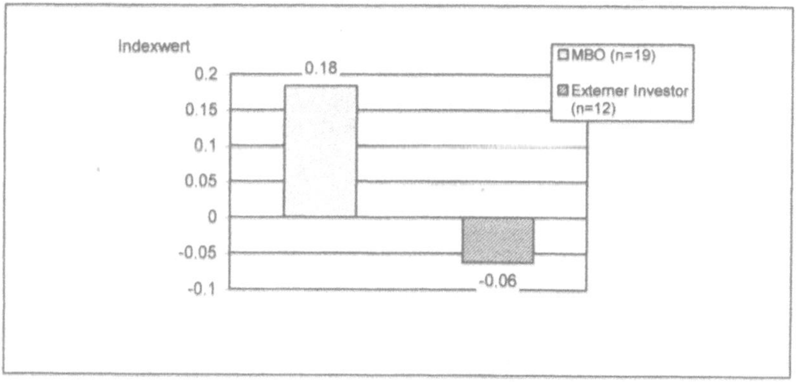

Quelle: Eigene Darstellung.

Bei dieser Auswertung ist jedoch zu bedenken, dass die Aussagen nur für die Untersuchungsmenge gelten und keiner parallelisierten Auswertung folgen, also durch externe Rahmenbedingungen beeinflusst sind.

Das „Matched-pair"-Design kann nur angewandt werden, wenn die gesamte Untersuchungsmenge herangezogen wird. Um aus den zur Verfügung stehenden Daten relevante Informationen bezüglich der spezifischen Fragestellung zu erhalten, muss eine zusätzliche Annahme getroffen werden: die Arbeitsplatzzusagen sollen als nicht erfüllt gelten, sobald das Unternehmen seine Geschäftstätigkeit eingestellt oder eingeschränkt hat. Hierzu fließen die sekundären Daten der Handelsregister und die telefonisch gesammelten Informationen ein. In Verbindung mit den Angaben aus den ausgefüllten Fragebögen ergeben sich n=21 Paarungen. Unternehmen für die keine Informationen vorlagen, werden nicht in die Analyse mit einbezogen.[363]

[363] Vgl. Kreuztabellierung, Anhang.

Diagramm 16: Erfüllung der Arbeitsplatzzusagen-Matched-pair-Design

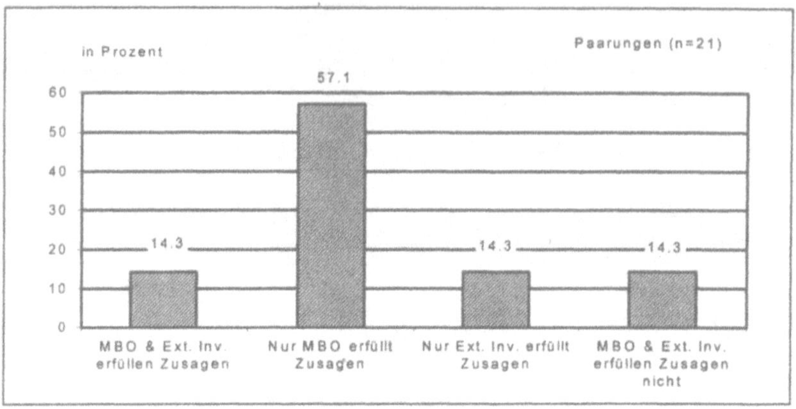

Quelle: Eigene Untersuchung.

Bei einer Untersuchungsmenge von n=21 Paaren ergibt sich in Diagramm 16 als signifikantes Resultat, dass bei 57,1 v.H. der Paarungen jeweils nur das MBO-Unternehmen die Arbeitsplatzzusagen erfüllt hat.[364] Im Vergleich dazu gelingt dies den externen Investoren nur zu 14,3 v.H. Bei 28,6 v.H. der Paarungen zeigen sich keine Unterschiede bei der Erfüllung der Arbeitsplatzzusagen.

Da diese Analyse durch das „Matched-pair"-Design externe Einflüsse weitgehend ausschaltet, verstärkt das Ergebnis die oben getroffene Aussage, MBOs seien besser geeignet, Arbeitsplätze zu sichern und in dieser Hinsicht geeigneter als der Verkauf an externe Investoren.

Da die politische Motivation nicht nur auf den Erhalt von Arbeitsplätzen abzielt, sondern von einem Privatisierungsinstrument auch die Schaffung von Arbeitsstellen fordert, fand diese Frage ebenfalls Eingang in die Untersuchung.[365]

---

[364] McNemar-Test bei gepaarten, dichotomen Variablen mit p=0,035 (signifikant).
[365] Vgl. Fragebogen, Frage 8, Anhang.

Diagramm 17a: Gruppierter Median-Mitarbeiter-Planung für 1998

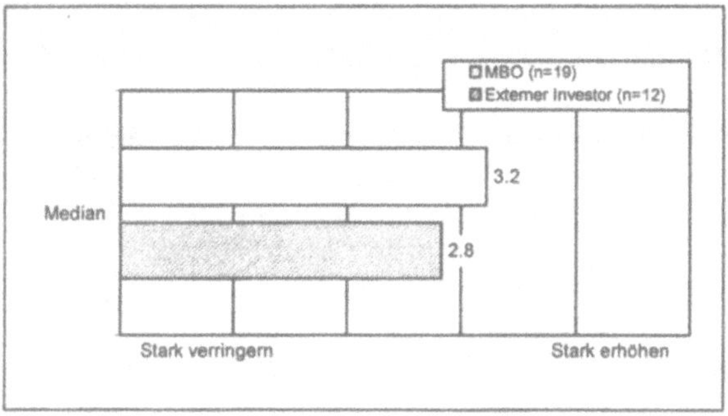

Quelle: Eigene Untersuchung.

Diagramm 17b: Mitarbeiter-Planung für 1998

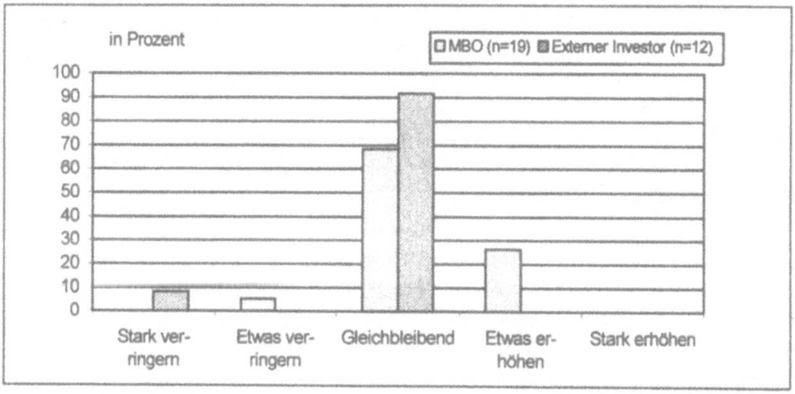

Quelle: Eigene Untersuchung.

Im Hinblick auf die Schaffung von Arbeitsplätzen ergibt sich ein ähnliches Bild wie bei ihrer Erhaltung: der gruppierte Median in Diagramm 17a zeigt, dass die MBO-Unternehmen mit einem Wert von 3,2 im Vergleich zu 2,8 bei den externen Investoren eher dazu tendierten, die Anzahl ihrer Mitarbeiter im Laufe des Jahres 1998 zu erhöhen.[366] Über ein Viertel der MBO-Unternehmen (26,3 v.H.)

[366] Mit 1=„Stark verringern" bis 5=„Stark erhöhen".

beabsichtigt, zusätzliche Mitarbeiter einzustellen. Bei den externen Investoren plant der größte Teil (91,7 v.H.) die Anzahl beizubehalten. Diese unterschiedliche Planung erweist sich als statistisch signifikant.[367]

Es lässt sich feststellen, dass die MBOs sowohl auf dem Gebiet der Arbeitsplatzsicherung, als auch bei der Schaffung von Arbeitsplätzen positivere Ergebnisse vorweisen können, als die externen Investoren. Diese Fähigkeit der MBOs hat sich schon in früheren Untersuchungen, die sich nur auf die Form des MBO beziehen abgezeichnet, da festgestellt wurde, dass die MBOs überproportional zur Sicherung von Arbeitsplätzen beitragen und darüber hinaus neue Arbeitsplätze schaffen.[368]

Es muss aber darauf hingewiesen werden, dass sich dieses Ergebnis nur auf die jeweiligen Arbeitsplatzzusagen bezieht, jedoch keinen Aufschluss über die absolute Zahl der gesicherten und geschaffenen Arbeitsplätze liefert. Es wird davon ausgegangen, dass die externen Investoren im Hinblick auf die absolute Anzahl der Arbeitsplätze die MBO-Unternehmen hinter sich lassen.[369] Dieser Einschätzung fehlt jedoch das relativierende Element der Vergleichbarkeit hinsichtlich Größe und Branche. Es werden lediglich die gesamten Arbeitsplatzzusagen der meist kleineren MBO-Unternehmen den Zusagen der anderen Privatisierungsformen gegenübergestellt.

- Als Ergebnis dieser Untersuchung lässt sich festhalten, dass die MBOs im Vergleich zu einem Verkauf an externe Investoren unter vergleichbaren Umständen mehr Arbeitsplätze erhalten und schaffen, im Hinblick auf dieses Ziel der Privatisierung also die erfolgreichere Privatisierungsmethode darstellen.

---

[367] Mann-Whitney-Test mit p=0,080 (signifikant).

[368] Vgl. Gros, Stefan E. [Unternehmensprivatisierung, 1998], Seite 180; Schwien, Bernd [Konzept, 1995], Seite 51; Forst, Martin [Übernahme, 1992], Seite 40; Gräper, Matthias [Management Buy-Out, 1993], Seite 140; Matzen, Thomas/ Krenz, Thomas [Option, 1989], Seite 467.

[369] Vgl. Kokalj, Ljuba / Richter, Wolf [Privatisierung, 1992], Seite 29.

12.3 Förderung von Investitionen

Als zweites wirtschaftspolitisches Anliegen zählt die Förderung von Investitionen, die durch die Verwendung eines Privatisierungsinstruments erreicht werden sollen.

Grundsätzlich lässt sich die Hypothese aufstellen, dass die Privatisierungs-MBOs mehr investieren, da sie für ihre Erfolgs- und Renditeerwartungen von einem längeren Planungshorizont ausgehen. Gegen diese These spricht eine mögliche Unterkapitalisierung der MBO-Unternehmen die nicht, oder zumindest in den ersten Jahren nicht über die entsprechenden finanziellen Mittel verfügt haben, um im gewünschten Umfang zu investieren. Dies bedeutet, dass die MBO-Unternehmen aufgrund ihrer langfristigen Motivation zwar mehr investieren würden als die externen Investoren, dieses Vorhaben aber aufgrund ihrer finanziellen Situation und der beschränkten Möglichkeiten der Fremdkapitalaufnahme nicht durchführen können.

Diagramm 18: Höhe der Gesamtinvestitionen[370]

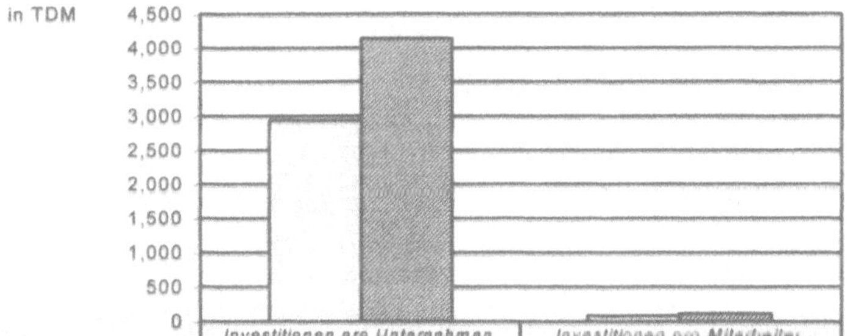

	Investitionen pro Unternehmen	Investitionen pro Mitarbeiter
MBO (n=19)	2,933	82
Externer Investor (n=11)	4,138	114

Quelle: Eigene Untersuchung.

Ein Vergleich der durchschnittlichen Höhe der seit der Privatisierung getätigten Gesamtinvestition pro Unternehmen in Diagramm 18 zeigt, dass die externen Investoren mit 4,1 Mio. DM um ein Drittel mehr

[370] Vgl. Fragebogen, Frage 11, Anhang.

investiert haben als ihre MBO-Kollegen mit 2,9 Mio. DM. Wenn man für eine bessere Vergleichbarkeit die Gesamtinvestitionen auf die jeweiligen Mitarbeiter umlegt, ergibt sich eine ähnliche Relation: die externen Investoren haben durchschnittlich pro Mitarbeiter 114 TDM investiert, während die MBOs nur 82 TDM vorweisen können. Obwohl dies nicht zu einem statistisch signifikanten Unterschied führt,[371] unterstützt dieses Ergebnis die Aussage, dass die MBOs in geringerem Maße über Kapital verfügen als die externen Investoren.[372]

Als weitere Möglichkeit zur Bestimmung der Investitionsneigung werden die Manager zum Anteil des Umsatzes der im laufenden Jahr für Investitionen ausgegeben wird befragt.[373]

Diagramm 19: Mittelwertvergleich-Anteil des Umsatzes für Investitionen

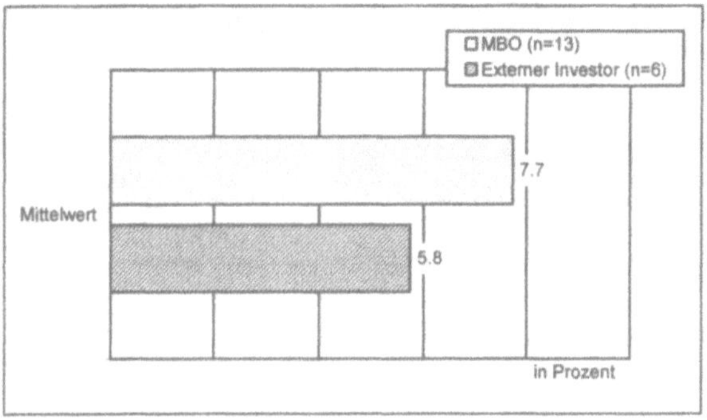

Quelle: Eigene Untersuchung.

In Diagramm 19 drücken die MBO-Manager ihre höhere Investitionsneigung im Vergleich zu den externen Investoren durch einen durchschnittlichen Investitionsanteil von 7,7 v.H. des Umsatzes zu 5,8 v.H. aus.[374] Diese höhere Quote steht im Gegensatz zu einer angespannten finanziellen Situation der MBO-Unternehmen. Doch unter der Annahme, dass die MBO-Manager eine höhere Investitionsneigung aufgrund ihres unterschiedlichen Erwartungs- und Renditehorizonts

[371] t-Test mit p=0,314 (Gesamtinvestitionen) und p=0,328 (Investitionen pro MA)
[372] Vgl. Sondhof, Harald/ Stahl, Markus [Privatisierung, 1993], Seite 48.
[373] Vgl. Fragebogen, Frage 12, Anhang.
[374] t-Test mit Irrtumswahrscheinlichkeit p=0,522.

haben, aber erst nach einigen Jahren der Geschäftstätigkeit die nötigen finanziellen Mittel aufbringen können, verstärken die Ergebnisse die vorangestellte Hypothese des anfangs mangelnden Kapitals.

Bei der Frage, ob die Unternehmen die an die Treuhand gegebenen Investitionszussagen erfüllt haben,[375] ergeben sich nur geringe Unterschiede: Der Median in Diagramm 20a liegt beim MBO mit 4,4 etwas höher als bei den externen Investoren mit 4,3.[376] In Diagramm 20b haben insgesamt 68,4 v.H. der MBOs im Vergleich zu 66,7 v.H. der externen Investoren die Investitionszusagen sogar übererfüllt, also „weit mehr als" oder „gut" erfüllt. Dafür gelang es 5,3 v.H. der MBOs, im Vergleich zu einer makellosen Bilanz bei den externen Investoren nicht, die Zusagen zu erfüllen. Aus diesen minimalen Unterschieden läßt sich keine statistische Signifikanz folgern.[377]

Diagramm 20a: Gruppierter Median-Erfüllung der Investitionszusagen

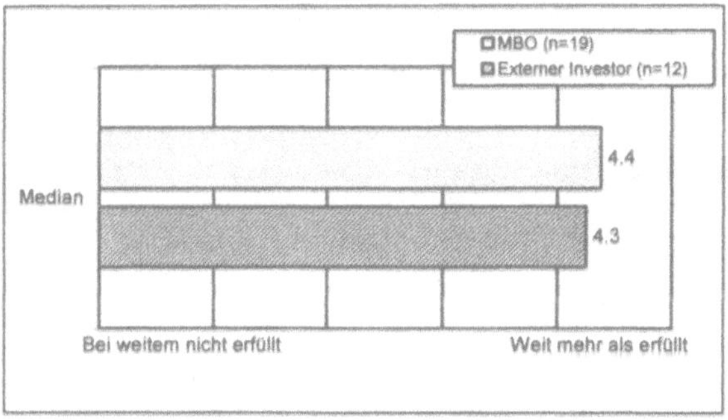

Quelle: Eigene Untersuchung.

375 Vgl. Fragebogen, Frage 13, Anhang.

376 Mit 1=„Bei weitem nicht erfüllt" bis 5=„Weit mehr als erfüllt".

377 Mann-Whitney-Test mit Irrtumswahrscheinlichkeit p=0,822.

Diagramm 20b: Erfüllung der Investitionszusagen

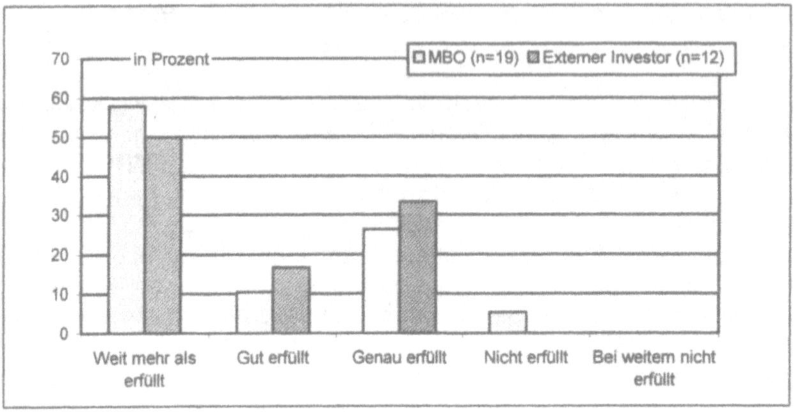

Quelle: Eigene Untersuchung.

Die Ergebnisse zur Erfüllung der Investitionszusagen werden in Diagramm 21 mit der Quote aller Privatisierungen verglichen.

Diagramm 21: Indexwert-Erfüllungsquote für Investitionszusagen

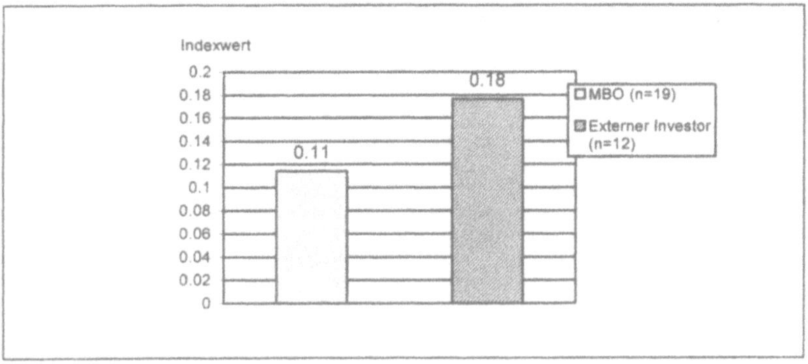

Quelle: Eigene Darstellung.

Bei den Indexwerten als Vergleich zu einer Erfüllungsquote von 85,0 v.H. bei allen Privatisierungen[378] zeigt sich, dass beide Unternehmens-

[378] Vgl. Sachverständigenrat [Entscheidungen, 1998], Seite 101.

gruppen die Investitionszusagen in überdurchschnittlichen Maße erfüllt haben. Den externen Investoren gelang dies noch stärker als den MBO-Managern.

Nicht nur die Erfüllung der vertraglich vereinbarten Investitionszusagen ist von Interesse, sondern auch die Planung der Unternehmer zum Befragungszeitpunkt, da die Investitionstätigkeiten auf langfristige Sicht gesichert sein sollen.

Ein Blick auf das zukünftige Investitionsvolumen zeigt den MBO als investitionsfreudiger. Der Median in Diagramm 22a liefert für die MBOs einen Wert von 3,1 im Vergleich zu 2,8 bei den externen Investoren.[379] Diagramm 22b zeigt, dass 26,3 v.H. der MBOs ihr Investitionsvolumen erhöhen möchten, während dies nur 16,6 v.H. der externen Investoren wünschen. Auch planen nur 15,8 v.H. der MBOs ihr Volumen zu verringern, während 33,3 v.H. der externen Investoren dies beabsichtigen. Dieses Ergebnis zeigt, dass sich die MBOs sehr wohl ihres Handlungsbedarfs hinsichtlich notwendiger Investitionsanstrengungen bewusst sind und planen, sich mehr zu engagieren bzw. dies erst jetzt realisieren können. Statistisch signifikante Unterschiede zeigen sich nicht.[380]

Diagramm 22a: Gruppierter Median-Planung des Investitionsvolumens[381]

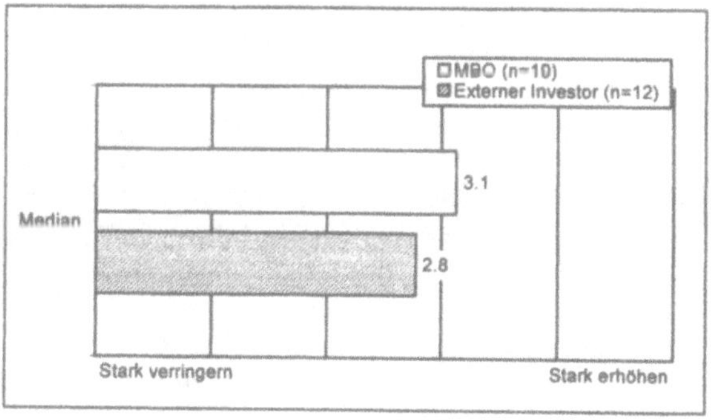

Quelle: Eigene Untersuchung.

[379] Mit 1=„Stark verringern" bis 5=„Stark erhöhen".
[380] Mann-Whitney-Test mit Irrtumswahrscheinlichkeit p=0,396.
[381] Vgl. Fragebogen, Frage 15, Anhang.

Diagramm 22b: Planung des Investitionsvolumens

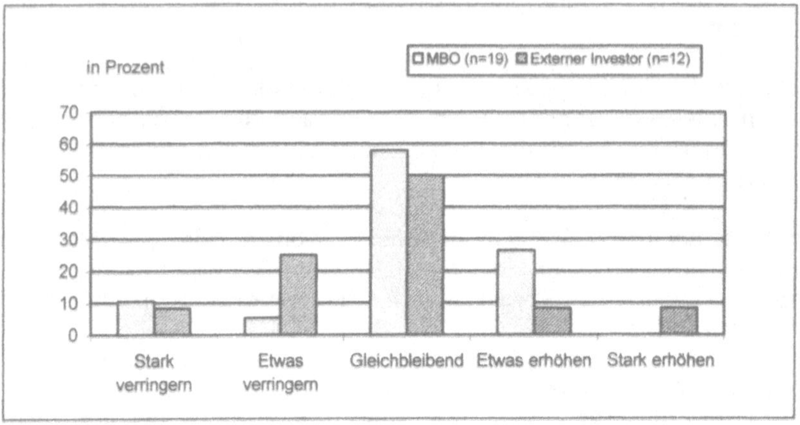

Quelle: Eigene Untersuchung.

Bei den Privatisierungen in den neuen Bundesländern kommt noch der Aspekt der vertraglich verankerten Investitionszusagen hinzu, die die Käufer der Treuhandanstalt geben mussten. Sie beeinflussen ebenfalls die Investitionstätigkeit, die somit von rein betriebswirtschaftlichen Überlegungen losgelöst und zu einer politischen Fragestellung wird.[382]

Die Frage nach einer Beeinflussung der Investitionstätigkeit durch die Privatisierungsverträge klärt sich durch die in den Diagrammen 23a, b dargestellten Analysen.[383]

Der Vergleich der Mediane zeigt, dass beide Privatisierungsformen den Nachverhandlungen in bezug auf die Investitionszusagen mit 1,7 (MBO) und 1,6 (Externer Investor) eine gleichermaßen geringe Bedeutung beimessen.[384] Trotzdem fällt auf, dass immer noch 21,0 v.H. der MBOs im Vergleich zu 16,7 v.H. der externen Investor-Unternehmen die Nachverhandlungen für „sehr wichtig" bzw. „wichtig" halten. Insgesamt ergibt sich jedoch ein ausgeglichenes Bild.[385]

---

[382] Vgl. auch Gros, Stefan E. [Unternehmensprivatisierung, 1998], Seite 164.
[383] Vgl. Fragebogen, Frage 27, Anhang.
[384] Mit 1=„Nicht notwendig" bis 5=„Sehr wichtig".
[385] Mann-Whitney-Test mit Irrtumswahrscheinlichkeit p=0,642.

Diagramm 23a: Gruppierter Median-Bedeutung von Nachverhandlungen bei Investitionszusagen

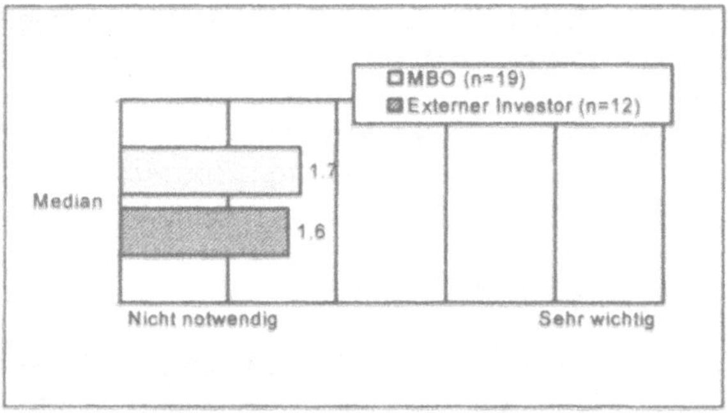

Quelle: Eigene Untersuchung.

Diagramm 23b: Bedeutung von Nachverhandlungen bei Investitionszusagen

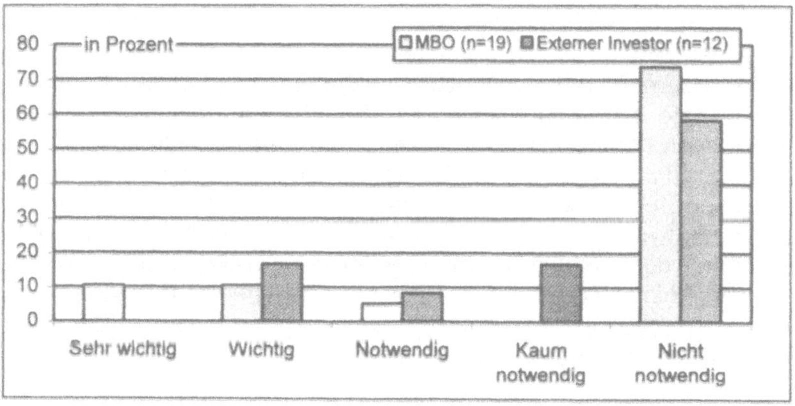

Quelle: Eigene Untersuchung.

Daraus folgt, dass die Investitionspolitik nicht durch die vertraglichen Verpflichtungen beeinflusst und in eine möglicherweise unterschiedliche Richtung gelenkt wird.

- Als Zusammenfassung der Auswertung der Investitionstätigkeit der Unternehmen lässt sich feststellen, dass die MBO-Unternehmen durchschnittlich ein Drittel weniger investiert haben als die externen Investoren. Dies begründet jedoch keinen signifikanten Unterschied zwischen beiden Gruppen und kann somit nur auf die vorliegende Untersuchung bezogen werden. Die Untersuchung zeigt auch eine Trendwende bei den Investitionen, da die MBO-Manager in Zukunft mehr investieren wollen als die externen Investoren. Dies unterstützt die Hypothese, dass die MBO-Manager eine grundsätzlich höhere Investitionsneigung haben, aber diese erst nach einigen Jahren Geschäftstätigkeit in gewünschtem Maße umsetzen können.

Dieses Ergebnis kann wie folgt eingeordnet werden: die MBOs möchten umfangreiche Investitionen tätigen, da sie eine langfristig orientierte Renditeerwartung haben. Diese grundsätzliche Investitionsneigung müssen sie jedoch am Anfang ihrer Geschäftstätigkeit auf das Nötigste reduzieren, da sie nicht über die entsprechenden finanziellen Mittel verfügen.

Im Gegensatz dazu stehen die externen Investoren, die nicht nur von einem kürzeren Erwartungshorizont ausgehen, sondern auch andere Renditeobjekte und -möglichkeiten zur Wahl haben. Entsprechend kann man bei ihnen (zumindest teilweise) eine, auf das Nötigste beschränkte Investitionstätigkeit vermuten. In Übereinstimmung mit den vorgestellten Ergebnissen führt dies im Zeitablauf zu einer Abschwächung der Investitionsaktivitäten der externen Investoren, sobald die erforderlichen Investitionen durchgeführt wurden und einem Anstieg bei den MBOs, sobald diese die entsprechenden Mittel erwirtschaften konnten.

12.4 Schnelle Durchführbarkeit

Eine weitere Forderung an ein Privatisierungsinstrument zielt auf eine möglichst schnelle Durchführbarkeit und tatsächliche Durchführung der Privatisierungen ab, um diesen wichtigen Schritt des Transformationsprozesses möglichst rasch zu vollziehen. Es stellt sich die Frage, ob dies durch die MBOs erreicht werden kann. Vermuten lässt sich ein Zeitvorteil durch eine MBO-Privatisierung aus folgenden Gründen:

- die Käufer haben eine relativ gute Informationslage über das zu erwerbende Unternehmen, so daß sich umfangreiche Unternehmensanalysen und -bewertungen erübrigen.
- eine Verzögerungstaktik[412] des Managements kann es aufgrund des bestehenden Eigeninteresses nicht geben.
- die THA hatte ein bekundetes Interesse daran, Unternehmen im Zuge eines MBO zu privatisieren.[413]

Diese Annahmen werden in den Diagrammen 24a,b auf ihren Einfluss auf die Dauer der Privatisierung hin überprüft.[414]

Im Gegensatz zu den vorangestellten Hypothesen zeigt ein Vergleich der Mediane in Diagramm 24a, dass die MBOs mit einem Wert von 4,4 eine wesentlich längere Verhandlungsdauer erfuhren als die externen Investoren mit 3,5.[415] Bei über der Hälfte der MBO-Unternehmen in Diagramm 24b zogen sich die Verhandlungen länger als ein Jahr hin; bei weiteren 26,3 v.H. dauerten die Verhandlungen zwischen sechs Monaten und einem Jahr. Im Vergleich dazu wurden 58,4 v.H. der Verkäufe an externe Investoren innerhalb der ersten sechs Monate durchgeführt und lediglich ein Drittel benötigte länger als ein Jahr, um zu einem Abschluss zu kommen. Auch statistisch gesehen ergibt sich eine Signifikanz.[416]

---

412 Beispielsweise, indem die Manager geforderte Gutachten und Bilanzen nicht liefern.
413 Vgl. Hanke, Alexander [Transaktionen, 1993], Seite 20.
414 Vgl. Fragebogen, Frage 24, Anhang.
415 Mit 1=„Bis zu 4 Wochen" bis 5=„Länger als 1 Jahr".
416 Mann-Whitney-Test mit p=0,072 (signifikant).

Diagramm 24a: Gruppierter Median-Dauer der Privatisierungsverhandlungen

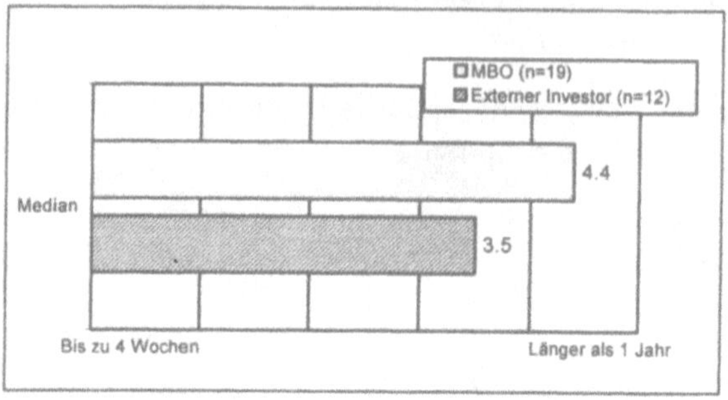

Quelle: Eigene Untersuchung.

Diagramm 24b: Dauer der Privatisierungsverhandlungen

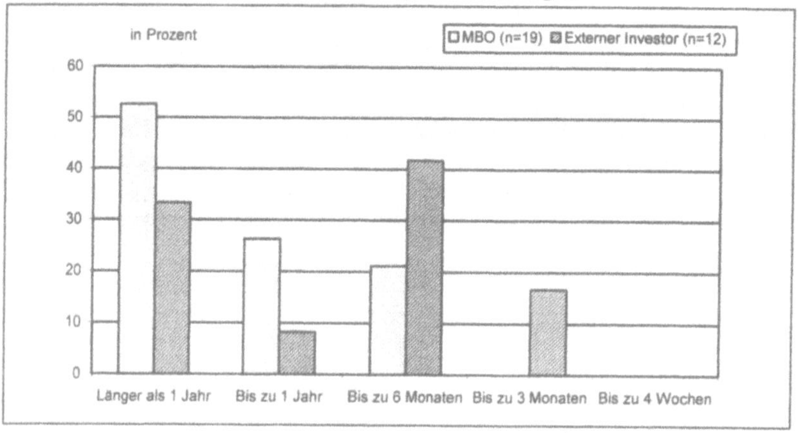

Quelle: Eigene Untersuchung.

Die festgestellte längere Dauer der MBO-Privatisierungen deutet darauf hin, dass der erwartete Informationsvorteil bei einem Unternehmensverkauf an interne Manager geringer als vermutet ausfällt und keinen positiven Einfluss auf die Dauer der Privatisierungsverhandlungen hat.

Diagramm 25a: Gruppierter Median-Informationslage über Unternehmen[417]

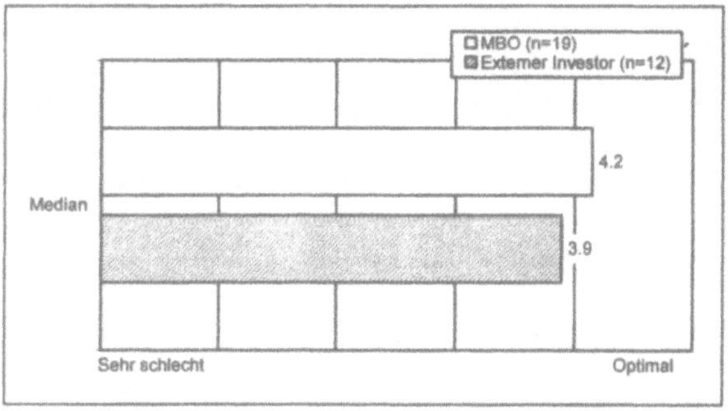

Quelle: Eigene Untersuchung.

Diagramm 25b: Informationslage über Unternehmen

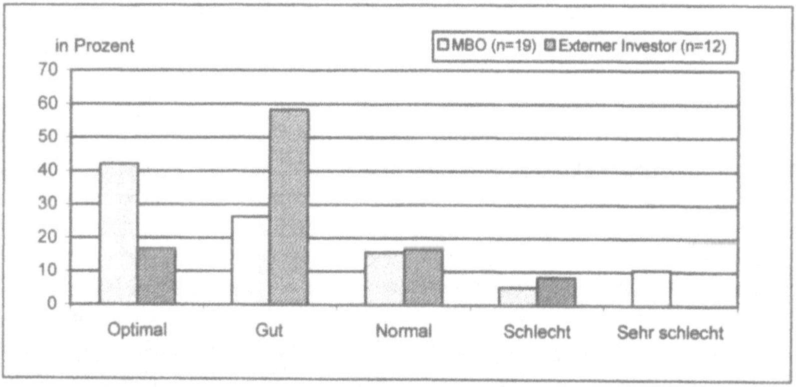

Quelle: Eigene Untersuchung.

Tatsächlich aber lässt sich bei einer Analyse der Informationslage der Käufer vor dem Erwerb ihres Unternehmens von der Treuhand kein signifikanter Unterschied zwischen beiden Gruppen feststellen. Die Mediane differieren mit 4,2 (MBO) zu 3,9 (externer Investor).[418]

[417] Vgl. Fragebogen, Frage 25, Anhang.
[418] Mit 1=„Sehr schlecht" bis 5=„Optimal".

Insgesamt bezeichnen 68,4 v.H. der MBOs und 75,0 v.H. der externen Investoren ihre Informationslage bezüglich des zu privatisierenden Unternehmens als „optimal" oder „gut". Auffälligerweise sind aber auch 10,5 v.H. der MBO-Manager der Meinung, sie seien sehr schlecht über ihr Unternehmen informiert gewesen. Insgesamt ergibt sich keine statistische Signifikanz.[419]

Auch durch eine Korrelationsanalyse lässt sich kein Zusammenhang zwischen der Dauer der Verhandlungen und der Informationslage feststellen, weder innerhalb der beiden Unternehmensgruppen, noch auf die gesamte Untersuchungsmenge bezogen.[420] Daraus kann man schließen, dass sich für die MBO-Käufer, selbst wenn sie über Insider-Wissen verfügen, keine Vorteile in Bezug auf die Dauer der Verhandlungen ergeben.

Daraus folgt, dass die MBO-Manager bezüglich Informationen über ihr Unternehmen nicht im Vorteil sind. Dies steht im Widerspruch zur MBO-Forschung, die gerade in der asymmetrischen Informationsverteilung mit Vorteilen auf Seiten der Manager einen Grund für mögliche Effizienzgewinne sieht.[421]

Als Erklärung kann für die Privatisierungs-MBOs gelten, dass die beteiligten Manager zwar über einen internen Wissensvorsprung über ihr Unternehmen zu zentralwirtschaftlichen Rahmenbedingungen verfügen, aber nur sehr bedingt, und negativ verstärkt durch ihre mangelnde marktwirtschaftliche Erfahrung, Aussagen zu ihrem Unternehmen unter Wettbewerbsbedingungen machen konnten. Diese Annahme hat sich in den Interviews bestätigt, als die MBO-Manager angaben, die Situation *„falsch eingeschätzt"* zu haben und aussagten, dass sie ihre Informationslage unter heutigen Gesichtspunkten und Wissensstand rückblickend als *„sehr schlecht"* bezeichnen müssen.[422]

---

419 Mann-Whitney-Test mit Irrtumswahrscheinlichkeit $p=0{,}579$.

420 Rangkorrelationskoeffizient nach Spearman $r_s=0{,}052$ mit $p=0{,}780$, $n=31$ (Gesamt), $r_s=0{,}030$ mit $p=0{,}902$, $n=19$ (MBO) und $r_s=0{,}006$ mit $p=0{,}985$, $n=12$ (Externer Investor).

421 Vgl. DeAngelo, Linda Elizabeth [Buyouts, 1986], Seite 401.

422 Vgl. Interviews, durchgeführt im Rahmen der Untersuchung Januar bis April 1998.

Ein weiterer möglicher Einfluss auf die Dauer der Privatisierung kann in der Verhandlungsführung der Treuhand liegen.[423]

Diagramm 26a: Gruppierter Median-Verhandlungsführung der THA

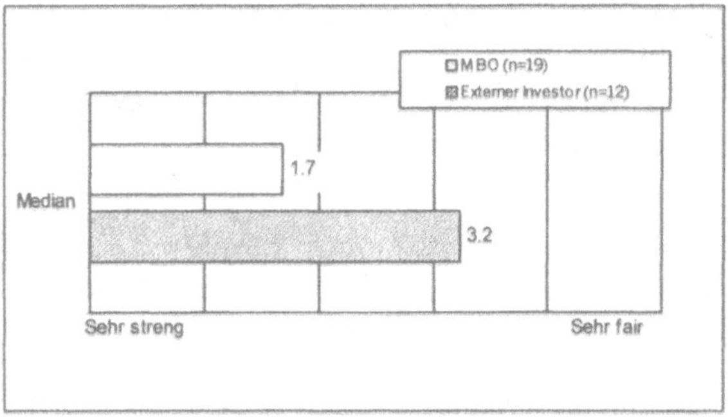

Quelle: Eigene Untersuchung.

Diagramm 26b: Verhandlungsführung der THA

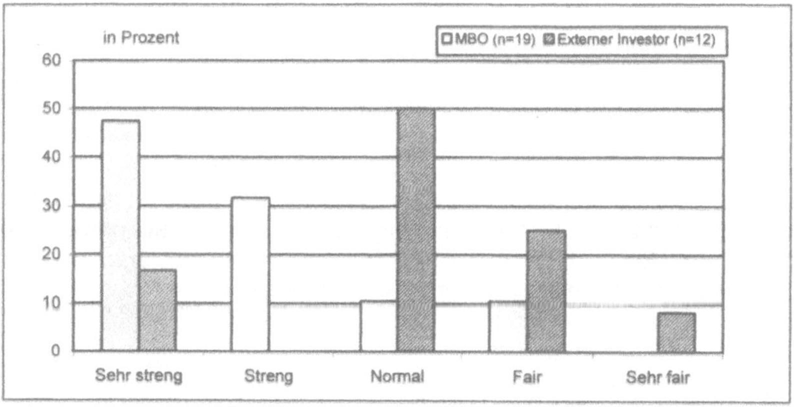

Quelle: Eigene Untersuchung.

Obwohl man eine bevorzugte Behandlung der MBO-Privatisierungen durch die Treuhandanstalt erwarten konnte, da ihre Förderung sogar in

[423] Vgl. Fragebogen, Frage 26, Anhang.

den offiziellen THA-Orientierungsrahmen Eingang gefunden hatte,[424] wird dies durch die Analyse nicht bestätigt. Die MBO Unternehmer schätzen die Verhandlungsführung der THA mit einem Median von 1,7 als wesentlich strenger ein, als ihre externen Kollegen mit 3,2.[425] Insgesamt 78,9 v.H. der MBO-Unternehmer hielten die Verhandlungsführung der THA für „sehr streng" oder „streng", während 75,0 v.H. der externen Investoren ihre Behandlung durch die THA als „fair" oder „normal" einstuften, was zu einer statistischen Signifikanz führt.[426]

Um einen Zusammenhang zwischen der Dauer der Verhandlungen und ihrer Beurteilung herauszufinden, wird eine Korrelationsanalyse durchgeführt.[427] Als Ergebnis zeigt sich ein signifikanter Zusammenhang, dessen Korrelation bei der Gruppe der externen Investoren stärker ausfällt und signifikant ist.[428] Daraus folgt, dass die Dauer der Privatisierung in einem direkten Zusammenhang mit der Beurteilung der THA-Verhandlungsführung steht und negativ durch sie beeinflusst wird.

Einen Einfluss auf die Dauer der Verhandlungen hat auch die gesamte Privatisierungsleistung der Treuhandanstalt.[429]

Der Vergleich der Mediane in Diagramm 27a mit einem Wert[430] von 1,6 bei den MBOs im Unterschied zu 3,2 bei den externen Investor-Unternehmen zeigt einen signifikanten Unterschied zwischen den Privatisierungsformen in Bezug auf ihre Einschätzung der Privatisierungsleistung der Treuhandanstalt.[431] Mit 52,6 v.H. beurteilt über die Hälfte der MBO-Manager in Diagramm 27b die Leistung der Treuhandanstalt als „sehr schlecht", weitere 31,6 v.H. bezeichnen sie als „schlecht". Im Vergleich dazu sind nur 16,7 v.H. der externen Investoren unzufrieden mit der Privatisierungstätigkeit der Treuhandanstalt.

---

424 Vgl. Treuhandanstalt [Orientierungsrahmen, 1991], Seiten 224-231.

425 Mit 1=„Sehr streng" bis 5=„Sehr fair".

426 Mann-Whitney-Test mit p=0,007 (stark signifikant).

427 Vgl. Korrelationsanalyse, Anhang.

428 Rangkorrelationskoeffizient nach Spearman r_s=-0,447 mit p=0,012 (signifikant), n=31 (Gesamt), r_s=-0,258 mit p=0,285, n=19 (MBO) und r_s=-0,627 mit p=0,029 (signifikant), n=12 (Externer Investor).

429 Vgl. Fragebogen, Frage 28, Anhang.

430 Mit 1=„Sehr schlecht" bis 5=„Sehr gut".

431 Mann-Whitney-Test mit p=0,005 (stark signifikant).

Diagramm 27a: Gruppierter Median-Privatisierungsleistung der THA

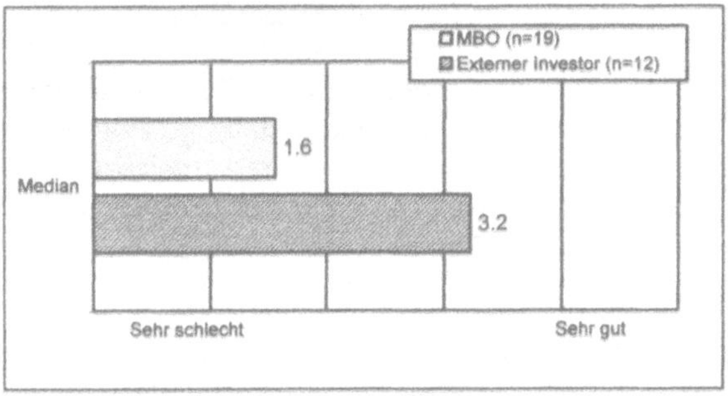

Quelle: Eigene Untersuchung.

Diagramm 27b: Privatisierungsleistung der THA

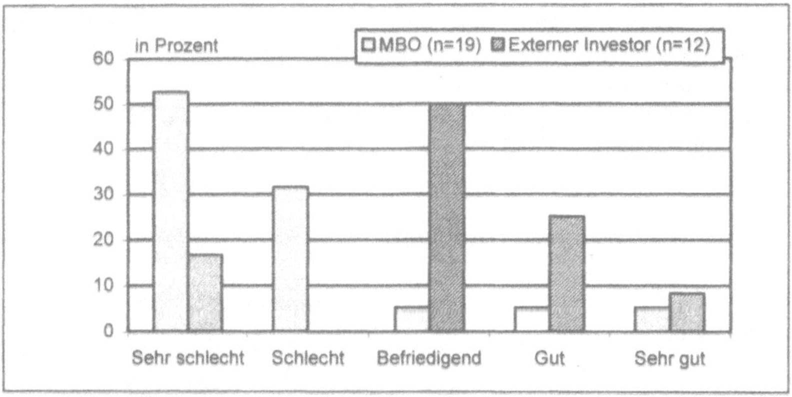

Quelle: Eigene Untersuchung.

Um festzustellen, inwiefern dieser signifikante Unterschied in der Beurteilung einen Einfluss auf die Dauer der Privatisierungen hat, wird eine Korrelationsanalyse durchgeführt.[432] Es zeigt sich, dass die Beurteilung der Privatisierungsleistung negativ mit der Dauer der

432 Vgl. Korrelationsanalyse, Anhang.

Verhandlungen korreliert, d.h. je schlechter die Leistung, umso länger die Dauer, bzw. je länger die Dauer, umso schlechter die Beurteilung.[433]

Beide Interpretationsalternativen zeigen einen starken Zusammenhang zwischen der Privatisierungsleistung der Treuhandanstalt und der Dauer der Privatisierung. Diese Problematik kam auch in den Interviews zur Sprache, als die befragten Manager einen wiederholten Personal- und Zuständigkeitenwechsel in der Treuhandanstalt beklagten.[434]

➢ Zusammenfassend lässt sich feststellen, dass die Privatisierungsform der MBOs in Bezug auf eine schnelle Privatisierung keine Vorteile bringt. Im Gegenteil tendieren die Verhandlungen dazu, signifikant länger zu dauern. Die Dauer wird nicht positiv von der Informationslage beeinflusst oder durch sie verkürzt. Sie steht aber in direktem Zusammenhang mit der Beurteilung der Verhandlungsführung, sowie der gesamten Privatisierungsleistung der Treuhandanstalt. Sowohl eine als „streng" empfundene Verhandlungsführung, als auch die größtenteils als „sehr schlecht" beurteilte Privatisierungsleistung stehen in signifikantem Zusammenhang mit der längeren Dauer der Privatisierungen.

12.5 Gewährleistung der Kontrolle

Kontrolle im Rahmen einer Systemtransformation ist nur schwer zu gewährleisten.

Die Probleme, die sich durch eine mangelnde Kontrolle während der Transformationsphase in den neuen Bundesländern ergeben haben, lassen sich im Einzelnen wie folgt darstellen:

---

[433] Rangkorrelationskoeffizient nach Spearman r_s=-0,357 mit p=0,048 (signifikant), n=31 (Gesamt), r_s=-0,291 mit p=0,226, n=19 (MBO) und r_s=-0,106 mit p=0,743, n=12 (Externer Investor).

[434] Vgl. Interviews, durchgeführt im Rahmen der Untersuchung Januar bis April 1998. Vgl. für weitere empirische Ergebnisse zur Kritik an der Zusammenarbeit mit der Treuhandanstalt Schwien, Bernd [Konzept, 1995], Seite 122.

- Bereicherung: Die Manager und Investoren können sich durch einen Verkauf des Anlagevermögens der Unternehmen bereichern[435] oder versuchen, betriebliche Überschüsse und Substanzwerte mit Hilfe von „In-sich"-Geschäften mit Scheinfirmen abzusondern.[436]

- Mangelnde Anpassung: Dem Management fehlt es im Kontrollvakuum an Orientierungshilfen und Disziplinierung. Dies kann zur Unterlassung von notwendigen Anpassungsmaßnahmen der Unternehmen an die Erfordernisse der neuen Märkte und somit zu Effizienzverlusten führen.[437]

- Falsche Kreditgewährung: Die Unternehmen haben vielfältige Möglichkeiten, durch ineffizient verteilte öffentliche Gelder, ihre einzelwirtschaftlichen Kosten und Risiken auf den Staat zu übertragen, während auf der anderen Seite sinnvolle Kredite nicht gewährt werden.[438] Hierzu zählt auch die ungerechtfertigte Zuteilung von Subventionen und Fördergeldern.

- Vorgetäuschtes Investitionsinteresse: Gerade bei externen Investoren ist die Gefahr eines nur vorgetäuschten Investitionsinteresses gegeben. Das bedeutet, dass sie Unternehmen in Wirklichkeit nur erwerben, um mögliche Konkurrenz auszuschalten.[439]

Es ist sehr schwierig, den Beitrag des MBO zur Lösung dieser verschiedenen Kontrollprobleme zu quantifizieren. Die einzige Möglichkeit einer empirischen Aussage besteht darin, eine Auswertung der gesamten Untersuchungsmenge durchzuführen. In Hinblick auf die Form ihrer wirtschaftlichen Existenz wird für die Überprüfung der Geschäftstätigkeit neben den Kategorien der „vollen Geschäftstätigkeit" und der „eingestellten Geschäftstätigkeit" noch die dritte Gruppe der „eingeschränkten Geschäftstätigkeit" eingeführt.

435 Vgl. Kokalj, Ljuba / Hüfner, Peter [Übernahmestrategie, 1994], Seite 83.
436 Vgl. Crane, Keith [Reform, 1991], Seiten 75-76; Winiecki, Jan [Privatization, 1992], Seite 71.
437 Vgl. Stahl, Markus [Transformationsländern, 1995], Seite 117; Nunnenkamp, Peter/ Schmieding, Holger [Wirtschaftsreformen, 1991], Seite 3.
438 Vgl. Koop, Michael/ Nunnenkamp, Peter [Transformationskrise, 1994], Seiten 73-78; Nunnenkamp, Peter/ Schmieding, Holger [Wirtschaftsreformen, 1991], Seite 7.
439 Vgl. Kokalj, Ljuba/ Hüfner, Peter [Übernahmestrategie, 1994], Seite 83; Breuel, Birgit [Spannungsfeld, 1992], Seite B5.

Mit Bezug auf die strukturpolitischen Ziele der Privatisierung wird die „eingeschränkte Geschäftstätigkeit" durch folgende Merkmale definiert:

- Komplette Einstellung der Produktion, es werden nur noch Verwaltungsaufgaben oder Vertriebstätigkeiten wahrgenommen.
- Keine aktive Teilnahme am wirtschaftlichen Leben, es handelt sich um eine Scheinadresse (z.B. nur Anrufbeantworter).

Beim Vorliegen eines dieser Merkmale wurde das entsprechende Unternehmen der Gruppe der nur noch eingeschränkt tätigen Unternehmen zugeordnet da vermutet wird, dass, obwohl eine erfolgreiche Unternehmensentwicklung nicht vorliegt, von einer Einstellung des Geschäftsbetriebes abgesehen wird. Gründe hierfür können sein:

- Steuerliche Vorteile (Verlustvortrag)
- Vertragsbedingungen der Privatisierung (Verkaufsverbot)
- Erhaltene Subventionen

Der Vorteil einer Einführung dieser dritten Kategorie liegt darin, dass das Ergebnis weniger verzerrt wird, als wenn man nur zwischen existierenden und nicht existierenden Unternehmen unterscheidet. Bei diesem Vergleich lässt sich nicht feststellen, inwieweit betrügerische Absichten der Einstellung des Geschäftsbetriebes zugrunde liegen, oder ob, wie in den meisten Fällen zu vermuten, wirtschaftliche Gründe greifen. Bei einer Zugehörigkeit zur dritten Kategorie kann man eher vom Vorliegen einer betrügerischen Absicht ausgehen, da keine wirtschaftlichen Gründe für die Aufrechterhaltung des Geschäftsbetriebes erkennbar sind.

Für die Zuordnung zur Kategorie „eingestellte Geschäftstätigkeit" muss der Handelsregistereintrag des Unternehmens gelöscht sein, oder sich das Unternehmen in Liquidation befinden. Eine Einteilung in diese Kategorie wurde dementsprechend nur nach einer Überprüfung bei den zuständigen Handelsregistern vorgenommen.

Diagramm 28: Art der Geschäftstätigkeit

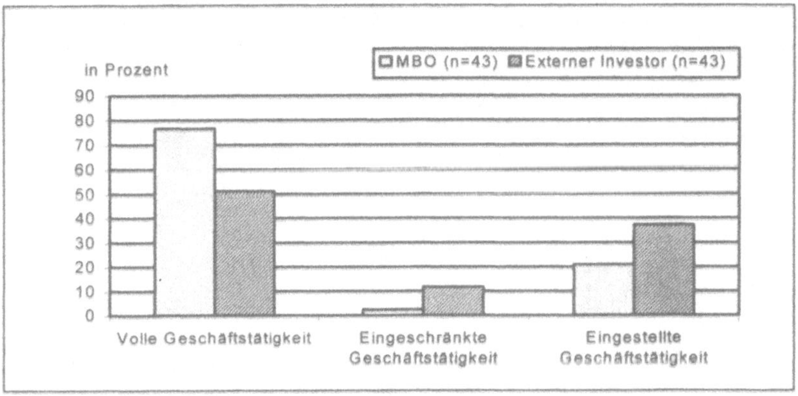

Quelle: Eigene Untersuchung.

Bei einer Auswertung zeigt sich in Diagramm 28, dass sich die Gruppe der „eingeschränkten Geschäftstätigkeit" fast ausschließlich aus den, an externe Investoren verkauften Unternehmen zusammensetzt. Während von den 43 MBOs nur 2,3 v.H. der Unternehmen in diese Kategorie fallen, sind es bei den an externe Interessenten verkauften Unternehmen 11,6 v.H. Dies liefert einen signifikanten Unterschied bei der Zugehörigkeit der Unternehmenspaare zu den einzelnen Gruppen.[440] Unter den angeführten Prämissen lässt sich dieses Ergebnis als empirischer Nachweis für einen geringeren Anteil an MBO-Managern interpretieren, die ein wirtschaftlich nicht rentables Unternehmen weiter betreiben. Unter den vorangestellten Annahmen würde dieses Ergebnis auch auf geringere illegale Aktivitäten der Manager hinweisen.

Auch die paarweise Auswertung in Diagramm 29 liefert einen signifikanten Unterschied bei der Art der Geschäftstätigkeit zwischen beiden Gruppen.[441] Bei einer Untersuchungsmenge von n=43 Paaren sind bei 34,9 v.H. der Paare nur noch die MBO-Unternehmen voll tätig, während die externen Investoren die Geschäftstätigkeit entweder eingeschränkt oder ganz eingestellt haben. Bei 9,3 v.H. der Paare sind die externen Investoren im Gegensatz zu den MBOs noch tätig. Bei

440 Mann-Whitney-Test mit p=0,006 (signifikant).
441 Vorzeichen-Test bei verbundenen Stichproben mit p=0,012 (signifikant).

51,2 v.H. der Paare engagieren sich beide Unternehmen in gleichem Maße im geschäftlichen Leben, d.h. entweder sind beide noch tätig oder beide nicht mehr tätig.

Diagramm 29: Art der Geschäftstätigkeit-Matched-pair Design

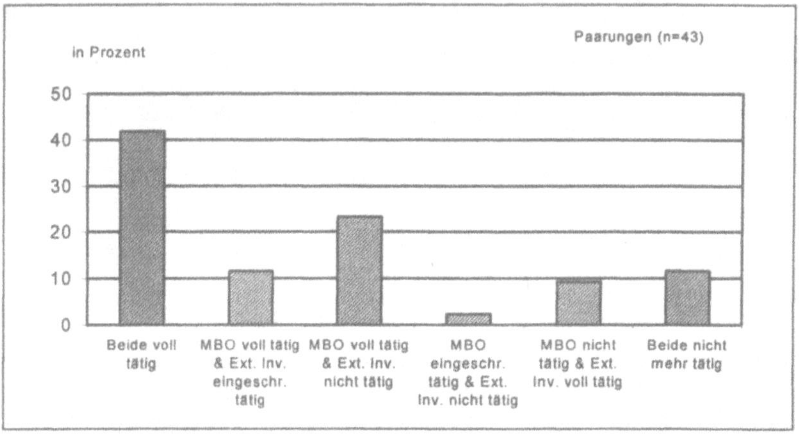

Quelle: Eigene Untersuchung.

Obwohl sich nur Vermutungen über die Gründe anstellen lassen, liefert die Auswertung eine wichtige Aussage zur Eignung des Privatisierungs-MBO für eine Kontrolle von Privatisierungstätigkeiten.

➢ Wenn man bei einer Geschäftsaufgabe und besonders bei einer eingeschränkten Geschäftstätigkeit von Unternehmen von einer betrügerischen oder zumindest ineffizienten Unternehmensführung ausgeht, scheint die Form des MBO signifikant besser geeignet zu sein, die Aufrechterhaltung eines Geschäftsbetriebes zu sichern als der Verkauf an externe Investoren. Dies drückt eine weitreichendere Kontrolle in der Systemtransformation durch die Form des MBO aus.

12.6 Forderung der sozialen Akzeptanz

Die Forderung nach sozialer Akzeptanz soll sicherstellen, dass die Bevölkerung hinter dem Transformationsprozess und seinen Reformschritten steht. Entsprechend soll sowohl ein „Ausverkauf" des Landes, als auch eine unangemessene Bereicherung der alten Nomenklatura verhindert werden. Hier wird zwar nicht die allgemeine Bevölkerung mit einbezogen, doch kann im Rahmen dieser Untersuchung - unter der Annahme einer hinreichenden Kritikfähigkeit der befragten Manager - ihre eigene Einschätzung analysiert werden.[442]

Unter der Annahme, ein gutes Verhältnis zu den Mitarbeitern zeigt, dass keine Verdachtsmomente oder eine Reserviertheit auf Seiten der Belegschaft vorliegen, ergibt sich folgendes Ergebnis: Beim Vergleich der Mediane zur Frage, ob die Manager eine ihrer Stärken in einem guten Verhältnis zu ihren Mitarbeitern sehen, liegen die MBOs mit 4,4 im Vergleich zu 3,8 bei den externen Investoren vorne (Diagramm 30a).[443] Insgesamt glauben 94,7 v.H. der MBO-Manager in Diagramm 30b ein gutes Verhältnis zu den Mitarbeitern zu haben, während dies mit 66,7 v.H. signifikant weniger externe Investoren genauso einschätzen.[444]

Diagramm 30a: Gruppierter Median-Verhältnis zu Mitarbeitern als Stärke

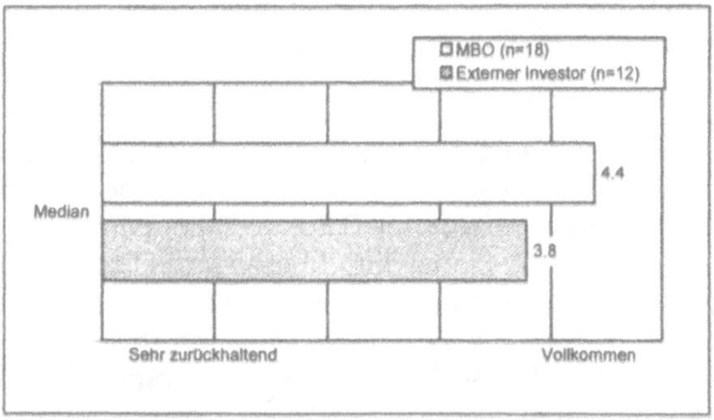

Quelle: Eigene Untersuchung.

[442] Vgl. Fragebogen, Frage 4, Anhang.
[443] Mit 1=„Trifft nicht zu" bis 5=„Trifft genau zu".
[444] Mann-Whitney-Test mit p=0,047 (signifikant).

Diagramm 30b: Verhältnis zu Mitarbeitern als Stärke

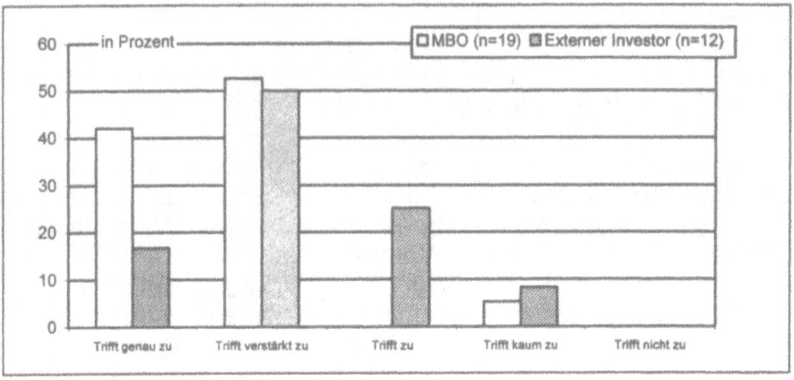

Quelle: Eigene Untersuchung.

Die Manager wurden auch gebeten, eine Einschätzung hinsichtlich ihrer Akzeptanz innerhalb der Belegschaft zu geben.[445]

Bei der Frage, wie hoch sie ihre Akzeptanz unter den Mitarbeitern einschätzen würden, gab es kaum Unterschiede zwischen den Gruppen.[446] Der Vergleich der Mediane (Diagramm 31a) zeigt eine etwas höhere Einschätzung der externen Manager mit 3,8 zu 3,6 bei den MBO-Managern.[447] Allerdings waren 11,1 v.H. der MBO-Manager in Diagramm 31b der Meinung, dass sie nur auf zurückhaltende Akzeptanz unter ihren Mitarbeitern stoßen, während keiner der befragten externen Investoren mögliche Widerstände unter der Belegschaft vermutete. Daraus lässt sich jedoch nicht erkennen, aus welchen Gründen es zu einer Reserviertheit auf Seiten der Mitarbeiter kommt. Vermuten kann man eine belastende politische Vergangenheit oder auch den persönlichen Führungsstil.

[445] Vgl. Fragebogen, Frage 10, Anhang.
[446] Mann-Whitney-Test mit p=0,527.
[447] Mit 1=„Sehr zurückhaltend" bis 5=„Vollkommen".

Diagramm 31a: Gruppierter Median-Akzeptanz des Managements

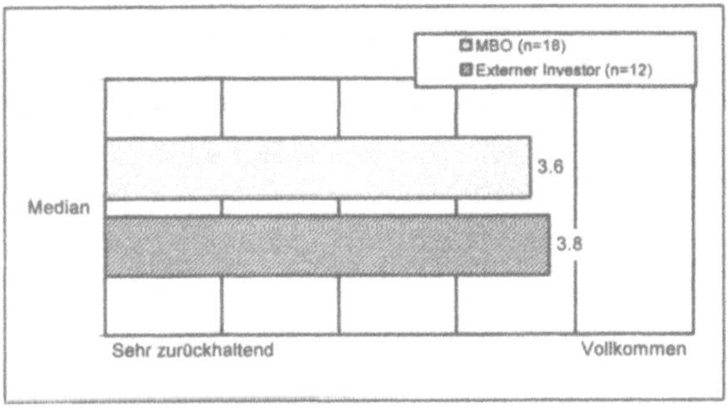

Quelle: Eigene Untersuchung.

Diagramm 31b: Akzeptanz des Managements

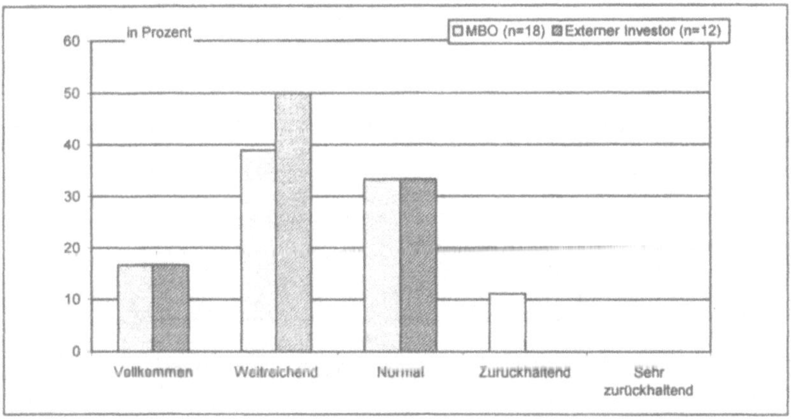

Quelle: Eigene Untersuchung.

Unter der Annahme, dass die soziale Akzeptanz um so größer ist, je weitreichender die Einflussnahme der Belegschaft auf die Kaufentscheidung war, ergibt sich folgendes Bild:[448]

[448] Vgl. Fragebogen, Frage 9, Anhang.

Diagramm 32a: Gruppierter Median-Mitspracherecht der Mitarbeiter bei Kaufentscheidung

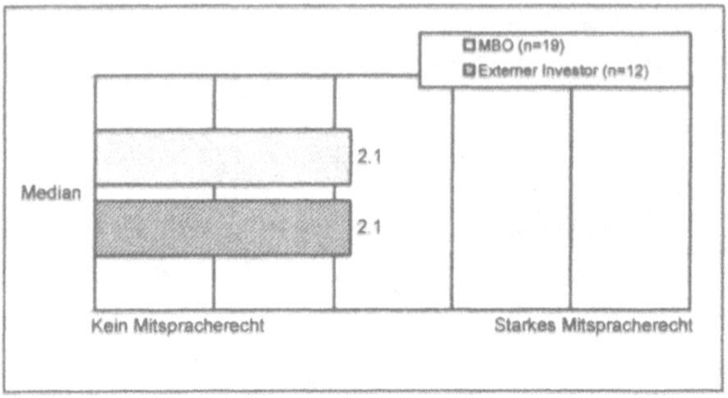

Quelle: Eigene Untersuchung.

Diagramm 32b: Mitspracherecht der Mitarbeiter bei Kaufentscheidung

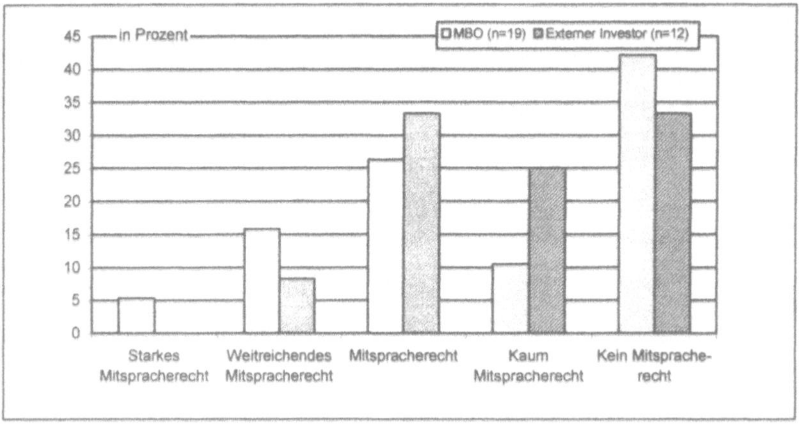

Quelle: Eigene Untersuchung.

Der Vergleich der Mediane in Diagramm 32a zeigt, dass sowohl die MBOs, als auch die externen Investoren mit einem Wert von 2,1 ihren Mitarbeitern ein schwaches Mitspracherecht zugestanden haben.[449] Das bedeutet, dass lediglich 21,1 v.H. der MBO-Manager ihren Mitarbeitern ein „starkes" bis „weitreichendes" Mitspracherecht gewährt haben. Bei

[449] Mit 1=„Überhaupt kein Mitspracherecht" bis 5=„Starkes Mitspracherecht".

den externen Investoren liegt diese Quote nur bei 8,3 v.H. Allerdings findet sich bei den MBOs eine starke Polarisierung, denn 42,1 v.H. gaben an, keinerlei Mitspracherechte zugestanden zu haben. Im Vergleich dazu liegt der Wert bei den externen Investoren bei 33,3 v.H. Insgesamt ergibt sich zwischen den Gruppen kein signifikanter Unterschied bei der Einbeziehung der Mitarbeiter.[450] Auch scheint ein Mitspracherecht der Belegschaft keinen Einfluss auf die Akzeptanz des Managements zu haben.[451]

- Zusammenfassend kann man keine Unterschiede in der sozialen Akzeptanz des Managements beider Gruppen feststellen. Vermutlich haben sich die negativen Aspekte, wie eine Zugehörigkeit zur Nomenklatura auf Seiten der MBOs, mit der Zurückhaltung bezüglich der externen Investoren, da man ihnen einen Ausverkauf des Ostens anlastet, aufgehoben. Auch ist zu bedenken, dass dieses Vorurteil bezüglich der externen Investoren bei den hier zugrunde liegenden, wirtschaftlich noch aktiven Unternehmen im Laufe der Zeit an Brisanz verloren hat.

[450] Mann-Whitney-Test mit Irrtumswahrscheinlichkeit p=0,848.

[451] Rangkorrelationskoeffizient nach Spearman r_s = 0,066 mit p=0,728, n=30; vgl. Korrelationsanalyse, Anhang.

13. Erfolgsbestimmung auf der individuellen Ebene

13.1 Stärken und Schwächen des Management

„Obwohl praktisch nicht quantifizierbar stellt der Faktor Qualität des Managements ein Schlüsselelement bei der Bonität eines Unternehmens dar."[452]

Trotz dieser grundsätzlichen Problematik bei der Bewertung der Qualität des Managements wurde versucht, Unterschiede zu bestimmen, indem die befragten Manager eine eigene Einschätzung bezüglich ihrer Persönlichkeitsmerkmale geben sollten.[453]

Diagramm 33: Gruppierter Median-Persönliche Einschätzung

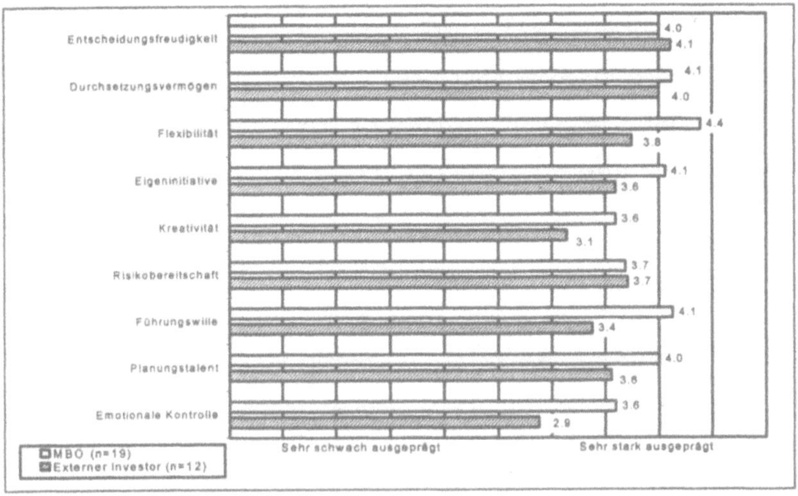

Quelle: Eigene Untersuchung.

Ein Vergleich der Mediane zur persönlichen Einschätzung der Manager ergibt ein relativ einheitliches Bild. Allerdings gestehen sich die MBO-

[452] Siehe Kittner, Michael [Human Ressources, 1997], Seite 2288.
[453] Vgl. Fragebogen, Frage 3, Anhang.

Manager bezüglich der unternehmerischen Persönlichkeitsmerkmale wie Flexibilität, Führungswille, Eigenintitiative, Planungstalent, Kreativität und emotionaler Kontrolle jeweils einen deutlich höheren Wert zu.[454] Ein statistisch signifikanter Unterschied bzw. eine starke Tendenz zeigt sich anhand von Tabelle 14 bei Flexibilität, Eigeninitiative, Führungswille und emotionale Kontrolle.

Tabelle 14: Statistisch signifikante Persönlichkeitsunterschiede

Persönlichkeitsmerkmal	Mann-Whitney-Test	Signifikanz
Entscheidungsfreudigkeit	p=0,767	Nein
Durchsetzungsvermögen	p=0,589	Nein
Flexibilität	p=0,060	Ja
Eigeninitiative	p=0,091	Ja
Kreativität	p=0,231	Nein
Risikobereitschaft	p=0,916	Nein
Führungswille	p=0,026	Ja
Planungstalent	p=0,188	Nein
Emotionale Kontrolle	p=0,101	Tendenz

Quelle: Eigene Untersuchung.

Als Ergebnis lässt sich zusammenfassen, dass Unterschiede vorwiegend bei aktiv-agressiven Merkmalen, die insbesondere für Unternehmer von Bedeutung sind auftauchen. Daraus kann man schließen, dass die MBO-Manager eher mit unternehmerischen Persönlichkeitsmerkmalen ausgestattet sind.

Weitere Aufschlüsse ergeben sich aus der persönlichen Einschätzung bezüglich der individuellen Stärken und Schwächen in Bezug auf die Unternehmensleitung.[455]

Der Blick auf die Mediane bei Stärken für die Unternehmensleitung in Diagramm 34 zeigt ein eher gemischtes Bild.[456] Als besondere Stärken sehen die MBO-Manager ihre Erfahrung in der Branche, eine hohe Motivation und ein gutes Verhältnis zu den Mitarbeitern, sowie zu Kunden und Lieferanten an. Die externen Investoren geben als ihre

[454] Mit 1=„Sehr schwach ausgeprägt" bis 5=„Sehr stark ausgeprägt".
[455] Vgl. Fragebogen, Frage 4, Anhang.
[456] Mit 1=„Trifft kaum zu" bis 5=„Trifft genau zu".

Stärken ebenfalls Erfahrung in der Branche, eine hohe Motivation, und fundierte technische Kenntnisse an. Statistisch signifikante Unterschiede zeigen sich in Tabelle 15.

Diagramm 34: Gruppierter Median-Stärken für Unternehmensleitung

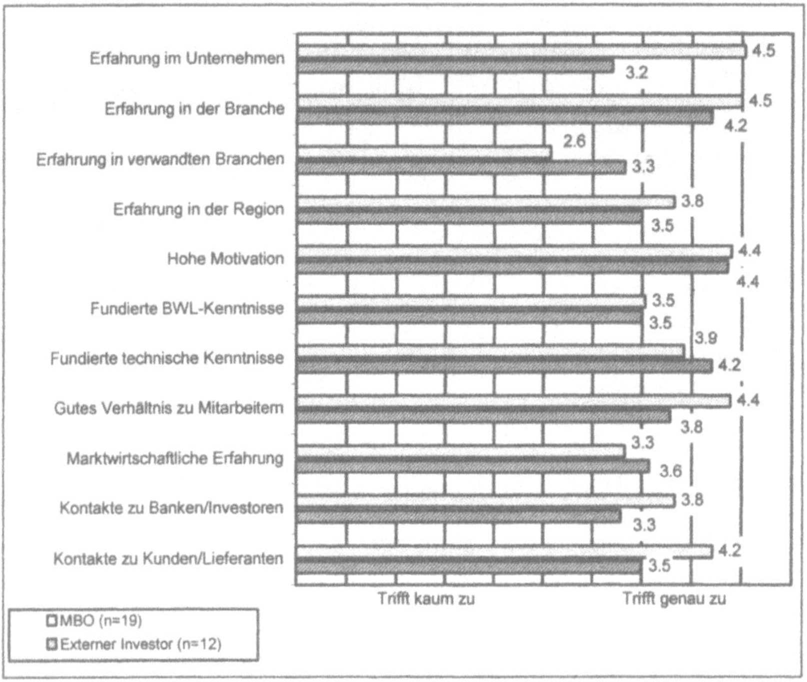

Quelle: Eigene Untersuchung.

Tabelle 15: Statistisch signifikante Unterschiede bei Stärken

Stärke	Mann-Whitney-Test	Signifikanz
Erfahrung im Unternehmen	p=0,013	Ja
Erfahrung in der Branche	p=0,309	Nein
Erfahrung in verwandten Branchen	p=0,261	Nein
Erfahrung in der Region	p=0,660	Nein
Hohe Motivation	p=0,825	Nein
Fundierte BWL-Kenntnisse	p=0,932	Nein
Fundierte technische Kenntnisse	p=0,449	Nein
Gutes Verhältnis zu Mitarbeitern	p=0,047	Ja
Marktwirtschaftliche Erfahrung	p=0,624	Nein
Kontakte zu Banken/Investoren	p=0,200	Nein
Kontakte zu Kunden/Lieferanten	p=0,094	Ja

Quelle: Eigene Untersuchung.

Es ergibt sich eine statistische Signifikanz der unterschiedlichen Stärken bei der Erfahrung im Unternehmen, einem guten Verhältnis zu den Mitarbeitern, sowie zu den Kunden und Lieferanten.[457]

13.2 Bedeutung der Motive

In Bezug auf die individuelle Ebene ist es schwierig bzw. unmöglich, Erfolg zu quantifizieren. Man kann jedoch untersuchen, wie wichtig die aufgeführten Beweggründe für den Einzelnen waren und inwieweit sich die persönlichen Motive der beteiligten Manager erfüllt haben.

Bestehende Untersuchungen zu den MBOs liefern erste Anhaltspunkte. Bei der Befragung des IFM wurden hauptsächlich die folgenden Motive genannt:[458]

- Sicherung des Unternehmensfortbestandes

[457] Dieses Ergebnis muss jedoch relativiert werden, da die Frage auf die jeweils interviewte Person zugeschnitten war und nur in 24,9 v.H. der Fälle bei den externen Investoren die tatsächlichen Gesellschafter befragt werden konnten, während zum Großteil die angestellten Geschäftsführer und Führungskräfte Antwort gaben.
[458] Vgl. Kokalj, Ljuba / Hüfner, Peter [Übernahmestrategie, 1994], Seite 72.

- Sicherung der Arbeitsplätze
- Wunsch, nicht übernommen zu werden
- Streben nach eigenverantwortlichem Handeln
- Umsetzung eigener Ideen.

Bei der Untersuchung des IWH wird die Rangliste von folgenden Beweggründen angeführt:[459]

- Fortbestand des Unternehmens
- Sicherung der Arbeitsplätze
- Streben nach unternehmerischer Unabhängigkeit
- Vermeidung einer Fremdübernahme.

Ein ähnliches Ergebnis liefert die hier durchgeführte Untersuchung durch eine Gegenüberstellung der Mediane, die eine unterschiedliche Positionierung verschiedener Motive auf Seiten der MBOs sowie der externen Investoren ausdrücken.[460]

In Diagramm 35 zeigt sich, dass den MBO-Managern der Wunsch nach unternehmerischer Selbständigkeit mit einem Median von 4,3 am wichtigsten war. Die Sicherung von Arbeitsplätzen, sowohl des eigenen als auch der von Mitarbeitern, findet sich mit 4,1 auf der folgenden Position. Danach stehen die Verhinderung einer feindlichen Übernahme mit einem Wert von 3,7 und das Aufrechterhalten von Traditionen mit 3,4.

Bei den externen Investoren wurde mit 4,3 der Aufbau einer Präsenz in Ostdeutschland am wichtigsten eingeschätzt. Bereits an zweiter Stelle liegt mit 4,2 die Sicherung von Arbeitsplätzen. An dritter Position setzen sie Expansionsgründe mit 3,7, gefolgt vom Streben nach Gewinn mit 3,4

459 Vgl. Barjak, F./Heimpold, G./Junkerheinrich, M./Loose, B./Skopp, R. [Management Buy-Outs, 1996], Seite 78.

460 Vgl. Fragebogen, Frage 31, Anhang.

und dem Aufrechterhalten von Traditionen mit 3,0. Die anderen Motive wurden von beiden Gruppen als weniger bedeutend eingeschätzt, was durch Mediane kleiner als 3,0 ausgedrückt wird.

Diagramm 35: Gruppierter Median-Bedeutung der Motive

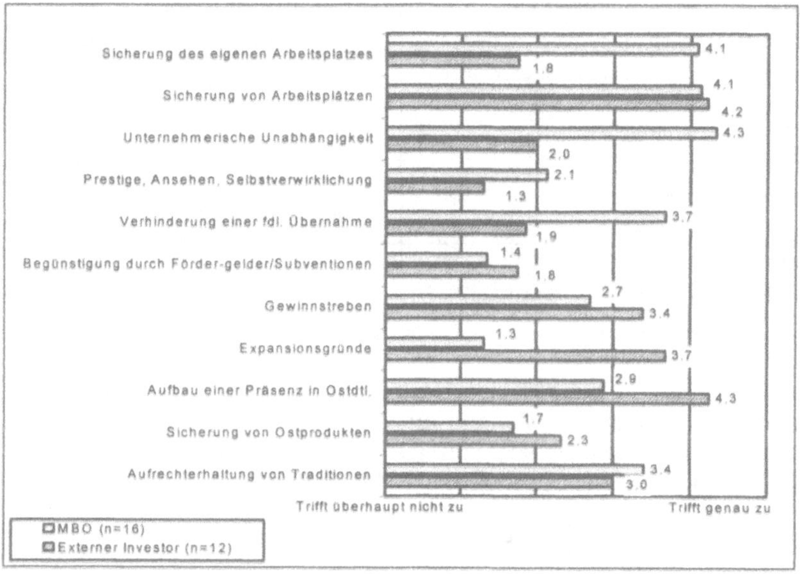

Quelle: Eigene Untersuchung.

Der erste Eindruck, dass es Unterschiede in den Motiven bei beiden Gruppen gibt wird durch statistische Tests verstärkt. Es zeigt sich, dass die Einschätzung der Bedeutung folgender, in Tabelle 16 aufgeführter Motive statistisch signifikant abweicht.

Die MBO-Manager streben eher als die externen Investoren (bzw. deren Geschäftsführer) nach unternehmerischer Unabhängigkeit, sowie nach Prestige, Ansehen und Selbstverwirklichung. Auch fürchten MBO-Manager um den Erhalt ihres eigenen Arbeitsplatzes. Bei den externen Investor-Unternehmen stellen Expansionsgründe und der Aufbau einer Präsenz in Ostdeutschland eine bedeutende Motivation dar.

Tabelle 16: Statistisch signifikante Motivunterschiede

Motiv	Mann-Whitney-Test	Signifikanz
Sicherung des eigenen Arbeitsplatzes	p=0,010	Ja
Sicherung von Arbeitsplätzen	p=0,862	Nein
Unternehmerische Unabhängigkeit	p=0,011	Ja
Prestige, Ansehen, Selbstverwirklichung	p=0,048	Ja
Verhinderung einer feindlichen Übernahme	p=0,174	Nein
Begünstigung durch Fördergelder/Subventionen	p=0,178	Nein
Gewinnstreben	p=0,265	Nein
Expansionsgründe	p=0,000	Ja
Aufbau einer Präsenz in Ostdeutschland	p=0,001	Ja
Sicherung von Ostprodukten	p=0,219	Nein
Aufrechterhaltung von Traditionen	p=0,967	Nein

Quelle: Eigene Untersuchung.

Dieses Ergebnis deckt sich mit den unterschiedlichen Zielvorstellungen, die beiden Privatisierungsformen auf der individuellen Ebene zugrunde liegen. Bei allen anderen Motiven lässt sich kein statistisch signifikanter Unterschied zwischen beiden Gruppen feststellen.

13.3 Erfüllung der Motive

Von Interesse ist inwieweit sich die Motive erfüllt haben. Allerdings ist es schwer dieses subjektive Empfinden auf eine empirische Ebene zurückzuführen. Eine Möglichkeit besteht darin, zu jedem in der Untersuchung festgestellten Beweggrund einen (oder mehrere) empirisch überprüfbaren Indikatoren zu definieren. Durch dessen Auswertung können Aussagen zur Eignung der einzelnen Privatisierungsformen in Hinblick auf ihre Fähigkeit, die individuellen Motive zu erfüllen gemacht werden.

Abbildung 11: Motive und ihre Erfüllungsindikatoren

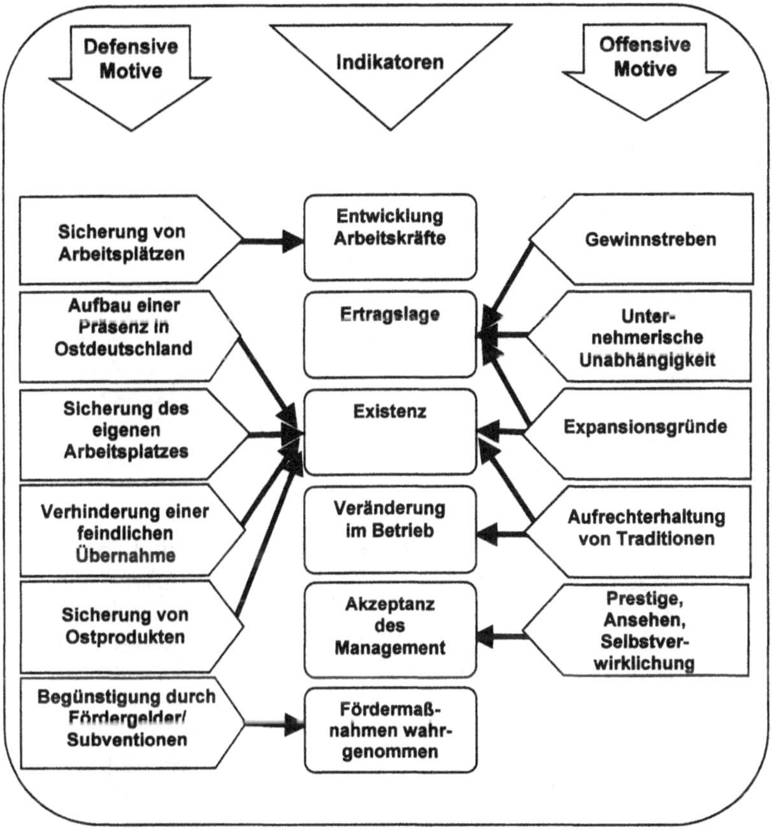

Quelle: Eigene Darstellung.

Als Ausgangsbasis wird eine Aufteilung in offensive und defensive Beweggründe vorgenommen.[461] Es wird angenommen, dass sich die defensiven Motive erfüllt haben, wenn das Unternehmen noch existiert und wirtschaftlich aktiv ist. Bei den Motiven der Sicherung von Arbeitsplätzen sowie der Subventionen sind differenziertere

[461] Für die Aufteilung in defensive und offensive Motive siehe auch Faktoranalyse zu den Motiven bei MBO und externen Investor-Unternehmen, Kapitel VI, Abschnitt 17.2.

Ansatzpunkte zur Überprüfung möglich: die Einhaltung der vertraglichen Arbeitsplatzzusagen durch das Unternehmen, sowie die Quote der in Anspruch genommenen Fördermaßnahmen.

Schwieriger ist es, bei den offensiven Motiven ein geeignetes Erfüllungsmoment festzulegen. Ein grundsätzliches Kriterium ist auch hier die Existenz des Unternehmens. Darüber hinaus kann man davon ausgehen, dass die unternehmerisch geprägten Motive wie Unabhängigkeit, Gewinnstreben und Expansion durch einen wirtschaftlichen Erfolg des Unternehmens, vereinfacht ausgedrückt durch seine Ertragslage erfüllt werden. Für das traditionelle Motiv wird eine Beurteilung des Grades der Veränderungen in den Betrieben gewählt. Dabei bedeuten weitreichende Veränderungen ein Scheitern der traditionellen Motivation. Dies birgt allerdings die Gefahr, den offensiv geprägten Traditionalisten einen Wunsch nach Beibehaltung des wirtschaftlich untragbaren Status-Quo nach der Wende zu unterstellen. Zur Unterstützung wird deshalb ebenfalls auf die Existenz des Unternehmens zurückgegriffen.

Nachdem mögliche Ansatzpunkte festgelegt sind, bedarf es einer Definition der Bedingungen welche die Unternehmen erfüllen müssen. Dazu zählt, dass sie noch existieren, im Jahre 1997 eine mindestens ausgeglichene Ertragslage vorweisen, die Arbeitsplatzzusagen erfüllt, Fördermaßnahmen wahrgenommen, keine oder nur schwache Veränderungen bei der Art der produzierten Güter und Dienstleistungen eingeführt haben und das Management normal bis vollkommen akzeptiert wird. Zur Überprüfung werden die Auswertungen der Befragung oder die Handelsregistereintragungen herangezogen.

Die Quote der Unternehmen, die diese Bedingungen erfüllen wird dann zu den jeweils zugeordneten Motiven in Relation gesetzt. Diese bedürfen einer Gewichtung, abhängig davon, inwieweit sie bei den Unternehmen als relevant angegeben wurden. Es ergibt sich eine jeweilige Erfüllungsquote (dargestellt in Tabelle 17) für die einzelnen Motive, die getrennt nach Privatisierungsformen berechnet wurde und somit einen Vergleich erlauben.

Tabelle 17: Gewichtete Erfüllung der Motive

Zu prüfendes Motiv	Bedeutung des Motivs[462]		Indikator	Indikator erfüllt		Motiv erfüllt (gewichtet)	
	MBO	*Ext. Inv.*		*MBO*	*Ext. Inv.*	*MBO*	*Ext. Inv.*
Sicherung von Arbeitsplätzen	100,0	91,7	AN Zusagen[463]	64,5	27,8	**64,5**	25,5
Präsenz in Ostdeutschland aufbauen/sichern	63,2	100,0	Existenz[464]	79,1	62,8	50,0	**62,8**
Sicherung des eigenen Arbeitsplatzes	73,7	33,3	Existenz	79,1	62,8	**58,3**	20,9
Verhinderung einer feindlichen Übernahme	57,9	41,7	Existenz	79,1	62,8	**45,8**	26,2
Sicherung von Ostprodukten	37,5	41,7	Existenz	79,1	62,8	**29,7**	26,2
Begünstigt durch Fördergelder/Subventionen	10,5	33,3	Fördermaßnahmen[465]	100,0	100,0	10,5	**33,3**
Untern. Unabhängigkeit	84,2	33,3	Existenz	79,1	62,8	**66,6**	20,9
			Ertragslage[466]	64,3	39,3	**54,1**	13,1
Gewinnstreben	57,9	75,0	Ertragslage	64,3	39,3	**37,2**	29,5
Expansionsgründe	15,8	83,3	Existenz	79,1	62,8	12,5	**52,3**
Prestige, Ansehen, Selbstverwirklichung	42,1	16,7	Akzeptanz des Managements[467]	88,9	100,0	**37,4**	16,7
Tradition aufrechterhalten	68,4	50,0	Existenz	79,1	62,8	**54,1**	31,4
			Veränderung im Betrieb[468]	36,9	25,0	**25,2**	12,5

Quelle: Eigene Untersuchung.

[462] Kummulierter Prozentsatz der befragten Unternehmen, die mit „trifft genau zu", „trifft verstärkt zu", „trifft zu" geantwortet haben. Vgl. Fragebogen, Frage 31, Anhang.

[463] In die Auswertung einbezogen sind die Antworten „erfüllt"; vgl. Auswertung zusätzlicher Daten, Anhang.

[464] In die Auswertung einbezogen sind alle noch existierenden Unternehmen; vgl. Auswertung zusätzlicher Daten, Anhang.

[465] In die Auswertung einbezogen sind die Unternehmen, die Fördermaßnahmen beansprucht haben; siehe Fragebogen, Frage 21 (Datentransformation), Anhang.

[466] In die Auswertung einbezogen sind alle Unternehmen, die 1997 eine mindestens ausgeglichene Ertragslage erreichten; vgl. Fragebogen, Frage 16, Anhang.

[467] In die Auswertung einbezogen sind die Antworten „normal" bis „vollkommen akzeptiert"; vgl. Fragebogen, Frage 10, Anhang.

[468] In die Auswertung einbezogen sind die Antworten „keine" bis „schwache Veränderung" bei Veränderungen bei der Art der produzierten Güter und DL; vgl. Fragebogen, Frage 30, Anhang.

Es zeigt sich, dass die MBOs insgesamt für eine weitreichendere Erfüllung der folgenden Motive sorgen: Sicherung eigener, sowie fremder Arbeitsplätze, Verhinderung einer feindlichen Übernahme, Streben nach unternehmerischer Unabhängigkeit, Gewinnstreben, sowie Prestige, Ansehen und Selbstverwirklichung. Die externen Investoren liegen bei der Erfüllung von Expansionsbestrebungen, beim Erhalt von Fördergeldern und Subventionen, sowie beim Aufbau einer Präsenz in Ostdeutschland vorne. Bei den Motiven der unternehmerischen Unabhängigkeit, dem Expansionsstreben und dem Aufrechterhalten von Traditionen gleichen sich die Gesamtergebnisse. Die Erfüllungsquote ist aufgrund der jeweiligen Gewichtung verschieden, doch beim Vergleich der beiden Privatisierungsformen führt sie zum gleichen Ergebnis.

Diese Auswertung legt nahe, den MBO bezüglich der Fähigkeit, individuelle Beweggründe zu erfüllen, als besser geeignet anzusehen, als den Verkauf an externe Investoren.

Zur Überprüfung dieses Ergebnisses kann die subjektiv empfundene Erfüllung der Motive herangezogen werden. Dabei erfolgt die Auswertung unter der Prämisse, dass die Manager den von ihnen gewählten Weg noch einmal gehen würden, wenn er rückblickend, dem subjektivem Empfinden nach geeignet war, ihre jeweiligen Beweggründe zu erfüllen.[469]

Während 47,4 v.H. der MBO-Manager den von ihnen gewählten Weg eines MBO noch einmal wählen würden (Diagramm 36), entscheidet sich mit 52,6 v.H. knapp über die Hälfte rückblickend gegen einen MBO. Bei den externen Investoren hingegen sind 83,3 v.H. mit der Entwicklung zufrieden und würden die Form der Privatisierung noch einmal wählen. Nur 16,7 v.H. sehen zum heutigen Zeitpunkt in der Privatisierung keine erfolgreiche Alternative mehr. Auch statistisch gesehen handelt es sich dabei um einen signifikanten Unterschied.[470] Dieses Resultat wird noch aussagekräftiger, wenn man bedenkt, dass bei dieser Befragung eine noch bestehende wirtschaftliche Existenz vorausgesetzt war, die Befragten also zu den „erfolgreichen" Privatisierungen gezählt werden müssen und trotzdem über die Hälfte der MBO-Manager die Entscheidung nicht wieder treffen würde.

[469] Vgl. Fragebogen, Frage 32, Anhang.
[470] Mann-Whitney-Test mit p=0,049 (signifikant).

Diagramm 36: Den gewählten Weg der Privatisierung noch einmal einschlagen?

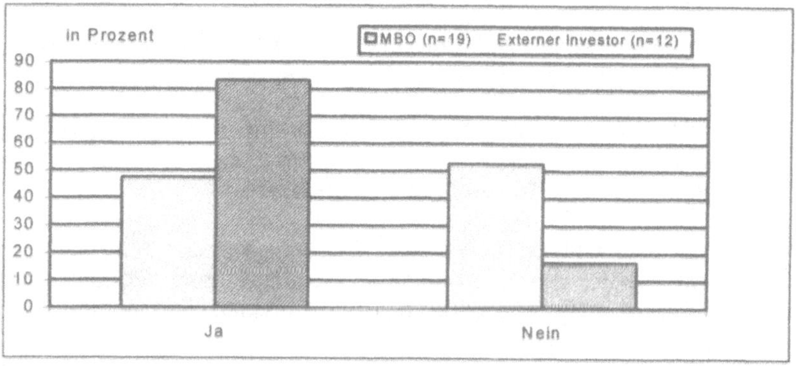

Quelle: Eigene Untersuchung.

Obwohl dieses Ergebnis im Widerspruch zu obiger Analyse steht, die dem MBO eine weitreichendere Erfüllung der Motive bestätigt, deckt sich das eher negative Bild mit den qualitativen Informationen. In den offenen Interviews zeigte sich eine tiefe Unzufriedenheit der beteiligten MBO-Manager. Hier folgt eine Zusammenfassung einiger Kernaussagen:[471]

- Heute würden sie eine Neugründung ohne die entsprechenden Verpflichtungen durchführen. Oftmals wurde nur aus Unwissenheit der Form des MBO der Vorzug gegeben. Da in vielen Fällen kein Vermögen oder nur zu überhöhten Preisen übernommen wurde, wären auch Neugründungen in Betracht gekommen, da das Problems der Kreditbesicherung (bei vielen MBOs waren die Grundstücke aufgrund ungeklärter Eigentumsverhältnisse nicht als Sicherheit zu verwenden) weiterhin bestand.

[471] Vgl. Interviews, durchgeführt im Rahmen der Untersuchung Januar bis April 1998.

- Vielfältige Verpflichtungen in den Privatisierungsverträgen hemmten das unternehmerische Potential und führten zu einer Verschwendung von unternehmerischen Energien und Resourcen.
- Langwierige und schwierige Verhandlungen mit der Treuhand sind für viele ein Grund, nicht mehr den gleichen Weg einzuschlagen.
- Es mussten oft Arbeitsplätze und Investitionen zugesichert werden, die betriebswirtschaftlich nicht tragbar waren und einem marktwirtschaftlichen Konzept nicht entsprachen.[472]

➢ Aufgrund der widersprüchlichen Ergebnisse aus Analyse und Interviews kann keine eindeutige Aussage zur Eignung des Privatisierungs-MBO in Bezug auf die Erfüllung der persönlichen Motive gemacht werden.

[472] Vgl. auch Breuel, Birgit [Wiedervereinigung, 1994], Seite 10.

14. Erfolgsbestimmung auf der unternehmerischen Ebene

14.1 Aufbau und Struktur

Aufgrund der sehr geringen Auskunftsbereitschaft der befragten Unternehmen und der nur in begrenztem Umfang eingereichten Jahresabschlüsse bei den Handelsregistern ist es leider kaum möglich, die ökonomische Situation der Unternehmen paarweise auszuwerten.

Es gibt nur eine Möglichkeit für eine parallele Untersuchungsanordnung der Grundgesamtheit. Sie besteht in der Auswertung der Existenz der Unternehmen nach sechs bis sieben Jahren. Unter der Annahme, dass diejenigen Unternehmen, die noch existieren und wirtschaftlich aktiv sind, erfolgreicher sind, führt dies zu einer grundsätzlichen Aussage bezüglich des Erfolgs der jeweils angewandten Privatisierungsform. Entsprechend bildet die Überprüfung der Existenz der Unternehmen den ersten Schritt der Analyse.

Im zweiten Schritt wird auf die Befragung zurückgegriffen. Auch wenn keine paarweise Auswertung erfolgen kann, liefern die allgemein gehaltenen Fragen zur ökonomischen Situation der befragten Unternehmen einen Zustandsbericht aus Sicht der Unternehmer.
Für eine tiefergehende Auswertung werden dann in einem dritten Schritt die ökonomischen Kennziffern auf Basis der Jahresabschlussdaten herangezogen und paarweise ausgewertet, selbst wenn man aufgrund der geringen Fallzahl nur bedingt allgemeingültige Aussagen erhält.
Die Auswahl der Kennzahlen erfolgt nicht willkürlich, sondern orientiert sich an der klassischen Finanzanalyse und ihren drei Analyseobjekten:[473]

1. Erfolgslage
2. Vermögenslage
3. Finanzlage

[473] Vgl. Baetge, J./ Commandeur, D. [§264 HGB, 1990], Seite 1108, §264, Rn. 13; Riebell, Claus [Bilanzauswertung, 1992], Seite 457.

Dem Ganzheitlichkeitsprinzip folgend, werden in der Analyse Kennzahlen aus allen drei Informationsbereichen des Jahresabschlusses abgebildet. Dadurch wird erreicht, dass mögliche bilanzpolitische Maßnahmen im Gesamturteil geringere Auswirkungen zeigen.[474]

Die Auswahl der Kennzahlen innerhalb der drei Bereiche orientiert sich sowohl an den spezifischen Gegebenheiten in den neuen Bundesländern (z.B. ist die Entwicklung der Arbeitsproduktivität von besonderer Bedeutung), als auch an den datenspezifischen Besonderheiten.

Abbildung 12 zeigt die Auswahl der verwendeten Kennzahlen und illustriert die Struktur der folgenden Analyse.

[474] Vgl. Baetge, Jörg [Bilanzanalyse, 1998], Seite 36.

Abbildung 12: Struktur der ökonomischen Analyse

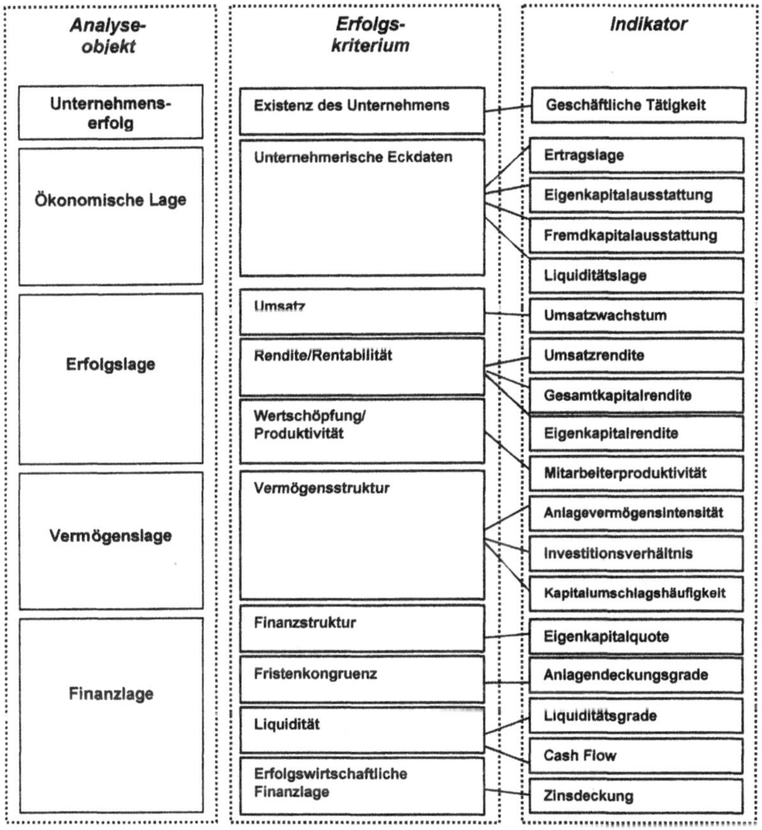

Quelle: Eigene Darstellung.

14.2 Existenz der Unternehmen

Am Anfang der Untersuchung steht die Beobachtung der Unternehmensentwicklung. Die Existenz der Unternehmen wird anhand ihrer geschäftlichen Tätigkeit festgestellt. Diese wird mit Hilfe der Nachforschungen an den zuständigen Handelsregistern bestimmt. Analog zur Auswertung der Eignung des MBO als Kontrollinstrument wird hier die Einteilung in „Geschäftstätigkeit" und „eingestellte Geschäftstätigkeit" gewählt. Für die Zuordnung zur letzten Kategorie musste der Handelsregistereintrag des Unternehmens gelöscht sein, oder sich das Unternehmen in Liquidation befinden.

Diagramm 37: Existenz der Unternehmen-Matched-pair Design

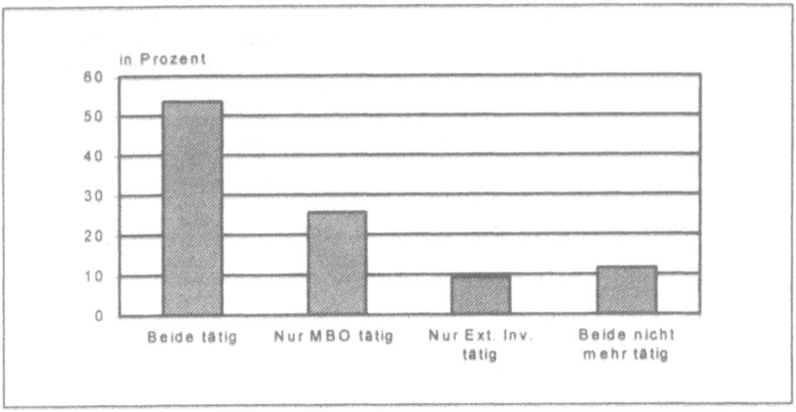

Quelle: Eigene Untersuchung.

Es zeigt sich ein deutlicher Unterschied in der wirtschaftlichen Entwicklung der jeweiligen Unternehmenspaare.[475] Bei einer Untersuchungsmenge von n=43 Paaren sind 53,5 v.H. der Unternehmen noch tätig, bei 11,6 v.H. der Paare existieren beide Unternehmen nicht mehr. Bei den restlichen Paarungen ist in 25,6 v.H. der Fällen nur noch das MBO-Unternehmen tätig. Eine alleinige Existenz des externen Investor-Unternehmens findet sich bei 9,3 v.H. der Paare. Dies spricht für eine signifikant positivere ökonomische Entwicklung der MBO-Unternehmen.[476]

Allerdings genügt dieses Ergebnis nicht, um quantitativ belegte Aussagen zur ökonomischen Effizienz der Unternehmen zu treffen. Die signifikant unterschiedliche Entwicklung kann auch auf andere Gründe zurückgeführt werden, z.B. wenn die externen Investoren andere Ziele

---

[475] Vgl. Kreuztabellierung, Anhang.

[476] McNemar-Test bei gepaarten, dichotomen Variablen mit Irrtumswahrscheinlichkeit p=0,118 (Tendenz zur Signifikanz).

als eine erfolgreiche Unternehmensentwicklung verfolgten. Insbesondere sind hier Immobilienverwertungsabsichten oder auch ein Ausschalten der Konkurrenz zu nennen.[477]

14.3 Analyse ökonomischer Eckdaten

Da eine eher zurückhaltende Auskunftsbereitschaft der befragten Unternehmen bezüglich ihrer Jahresabschlussdaten antizipiert wurde, fanden auch allgemein gehaltene Fragen nach der ökonomischen Situation der Unternehmen Eingang in den Fragebogen. Durch deren Auswertung können qualitative Aussagen zu verschiedenen ökonomischen Daten der Unternehmen getroffen werden, die sich auf die subjektive Einschätzung der Manager begründen. Allerdings handelt es sich bei folgenden Auswertungen nicht um einen paarweisen Vergleich, was insbesondere bei branchenspezifischen Fragestellungen einen großen Einfluss auf die Ergebnisse haben kann.

14.3.1 Liquiditätslage

Als erstes wurde die aktuelle Liquiditätslage der Unternehmen untersucht, indem die Manager um eine Einschätzung zwischen „sehr problematisch" und „optimal" bezüglich der unternehmenseigenen Situation gebeten wurden.[478]

Es lassen sich signifikante Unterschiede in der Einschätzung der Liquiditätslage bei beiden Unternehmensgruppen feststellen.[479] Der Vergleich der Mediane (Diagramm 38a) liefert für die MBOs einen niedrigeren Wert von 2,9 im Vergleich zu den externen Investoren mit 3,3.[480] In Diagramm 38b schätzen die externen Investoren die Liquiditätslage ihres Unternehmens zu 66,7 v.H. als „zufriedenstellend" und zu 33,3 v.H. als „gut" ein. Im Gegensatz dazu glauben nur 57,9 v.H. der MBO-Unternehmer, dass ihre liquide Situation als „zufriedenstellend" einzustufen ist. Mit 26,4 v.H. befürchtet gut ein Viertel der Unternehmer,

---

477 Vgl. auch Breuel, Birgit [Spannungsfeld, 1992], Seite B5.
478 Vgl. Fragebogen, Frage 22, Anhang.
479 Mann-Whitney-Test mit Irrtumswahrscheinlichkeit p=0,077 (signifikant).
480 Mit 1=„Sehr problematisch" bis 5=„Optimal".

dass die momentane Liquiditätslage als „problematisch" bzw. „sehr problematisch" anzusehen ist.

Diagramm 38a: Gruppierter Median-Liquiditätslage

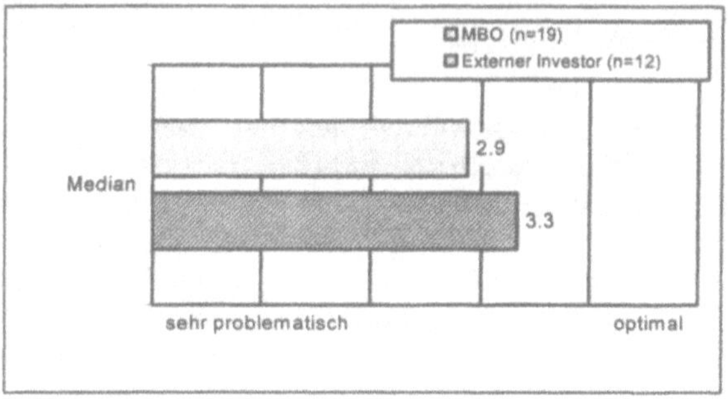

Quelle: Eigene Untersuchung.

Diagramm 38b: Liquiditätslage

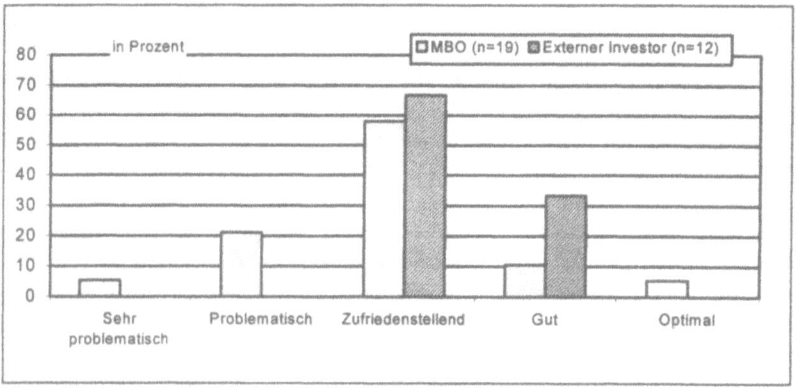

Quelle: Eigene Untersuchung.

- Zusammenfassend lässt sich sagen, dass die Liquiditätssituation der befragten Unternehmen größtenteils von den Managern als zufriedenstellend betrachtet wird. Die externen Investoren zeichnen bei der Selbsteinschätzung der Lage ihrer Unternehmen ein signifikant positiveres Bild als die befragten MBO-Manager.

14.3.2 Eigenkapitalausstattung

Die Eigenkapitalausstattung der privatisierten MBO-Unternehmen stellte sich als eines der großen Probleme auf dem Weg zu einer erfolgreichen Marktetablierung heraus, da sich trotz zahlreicher Förder- und Eigenkapitalhilfeprogramme die eingebrachten eigenen Mittel als nicht ausreichend erwiesen.[481]

Diagramm 39a: Gruppierter Median-Eigenkapitalausstattung

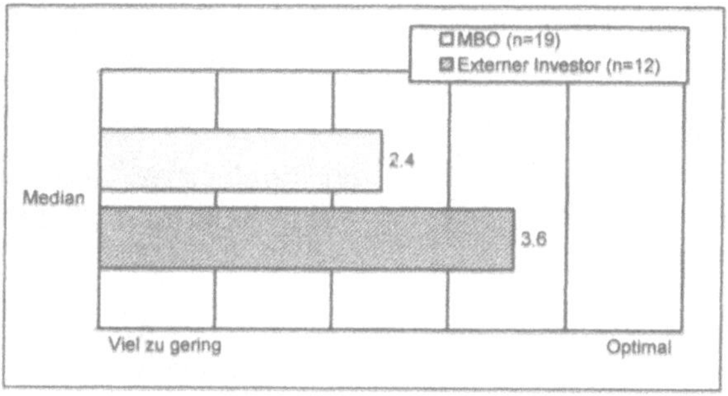

Quelle: Eigene Untersuchung.

Diagramm 39b: Eigenkapitalausstattung

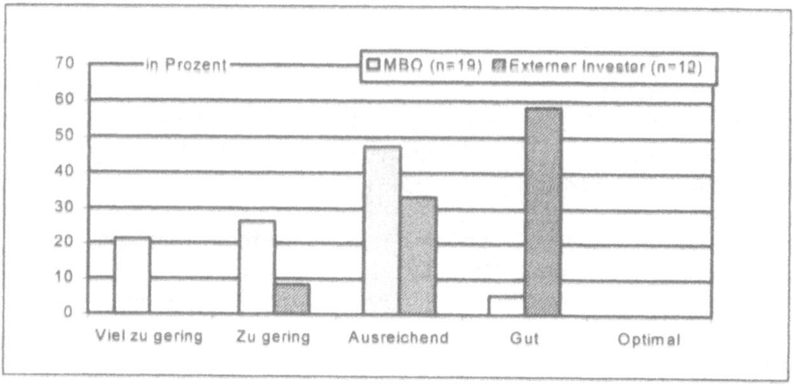

Quelle: Eigene Untersuchung.

481 Vgl. Fragebogen, Frage 17, Anhang.

Der Median (Diagramm 39a) zeigt die negative Einschätzung der MBO-Manager in bezug auf die Eigenkapitalausstattung ihrer Unternehmen mit einem Wert von 2,4 im Vergleich zu 3,6 bei den externen Investoren.[482] Insgesamt empfinden 21,1 v.H. der MBOs ihre Eigenkapitalbasis als „viel zu gering" (Diagramm 39b). Weitere 26,3 v.H. sehen sie als „zu gering" an. Bei den externen Investoren teilen nur 8,3 v.H. diese Einschätzung. 58,3 v.H. der externen Investoren sind sogar der Meinung, dass ihre Eigenkapitalausstattung als „gut" zu bezeichnen ist. Das sehen nur 5,3 v.H. der MBO-Manager so. Die negative Einschätzung der MBO-Manager findet ihren Ausdruck entsprechend in einer statistischen Signifikanz zur jeweiligen Eigenkapitalausstattung.[483]

Das Ergebnis deckt sich mit bisher durchgeführten MBO-Untersuchungen, die ebenfalls eine zu geringe Eigenkapitaldecke bei den MBO-Unternehmen feststellten.[484]

- Die Selbstbeurteilung der Eigenkapitalausstattung durch die Manager, die fast zur Hälfte ihr Eigenkapital als nicht ausreichend ansehen, deutet darauf hin, dass die MBO-Unternehmen über eine signifikant geringere Eigenkapitalbasis verfügen, als die externen Investoren.

14.3.4 Fremdkapitalausstattung

Da oft eine mangelnde Bereitschaft von Kapitalgebern angemahnt wurde, wird auch die Fremdkapitalausstattung analysiert, wobei sich das Hauptaugenmerk auf die Möglichkeit zur Finanzierung von Investitionstätigkeiten richtet.[485]

Bei den Unternehmen ergibt sich ein ausgeglichenes Bild. Mit einem Median von 3,4 der externen Investoren im Vergleich zu 3,3 der MBOs halten die externen Investoren ihre Fremdkapitalausstattung nur für

[482] Mit 1=„Viel zu gering" bis 5=„Optimal".
[483] Mann-Whitney-Test mit Irrtumswahrscheinlichkeit p=0,001 (signifikant).
[484] Vgl. Barjak, F./ Heimpold, G./ Junkerheinrich, M./ Loose, B./ Skopp, R. [Kurzfassung, 1996], Seite 22; Kokalj, Ljuba/ Hüfner, Peter [Übernahmestrategie, 1994], Seiten 54-57; Gros, Stefan E. [Unternehmensprivatisierung, 1998], Seite 161.
[485] Vgl. Fragebogen, Frage 18, Anhang.

wenig besser als die MBOs (Diagramm 40a).[486] In Diagramm 40b sind 38,9 v.H. der MBOs der Meinung, über eine „optimale" oder „gute" Fremdkapitalausstattung zu verfügen. Bei den externen Investoren sehen das sogar 45,5 v.H. so. Auf der anderen Seite beklagen sich 18,2 v.H. der externen Investoren über eine zu geringe Ausstattung, dicht gefolgt von 16,7 v.H. bei den MBOs. Eine statistische Signifikanz ist aber nicht gegeben.[487]

Diagramm 40a: Gruppierter Median-Fremdkapitalausstattung

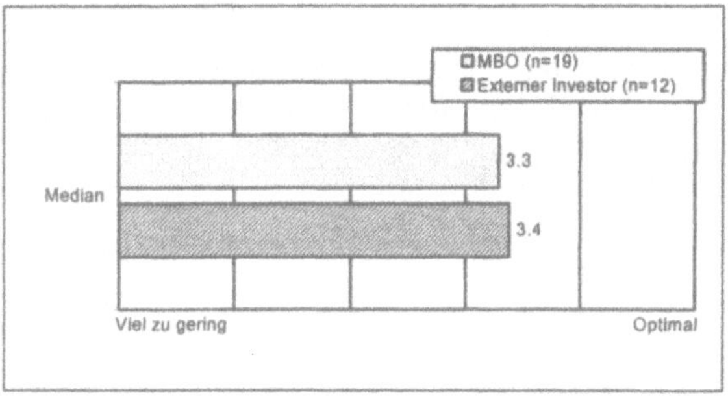

Quelle: Eigene Untersuchung.

Diagramm 40b: Fremdkapitalausstattung

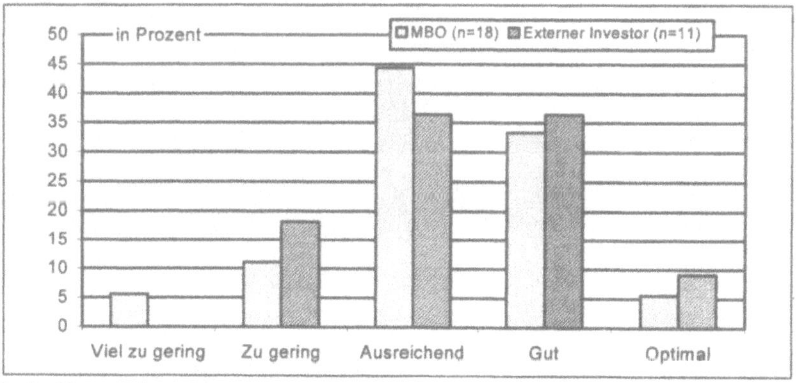

Quelle: Eigene Untersuchung.

486 Mit 1=„Viel zu gering" bis 5=„Optimal".
487 Mann-Whitney-Test mit Irrtumswahrscheinlichkeit p=0,756.

Ebenfalls entscheidend im Hinblick auf die Finanzierungssituation der Unternehmen ist die Möglichkeit, Fremdkapital aufzunehmen.[488]

Es finden sich Unterschiede bei den Privatisierungsformen, wenn es um die Möglichkeit der Fremdkapitalaufnahme geht, wie sich anhand eines Medianwerts von 2,8 bei den MBOs zu 4,0 bei den externen Investoren erkennen lässt (Diagramm 41a).[489] Bei den MBOs geben immerhin mit 47,4 v.H. fast die Hälfte der Unternehmer an, dass es „unmöglich" oder „schwer möglich" sei, Fremdkapital aufzunehmen (Diagramm 41b). Im Vergleich dazu sehen sich 83,4 v.H. der externen Investoren „relativ problemlos" oder „problemlos" in der Lage, gewünschtes Fremdkapital zu bekommen. Diese unterschiedlichen Rahmenbedingungen ergeben eine statistisch signifikante Benachteiligung der MBOs in Hinblick auf die Möglichkeit der Fremdkapitalaufnahme.[490]

Diagramm 41a: Gruppierter Median-Möglichkeit zur Fremdkapitalaufnahme

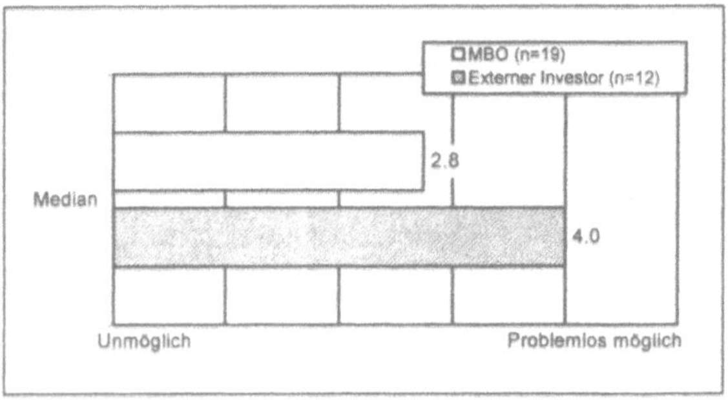

Quelle: Eigene Untersuchung.

[488] Vgl. Fragebogen, Frage 19, Anhang.
[489] Mit 1=„Unmöglich" bis 5=„Problemlos möglich".
[490] Mann-Whitney-Test mit Irrtumswahrscheinlichkeit p=0,007 (signifikant).

Diagramm 41b: Möglichkeit zur Fremdkapitalaufnahme

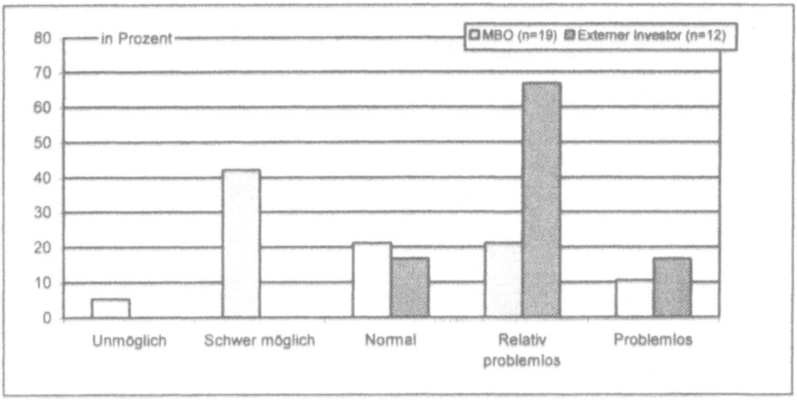

Quelle: Eigene Untersuchung.

Das Ergebnis deckt sich mit den qualitativen Aussagen, die in den Interviews herausgearbeitet wurden.[491] Insbesondere beklagten die MBO-Manager folgendes:

- Ostdeutsche Banken waren nicht professionell genug, in ihrer Einschätzung zu konservativ und in der Bearbeitung zu langsam.
- Besicherungsgrundlagen waren aufgrund von ungeklärten Eigentumsverhältnissen nicht zu verwenden.
- Venture Capital Gesellschaften zeigten kein Interesse an Mittelständlern.

Im Gegensatz dazu gaben die externen Investoren an, dass sie bei der Aufnahme von Fremdkapital keine Probleme hatten:

- Sicherungsgeber aus dem Investorenkreis bürgten für Kredite.
- Durch die Zugehörigkeit zu einem Konzern oder großen Unternehmensverbund waren die Kredite gesichert.

---

[491] Vgl. Interviews, durchgeführt im Rahmen der Untersuchung von Januar bis April 1998.

Die Manager wurden auch nach den Gründen für Probleme bei der Fremdkapitalaufnahme befragt.[492] Die Ergebnisse sind in den Diagrammen 42a, b, c dargestellt.

Diagramm 42a: Gruppierter Median-Schwierigkeiten bei Fremdkapitalaufnahme

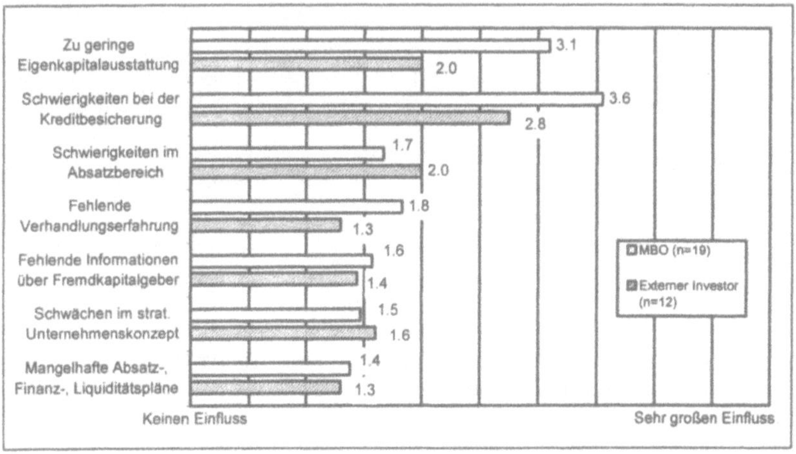

Quelle: Eigene Untersuchung.

Der Vergleich der Mediane (Diagramm 42a) zeigt, wo die Unternehmer einen Einflussfaktor in Bezug auf Schwierigkeiten bei der Fremdkapitalaufnahme sehen. Für die MBO-Unternehmen liegt mit einem Wert von 3,6 die Hauptschwierigkeit in der Kreditbesicherung und mit 3,1 in der zu geringen Eigenkapitalausstattung. Die externen Investoren sehen grundsätzlich eine geringere Einflussnahme durch die angegebenen Faktoren. Das größte Problem stellt auch für sie mit einem Median von 2,8 die mangelnde Besicherungsgrundlage dar. Als weitere Einflussfaktoren sehen sie mit einem Median von je 2,0 eine zu geringe Eigenkapitalausstattung und Probleme auf dem Absatzmarkt. Eine Tendenz zu statistisch signifikanten Unterschieden bei der Beurteilung der Einflussfaktoren gibt es nur bei der geringen Eigenkapitalausstattung.[493]

[492] Vgl. Fragebogen, Frage 20, Anhang.

[493] Mann-Whitney-Test mit Irrtumswahrscheinlichkeit p=0,104 (Tendenz zur Signifikanz), vgl. auch „Matched-group" -Design, Nichtparametrische Tests, Anhang.

Diagramm 42b: Schwierigkeiten bei Fremdkapitalaufnahme (MBO)

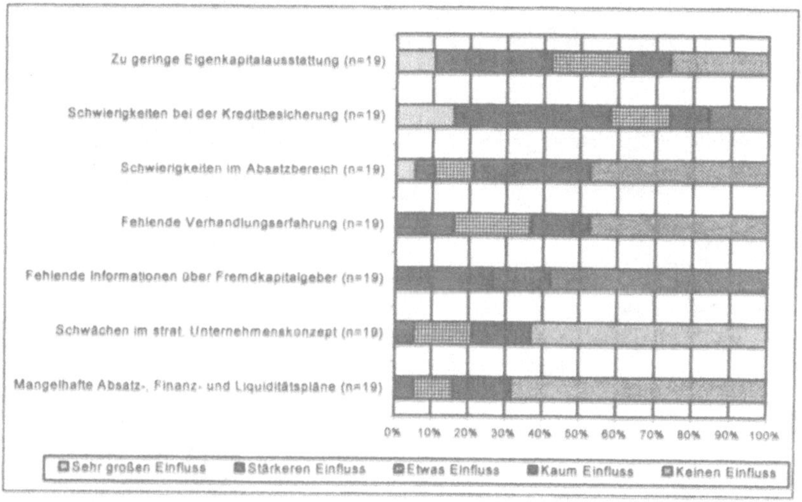

Quelle: Eigene Untersuchung.

Bei den MBOs (Diagramm 42b) gelten als Einflussfaktoren auf die Fremdkapitalaufnahme bei 73,7 v.H. die mangelnde Besicherungsgrundlage und bei 63,1 v.H. eine zu geringe Eigenkapitalausstattung. Fehlende Verhandlungserfahrung wirkt sich bei 36,9 v.H. aus. Fehlende Informationen über Fremdkapitalgeber stellt für 26,3 v.H. ein Problem dar, während 57,9 v.H. darin keinen Einfluss sehen. Schwierigkeiten im Absatzbereich haben für 21,1 v.H. ebenfalls eine Auswirkung. Als weitere mögliche Gründe, die jedoch kaum oder keinen Einfluss hätten, nennen sie Schwächen im strategischen Unternehmenskonzept und mangelnde Absatz-, Finanz- und Liquiditätspläne.

Die externen Investoren (Diagramm 42c) sehen zu 49,9 v.H. einen „sehr großen" bis „etwas Einfluss" in der mangelnden Besicherungsgrundlage. Weiteren Einfluss sprechen sie zu je 33,3 v.H. einer zu geringen Eigenkapitalbasis und Absatzschwierigkeiten zu. Allerdings ist der Großteil mit 66,7 v.H. der Meinung, dass dieser Faktor kaum oder keinen Einfluss hat. Auch die Auswirkung der weiteren Faktoren, wie fehlende Informationen über Fremdkapitalgeber, Schwächen im Unternehmenskonzept, fehlende Verhandlungserfahrung und mangelhafte Absatz-,

Finanz- und Liquiditätspläne werden von mindestens 75,0 v.H. als gering eingeschätzt.

Diagramm 42c: Schwierigkeiten bei Fremdkapitalaufnahme (Externer Investor)

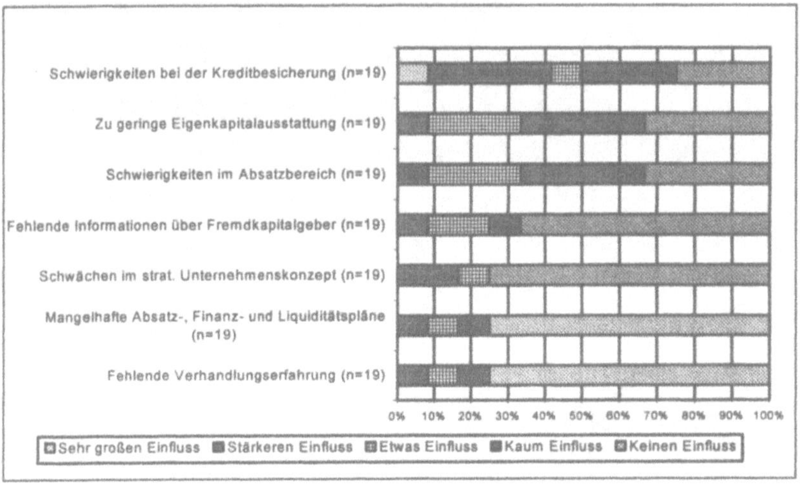

Quelle: Eigene Untersuchung.

➢ Zusammenfassend ist festzustellen, dass es bei der Fremdkapitalausstattung und -aufnahme Unterschiede bei beiden Privatisierungsformen gibt, wobei sich die MBOs benachteiligt fühlen. Die größte Einflussnahme sehen beide Unternehmensgruppen in der mangelnden Besicherungsgrundlage für Fremdkapital. Dieses Ergebnis deckt sich auch mit den allgemeinen Problemen, die es in den neuen Bundesländern mit Bezug auf Rückübertragungsansprüche und Eigentumsverhältnisse zu lösen galt.[494]

494 Vgl. Schmieding, Holger [Approaches, 1992], Seite 99; Bohnet, Armin/ Reichhardt, Michael [Privatisierungsstrategien, 1993], Seite 137.

14.3.5 Ertragslage 1997

Als eine der Indikatoren für eine erfolgreiche Geschäftsentwicklung der Unternehmen wird ihre Ertragslage des zum Zeitpunkt der Untersuchung vorangegangenen Geschäftsjahres abgefragt.[495]

Diagramm 43a: Gruppierter Median-Ertragslage 1997

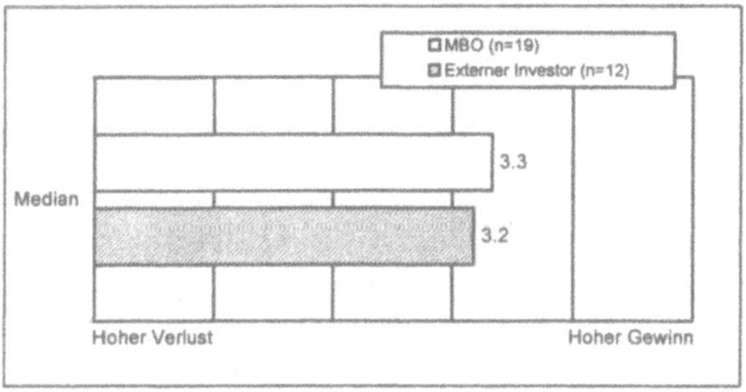

Quelle: Eigene Untersuchung.

Diagramm 43b: Ertragslage 1997

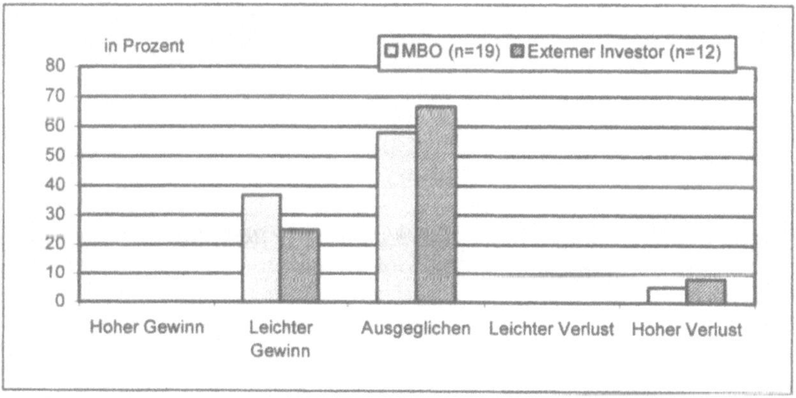

Quelle: Eigene Untersuchung.

[495] Vgl. Fragebogen, Frage 16, Anhang.

Eine Gegenüberstellung der Mediane (Diagramm 43a) bezüglich der Ertragslage im Geschäftsjahr 1997 zeigt bei den MBOs mit 3,3 im Vergleich zu 3,2 bei den externen Investor-Unternehmen ein unmerklich besseres Ergebnis.[496] Bei den MBO-Unternehmen gaben 36,8 v.H. an, einen leichten Gewinn erzielt zu haben (Diagramm 43b). Bei den externen Investoren gelang dies 25,0 v.H. der Unternehmen. Ein ausgeglichenes Geschäftsergebnis weisen 57,9 v.H. der MBOs und 66,7 v.H. der externen Investor-Unternehmen auf. Dieses positive Ergebnis bei beiden Privatisierungsformen wird nur leicht durch 5,3 v.H. der MBOs und 8,3 v.H. der externen Investor-Unternehmen gemindert, die einen hohen Verlust angaben. Insgesamt jedoch lässt sich kein signifikanter Unterschied feststellen.[497]

- Bei der Ertragslage 1997 haben beide Privatisierungsformen gleichermaßen ausgeglichene oder leicht positive Jahresergebnisse vorzuweisen.

14.4 Auswertung der Jahresabschlussdaten

Im dritten Teil der Auswertung zur unternehmerischen Ebene wird auf die paarweise Untersuchungsanordnung, das „Matched-pair"-Design, zurückgegriffen, indem die Jahresabschlussdaten sowie die Angaben der Unternehmen zum ökonomischen Datenteil des Fragebogens ausgewertet werden.

14.4.1 Erfolgslage der Unternehmen

Als erster Bereich wird die Erfolgslage der Unternehmen analysiert. Dadurch soll die Ertragskraft der Unternehmen, also ihre Fähigkeit, zukünftige und nachhaltige Gewinne zu erzielen und Entnahmen oder Ausschüttungen sicherzustellen, beurteilt werden.[498] Als Erfolgskriterien werden die Umsatzanalyse anhand des Umsatzwachstums, die Rentabilität anhand verschiedener Renditekennziffern und die Produktivität anhand der Relation Umsatz pro Mitarbeiter betrachtet.

[496] Mit 1=„hoher Verlust" bis 5=„hoher Gewinn".
[497] Mann-Whitney-Test mit Irrtumswahrscheinlichkeit p=0,478.
[498] Vgl. Schult, Eberhard [Bilanzanalyse, 1999], Seite 79.

14.4.1.1 Umsatzanalyse

Das **Umsatzwachstum** bildet eine wichtige Kennzahl für Rückschlüsse auf die Unternehmensentwicklung, seine Marktbehauptung und die allgemeine Branchentendenz. Die Umsatzerlöse dokumentieren insbesondere den Erfolg aus dem Verkauf oder der Vermietung der im Rahmen der Geschäftstätigkeit hergestellten Produkte und Dienstleistungen.[499]

Um die externen Einflüsse wie die Dynamik der Branche aus der Analyse auszuschließen, muss unbedingt auf eine paarweise Auswertung zurückgegriffen werden. Für die Untersuchung der Umsatzentwicklung standen insgesamt Daten von n=9 Paarungen aus der korrigierten Untersuchungsmenge zur Verfügung. Als Vergleichsansatz wurde die Entwicklung des Umsatzes im Zeitverlauf, ausgedrückt durch die Wachstumsrate gewählt. Durch das Umsatzwachstum lässt sich auf die Dynamik der Unternehmen schließen, da ein Rückgang den Verlust von Marktpotentialen und -anteilen indiziert.

Die Paarungen setzen sich aus je einem MBO-Unternehmen und einem externen Investor-Unternehmen mit den folgenden in Tabelle 18 aufgeführten Charakteristika zusammen:

Tabelle 18: Charakteristika valider Datensätze für Umsatzentwicklung

N=9 Paare	Branche	Größe in Arbeitsplatzzusagen	Bundesland
1. Paar	Transportwesen	0-15	Thüringen
2. Paar	Nahrungs-(und Genuss)mittel	16-25	Thüringen
3. Paar	Druck und Papier	16-25	Sachsen
4. Paar	Steine und Erde	26-39	Sachsen-Anhalt
5. Paar	Metallbau	26-39	Sachsen
6. Paar	Maschinenbau	40-79	Sachsen-Anhalt
7. Paar	Baugewerbe	80-100	Sachsen
8. Paar	Baugewerbe	80-100	Sachsen-Anhalt
9. Paar	Nahrungs-(und Genuss)mittel	26-39	Sachsen-Anhalt

Quelle: Eigene Untersuchung.

499 Vgl. Jacobs, Otto H. [Bilanzanalyse, 1994], Seite 92.

Diagramm 44: Wachstumsrate Umsatz-Matched-pair Design

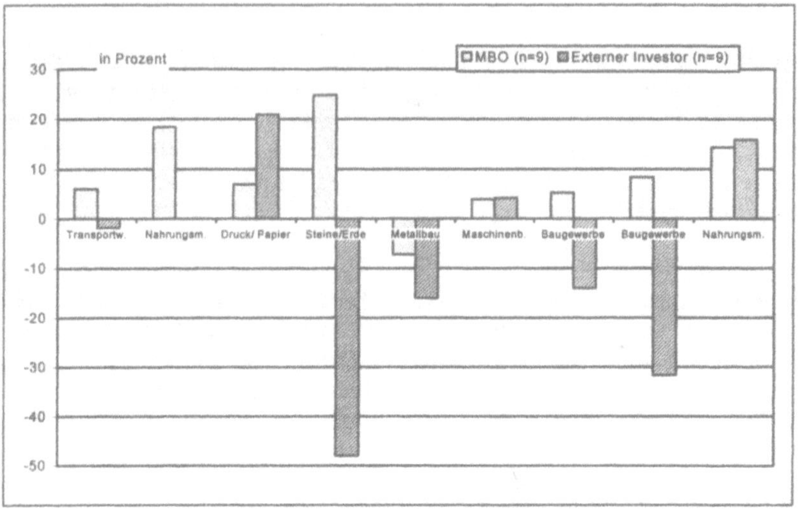

Quelle: Eigene Untersuchung.

Es zeigt sich, dass von n=9 Paaren, bei sechs Paarungen (66,7 v.H.) das MBO-Unternehmen ein stärkeres Umsatzwachstum verzeichnen konnte. Bei drei Paarungen (33,3 v.H.) blickte das externe Investor-Unternehmen auf eine positivere Umsatzentwicklung zurück. Für die neun Paarungen ergibt sich eine signifikant positivere Entwicklung der MBO-Unternehmen in Bezug auf das Umsatzwachstum.[500]

Allerdings ist zu beachten, dass es sich um eine geringe Untersuchungsmenge handelt und keinerlei Einfluss darauf genommen werden konnte, dass alle Unternehmen unabhängig von ihrer wirtschaftlichen Situation und Geschäftslage die entsprechenden Daten zur Verfügung stellen. Aus diesem Grund ist mit einer starken Verzerrung der tatsächlichen Entwicklung in beiden Gruppen zu rechnen.

➢ Zusammenfassend lässt sich jedoch zumindest für die hier vorliegende Untersuchungsmenge feststellen, dass es den MBOs gelang, ihren Umsatz in größerem Maße zu steigern als den externen

500 T-Test bei gepaarten Stichproben mit Irrtumswahrscheinlichkeit p=0,085 (signifikant).

Investoren. Mit Bezug auf die eigentliche Fragestellung nach der Eignung der jeweiligen Privatisierungsform deutet das darauf hin, dass ein Verkauf durch MBOs zu einer weitreichenderen Steigerung der ökonomischen Effizienz im Hinblick auf eine erfolgreiche Behauptung des Unternehmens auf dem Absatzmarkt führt.

14.4.1.2 Rendite/Rentabilität

Um einen weiteren Einblick in die wirtschaftliche Lage der Unternehmen und ihren Gesamterfolg in Bezug auf die zentrale Unternehmensleistung zu bekommen, wird die **Umsatzrendite** analysiert. Sie wird als Kennziffer verwendet, da sie auch bei weniger kapitalintensiven Branchen wie z.B. Dienstleistungen und Handel angewandt werden kann.[501] Ein Absinken der Umsatzrendite signalisiert eine zunehmende Aufwandsbelastung bei sinkendem oder gleichbleibendem Umsatz. Ursachen können in einer schlechten Konjunkturlage oder einer schlechten Produktwahl und -führung liegen. Ein Unternehmensvergleich ist nur bei ähnlichen Wertschöpfungsstrukturen sinnvoll, weshalb hier auf das „Matched-pair"-Design mit n=7 Paarungen[502] zurückgegriffen wird.

Um einen Vergleich über den Zeitraum von 1991 bis 1997 anhand eines Wertes zu ermöglichen, wurde pro Unternehmen eine durchschnittliche Umsatzrendite ermittelt und diese paarweise gegenübergestellt. Dabei wurden für die Bildung der Durchschnittswerte pro Unternehmenspaar nur diejenigen Jahre zwischen 1991 bis 1997 einbezogen, in denen für beide Unternehmen Daten zur Verfügung standen, um eine Verfälschung durch einen Vergleich unterschiedlicher Geschäftsjahre zu vermeiden.

[501] Vgl. Jacobs, Otto H. [Bilanzanalyse, 1994], Seite 95.
[502] Vgl. Tabelle 18, 1.-7. Paar.

Diagramm 45a: Durchschnittliche Umsatzrendite 1991-97-Matched-pair Design

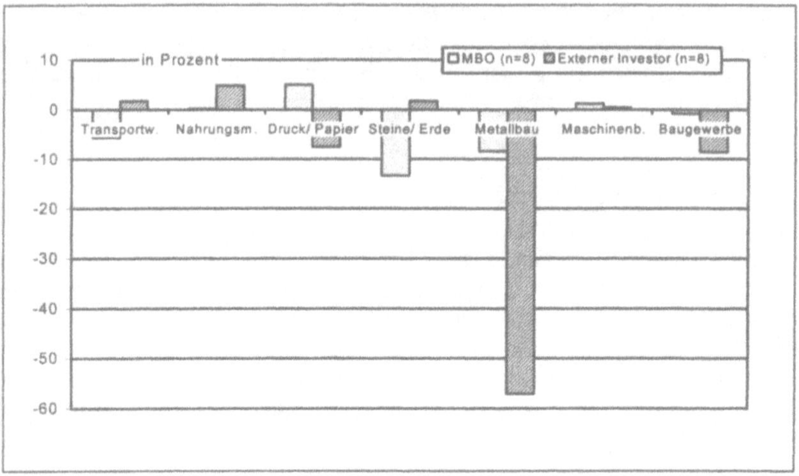

Quelle: Eigene Untersuchung.

Es zeigt sich, dass von n=7 auswertbaren Paarungen bei drei Paaren (42,9 v.H.) das MBO-Unternehmen über eine höhere oder zumindest weniger negative Umsatzrendite verfügt, als das externe Investor-Unternehmen. Dies spricht für eine ähnliche Effizienz bei Produktion bzw. Dienstleistungsbereitstellung bei den MBO-Unternehmen und ihrer Produktführung. Ein statistisch signifikanter Unterschied ergibt sich entsprechend nicht.[503]

Um die Informationen, die in der zeitlichen Dimension der Umsatzrenditewerte stecken, nicht zu verlieren, folgt hier die Auswertung der Entwicklung der jeweiligen Paare im zeitlichen Verlauf zwischen den Jahren 1991 bis 1997. Ansonsten gelten die gleichen Bedingungen wie bei der oben angewandten Durchschnittsbildung, d.h. auch hier werden nur diejenigen Datenpunkte mit in die Auswertung einbezogen, die für beide Unternehmen des Unternehmenspaares im gleichen Geschäftsjahr vorliegen und eine zeitliche Dimension beinhalten.

[503] T-Test bei gepaarten Stichproben mit Irrtumswahrscheinlichkeit p=0,468.

Diagramm 45b: Entwicklung Umsatzrendite 1991-1997-Matched-pair Design

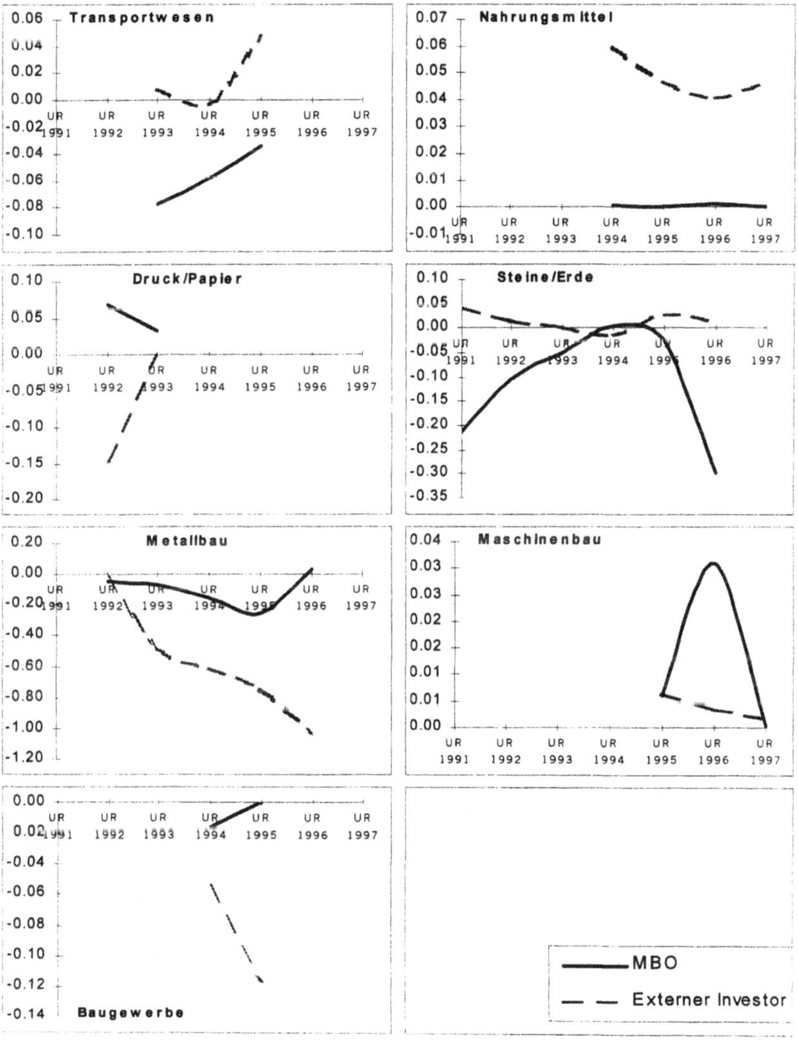

Quelle: Eigene Untersuchung.

Eine Auswertung der Umsatzrendite im Zeitverlauf zeigt ein gemischtes Bild. Bezüglich der Entwicklungstendenz blicken die MBOs bei vier der Paarungen (57,1 v.H.) auf einen positiven oder gleichbleibenden Trend, während sich gleichzeitig die Umsatzrendite der externen Investoren bei zwei Paarungen positiv und in zwei Fällen negativ entwickelt. Bei den verbleibenden drei Paarungen (42,9 v.H.) sieht das MBO-Unternehmen auf eine negative Entwicklung, während die externen Investor-Unternehmen zweimal (28,6 v.H.) ebenfalls auf eine negative Entwicklung blicken und einmal (14,3 v.H.) ihre Rendite eine positive Tendenz aufweist. Wenn man die Entwicklungstendenzen aller Paare gegenüberstellt, ergeben sich vier gleichgerichtete Paare, zwei Paare mit unterschiedlicher Tendenz, und eine Paarung, bei der das MBO-Unternehmen eine positive Tendenz im Vergleich zu einer negativen beim externen Investor-Unternehmen aufweist.

➢ Insgesamt ist festzustellen, dass die Auswertung der Umsatzrendite leicht positiv aus Sicht der MBOs ausfällt. Dieses Ergebnis zeigt, dass die MBOs im Vergleich zu den externen Investoren eine ähnliche Profitabilität ihrer Umsätze erwirtschaften und diese im Zeitverlauf steigern können.

Als nächste Renditekennzahl wird die **Eigenkapitalrendite** gewählt, um festzustellen wie sich das Kapital der Anteilseigner verzinst hat.

Es zeigt sich in Diagramm 46a, dass bei allen n=3 Paarungen, für die eine vergleichende Berechnung der EKR möglich war und kein „nicht durch Eigenkapital gedeckter Fehlbetrag“ vorlag, also in 100,0 v.H. der Fälle das MBO-Unternehmen eine geringere Eigenkapitalrendite erwirtschaften konnte als das externe Investor-Unternehmen. Eine statistische Signifikanz ergibt sich daraus jedoch nicht.[504]

Das eindeutige Ergebnis zu Lasten der MBOs relativiert sich etwas bei der Betrachtung im Zeitablauf (Diagramm 46b). Von den 3 vergleichbaren Paaren, gelingt es dem MBO-Unternehmen bei einem Paar, die negative EKR auszugleichen und in eine positive Rendite zu verwandeln. Bei den beiden anderen Paaren, erwirtschaften die beiden externen Investor-Unternehmen auch im Zeitablauf eine zwar fallende, aber vergleichsweise bessere Eigenkapitalrendite.

---

[504] T-Test bei gepaarten Stichproben mit Irrtumswahrscheinlichkeit p=0,308.

Diagramm 46a: Durchschnittliche Eigenkapitalrendite-Matched-pair Design

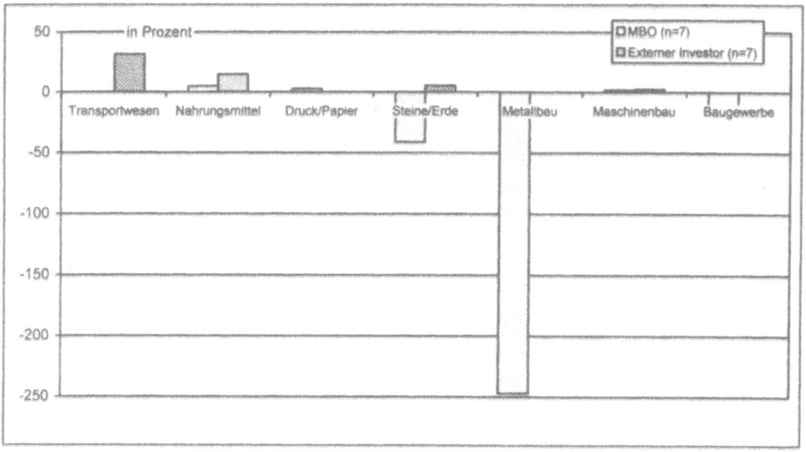

Quelle: Eigene Untersuchung.

- Trotz des Kritikpunktes der noch weiter reduzierten Untersuchungsmenge auf n=3 Paaren bleibt eine durchschnittliche und im Zeitablauf geringere Eigenkapitalrendite auf Seiten der MBOs als Ergebnis bestehen. Es deckt sich auch mit der Annahme, dass die MBO-Manager neben der reinen Renditeabsicht noch andere Motivationen, wie einen Erhalt des Unternehmens bzw. der Arbeitskräfte verfolgen.

Grundsätzlich wird die Eigenkapitalrendite als Maßzahl für die Effizienz mit der das in ein Unternehmen investierte Eigenkapital eingesetzt wird, angesehen.[505] Sie verdeutlicht dabei aber eher eine getroffene Finanzierungsentscheidung als die Leistungsfähigkeit eines Unternehmens. Deshalb wird die Gesamtkapitalrendite betrachtet

[505] Vgl. Jacobs, Otto H. [Bilanzanalyse, 1994], Seite 108.

Diagramm 46b: Entwicklung Eigenkapitalrendite 1991-1997-Matched-pair Design

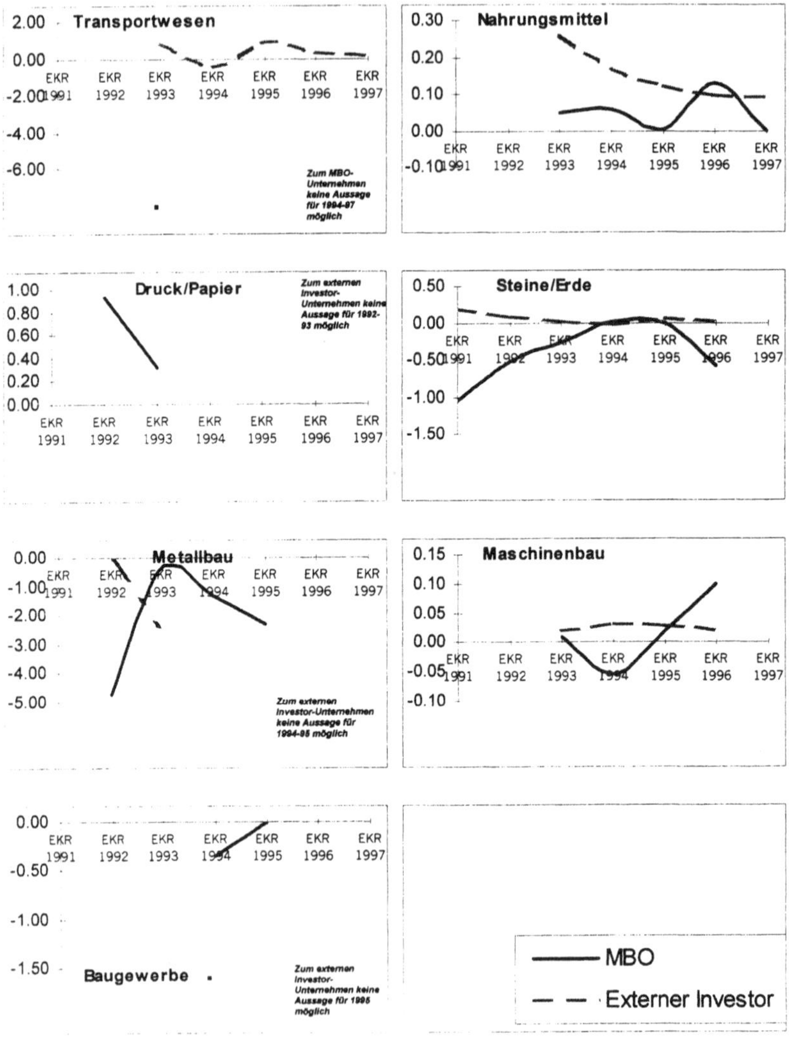

Quelle: Eigene Untersuchung.

Die **Gesamtkapitalrendite** kann als Basis für ein Gesamturteil herangezogen werden.[506] Sie zeigt die operative Leistung eines Unternehmens und wird als Maß für die interne Verzinsung des eingesetzten Kapitals angesehen.[507] Dabei hat die Finanzierungsstruktur der Unternehmen keinen Einfluss auf die Höhe der Kennzahl.[508]

Es werden die GKR-Ergebnisse der gepaarten Unternehmen der verschiedenen Jahre miteinander verglichen. Um eine einfache Gegenüberstellung zu ermöglichen wird eine durchschnittliche GKR der Jahre 1991 bis 1997 gebildet und mit dem Durchschnittswert des gepaarten Unternehmens der anderen Privatisierungsform verglichen, wobei nur diejenigen Kennzahlen die für beiden Unternehmen im gleichen Jahr vorliegen zur Durchschnittsbildung herangezogen werden.

Diagramm 47a: Durchschnittliche Gesamtkapitalrendite 1991-97-Matched-pair Design

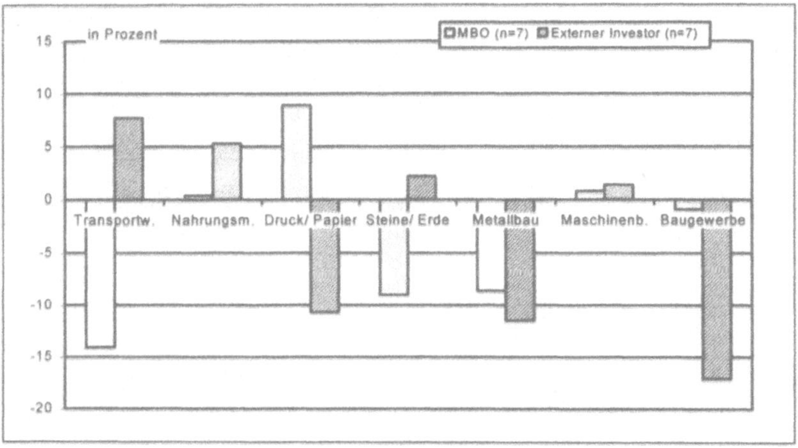

Quelle: Eigene Untersuchung.

Es zeigt sich in Diagramm 47a, dass bei n=7 Paarungen der MBO bei drei Paaren (42,9 v.H.) in Bezug auf die Gesamtkapitalrendite bessere Ergebnisse vorweisen kann. Dies bedeutet jedoch in zwei Fällen eine in

506 Vgl. Baetge, Jörg [Bilanzanalyse, 1998], Seiten 37, 38.
507 Vgl. Jacobs, Otto H. [Bilanzanalyse, 1994], Seiten 111-112.
508 Vgl. Küting, K./ Weber, C.-P. [Bilanzanalyse, 1999], Seite 301.

geringerem Maße negativ ausfallende GKR und nur in einem Fall eine höhere positive Rendite.

Es lassen sich keine statistisch signifikanten Unterschiede zwischen den Ergebnissen beider Gruppen feststellen.[509]

Um die durch die Durchschnittswertbildung verlorenen Informationen zur zeitlichen Entwicklung ausdrücken zu können, folgt in Diagramm 47b eine Darstellung der Entwicklung der Gesamtkapitalrendite der gepaarten Unternehmen als Trenddarstellung im Zeitablauf. Die Trendlinie basiert auf den jeweils zur Verfügung stehenden Kennzahlen der Jahre zwischen 1991-1997.

Die Betrachtung der Gesamtkapitalrendite im Zeitablauf liefert bei zwei der Paarungen (28,6 v.H.) für die MBOs eine positive Tendenz, während die externen Investoren zweimal auf eine rückläufige und auf eine gleichgerichtete Entwicklung blicken. In den fünf Paarungen mit einer negativen Entwicklung beim MBO-Unternehmen, sehen die externen Investoren in zwei Fällen (28,6 v.H.) auf eine positive und dreimal auf eine negative Entwicklung (42,9 v.H.). Daraus lässt sich jedoch keine eindeutige Aussage ableiten.

- Zusammenfassend ergeben sich zwischen beiden Unternehmen keine signifikanten Unterschiede bei der Höhe oder der Entwicklungstendenz zur Gesamtkapitalrendite.

[509] T-Test bei gepaarten Stichproben mit Irrtumswahrscheinlichkeit p=0,997.

Diagramm 47b: Entwicklung Gesamtkapitalrendite 1991-1997-Matched-pair Design

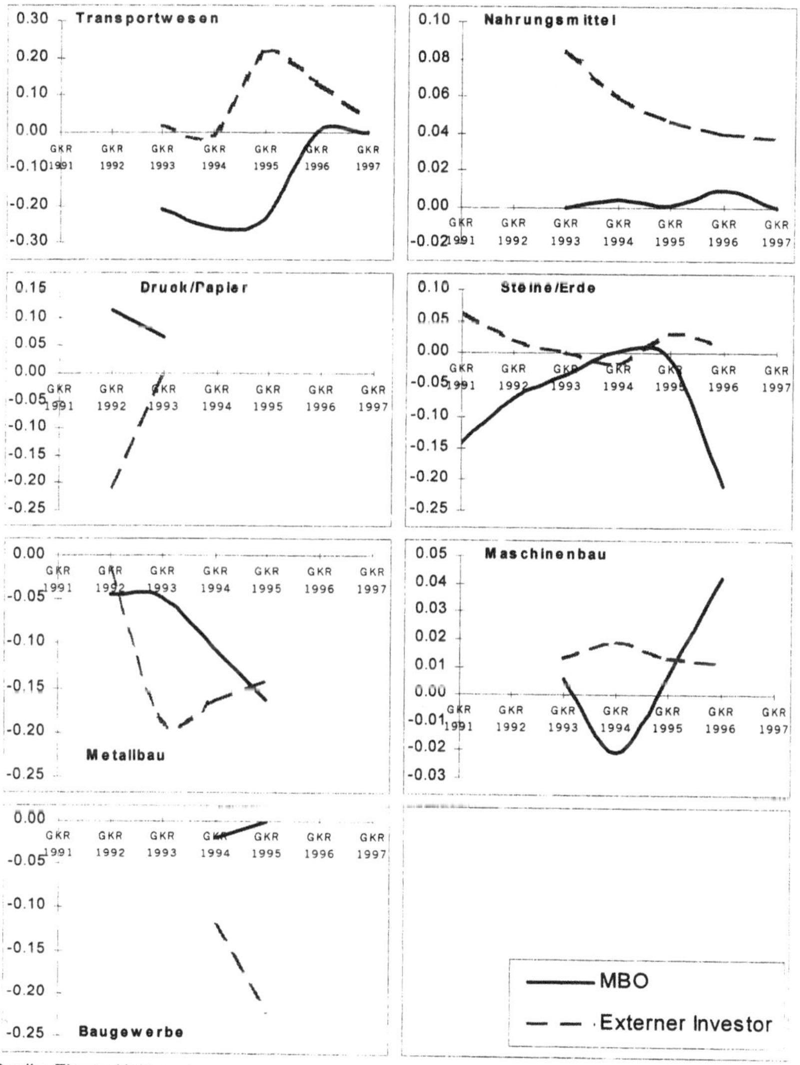

Quelle: Eigene Untersuchung.

14.4.1.3 Wertschöpfung und Produktivität

Für eine Untersuchung des Unternehmenserfolgs wird auch die Entwicklung der **Mitarbeiterproduktivität** herangezogen. Sie bildet eine Kennzahl für den Erfolg von Maßnahmen zur Anpassung an die marktwirtschaftlichen Gegebenheiten im Rahmen einer Erhöhung der produktiven Effizienz.

Für eine Analyse wurde die Steigerung der Mitarbeiterproduktivität in den einzelnen Unternehmen ermittelt. Dafür wurde jeweils die Produktivität des ersten gemeinsamen Geschäftsjahres nach der Privatisierung gegenübergestellt und dann mit der Produktivität des jeweils letzten Geschäftsjahres mit den reduzierten Mitarbeiterzahlen verglichen. Daraus ergab sich die Steigerungsrate der jeweiligen unternehmerischen Produktivität die verglichen wurde.

Diagramm 48: Steigerung der Mitarbeiterproduktivität 1991 bis 1997-Matched-Pair Design

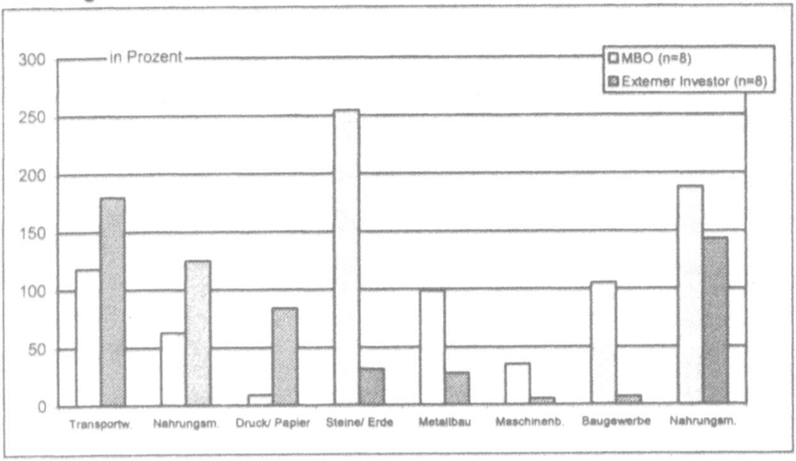

Quelle: Eigene Untersuchung.

Bei den n=8 Paarungen in Diagramm 48 ergibt sich kein eindeutiges Ergebnis, da es allen Unternehmen gelang, die Produktivität im Zeitverlauf zu steigern. Bei fünf der Paarungen (62,5 v.H.) gelang es den

MBO-Unternehmen, die Produktivität stärker zu steigern, als den externen Investor-Unternehmen. Bevor jedoch daraus Rückschlüsse auf einen Vorteil der MBOs zu ziehen sind, muss dieses positive Ergebnis durch eine Überprüfung der tatsächlichen Produktivitätswerte, ausgedrückt als Umsatz pro Mitarbeiter überprüft werden.

Diagramm 49: Entwicklung Mitarbeiter-Produktivität-Matched-pair Design

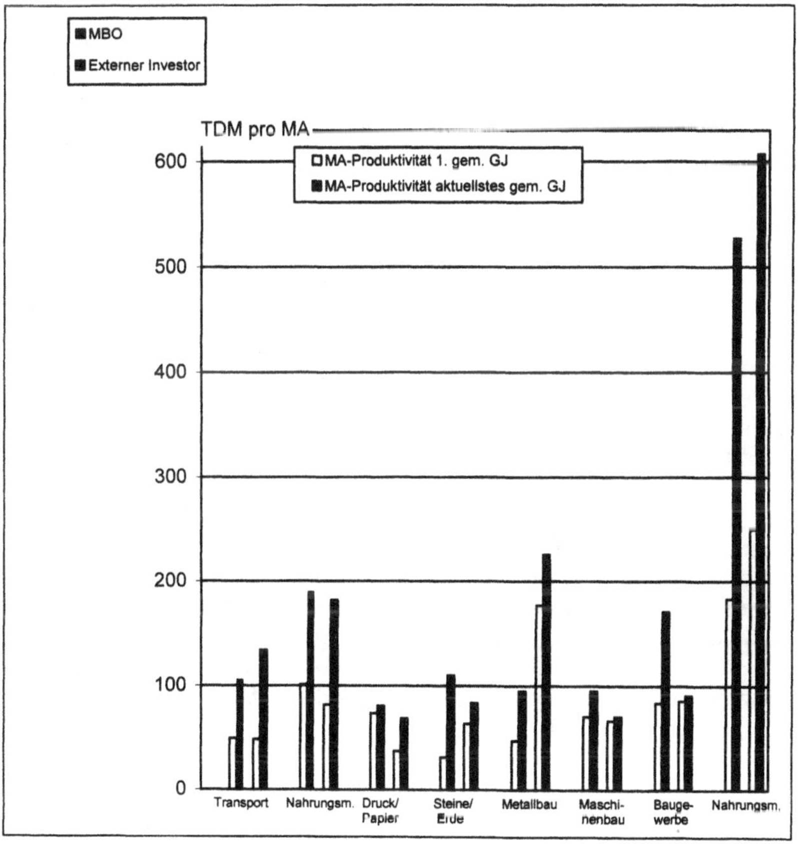

Quelle: Eigene Untersuchung.

Hierfür werden die Werte des ersten gemeinsamen Geschäftsjahres, sowie des aktuellsten gemeinsamen Geschäftsjahres der n=8 Paarungen herangezogen. Es zeigt sich in Diagramm 49, dass die MBOs in 62,5 v.H. der Fälle eine höhere absolute Produktivität am Ende der Vergleichsperiode vorweisen können. Daraus lässt sich als überraschendes Ergebnis schließen, dass die Form des MBO eher geeignet ist, eine erhöhte Produktivität im Unternehmen zu verwirklichen.

Gründe für ein Ansteigen der Arbeitsproduktivität liegen vor allem in einer Reduktion des Beschäftigtenstandes, der in vielen Fällen jedoch schon vor der erfolgten Privatisierung drastisch verringert wurde. Auch liegen sie in einem Ansteigen des Rationalisierungsgrades sowie der Kapitalintensität aufgrund der notwendigen Investitionen. Ferner kann eine Produktivitätssteigerung auf eine höhere Motivation der Mitarbeiter nach der Privatisierung zurückzuführen sein. Insbesondere dürften eine leistungsgerechte Entlohnung, eine Veränderung des Betriebsklimas sowie der drohende Arbeitsplatzverlust dazu beigetragen haben.[510]

Als Gründe für die positiven Aussagen beim MBO kann angenommen werden, dass die MBOs eher dazu tendieren, in ihr Unternehmen zu investieren bzw. in größerem Maße und mit einem langfristigeren Horizont zu investieren. Möglicherweise gelingt es ihnen auch, die Beschäftigten stärker zu motivieren.

- Als Zusammenfassung ergibt die Analyse der Entwicklung der Mitarbeiterproduktivität, dass die Form des MBO effizienter im Hinblick auf eine Steigerung der Produktivität ist. Auch wenn dies im Widerspruch zu einer erwarteten höheren Produktivitätssteigerung bei den externen Investoren steht, scheint sich die spezifische Ausgestaltung des MBO positiv auf die Motivation der Mitarbeiter auszuwirken und möglicherweise produktivitätssteigernde längerfristige Investitionen zu bewirken.

[510] Vgl. allgemein für MBOs: Vest, Peter [Verkauf, 1995], Seite 331.

14.4.2 Vermögenslage der Unternehmen

Bei der Untersuchung der Vermögenslage wird zuerst die Vermögensstruktur betrachtet. Auch wird das Management der Forderungen und Verbindlichkeiten beurteilt. Als weiterer wichtiger Untersuchungsgegenstand wird die Investitionspolitik begutachtet. Eine Analyse des Investitionsgrades soll zeigen, in welchem Maße die Unternehmen in neue Sachanlagen investieren und ob sie Optimismus in Bezug auf ihre Absatzchancen ausdrücken.

14.4.2.1 Vermögensstrukturanalyse

Die **Anlagevermögensintensität** zeigt, wie hoch der Anteil des langfristig gebundenen Vermögens am Gesamtvermögen ist. Sie ist stark branchenspezifisch, erfordert also unbedingt eine paarweise Auswertung.

Diagramm 50a: Durchschnittliche Anlagevermögensintensität-Matched-pair Design

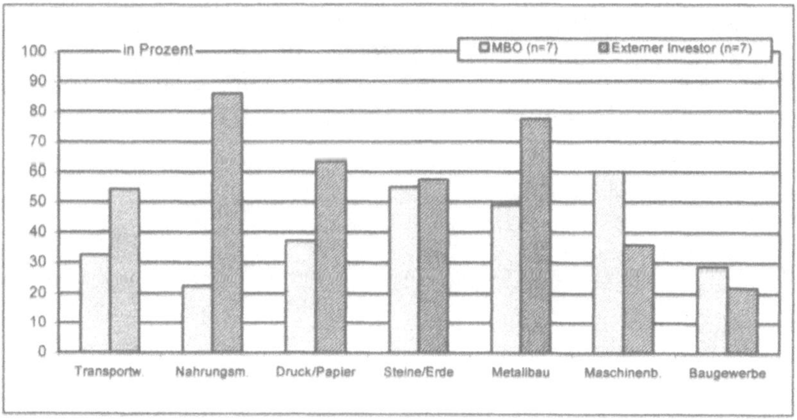

Quelle: Eigene Untersuchung.

Von den n=7 Paarungen zeigen 71,4 v.H. der MBOs eine niedrigere Anlageintensität als die externen Investor-Unternehmen (Diagramm

50a).[511] Dies kann einmal positiv für die MBOs als eine größere Dispositionsfreiheit und Flexibilität ausgelegt werden, da sie nicht in gleichem Maße von Fixkosten belastet werden. Es kann aber auch auf MBO-Unternehmen hindeuten, die nicht entsprechend investieren können, um ihre Wettbewerbsfähigkeit aufrecht zu halten.[512] Dies gilt nur für eine branchenbedingt hohe Anlagenquote.

Weitere Informationen ergeben sich durch eine Analyse der zeitlichen Entwicklung in Diagramm 50b. Die größten Unterschiede gibt es bei den Paarungen der Branchen Transportwesen (bis 1996), Nahrungsmittel, Druck/Papier und Metallbau, wobei jeweils das MBO-Unternehmen eine deutlich geringere Anlagevermögensintensität aufweist, als das externe Investor-Unternehmen. Nur im Maschinenbau hat das MBO-Unternehmen eine höhere Anlagevermögensintensität. Im Zeitablauf erhöht sich die Intensität bei fünf Paarungen (71,4 v.H.) bei den MBOs etwas, während die externen Investoren ihre Intensität in drei Fällen (42,8 v.H.) verringern. Insgesamt sind mit Ausnahme des Transportwesens keine großen Veränderungen feststellbar.

➢ Zusammenfassend zeigen die Ergebnisse zur Anlagevermögensintensität, dass die MBO-Unternehmen einen geringeren Anteil Anlagevermögen am Gesamtvermögen halten, als die externen Investoren. Dies kann ein Hinweis darauf sein, dass sie nicht in gewünschtem Maße investieren können bzw. konnten.

---

511 T-Test bei gepaarten Stichproben mit Irrtumswahrscheinlichkeit p=0,191.

512 Vgl. Jacobs, Otto H. [Bilanzanalyse, 1994], Seiten 122-123.

Diagramm 50b: Entwicklung Anlagevemögensintensität 1991-1997-Matched-pair Design

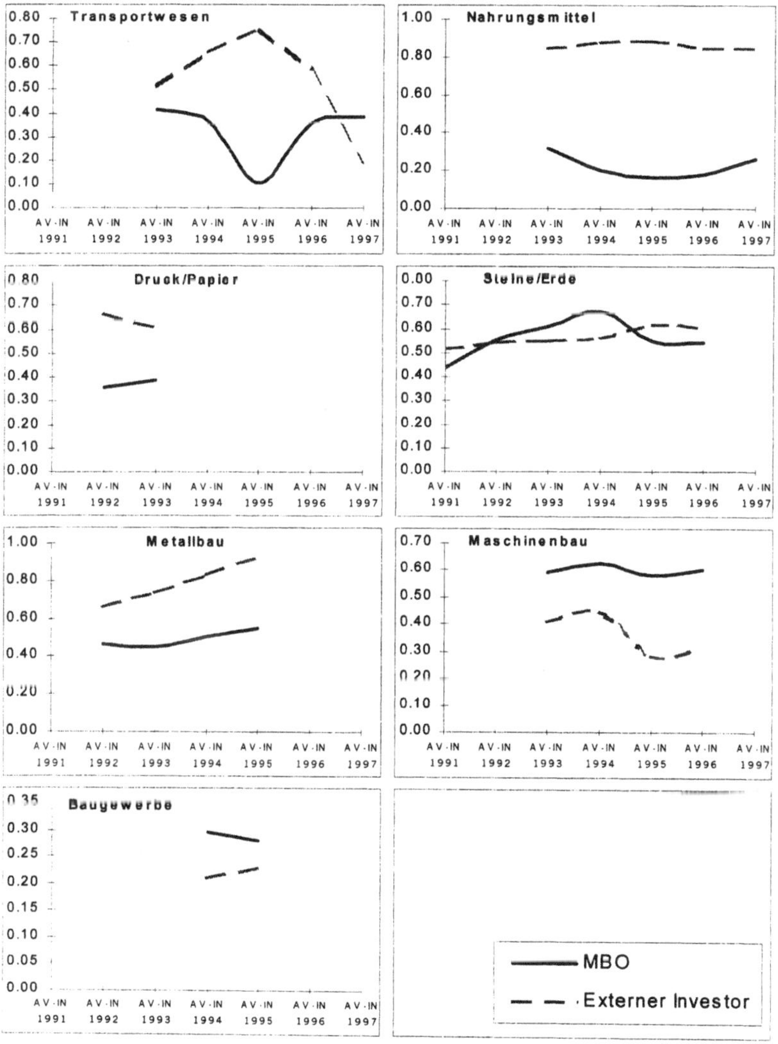

Quelle: Eigene Untersuchung

Das **Investitionsverhältnis** gibt Aufschluss darüber, ob der Schwerpunkt des Vermögens und damit der Investitionen im Anlage- oder Umlaufvermögen liegt.

Diagramm 51a: Durchschnittliches Investitionsverhältnis 1991-97-Matched-pair Design

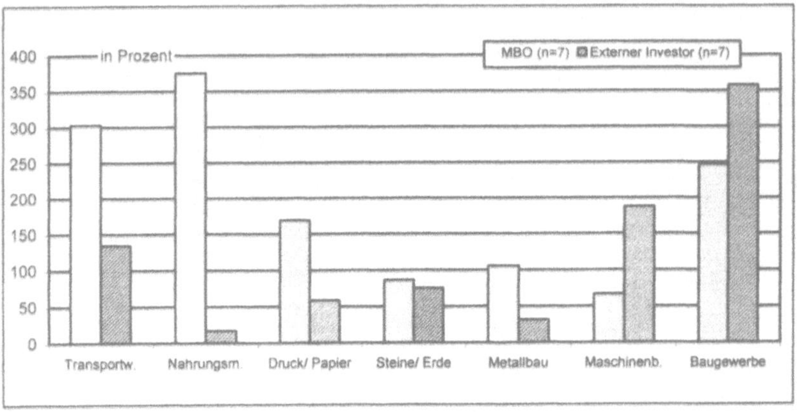

Quelle: Eigene Untersuchung.

Das Investitionsverhältnis der MBO-Unternehmen zeigt bei 71,4 v.H. der Paarungen eine starke Konzentration auf das Umlaufvermögen in teilweiser starker Abweichung zu den externen Investoren (Diagramm 51a). Diese weisen einen entsprechend niedrigen Wert für das Investitionsverhältnis auf, halten also ihre finanziellen Mittel im Anlagevermögen und nicht im Umlaufvermögen investiert.[513]

Auch eine Darstellung im zeitlichen Verlauf in Diagramm 51b verdeutlicht diese Aussage. Das Investitionsverhältnis hängt vom Anlagevermögen ab und verläuft gegenläufig zur Anlagevermögensintensität. Entsprechend entgegengesetzt sind die Tendenzen bei beiden Unternehmensformen im Vergleich zu Diagramm 50b.

[513] T-Test bei gepaarten Stichproben mit Irrtumswahrscheinlichkeit p=0,309.

Diagramm 51b: Entwicklung Investitionsverhältnis 1991-97-Matched-pair Design

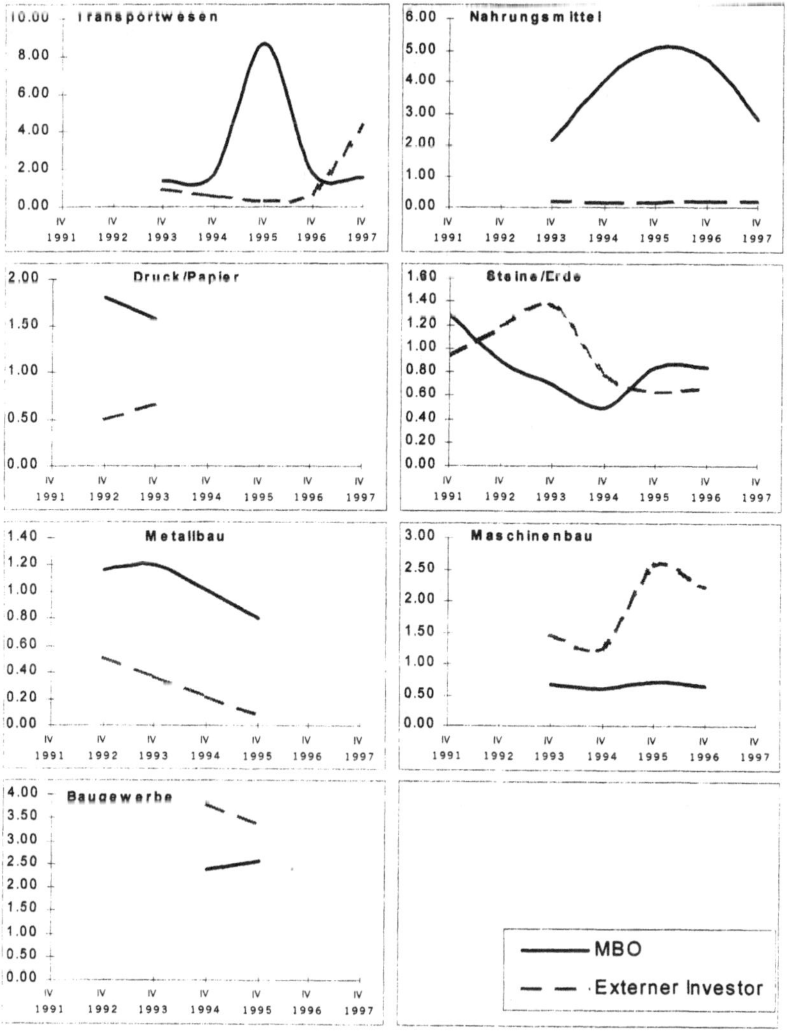

Quelle: Eigene Untersuchung

Das Ergebnis kann auf die tief verankerte Tendenz bei MBOs eine umfangreiche, jedoch wirtschaftlich nicht sinnvolle Lagerhaltung zu betreiben, hinweisen. Gerade dieses Verhalten, das auf die Notwendigkeiten zu Zeiten der Planwirtschaft zurückgeht, hatte sich am Anfang der Privatisierungstätigkeiten als Problem für die ostdeutschen Manager herausgestellt und scheint eine immer noch nicht vollständig abgelegte Verhaltensweise zu sein.

Auch kann dieses Ergebnis als Ausdruck, der von den Managern in den Interviews beklagten, teilweise fehlenden Möglichkeit der Übernahme von betrieblichen Anlagevermögen verstanden werden.[514] Dies würde jedoch einen der großen Vorteile des MBO, seine Finanzierung mit dem eigenen unternehmerischen Vermögen als Besicherung, in Frage stellen.

➢ Zusammenfassend zeigt sich, dass die MBO-Manager im Vergleich zum externen Investor einen größeren Anteil ihrer Mittel im Umlaufvermögen anstatt im Anlagevermögen halten und dadurch ihre Finanzkraft schwächen. Dies kann auf eine aus der Zentralwirtschaft übernommene Strategie der Lagerhaltung zurückgehen, oder auf Probleme bei der Übernahme von Betriebsvermögen hinweisen.

14.4.2.2 Kapitalumschlagshäufigkeit

Um herauszufinden, wie effizient die Unternehmen die ihnen zur Verfügung stehenden Mittel einsetzen, bietet sich der Wert der Kapitalumschlagshäufigkeit an. Er zeigt an, wieviel Umsatz mit dem Betriebsvermögen generiert werden kann, bzw. wie oft das Kapital im Unternehmen umgeschlagen wird.[515]

Diagramm 52 zeigt, dass die MBOs, bezogen auf die Kapitalumschlagshäufigkeit, bei 57,1 v.H. der n=7 Paarungen einen höheren Wert erzielen. Die externen Investoren weisen bei 42,9 v.H. einen besseren

[514] Vgl. Interviews, durchgeführt im Rahmen der Untersuchung von Januar bis April 1998.
[515] Vgl. Jacobs, Otto H. [Bilanzanalyse, 1994], Seite 110.

Wert auf. Es lassen sich somit keine eindeutigen Ergebnisse nachweisen.[516]

Diagramm 52: Durchschnittliche Kapitalumschlagshäufigkeit 1991-97-Matched-pair Design

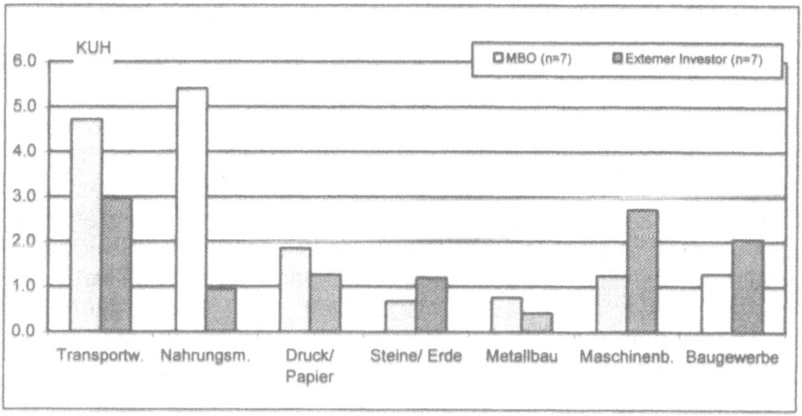

Quelle: Eigene Untersuchung.

Als weiteres Ergebnis lässt sich hieraus ableiten, dass die MBOs bezogen auf die Gesamtkapitalrendite ihre Steigerung sowohl durch eine höhere Kapitalumschlagshäufigkeit erzielen, als auch durch eine hohe bzw. wachsende Umsatzrendite.

- Die MBOs zeigen sich bei der Kapitalumschlagshäufigkeit den externen Investoren leicht überlegen, was bedeutet, dass sie mit ihrem eingesetzten Vermögen mehr Umsatz erwirtschaften als die externen Investoren.

[516] T-Test bei gepaarten Stichproben mit Irrtumswahrscheinlichkeit p=0,434.

14.4.3 Finanzlage der Unternehmen

Für die MBOs in Ostdeutschland ist die Liquiditätssicherung von großer Bedeutung. Die zur Kaufpreisfinanzierung aufgenommenen Kredite fordern Zinszahlungen und Tilgung, und auch das Wachstum der Unternehmen verlangt eine zuverlässige Sicherstellung der Liquidität.[517]

Bei der Analyse der Finanzlage werden (außer einer Aktienbewertung die hier entfällt) alle relevanten Bereiche analysiert: Bei der Finanzstruktur werden die Eigenkapitalquote und bei der Fristenkongruenz die Anlagendeckungsgrade betrachtet. Die erfolgswirtschaftliche Finanzanalyse wird mit Hilfe der Zinsdeckung und die Liquiditätsanalyse anhand der Liquiditätsgrade untersucht. Daraus ergeben sich Aussagen zu den Quellen aus denen sich das Unternehmen finanziert, wie lange diese zur Finanzierung der entsprechenden Vermögenswerte zur Verfügung stehen, ob die Unternehmen ihre Belastungen der Fremdfinanzierung aus ihrem Geschäftsverlauf decken können und ob sie anfallende Zahlungsforderungen jederzeit begleichen können.

14.4.3.1 Finanzstruktur

Zuerst wird die Finanzstruktur anhand der **Eigenkapitalquote** untersucht und ermittelt, aus welchen finanziellen Quellen sich die Unternehmen finanzieren, wie ihre Bonitäts- und Risikobeurteilung ausfällt und ob ihnen noch finanzieller Spielraum für ein weiteres bzw. neues Engagement verbleibt. Grundsätzlich gilt je größer die Eigenkapitalquote umso längerfristiger ist das Unternehmen finanziert, und umso geringer ist die Belastung durch feste Zins- und Tilgungsleistungen.[518] Dadurch ist die Haftungsbasis größer und die Gefahr eines abrupten Finanzmittelabflusses geringer, was sich positiv auf die Bonität zur Fremdkapitalbeschaffung auswirkt.

---

[517] Beispielsweise für eine höhere Vorfinanzierung von Aufträgen. Vgl. Barjak, F./Heimpold, G./Junkerheinrich, M./Loose, B./Skopp, R. [Management Buy-Outs, 1996], Seite 131.

[518] Vgl. Jacobs, Otto H. [Bilanzanalyse, 1994], Seite 117.

Diagramm 53a: Durchschnittliche Eigenkapitalquote 1991-97-Matched-pair Design

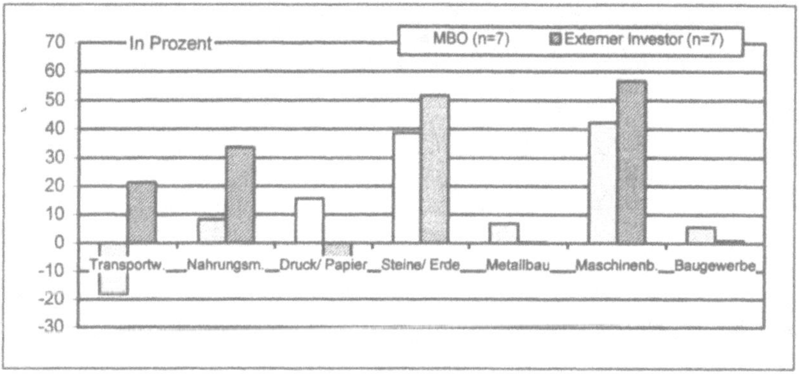

Quelle: Eigene Untersuchung.

Bei drei von n=7 Paarungen (42,9 v.H.) weist das MBO-Unternehmen eine höhere Eigenkapitalquote auf; den externen Investor-Unternehmen gelingt dies in 57,2 v.H. der Fälle (Diagramm 53a).[519] Bei einer Risikobeurteilung zeigt sich, dass die externen Investor-Unternehmen in drei Fällen eine nur minimal kleine (< 10 v.H.), oder sogar negative Quote vorweisen können.[520] Auch bei den MBO-Unternehmen verfügen drei Unternehmen nur über eine Eigenkapitalquote, die unter 10 v.H. liegt und ein Unternehmen über eine negative Quote.

Als Ergebnis lässt sich daraus schließen, dass die MBOs in Bezug auf ihre Eigenkapitalausstattung einem etwas höheren Risiko unterliegen als die externen Investor-Unternehmen.

Im Zeitverlauf ergibt sich ein ähnliches Bild, dargestellt in Diagramm 53b.

---

[519] T-Test bei gepaarten Stichproben mit Irrtumswahrscheinlichkeit p=0,363.

[520] Zur besseren Illustration wurden auch negative Eigenkapitalquoten aufgrund des nicht durch Eigenmittel gedeckten Fehlbetrages ermittelt, selbst wenn das wirtschaftliche Eigenkapital nicht kleiner als Null sein dürfte, da sonst keine Eigenfinanzierung besteht. Vgl. auch Riebell, Claus [Bilanzauswertung, 1992], Seite 509.

Diagramm 53b: Entwicklung Eigenkapitalquote 1991-97-Matched-pair Design

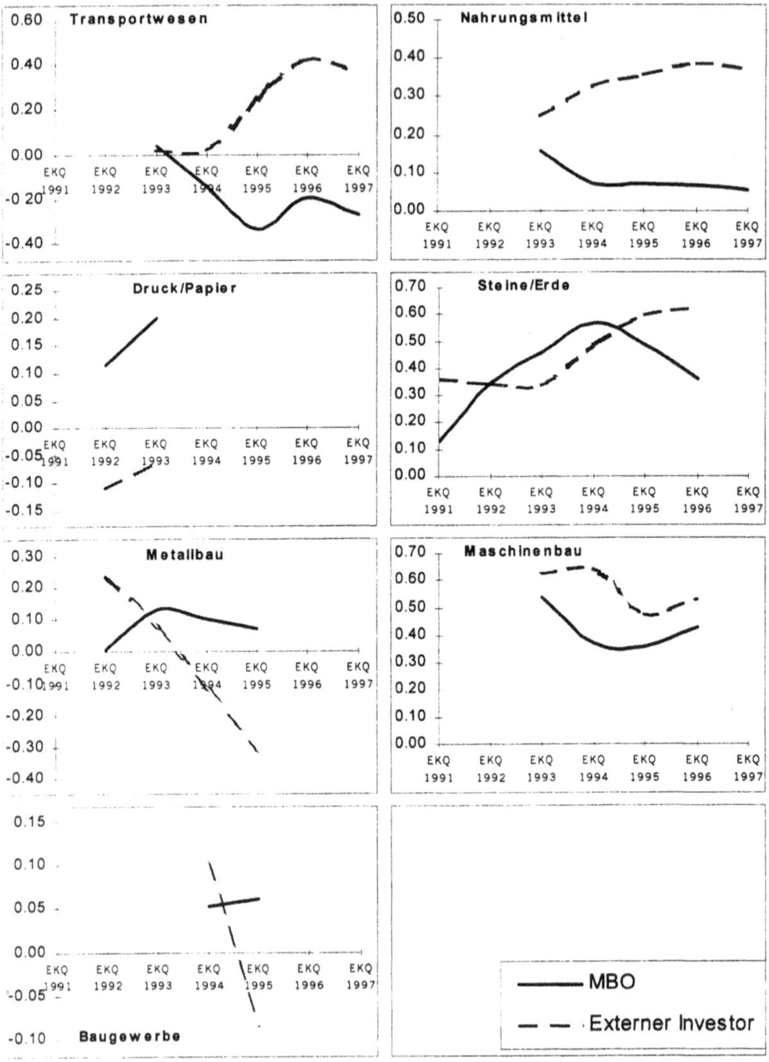

Quelle: Eigene Darstellung.

Bei 42,9 v.H. der n=7 Paarungen ergibt sich eine gleichermaßen positive, und bei 28,6 v.H. eine negative Entwicklung bei beiden Privatisierungsformen (Diagramm 53b). Bei 14,3 v.H. der Paarungen hat sich beim MBO-Unternehmen die Eigenkapitalquote im Zeitverlauf verringert, während sich die Quote des externen Investors erhöht hat. Bei weiteren 14,3 v.H. hat sich die Quote des MBO-Unternehmens im Gegensatz zu einer rückgängigen Eigenkapitalquote bei den externen Investoren erhöht.

Allerdings ist die Entwicklung der Eigenkapitalquote im Zeitablauf für sich genommen wenig aussagekräftig, da es sich um eine Residualgröße handelt. Deswegen wird sie ins Verhältnis zur Entwicklung der Bilanzsumme gesetzt um festzustellen, ob sich die Quote aufgrund einer steigenden Bilanzsumme verringert hat, was z.B. bei einem zu schnellen Wachstum der Fall sein kann. Oder ob sich die Quote verringert, da Eigenkapital aufgezehrt wurde. Dies bedeutet, dass sich die Bilanzsumme gleichzeitig verringert hat oder gleichgeblieben ist. Die Entwicklung der Bilanzsumme wird in Diagramm 54 illustriert.

Es zeigt sich, dass die vorher dargestellte positive Entwicklung einiger Unternehmen in Bezug auf ihre Eigenkapitalquote relativiert werden muss, da sie lediglich auf eine Reduzierung in der Bilanzsumme zurückzuführen ist (Diagramm 54). Für die MBOs gilt dies in 42,9 v.H. der untersuchten Unternehmen, die in der Druck und Papier-Industrie, im Maschinenbau und im Baugewerbe tätig sind. Die externen Investoren haben bei 42,9 v.H. der Unternehmen, die im Transportwesen, Steine und Erde und Maschinenbau tätig sind, die positive Entwicklung der Eigenkapitalquote ebenfalls einer sinkenden Bilanzsumme zu verdanken. Andererseits ist eine leicht sinkende Eigenkapitalquote bei den folgenden Unternehmen entsprechend durch eine steigende Bilanzsumme erklärbar. Dies gilt sowohl für MBOs, als auch für die externen Investoren in 28,6 v.H. der Fälle, in der Nahrungsmittelbranche und im Metallbau. Ein wirklicher Eigenkapitalverzehr liegt nur in einem Fall vor: das externe Investor-Unternehmen im Baugewerbe kann der stark sinkenden und negativ werdenden Eigenkapitalquote nur eine ebenfalls sinkende Bilanzsumme entgegensetzen.

Diagramm 54: Entwicklung Bilanzsumme 1991-97-Matched-pair Design

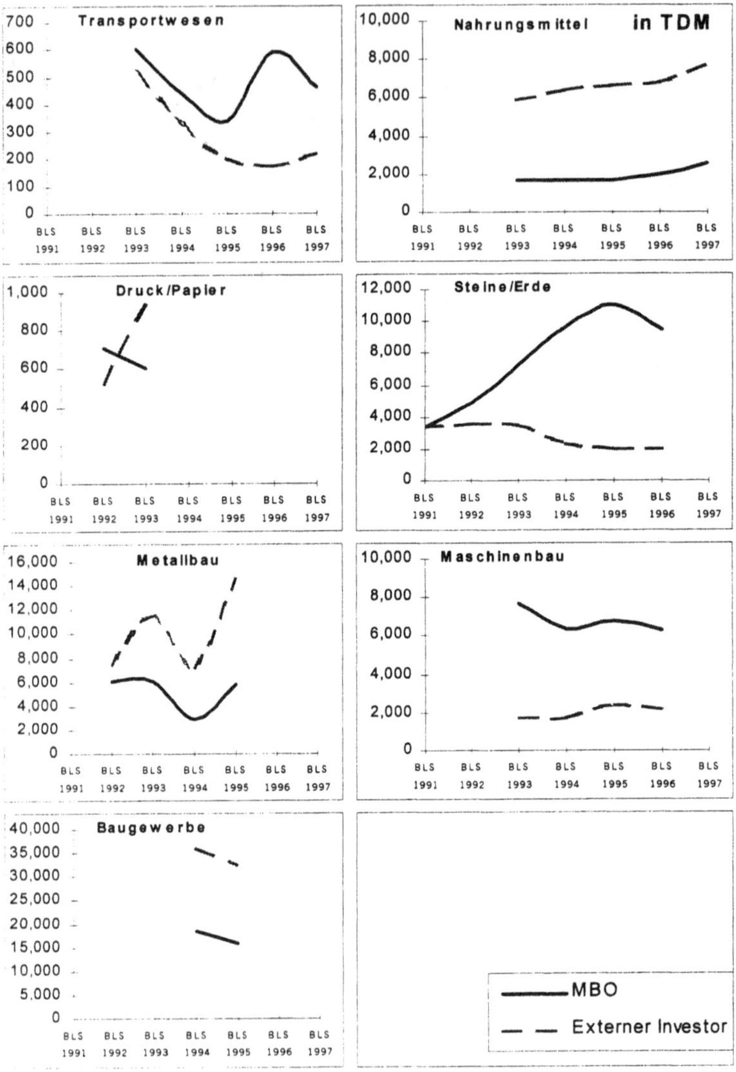

Quelle: Eigene Untersuchung.

- Zusammenfassend kann man keine signifikanten Unterschiede ermitteln. Es zeigt sich aber, dass die MBOs zumindest über keine deutlich schlechtere Eigenkapitalausstattung verfügen, als die externen Investoren. Dieses Ergebnis steht im Widerspruch zur bisherigen MBO-Forschung, die von einer eklatanten Eigenkapitalschwäche der MBO-Unternehmen ausgeht.[521]

14.4.3.2 Fristenkongruenz

Im Rahmen der Überprüfung der Fristenkongruenz wird eine bestandsorientierte Analyse der **Anlagendeckungsgrade** durchgeführt. Allgemein gültige Maßstäbe für diese Kennzahlen lassen sich nicht festlegen, so dass gewisse Normbereiche verwendet werden. Deckungsgrad A ist abhängig vom Unternehmensrisiko und sollte sich nach dem operativen Ertragsrisiko und der Anlageintensität der jeweiligen Branche richten. Entsprechend werden Werte größer als 0,3 bis 0,8 als Norm angegeben. Gemäß des Grundsatzes der Fristenkongruenz sind beim Deckungsgrad B Werte größer eins zu fordern.[522]

Von den n=7 Paarungen zeigt der MBO bei drei Paarungen (42,9 v.H.) einen höheren Deckungsgrad A (Diagramm 55a).[523] Unterhalb des äußersten empfohlenen Normwerts von 0,3 befinden sich jeweils 42,9 v.H. der MBOs und der externen Investoren.

Beim Deckungsgrad B in Diagramm 55b übertrifft der MBO das externe Investor-Unternehmen in fünf der n=7 Fälle (71,4 v.H.).[524] Auch wenn man als Richtwert für den Deckungsgrad B einen Wert größer 1 fordert, zeigen sich die MBO-Unternehmen leicht überlegen: in 42,9 v.H. gelingt

[521] Vgl. Barjak, F./ Heimpold, G./ Junkerheinrich, M./ Loose, B./ Skopp, R. [Kurzfassung, 1996], Seite 22; Kokalj, Ljuba/ Hüfner, Peter [Übernahmestrategie, 1994], Seiten 54-57; Gros, Stefan E. [Unternehmensprivatisierung, 1998], Seite 161.
[522] Vgl. Helbling, Carl [Erfolgsanalyse, 1994], Seite 221; Coenenberg, Adolf G. [Jahresabschluss, 1993], Seiten 510; Schult, Eberhard [Bilanzanalyse, 1999]; Seite 52; Riebell, Claus [Bilanzauswertung, 1992], Seite 511, Rd. 1431.
[523] T-Test bei gepaarten Stichproben mit Irrtumswahrscheinlichkeit p=0,353.
[524] T-Test bei gepaarten Stichproben mit Irrtumswahrscheinlichkeit p=0,728.

es ihnen, den Normwert zu erreichen und zu übertreffen, während dies auf Seiten der externen Investoren nur 28,6 v.H. gelingt.

Diagramm 55a: Durchschnittlicher Deckungsgrad A-Matched-pair Design

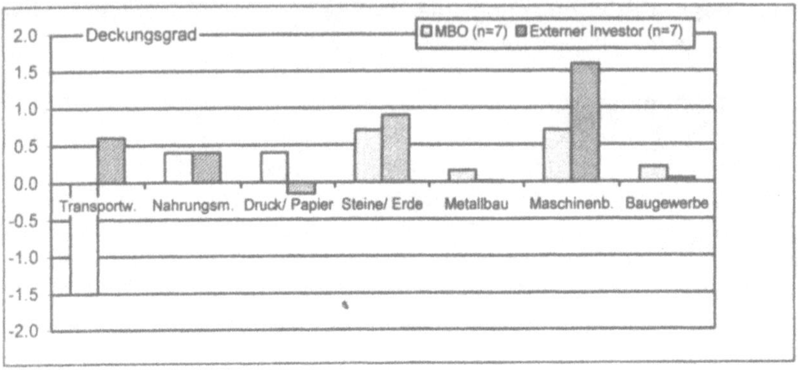

Quelle: Eigene Untersuchung.

Diagramm 55b: Durchschnittlicher Deckungsgrad B-Matched-pair Design

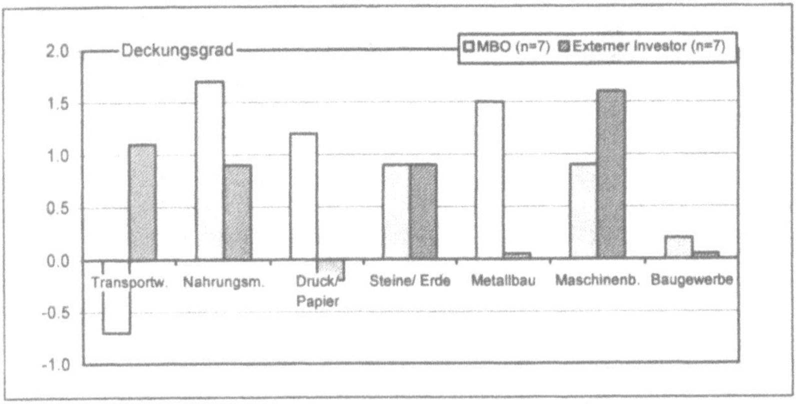

Quelle: Eigene Untersuchung.

Grundsätzlich beinhaltet ein geringerer Anlagendeckungsgrad ein erhöhtes Risiko für einen Finanzierungsengpass, der bei einer ungenügenden Abstimmung der Ein- und Auszahlungsreihen entsteht.[525]

- Als Ergebnis der bestandsorientierten Analyse der Deckung des betrieblichen Vermögens zeigen sich keine Unterschiede zwischen den MBOs und den Unternehmen der externen Investoren.

14.4.3.3 Liquiditätsanalyse

Im Rahmen der Liquiditätsanalyse werden die Liquiditätsgrade 1 bis 3 untersucht. Sie liefern Aussagen darüber, ob die Unternehmen jederzeit ihren Zahlungsverpflichtungen nachkommen können.[526] Grundsätzlich wird die Liquiditätslage um so positiver beurteilt, je höher die Liquiditätsgrade sind. Als Anhaltspunkte gelten für den Liquiditätsgrad 2 Werte größer/gleich 100,0 v.H. und für den Liquiditätsgrad 3 Werte größer/gleich 150,0-200,0 v.H. wobei der Liquiditätsgrad 2 die größte Relevanz besitzt.[527] Die Aussagekraft der Deckungskennzahlen wird jedoch als gering eingeschätzt.[528]

Beim Liquiditätsgrad 1 zeigt sich der MBO überlegen und weist in fünf von sieben Fällen (71,4 v.H.) höhere Werte auf (Diagramm 56a).[529]

Beim Liquiditätsgrad 2 gleicht sich das Bild etwas aus, d.h. die MBOs haben nur noch bei vier Paarungen (57,1 v.H.) einen höheren Wert (Diagramm 56b).[530] Wenn man den Richtwert des Liquiditätsgrades von größer/gleich 80,0-100,0 v.H. heranzieht, liegen vier MBO-Unternehmen (57,1 v.H.) und drei externe Investor-Unternehmen (42,9 v.H.) über den geforderten Werten und weisen somit eine gute Liquiditätssituation auf.

525 Vgl. Jacobs, Otto H. [Bilanzanalyse, 1994], Seite 92.

526 Vgl. Schult, Eberhard [Bilanzanalyse, 1999], Seite 47; Küting, K./ Weber, C.-P. [Bilanzanalyse, 1999], Seite 76.

527 Vgl. Helbling, Carl [Erfolgsanalyse, 1994], Seite 227; Baetge, Jörg [Bilanzanalyse, 1998], Seite 250.

528 Vgl. für Kritik Schult, Eberhard [Bilanzanalyse, 1999], Seite 53: Riebell, Claus [Bilanzauswertung, 1992], Seite 513, Rd.1440-1441; Küting, K./ Weber, C.-P. [Rechnungslegung, 1990], Seiten 120-121.

529 T-Test bei gepaarten Stichproben mit Irrtumswahrscheinlichkeit p=0,581.

530 T-Test bei gepaarten Stichproben mit Irrtumswahrscheinlichkeit p=0,362.

Diagramm 56a: Durchschnittlicher Liquiditätsgrad 1-Matched-pair Design

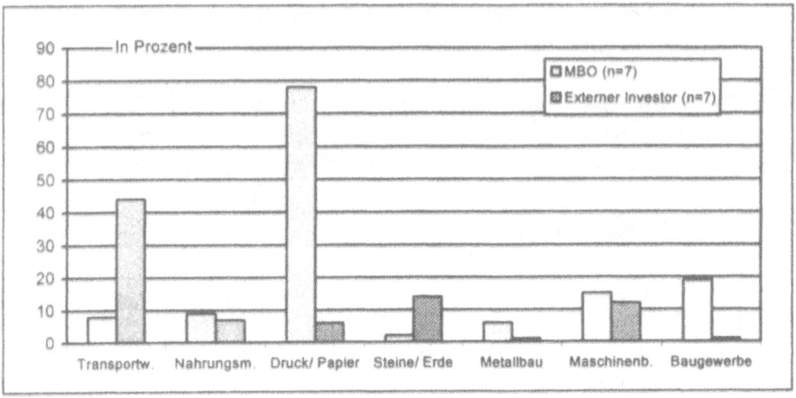

Quelle: Eigene Untersuchung.

Diagramm 56b: Durchschnittlicher Liquiditätsgrad 2-Matched-pair Design

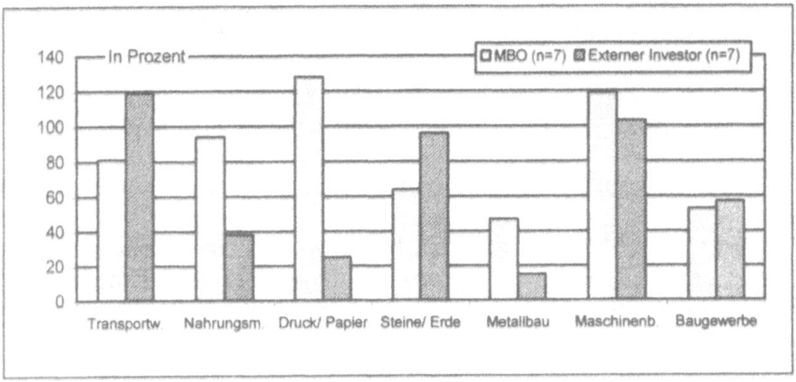

Quelle: Eigene Untersuchung.

Diagramm 56c: Durchschnittlicher Liquiditätsgrad 3-Matched-pair Design

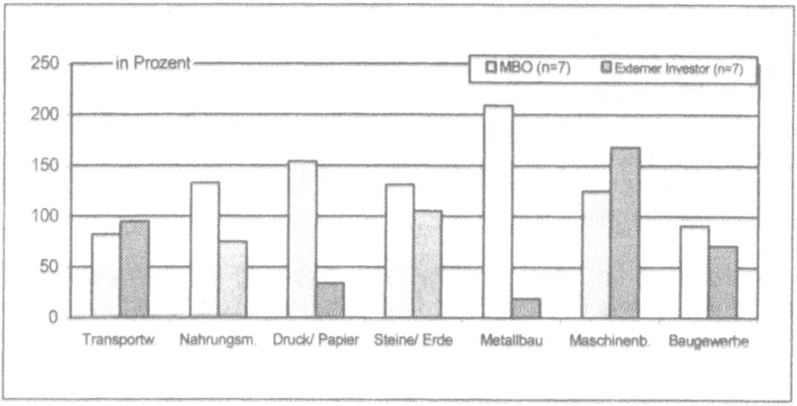

Quelle: Eigene Untersuchung.

Beim Liquiditätsgrad 3 zeigt der MBO wieder eine positive Bilanz, da er bei fünf von sieben Paarungen (71,4 v.H.) höhere Werte aufweist (Diagramm 56c).[531] Ein Vergleich zum Richtwert von Liquiditätsgrad 3 größer/gleich 130,0-150,0 v.H. wirft ein gleichmäßiges positives Bild auf den MBO: fünf Unternehmen erfüllen die Mindestanforderung (71,4 v.H.) während dies nur einem externen Investor-Unternehmen gelingt.

➢ Zusammenfassend lässt sich sagen, dass die MBO-Unternehmen im Gegensatz zu empirischen Untersuchungen und auch im Gegensatz zu ihrer eigenen Einschätzung über eine solide Liquiditätssituation verfügen.[532] Auch scheinen sie ein besseres Management ihrer liquiden Mittel zu verfolgen, als die externen Investoren.

14.4.3.4 Cash Flow-Analyse

Im Rahmen der Liquiditätsanalyse nach Stromgrößen wird hier die Cash Flow-Analyse gewählt. Aufgrund der schwierigen Datenlage wird eine

[531] T-Test bei gepaarten Stichproben mit Irrtumswahrscheinlichkeit p=0,143.
[532] Vgl. Barjak, F./ Heimpold, G./ Junkerheinrich, M./ Loose, B./ Skopp, R. [Management Buy-Outs, 1996], Seite 132.

Gegenüberstellung des zeitlichen Verlaufs des vereinfachten Cash Flows[533] zugrunde gelegt.

Insgesamt gelang es zu sieben Paarungen die relevanten Daten zu erheben. Als Vergleichsdesign wird die Bildung eines durchschnittlichen Cash Flows während des Zeitraums 1991 bis 1997 gewählt. Die Durchschnittswerte werden wieder paarweise gegenübergestellt, unter der Bedingung, dass für beide Unternehmen Daten der jeweils gleichen Geschäftsjahre vorliegen.

Die Auswertung in Diagramm 57a zeigt, dass sich bei den Paarungen kaum Unterschiede ergeben. Bei 42,9 v.H. der untersuchten n=7 Paare weist das MBO-Unternehmen einen positiveren durchschnittlichen Cash Flow auf. Bei 57,1 v.H. berechnet sich für das externe Investor-Unternehmen ein höherer Cash Flow. Entsprechend ergibt sich auch keine statistische Signifikanz.[534]

Diagramm 57a: Durchschnittlicher Cash Flow 1991-97-Matched-Pair Design

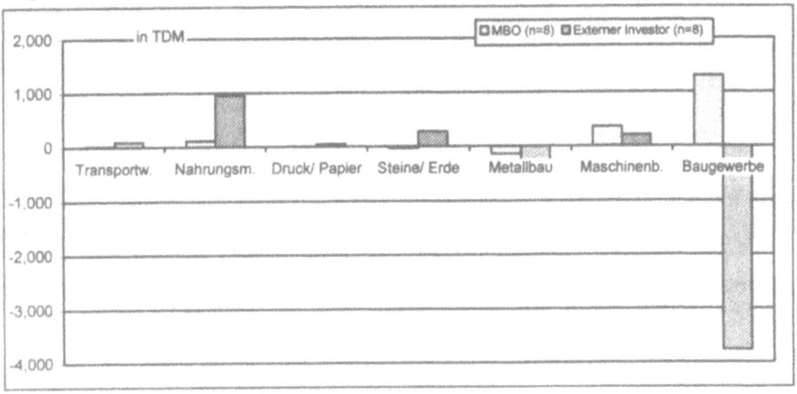

Quelle: Eigene Untersuchung.

---

[533] Der vereinfachte Cash Flow wird durch folgendes Ermittlungsschema berechnet:
Jahresüberschuss/-fehlbetrag
+ Abschreibungen (-Zuschreibungen)
+ Erhöhungen (-Verminderungen) von langfristigen Rückstellungen
= Cash Flow.
Vgl. Coenenberg, Adolf G. [Jahresabschluss, 1993], Seite 528.

[534] T-Test bei gepaarten Stichproben mit Irrtumswahrscheinlichkeit p=0,470.

Diagramm 57b: Entwicklung Cash Flow 1991-97-Matched-pair Design

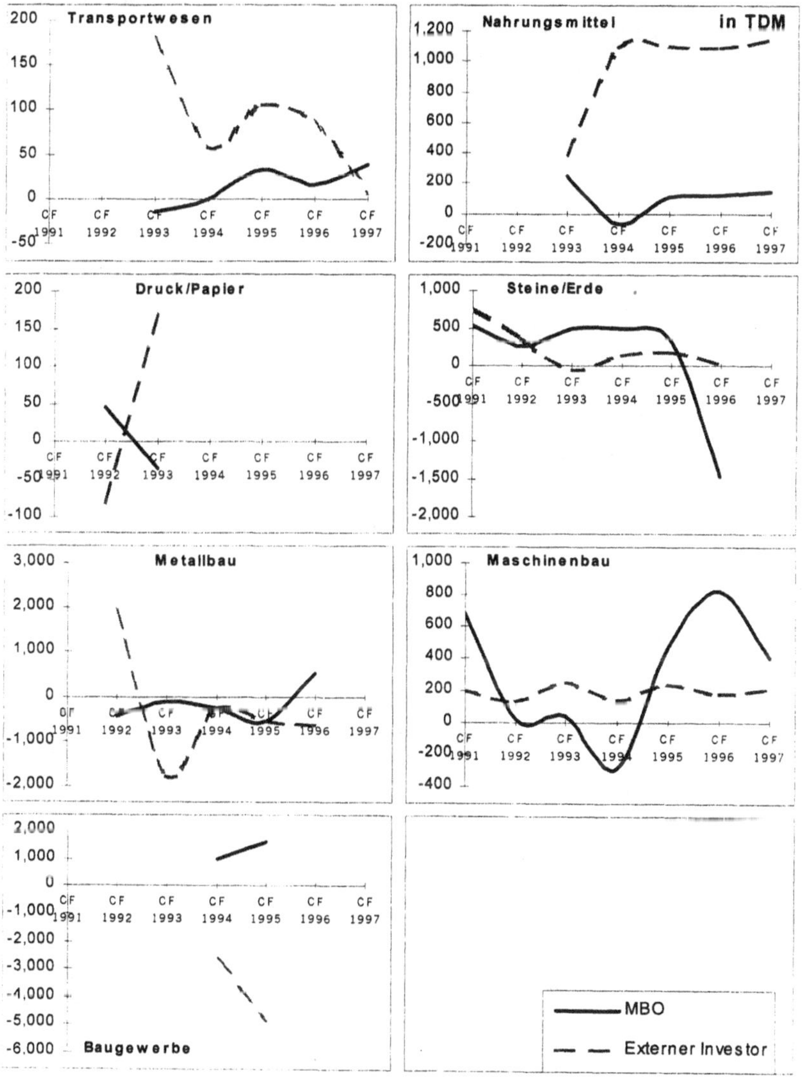

Quelle: Eigene Untersuchung.

Die Entwicklung im Zeitablauf liefert ein ähnlich ausgeglichenes Ergebnis (Diagramm 57b). Bei vier der n=7 Paarungen (57,1 v.H.) hat der MBO eine positive oder gleichbleibende Cash Flow-Entwicklung, während das externe Investor-Unternehmen dreimal auf eine negative und einmal (14,2 v.H.) auf eine positive Entwicklung blickt. Bei drei Paarungen (42,9 v.H.) verschlechtert sich der Cash Flow beim MBO-Unternehmen im Gegensatz zu zwei externen Investor-Unternehmen (28,6 v.H.), die ihren Cash Flow verbessern und einem Unternehmen (14,3 v.H.), das sich ebenfalls verschlechtert. Bei einer Gesamtbetrachtung ergeben sich zwei gleichgerichtete Paarungen, vier Paarungen mit jeweils unterschiedlicher, sich aufhebender Tendenz und eine Paarung, bei der das MBO-Unternehmen eine positive Richtung einschlägt, während sich das externe Investor-Unternehmen negativ entwickelt.

Jedoch liefert der Cash Flow aufgrund der unzureichenden Datenlage eine nur bedingt geeignete Maßzahl für die Liquiditätsanalyse. Neben der geringen Fallzahl können als weitere mögliche Fehlerquelle die allgemeinen Kritikpunkte an der Cash Flow-Konzeption vermutet werden.[535] Bei den hier ausgewerteten Unternehmen kann der Cash Flow durch eine unzureichende Eliminierung der finanzunwirksamen Aufwendungen und Erträge aus dem Jahresüberschuss, sowie einer fehlenden Erfassung weiterer Liquiditätsquellen verfälscht sein. Als weitere bedeutende Fehlerquelle können Ungenauigkeiten bei den Angaben der Manager angenommen werden.

➢ Unter diesen Einschränkungen lässt sich zusammenfassend feststellen, dass keine der beiden Privatisierungsformen einen eindeutigen positiven oder negativen Einfluss auf den Cash Flow des Unternehmens hat.

14.4.3.5 Erfolgswirtschaftliche Finanzanalyse

Im Rahmen der erfolgswirtschaftlichen Finanzanalyse wird die Kennzahl der **Zinsdeckung** als Vergleichsgrundlage herangezogen. Sie gibt an, ob die jährlichen Zinsbelastungen durch das Geschäftsergebnis beglichen werden können, d.h. wie oft der Jahresüberschuss vor Zinsen

[535] Vgl. Coenenberg, Adolf G. [Jahresabschluss, 1993], Seite 530.

die Zinsbelastung erwirtschaftet. Dadurch ist sie eine wichtige Größe zur Beurteilung einer möglichen Überschuldungsgefahr.

Im paarweisen Vergleich in Diagramm 58 ergeben sich keine eindeutigen Ergebnisse.[536] Bei 50,0 v.H. von n=6 Fällen weisen die MBO-Unternehmen eine höhere Zinsdeckungsrate auf, in den anderen 50,0 v.H. der Fälle gelingt dies dem externen Investor-Unternehmen. Auch eine Gesamtbetrachtung liefert keine Unterschiede zwischen den Privatisierungsformen. Bei vier Unternehmen (66,7 v.H.) zeigt sich ein bedenklicher Wert in Form von negativen oder minimal positiven Kennzahlen, d.h. es gelingt ihnen nicht ihre Zinsverpflichtungen mit dem erwirtschafteten Jahresüberschuss des Geschäftsjahres zu decken. Aber mit zwei MBO-Unternehmen und zwei externen Investor-Unternehmen sind beide Privatisierungsformen gleichermaßen vertreten.

Diagramm 58: Durchschnittliche Zinsdeckung 1991-97 – Matched-Pair Design

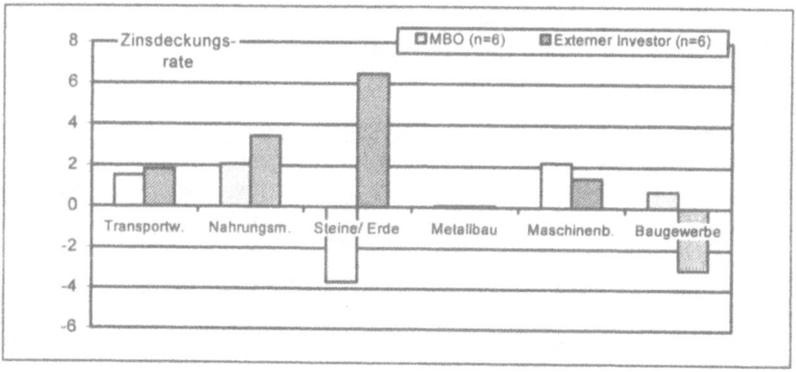

Quelle: Eigene Untersuchung.

➢ Bei der Zinsdeckung ergeben sich keine eindeutigen Ergebnisse, die auf einen Vorteil durch eine der beiden Privatisierungsformen hinweisen würden.

536 T-Test bei gepaarten Stichproben mit Irrtumswahrscheinlichkeit p=0,557.

15. Zusammenfassung der statistischen Auswertung

Als Abschluss der Überprüfung zur Eignung des Privatisierungs-MBO werden hier die Ergebnisse der drei Untersuchungsebenen zusammengefasst.

Auf **gesamtwirtschaftlicher Ebene**, also bei der Erfüllung von privatisierungs- und transformationsspezifischen Zielen zeigt sich ein gemischtes Bild:

Bei der ***Strukturveränderung*** lassen sich keine Unterschiede zwischen beiden Unternehmensgruppen feststellen. Aufgrund der gestellten Anforderungen an die Untersuchungsmenge bezüglich Unternehmensgröße und Branche sind entweder keine Aussagen möglich oder die Ergebnisse unterscheiden sich nicht signifikant, da die Einstellung beider Gruppen zur Innovationsfähigkeit von den gleichen mittelständischen und branchenspezifischen Strukturen geprägt wird.
Auch bei der ***sozialen Akzeptanz*** der Privatisierungsmethode zeigen sich keine Unterschiede zwischen beiden Privatisierungsformen. Hier scheint der Zeitablauf die ursprüngliche Brisanz der Problematik entschärft zu haben. Dies gilt sowohl für die externen Investoren, denen ein Ausverkauf der ehemaligen DDR zum Vorwurf gemacht wurde, als auch für diejenigen MBO-Investoren, die als ehemalige Mitglieder der Nomenklatura auf Ablehnung stießen.
Bei der Frage, welche Form mehr ***Arbeitsplätze*** sichern und neu schaffen würde, lässt sich ein signifikant besseres Ergebnis auf Seiten der MBO-Unternehmen nachweisen. Sie haben nicht nur ihre Mitarbeiterzahlen deutlich weniger verringert als externe Investoren, sondern versprechen auch für die Zukunft eine positivere Entwicklung. Dieses Ergebnis steht nur scheinbar im Widerspruch zu Vermutungen, dass die MBOs insgesamt weniger Arbeitsplätze sichern als die externen Investoren bzw. andere Privatisierungen. Hier wird nämlich eine Berücksichtigung der spezifischen Größenstruktur der MBO-Unternehmen getroffen und ihnen genau entsprechende Unternehmen gegenübergestellt, so dass sich kein verzerrtes Bild aufgrund der überwiegend kleinen bis mittleren Betriebsgrößen der MBOs ergibt. Das gleiche Resultat ergibt sich auch bei einer paarweisen Auswertung der 43 Unternehmenspaare, bei der sich die Form des MBO ebenfalls als

signifikant überlegen und damit im Sinne dieser Arbeit erfolgreich erweist, wenn es um den Erhalt der Arbeitsplätze gemessen an der Einhaltung der Arbeitsplatzzusagen geht.
Bei dem zweiten strukturpolitischen Anliegen, dem Erhalt und der Sicherung von ***Investitionen*** liefert der MBO jedoch geringere gesamte, wie auch relative Investitionssummen im Vergleich zu den externen Investor-Unternehmen. Dies entspricht der Annahme, dass die externen Investoren über ein größeres Investitionskapital verfügen. Es lassen sich aber Anzeichen finden, dass dies nicht die tatsächliche Investitionsabsicht der MBO-Manager widerspiegelt, sondern sie sobald es ihre finanziellen Mittel erlauben, mehr investieren. Als Ergebnis liefert diese Untersuchung, dass sich die bisherige Investitionsneigung verändert und die MBOs höhere Investitionen planen als die externen Investoren, die ihre Investitionen bereits abgeschlossen haben. Das heißt, dass die MBOs zwar zeitversetzt, aber möglicherweise aufgrund ihrer längerfristigen Renditeerwartung auch in größerem Umfang investieren als die externen Investoren. Eine Erfolgsbewertung im Hinblick auf die Sicherung und Schaffung von Investitionen muss entsprechend auf einen längeren Zeithorizont ausgedehnt werden.
Bei einem weiteren wichtigen Anspruch an ein Privatisierungsinstrument, der ***Kontrolle***, zeigt sich der MBO dem Verkauf an externe Investoren überlegen. Durch seine spezifische Ausgestaltung liefert der MBO system-immanente Kontrollmechanismen und ermöglicht eine bessere Kontrolle der Investoren im Hinblick auf mögliche illegale Aktivitäten in einer Zeit der Systemtransformation. Das Instrument des MBO erweist sich auch im Hinblick auf eine wirkungsvolle Kontrolle der leitenden Geschäftsführer zur Gewährleistung einer effizienten Unternehmensführung als besser. Es lässt sich dabei aber nicht bestimmen, inwieweit mangelnder Erfolg, der in einer Auflösung des Unternehmens gipfelt, auf illegale Aktivitäten zurückführen ist oder Ausdruck von Effizienzverlusten während der Transformationsumstände ist.
Lediglich bei der letzten Anforderung an ein Privatisierungsinstrument nach einer möglichst ***schnellen Durchführung*** und Abschluss der Privatisierung zeigt sich der MBO signifikant einem Verkauf an externe Investoren unterlegen. Erwartete Informationsvorteile aufgrund von Insider-Wissen bei den MBO-Managern bestätigen sich nicht, und haben auch keinen Einfluss auf die Dauer der Verhandlungen. Einen signifikanten Einfluß auf die Dauer haben jedoch die Verhandlungs-

führung und die Privatisierungsleistung der Treuhandanstalt, die beide von den MBO-Managern wesentlich schlechter beurteilt werden.

Auf der **individuellen Ebene** lassen sich nur widersprüchliche Ergebnisse finden. Aufgrund einer Analyse, inwieweit die Privatisierungsinstrumente zu einer objektiven Erfüllung der Motive führten, zeigt sich der MBO als überlegene Methode. Allerdings wird dieses Ergebnis durch die subjektiven Empfindungen der befragten Manager relativiert. Im Gegensatz zu den externen Investoren würde nämlich ein signifikanter Anteil der befragten MBO-Manager die Privatisierung und Kauf ihres Unternehmens nicht mehr durchführen. Dieses Ergebnis wird noch verstärkt, da es sich bei den befragten MBO-Unternehmen um, zumindest in Hinsicht auf ihre Marktexistenz erfolgreiche Unternehmen handelt. Auf der individuellen Ebene lässt sich daraus auf eine geringere Eignung des Privatisierungs-MBO schliessen.

Die **unternehmerische Ebene** dient als Plattform zur Überprüfung einer der wichtigsten Forderungen an ein Privatisierungsinstrument, der Erhöhung der ökonomischen Effizienz im Sinne einer erfolgreichen wirtschaftlichen Entwicklung im privatisierten Unternehmen.
Unter der Annahme, dass diejenige Privatisierungsform erolgreicher ist, die dazu beiträgt, dass die Unternehmen öfter als ihre Vergleichsunternehmen noch existieren, zeigt sich der MBO als überlegene Form. In Bezug auf die Unternehmenspaarungen sind weitaus mehr MBOs im Gegensatz zu den externen Investoren noch tätig.
Die ökonomische Analyse verstärkt dieses Ergebnis nur teilweise, wenn der MBO im direkten Vergleich mit jeweils einem externen Investor-Unternehmen gesehen wird. Bei den analysierten Kennzahlen weisen die MBOs insbesondere beim Umsatzwachstum, der Produktivität, der Kapitalumschlagshäufigkeit und der Liquidität leicht bessere Ergebnisse auf. Die externen Investoren zeigen hingegen bei allen Rendite-kennzahlen, sowie der Eigenkapital- und Vermögensausstattung positivere Werte.
Dies deutet auf Effizienzgewinne durch die Form des MBO im Bereich der Produktivität und der Umsatzsteigerung hin. Im Widerspruch dazu steht allerdings die mangelnde Rentabilität des MBO. Eine entsprechende Rendite lässt sich im Umkehrschluss als eine notwendige Anforderung der externen Investoren an ihr Unternehmen interpretieren, da diese noch andere Investitionsmöglichkeiten haben und bei einer

mangelnden Rendite das privatisierte Unternehmen aufgeben würden. Den MBO-Managern steht im Gegensatz dazu kein anderes Investitionsobjekt zur Wahl, wenn sie sich auf ihr Unternehmen beschränken. Auch herrschen bei ihnen andere Motivationen vor, die sich weniger auf Renditegesichtspunkte, sondern mehr auf einen Erhalt des Unternehmens und der Arbeitsplätze richten.
Doch das deutet eher auf MBO-spezifische Ursachen hin, als auf transformationsspezifische Besonderheiten, so dass sich daraus keine Unterschiede zwischen dem klassischen MBO als Finanzierungsinstrument und dem MBO als Privatisierungsinstrument ergeben. Der entscheidende Einfluss auf die Entwicklung der ökonomischen Effizienz scheint somit nicht in der Form der Privatisierung begründet zu sein, sondern im bestimmenden Faktor des Management.

In Tabelle 19 werden noch einmal die Ergebnisse des Vergleichs der Privatisierungsinstrumente auf den jeweiligen Untersuchungsebenen zusammengefasst:

Tabelle 19: Zusammenfassung der empirischen Ergebnisse

Erfolgs-kriterium	**Daten-basis**	**Unter-suchungs-menge**	**Sig-nifi-kanz**	**Eignung des MBO**	**Bemerkung**
Gesamtwirtschaftliche Ebene					
Struktur-veränder-ung	Frage-bogen	n=19 MBO n=12 Ext. Inv.	Nein	Keine Aussage möglich	Nur geringe qualitative Unterschiede, Einfluss durch innovative, mittelständische Kultur, die für beide Privatisierungsformen gilt.
Arbeits-plätze	Frage-bogen	n=19 MBO n=12 Ext. Inv.	Ja	Geeignet	Geringere MA-Reduktion und höhere Erfüllungsquote bei vertraglichen Arbeitsplatzgarantien.
	Handels-register	n=21 Paare	Ja	Geeignet	Bei 57,1 v.H. der Paare hat nur MBO die zugesagten Arbeitsplätze gesichert.
Investitio-nen	Frage-bogen	n=19 MBO n=12 Ext. Inv.	Nein	Keine Aussage möglich	MBOs investierten ein Drittel weniger, planen in Zukunft mehr zu investieren, was sich in einer höheren, aktuellen Investitionsquote niederschlägt.
Schnellig-keit	Frage-bogen	n=19 MBO n=12 Ext. Inv.	Ja	Nicht geeignet	Verhandlungen dauern signifikant länger, Informationsvorsprung der MBO-Manager nicht gegeben.

Fortsetzung Tabelle 19:

Erfolgs-kriterium	**Daten-basis**	**Unter-suchungs-menge**	**Sig-nifi-kanz**	**Eignun des MBO**	**Bemerkung**
Kontrolle	Handels-register	n=86 Unter-nehmen	Ja	Geeignet	MBOs halten in größerem Maße den Geschäftsbetrieb aufrecht.
	Handels-register	n=43 Paare	Ja	Geeignet	Bei 34,9 v.H. der Paarungen ist nur noch der MBO tätig.
Soziale Akzep-tanz	Frage-bogen	n=19 MBO n=12 Ext. Inv.	Ja	Keine Aussage möglich	Ablehnungsgründe für sowohl interne (Nomenklatura), als auch externe Manager (Ausverkauf) haben sich im Zeitablauf entschärft.
Individuelle Ebene					
Eigen-schaften	Frage-bogen	n=19 MBO n=12 Ext. Inv.	Ja, teil-weise	Keine Aussage möglich	MBO-Manager zeigen eine stärkere Ausprägung bei aggressiv-unterneh-merischen Eigenschaften.
Stärken	Frage-bogen	n=19 MBO n=12 Ext. Inv.	Ja, teil-weise	Keine Aussage möglich	MBO-Manager sehen ihre Stärke in ihrer langen Unternehmenszuge-hörigkeit und der sich daraus ergebenden Vorteile.
Motive	Frage-bogen	n=19 MBO n=12 Ext. Inv.	Ja, teil-weise	Keine Aussage möglich	Motive entsprechen den erwarteten Motivationshintergründen für die Privatisierung. MBO-Manager: untern. Unabhängigkeit & Sicherung von Arbeitsplätzen. Externer Investor: Präsenz in Ostdtl. & Sicherung von Arbeitsplätzen.
Objektive Erfüllung der Motive	Frage-bogen, Handels-register	n=86 Unter-nehmen		Geeignet	MBO bei gewichteter Erfüllung der Indikatoren zu den Motiven erfolgreicher.
Subjektive Erfüllung der Motive	Frage-bogen	n=19 MBO n=12 Ext. Inv.	Ja	Nicht geeignet	MBO würden zu 52,6 v.H. im vgl. zu 16,7 v.H. bei den ext. Inv. die jeweilige Privatisierungsform nicht mehr wählen.
Ökonomische Ebene					
Existenz	Handels-register	n=43 Paare	Ten-denz	Geeignet	MBO besser (bei 25,6 v.H. der Paare, existieren die externen Investoren nicht mehr), aber Gründe lassen sich nicht eindeutig zuordnen.
Liquidität	Frage-bogen	n=19 MBO n=12 Ext. Inv.	Ten-denz	Nicht geeignet	Die Liquiditätsausstattung der MBO-Unternehmen ist schlechter, 26,4 v.H. der Manager beurteilt sie als problematisch.

Fortsetzung Tabelle 19:

Erfolgs-kriterium	**Daten-basis**	**Unter-suchungs-menge**	**Sig-nifi-kanz**	**Eignung des MBO**	**Bemerkung**
Eigenka-pitalaus-stattung	Frage-bogen	n=19 MBO n=12 Ext. Inv.	Ja	Nicht geeignet	Fast die Hälfte der MBO-Manager hält die Eigenkapitalsituation ihres Unternehmens für unbefriedigend
Fremd-kapital-aus-stattung	Frage-bogen	n=18 MBO n=11 Ext. Inv.	Nein	Keine Aussage möglich	Beide Unternehmensgruppen größtenteils zufrieden mit FK-Ausstattung.
Fremd-kapital-aufnahme	Frage-bogen	n=19 MBO n=12 Ext. Inv.	Ja	Nicht geeignet	Fast die Hälfte der MBO-Manager findet es schwer oder unmöglich, Fremdkapital aufzunehmen
Ertrags-lage	Frage-bogen	n=19 MBO n=12 Ext. Inv.	Nein	Keine Aussage möglich	Beide Unternehmensgruppen haben eine überwiegend ausgeglichene oder positive Ertragslage.
Umsatz-wachstum	CAGR, JA-Daten 1991-97	n=9 Paare	Ja	Geeignet	Der Umsatz des MBO wächst bei 66,7 v.H. der Paare stärker an.
Umsatz-rendite	Durch-schnitts-UR	n=7 Paare	Nein	Keine Aussage möglich	MBOs nur leicht schwächer, grundsätzlich ähnliche Effizienz bei Produkt- und Dienstleistungs-bereitstellung.
	UR-Zeit-verlauf	n=7 Paare			MBOs im Paarvergleich etwas stärker
Eigen-kapital-rendite	Durch-schnitts-EKR	n=7 Paare	Ja	Nicht geeignet	Alle untersuchten MBOs erzielen eine schlechtere Rendite des eingesetzten Eigenkapitals.
	EKR-Zeit-verlauf	n=7 Paare			Weniger als die Hälfte der MBOs entwickelt sich positiv.
GKR	Durch-schnitts-GKR	n=7 Paare	Nein	Nicht geeignet	MBOs erzielen bei über der Hälfte der Paare nur eine schlechtere GKR-Rendite.
	GKR-Zeit-verlauf	n=7 Paare			
MA-Produkti-vität	Steiger-ung 1. GJ auf letztes GJ	n=7 Paare	Nein	Geeignet	MBO-Unternehmen hatten vom 1. Geschäftsjahr an eine etwas höhere Produktivität und konnten diese in größerem Maße steigern als die externen Investoren.

Fortsetzung Tabelle 19:

Erfolgs-kriterium	**Daten-basis**	**Unter-suchungs-menge**	**Sig-nifi-kanz**	**Eignung des MBO**	**Bemerkung**
AV-intensität	Durch-schnitts-AV-Int..	n=7 Paare	Nein	Nicht geeignet	MBOs halten einen im Vergleich zu den externen Investoren zu geringen Anteil als Anlagevermögen.
	AV-Int. Im Zeit-verlauf	n=7 Paare			Über die Hälfte der MBO-Unternehmen hat eine geringere Intensität während des gesamten Zeitverlaufs.
Investitionsver-hältnis	Durch-schnitts-IV	n=7 Paare	Nein	Nicht geeignet	Fast drei Viertel der MBOs haben einen deutlich höheren Anteil ihres Vermögens in Umlaufvermögen investiert und schwächen ihre finanzielle Situation dadurch unnötig.
	IV-Zeit-verlauf	n=7 Paare			Gegenläufige Tendenz zur Anlage-vermögensintensität.
Kapital-um-schlags-häufigkeit	Durch-schnitts-KUH	n=7 Paare	Nein	Keine Aussage möglich	Die MBOs erwirtschaften mit dem eingesetzten Vermögen etwas mehr Umsatz.
Eigen-kapital-quote	Durch-schnitts-EK-Quote	n=7 Paare	Nein	Nicht geeignet	MBO unterliegen aufgrund ihrer niedrigeren Eigenkapitalquote einem höheren Risiko, Tendenz zur Unterkapitalisierung.
	EK-Qu. Zeitver-lauf	n=7 Paare			Echter Eigenkapitalverzehr nur bei einem externen Investor-Unternehmen.
Anlagen-deckungs-grade	Durch-schnitts-DG A, B	n=7 Paare	Nein	Keine Aussage möglich	
Liquidi-tätsgrade	Durch-schn. Liqu.gr. 1-3	n=7 Paare	Nein	Geeignet	Die vergleichsweise gute Liquiditätssituation der MBO-Unternehmen steht im Widerspruch zu ihrer eigenen Einschätzung.
Cash Flow	Durch-schnitts-CF	n=7 Paare	Nein	Geeignet	Fast ein Drittel der ext. Inv.-Unternehmen und der MBOs, hat einen negativen Cash Flow zu verzeichnen.
	CF-Zeit-verlauf				MBO-Paare im Paarvergleich insgesamt etwas besser.
Zins-deckung	Durch-schnitts-Zins-deckung	n=7 Paare	Nein	Keine Aussage möglich	Je einem Drittel der Unternehmen gelingt es nicht, ihre Zinsverpflichtungen durch den Jahresüberschuss zu decken.

Quelle: Eigene Darstellung.

VI. Kapitel:

Einordnung der empirischen Befunde

VI. EINORDNUNG DER EMPIRISCHEN BEFUNDE

16. Grenzen und Probleme der empirischen Untersuchung

Wie bereits bei der Auswertung der empirischen Untersuchung erwähnt, stößt diese Untersuchung und das ihr zugrundeliegende Design aufgrund der verwendbaren Datenquellen an Grenzen, so dass einige Aussagen nur unter Einschränkungen gemacht werden können.

16.1 Kritikpunkte zur Primärerhebung

Die am Anfang durchgeführte Überprüfung zur Repräsentativität der Untersuchungsmenge wies bereits auf eine erste Problematik in der Untersuchung hin. Da an die Untersuchungsobjekte, um eine Paarbildung zu ermöglichen zwingende Anforderungen gestellt wurden, gelang es zumindest im Rahmen dieser Untersuchung nicht, eine entsprechende proportionale Repräsentanz zur Gesamtheit aller MBO-Privatisierungen in den neuen Bundesländern in bezug auf ihre geographische Verteilung herzustellen. Im Hinblick auf den Untersuchungsfokus jedoch, der keine expliziten Länderregelungen in Form von Variablen oder Erklärungsansätzen für die Auswertung mit einbezieht, sondern diese nur in Form einer starren Rahmenbedingung vorschreibt, liegt eine ausreichende Repräsentativität vor.

Als einer der hauptsächlichen Kritikpunkte bei der Auswertung der Fragebögen wird hier die geringe Untersuchungsmenge angesehen. Obwohl bei der Fragebogenaktion eine hohe Rücklaufquote von über 50,0 v.H. erreicht werden konnte, bezieht sich diese Quote auf die Untersuchungsmenge von nur 86 Unternehmen. Sie berücksichtigt nicht, dass nur für insgesamt n=3 Paare eine paarweise Auswertung des Fragebogens möglich war, da sich die anderen Rückläufer nicht den definierten Unternehmenspaaren, sondern nur den Einzelunternehmen zuordnen ließen. Dies führte bei der Auswertung der Fragebögen zur Anwendung des Gruppenvergleichs („Matched-group"-Design), wodurch die Analyse nur noch basierend auf einer gruppenweisen Abgrenzung der beiden Privatisierungsformen erfolgte.

Dadurch konnten die Einflüsse externer Rahmenbedingungen auf eine unterschiedliche Entwicklung nicht vollständig ausgeschlossen werden. Allerdings sind ein Großteil der Fragen, wie z.B. nach den Privatisierungsverhandlungen, nur in zweiter Konsequenz ein Ausdruck von z.B. Brancheneigenheiten und Größenspezifika, so dass die gruppenweise Auswertung angewandt werden konnte.

Ein bedeutender Kritikpunkt bezüglich der Datenbasis zur spezifischen Frage nach der Erfüllung der Arbeitsplatzzusagen liegt in der Tatsache, dass sich die Entwicklung der Arbeitsplätze an den Angaben der Manager orientiert und stark von deren zeitlicher Zuordnung abhängt. Für deren Aussagen ist es von großer Bedeutung, auf welchen Zeitpunkt sich die Angaben bezüglich der Arbeitskräfte beziehen, da oftmals vor der eigentlichen Privatisierung große beschäftigungsbezogene Veränderungen in den Unternehmen durchgeführt wurden und sich die Anzahl der Mitarbeiter stark verringert hat. Entscheidend ist somit, inwieweit diese Maßnahmen vor der Privatisierung schon abgeschlossen waren. Es wurde versucht, durch eine genaue Definition des Zeitpunkts eine Vergleichbarkeit zu gewährleisten, doch kann diese Problematik nicht ganz verhindert werden.

Als weiterer Kritikpunkt wird die Verzerrung aufgrund der Interviewtechnik gesehen. Bei dieser Untersuchung traten über die Gefahr einer Beeinflussung durch den Interviewer hinausgehend, Probleme durch die Auswahl der Gesprächspartner und die organisatorische Gestaltung der Unternehmen auf. Während die Konzentration auf Geschäftsführer oder höchste Führungskräfte bei der Form des MBO zur Ansprache der gewünschten Zielgruppe, der MBO-Manager führte, war dies bei den externen Investoren nicht automatisch gewährleistet. Aufgrund der spezifischen Ausgestaltung gelang es bei der Befragung der externen Investoren nicht immer, den eigentlichen externen Investor und Geldgeber zu interviewen, da er sich in vielen Fällen tatsächlich auf diese Funktionen zurückzieht und das privatisierte Unternehmen von angestellten Managern leiten lässt, ohne operative Führungsaufgaben zu übernehmen.

Dies hat in zweierlei Hinsicht eine negative und verfälschende Auswirkung auf die Untersuchung: einmal erweist sich dadurch eine der zugrundeliegenden Annahmen als teilweise ungültig, da sich der Erfolg oder Misserfolg nicht mehr automatisch der persönlichen Einflusssphäre der externen Investoren zuordnen lässt. Zum zweiten ist es gerade bei den individuell ausgerichteten Fragestellungen nicht mehr garantiert, dass die tatsächlichen Unterschiede in beiden Gruppen herausgearbeitet werden können, wenn z.B. ein ostdeutscher angestellter Manager die Fragen beantwortet und außer einer fehlenden Eigentumsposition keine unterschiedlichen Rahmenbedingungen mehr vorliegen. Als Gegengewicht wurden die befragten Manager gebeten, bei der Beantwortung persönlichkeitsbezogener oder anderer individuell ausgerichteter Fragen sich in die Position ihrer Investoren und Eigentümer zu versetzen. Dies kann jedoch keine unverfälschten Antworten garantieren.

16.2 Kritikpunkte zur Auswertung der Sekundärdaten

Weitere Probleme gibt es auch bei der Auswertung der Sekundärdaten der Registergerichte, insbesondere der eingereichten Jahresabschlussdaten, da es aufgrund der Zurückhaltung der beteiligten Unternehmen bezüglich einer Veröffentlichung oder Bereitstellung ihrer wirtschaftlichen Daten zu einer nur sehr geringen Untersuchungsmenge von n=6 bis n=9 Paaren kommt. Als Gegengewicht wird versucht, teilweise die gesamte Untersuchungsmenge von n=43 Paaren mit Hilfe von extern zu beschaffenden Informationen und grundsätzlichen Handelsregistereintragungen in die Auswertung mit einzubeziehen.

In bezug auf die Analyse der wirtschaftlichen Situation der Unternehmen stellt es sich selbst für die Unternehmen, für die Daten zur Verfügung stehen als sehr schwierig bzw. unmöglich heraus, eine lückenlose Dokumentation im Zeitablauf zusammenzutragen. Entsprechend müssen auch bei der Auswertung der Entwicklung und Tendenzen Abstriche gemacht werden, da es nicht möglich ist den Zeitrahmen von sechs bis sieben Jahren nach der Privatisierung komplett abzudecken. Als Lösung werden nur diejenigen Datensätze herangezogen, die für beide Unternehmen der Paarungen für das jeweils gleiche Geschäftsjahr vorliegen. Dadurch wird der ursprünglichen Forderung nach einer Vergleichsbasis mit den gleichen zeitlichen und entwicklungsrelevanten Rahmenbedingungen zumindest teilweise entsprochen.

Trotz dieser Kritikpunkte sollte es jedoch gelungen sein, ausgehend von der ursprünglichen Fragestellung und dem entwickelten Untersuchungsdesign, eine möglichst umfassende Analyse, sowie Einordnung und Bewertung des Privatisierungs-MBO im Vergleich zu einer weiteren Privatisierungsform darzustellen.

17. Bewertung und Erklärungsansätze zu ausgewählten empirischen Ergebnissen

Als übergeordnetes Ergebnis dieser empirischen Untersuchung ergibt sich ein auffälliger Unterschied in der Anzahl der noch existierenden Unternehmen beider Privatisierungsformen. Das überraschende Resultat, dass signifikant mehr MBO-Unternehmen zum Zeitpunkt der Untersuchung, d.h. sechs bis sieben Jahre nach Ihrer Privatisierung noch existieren und am wirtschaftlichen Leben teilnehmen, bildet auch die Verbindung zur Ausgangsbasis dieser Arbeit, die Frage zur Eignung des MBO als Privatisierungsform. Ohne eine zusammenfassende Aussage zu treffen, ergeben sich interessante Überlegungen, wenn man ausgehend von diesem Ergebnis, Erklärungsansätze als theoretische Überlegungen aufstellt und sie durch empirische Untersuchungsergebnisse verstärkt.

Die unterschiedliche „Existenzrate" der Unternehmen kann auf drei Argumentationsfelder zurückgeführt werden:

1. Ökonomisch erfolgreichere Unternehmensführung
2. Geringere Effizienzverluste durch bessere Kontrolle
3. Erfolg aufgrund persönlicher Motive und Motivation

Diese Argumente lassen sich wiederum an der theoretischen Ausgangsbasis mit ihren drei Untersuchungsebenen spiegeln: Die erfolgreiche Unternehmensführung bezieht sich auf die unternehmerische Ebene und lässt sich anhand von ökonomischen Kennziffern feststellen. Eine bessere Kontrolle ist eine der Forderungen auf der gesamtwirtschaftlichen Ebene und persönliche Motive und Motivation werden auf der individuellen Ebene ausgedrückt.
Dadurch schließt sich der Gang der Untersuchung, da das wichtigste Ergebnis der empirischen Untersuchung, die signifikante Existenz der MBOs im Vergleich zu den externen Investor-Unternehmen, als empirisches Indiz für alle drei Untersuchungsebenen herangezogen werden kann.

Ferner hat die Existenz der Unternehmen einen unmittelbaren Einfluss auf das zweite Hauptergebnis der Untersuchung, die Stärke des MBO,

Arbeitsplätze zu sichern und neue zu schaffen. Dies stellte eine weitere Forderung auf der gesamtwirtschaftlichen Betrachtungsebene dar. Bezüglich dieser Ebene, sowie der beiden anderen Untersuchungsplattformen wird hier anhand von ausgewählten Ergebnissen und Erklärungsansätzen eine Bewertung und Einordnung entwickelt.

17.1 Gesamtwirtschaftliche Forderungen

17.1.1 Sicherung und Schaffung von Arbeitsplätzen

Die vorangestellte Analyse zeigt, dass sich die MBOs der Untersuchungsmenge als besser geeignet erweisen, Arbeitsplätze zu sichern. Dieses Ergebnis ergibt sich durch eine unterschiedliche Vorgehensweise im Vergleich zu den bisher durchgeführten Unternehmensvergleichen, da die absolute Zahl der durch alle Privatisierungs-MBOs gesicherten Arbeitsplätze nicht der absoluten Leistung aller externen Investoren gegenübergestellt wird, sondern ein Vergleich auf der individuellen Unternehmensebene erfolgt. Dadurch wird es möglich, eine negative Geschäftsentwicklung des einzelnen Unternehmens mit einem Totalverlust der Arbeitsplätze als Variante mit einzubeziehen.

Die Untersuchung hat gezeigt, dass die MBOs insgesamt erfolgreicher sind beim Erhalt von Arbeitsplätzen, da sie in einem geringeren Umfang von Unternehmensauflösungen und Betriebsschließungen betroffen waren als die externen Investoren. Sie haben die Anzahl der Arbeitskräfte während der Transformationsphase insgesamt weniger reduziert als die externen Investoren. Auch in bezug auf die Planung vermitteln sie ein positiveres Bild, da sie eher als die externen Investoren im nächsten Geschäftsjahr neue Mitarbeiter einstellen wollen.

Als Hintergrund und Erklärungsansatz sollen hier zwei Überlegungen betrachtet werden, die beide auf der Frage aufsetzen, warum MBO-Manager ihre Mitarbeiter länger halten als externe Investoren. Einmal wird als Ausgangspunkt ein kostenorientiertes Modell gewählt und im zweiten Fall eine wertorientierte Darstellung entwickelt.

Grundsätzlich stehen sich zwei Parteien gegenüber: einmal wird der Kostenfaktor Personal als wichtigstes Kriterium gesehen und im Hinblick auf eine möglichst hohe Rendite eine Einsparung des Personals befürwortet. Die andere Seite glaubt, dass es sich bei Mitarbeitern um Träger von Erfolgspotential handelt und ein Unternehmen für einen erfolgreichen Unternehmensverlauf auf allen Hierarchie-Ebenen über Mitarbeiter verfügen muss, die besser als die der Wettbewerber sind.[537] Entsprechend dieser Meinung stellen die Mitarbeiter einen großen Wert für das Unternehmen dar. Eine Entscheidung, ob Mitarbeiter entlassen werden, kann somit auf einem grundlegend unterschiedlichen Standpunkt basieren, je nachdem, ob die Mitarbeiter hauptsächlich als Kostenfaktor, oder als Potential betrachtet werden. Auf die Untersuchung bezogen, würde das bedeuten, dass die MBO-Manager ihre Mitarbeiter eher als Träger von Potential sehen, während die externen Investoren eine Kostenfaktor-Sicht vertreten, und eher einen Abbau der Belegschaft verfolgen.

Die grundsätzliche Position, ob Mitarbeiter eher als Kostenfaktor, oder als Potential angesehen werden, hängt von verschiedenen Faktoren ab:[538]

- Planungshorizont
- Einschätzung der zukünftigen Geschäftsentwicklung
- Qualifikation der Mitarbeiter
- Motivation und Altersstruktur der Mitarbeiter
- Niveau des betriebsspezifischen Know-hows bzw. Spezifitätsgrad[539] der Mitarbeiter
- Verhältnis zwischen Wiederbeschaffungs- und Einarbeitungskosten und den laufenden Personalkosten
- Verfügbarkeit von Mitarbeitern

537 Vgl. Kittner, Michael [Human Ressources, 1997], Seite 2285.

538 Vgl. Österreichische Kammer [Fachgutachten, 1989], Seite 701; Kittner, Michael [Human Ressources, 1997], Seite 2286; Eigler, Joachim [Personalabbau, 1997], Seiten 177.

539 Der Spezifitätsgrad gilt als Maß für die Kenntnisse und Fähigkeiten der Mitarbeiter, die ausschließlich im Unternehmen selbst eingesetzt werden können, d.h. also nicht unmittelbar übertragbar auf neue Mitarbeiter von z.B. anderen Unternehmen sind. Je höher der Spezifitätsgrad, desto höher sind auch die Wiederbeschaffungs- und Einarbeitungskosten für einen neuen Mitarbeiter. Vgl. Eigler, Joachim [Personalabbau, 1997], Seiten 179.

Auf die Untersuchung bezogen bedeutet das, dass die Manager je nach ihrem Standpunkt eher dazu neigen, Personal freizusetzen, oder zu behalten. Dies hängt davon ab, ob sie ihre Mitarbeiter eher als Kosten- oder als Wertfaktor ansehen. Diese beiden gegensätzlichen Standpunkte lassen sich als Ausgangsbasis für Hypothesen über die Arbeitskräftestrategie der MBO-Manager und der externen Investor-Unternehmen im Rahmen eines wert- und eines kostenorientierten Ansatzes verwenden.

1. Wertorientierter Ansatz

Eine Erklärung gründet sich auf den wertorientierten Ansatz. Er basiert auf der Theorie der wertmäßigen Berücksichtigung des Mitarbeiterstamms als menschliches Humankapital. Dieses definiert sich dabei als *„Summe aller Leistungspotentiale, die einem Unternehmen durch seine Organisationsmitglieder zur Verfügung gestellt wird“.*[540] Der Mitarbeiter wird nicht nur als Produktionsfaktor betrachtet, sondern als Humankapital des Unternehmens, in das investiert wurde und wird und für das man soziale Verantwortung trägt.[541] Allerdings gibt es keine allgemein gültigen Methoden zur Berechnung oder zum Wertansatz des Humankapitals.[542]

Als methodische Darstellung und Diskussionsgrundlage wird in dieser Arbeit der Wert, den ein Mitarbeiter für die Unternehmensleitung hat, auf drei Ebenen aufgeteilt und seine grundsätzliche Tendenz zu verschiedenen Zeitpunkten in der gemeinsamen Mitarbeiter-Unternehmensentwicklung bestimmt.

Wert wird hier in Anlehnung an die mikroökonomische Theorie definiert als Ausdruck der Wichtigkeit eines Gutes, in diesem Fall einer menschlichen Ressource, die es für die Befriedigung der subjektiven Bedürfnisse, hier des geschäftsführenden Managers besitzt.[543] Der Wertbegriff geht über die tatsächlichen Leistungspotentiale der Mitarbeiter mit bezug auf die betriebliche Tätigkeit (gemessen an ihrem Output) hinaus und fügt noch weitere Dimensionen, wie die der

---

[540] Siehe Gabler [Wirtschaftslexikon, 1997], Seite 1797.

[541] Vgl. Drumm, Hans Jürgen [Beschäftigungskrisen, 1983], Seite 35.

[542] Vgl. für eine Darstellung verschiedener Humanvermögenrechnungsansätze: Scholz, Christian [Personalmanagement, 1994], Seiten 149-152.

[543] Vgl. Gabler [Wirtschaftslexikon, 1997], Seite 4345.

emotionalen Bindung an Mitarbeiter und die des sozialpolitischen Gewissens hinzu. Auch der Nutzenbegriff, der im weitesten Sinne positive Auswirkungen oder einen Vorteil bezeichnet,[544] fließt in den Wert mit ein, wenn die Manager vor einer Wertbestimmung eine Kosten-Nutzen-Analyse, d.h. eine vergleichende Beurteilung der Handlungsalternativen von Halten oder Abbauen bezüglich des jeweiligen Mitarbeiters durchführen.[545]

Die drei wertbestimmenden Ebenen teilen sich wie folgt auf:

1. **Fachlicher Wert**, als Ausdruck des fachspezifischen Know-hows und des (Aus-)bildungsstandes.
2. **Betrieblicher Wert**, für das im Laufe einer Tätigkeit erworbene unternehmensspezifische Wissen, das sich sowohl auf spezifische Tätigkeiten als auch auf unternehmensinterne Erfahrungen und Problemlösungsansätze, sowie informelle Netze und Kontakte innerhalb des Unternehmens bezieht.
3. **Persönlicher Wert**, der als Ausdruck der emotionalen Bindung des Managers an seinen Mitarbeiter dient und die Wertschätzung zeigt, die man als Mitarbeiter im Laufe seiner Tätigkeit erwerben kann. Der persönliche Wert beinhaltet auch die moralische und sozialpolitische Verpflichtung, die das Management für einen Mitarbeiter empfindet und die in Abhängigkeit von der Dauer der gemeinsamen Zusammenarbeit ebenfalls steigt.

Diese drei Ebenen bestimmen den Gesamtwert, den ein Mitarbeiter für das Management hat.

Sie verändern sich insbesondere im Zeitablauf, wobei sich ein steigender Wert des Mitarbeiters graphisch an einer Lernkurve orientiert und durch seine Fortschritte auf fachlicher Ebene, seine gesammelten Erfahrungen bei unternehmensspezifischen Themen- und Problemstellungen und durch eine idealerweise eintretende steigende Anerkennung und Verpflichtung auf Seiten der Manager auf persönlicher Ebene ausgedrückt wird.

---

[544] Vgl. Sabathil, Peter [Fluktuation, 1977], Seite 178.
[545] Vgl. Gabler [Wirtschaftslexikon, 1997], Seite 2269.

Da es sich hier nicht um den Versuch einer quantitativen Bestimmung des tatsächlichen Wertes des Mitarbeiters handelt, sondern mögliche Unterschiede bei seiner wertmäßigen Einschätzung durch das Management verdeutlicht werden sollen, wird hier eine graphische Darstellung gewählt.[546]

Der Wert des Mitarbeiters wird als Funktion der Zeit „t" dargestellt. Ein Mitarbeiter hat bei seinem Eintritt einen positiven fachlichen Wert aufgrund seines allgemeinen Fachwissens und seiner Ausbildung, den er im Laufe der Zeit durch seine fachlichen Erfahrungen weiter erhöht. Auf der persönlichen Wertskala wird ein neuer Mitarbeiter vom Management neutral angesehen, wobei er sich im Zeitablauf stetig mehr Anerkennung für seine Leistungen und möglicherweise Sympathie erwirbt. Zumindest jedoch steigt die Verpflichtung, die ein Manager einem langjährigen Mitarbeiter gegenüber verspürt. Auf der betrieblichen Ebene stellt er für das Unternehmen hingegen keinen Wert dar, da er sich noch keine unternehmensspezifischen Erfahrungen angeeignet hat und sie noch nicht einsetzen konnte. Im Gegenteil bildet er durch seine Anstellungskosten und Trainingsmaßnahmen einen negativen Wert, der am Anfang einer beruflichen Tätigkeit durch die Notwendigkeit der Einarbeitung noch weiter steigt, ehe er sich zu einem positiven Wert entwickelt und stetig erhöht.

Die Spezifika der neuen Bundesländer finden ihren Ausdruck in einem in den Verlauf der Funktion eingefügten Knick, der eine Verringerung des Wertes der Mitarbeiter zum Zeitpunkt t=0 ausdrückt. Dieser Zeitpunkt symbolisiert den Systemwandel in Form der deutschen Wiedervereinigung. Als unternehmensspezifischer Zeitpunkt stellt er die Privatisierung, entweder als Übernahme durch das Management oder einen externen Investor dar. Der fachliche und auch der betriebliche Wert der Mitarbeiter sinken durch die einsetzenden Veränderungen und Umstrukturierungen im gesamtwirtschaftlichen und vor allem im unternehmensspezifischen Bereich, die erst eine Anpassung an die neuen Bedingungen auf Seiten der Mitarbeiter fordern, ehe sie wieder das gleiche Wertniveau erreichen.
Der persönliche Wert eines Mitarbeiters für einen MBO-Manager steigt weiter an, da sich die Wertschätzung und Anerkennung des Mitarbeiters durch das Management auch nach politischen und wirtschaftlichen

[546] Siehe Abbildung 13, Seite 292.

Umgestaltungen und einer Übertragung der Eigentumsrechte auf das Management nicht verringern, da die Basis einer jahrelangen gemeinsamen Zusammenarbeit bestehen bleibt. Der Manager sieht sich durch den MBO und seine neue Eigentümerposition sogar einer noch gestiegenen moralischen und gesellschaftlichen Verantwortung gegenübergestellt. Diese fließt ebenfalls mit in den persönlichen Wert ein, da für den Eigentümer und Manager jeder zur Verfügung gestellte Arbeitsplatz eine Erfüllung seiner sozialpolitischen Verantwortung darstellt.[547]

Die graphische Darstellung des Wertes, den ein Mitarbeiter für einen externen Investor hat, stellt sich ähnlich dar. Der Unterschied liegt darin, dass der externe Investor erst zum Zeitpunkt t=0 seine Position als Kapitalgeber oder als aktiver Geschäftsführer übernimmt. Entsprechend stellen die übernommenen Mitarbeiter für ihn nur auf zwei Ebenen, der fachlichen, wie auch der betrieblichen, einen Wert dar, während sie im persönlichen Bereich keinen Wert bilden. Man kann sogar argumentieren, dass sich aufgrund der vielfältigen Vorurteile und negativen Stimmungen zwischen externen Investoren und ostdeutschen Mitarbeitern ein zumindest am Anfang sogar negativer Wert auf der persönlichen Ebene ergibt, der sich jedoch im Zeitablauf positiv entwickelt.

Dieses in Abbildung 13 dargestellte Ausgangsszenario wird nun auf Entscheidungssituationen zu verschiedenen Punkten auf der zeitabhängigen Werteskala angewandt. Wenn sich der externe Investor direkt nach der Übernahme in t=0 die Frage stellt, ob Mitarbeiter entlassen werden, spricht der gesunkene Wert auf fachlicher wie auf betrieblicher Ebene für eine solche Maßnahme (insbesondere unter der Annahme, dass sich neue Mitarbeiter mit einem höheren fachlichen Wissen einstellen lassen). Bei den MBO-Managern hingegen stellt der hohe persönliche Wert ein Gegengewicht zu dieser Entscheidung dar, während die externen Investoren eher einen negativen Wert oder eine Belastung in den übernommenen Mitarbeitern sehen. Entsprechend lassen sich die umfangreicheren Reduzierungen der Mitarbeiter bei den externen Investoren erklären.

[547] Anzumerken ist jedoch, dass sich dieses Verhältnis nicht auf Mitarbeiter bezieht, die aufgrund ihrer politischen Vergangenheit belastet waren. Die geführten Interviews weisen darauf hin, dass viele MBO-Manager sich gezielt von ehemals politisch engagierten Angestellten trennten.

Abbildung 13: Wertmäßige Einschätzung von Mitarbeitern durch das Management

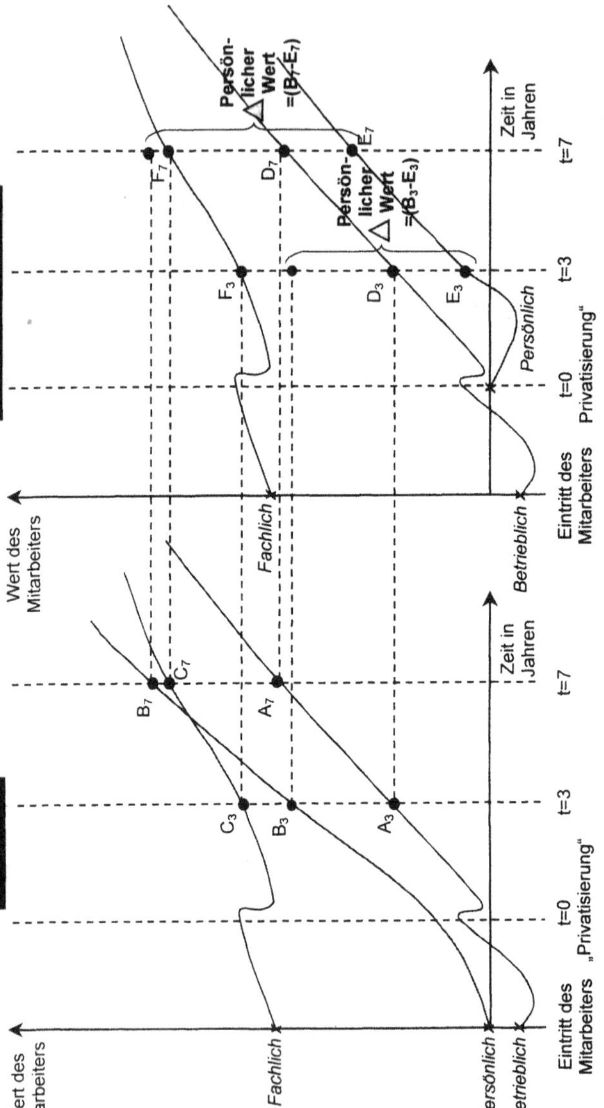

Quelle: Eigene Darstellung.

Dieses Erklärungsmuster lässt sich auch im Zeitablauf fortführen, z.B. für den Zeitpunkt t=3 der gewählt wurde als Ausdruck für die ersten eher negativen Geschäftsentwicklungen ab 1994 in Bauindustrie und Dienstleistungen, die bis dahin eine positive Entwicklung verfolgen konnten. Auch drei Jahre nach der Privatisierung haben sich die verschiedenen Wertelevel noch nicht angeglichen, wiederum schätzt der MBO-Manager den Mitarbeiter auf der persönlichen Ebene höher ein und fühlt sich ihm entsprechend sozialpolitisch tiefer verpflichtet, als der externe Investor. Dies wird ausgedrückt durch die Differenz der Punkte B_3 und E_3, die zu einem Delta beim persönlichen Wert führt.
Ein entsprechendes Delta im persönlichen Wert ergibt sich auch im Zeitpunkt t=7 durch die Differenz der Punkte B_7 und E_7, da sich die unterschiedliche Wertschätzung im persönlichen Bereich zwischen dem MBO-Manager und dem externen Investor noch nicht angeglichen hat.

Dieser Unterschied beim empfundenen Wert auf der persönlichen Ebene gleicht sich erst im Laufe der Jahre an und kann als Erklärung für ein längeres Halten der Mitarbeiter durch die MBO-Manager dienen.

2. Kostenorientierter Ansatz

Im Rahmen eines kostenorientierten Erklärungsansatzes für die unterschiedliche Tendenz, Mitarbeiter im Unternehmen zu halten, vergleicht der Manager vor einer Entscheidung die Kosten für das Halten des Mitarbeiters mit den Kosten einer Reduzierung. Normalerweise werden diese Überlegungen angestellt, wenn das Unternehmen auf eine negative Geschäftsentwicklung zurückblickt. Rationalisierungs- und Umstrukturierungsmaßnahmen werden entwickelt und ergriffen, wenn eine Beschäftigungskrise, d.h. ein Überschuss des Personalbestands über den Personalbedarf vorliegt. Grundsätzlich ist dies eine Folge von strukturellen Verschiebungen, teilweisen Absatzeinbußen, Preissteigerungen auf den Beschaffungsmärkten, Mangel an Ressourcen, legislativen Eingriffen und Rationalisierungswellen.[548] In den neuen Bundesländern gab es noch weitere Anlässe: die allgemeinen Transformationsumstände mit ihrer Planungsungewissheit und der notwendige Abbau von DDR-Erblasten, wie mangelnde Produktivität und eine zu hohe Beschäftigungsquote. Entsprechend waren Reduzierungen der Mitarbeiter nötig, was jedoch in unterschiedlichem Umfang

[548] Vgl. Drumm, Hans Jürgen [Beschäftigungskrisen, 1983], Seite 35.

durchgeführt wurde. Eine Erklärung hierfür kann der kostenorientierte Ansatz bieten, wenn man die Alternativen nach den entstehenden Kosten bewertet.

Dem Management bieten sich zwei Alternativen:

1. Eine Möglichkeit liegt in der Strategie den Mitarbeiter zu halten. Es fallen hohe gegenwärtige Personalkosten an und die Kosteneinsparungspotentiale der Rationalisierungs- und Umstrukturierungsvorhaben werden nicht verwirklicht. Allerdings bleiben dem Unternehmen Know-how und Erfahrungsträger erhalten und es kann flexibel auf die weitere Geschäftsentwicklung reagieren.[549]

2. Die zweite Alternative liegt in der Freisetzung des Mitarbeiters. Der erfolgswirksamen Personalkostenreduzierung stehen mögliche Separationskosten wie Entlassungskosten und Minderleistungskosten, sowie mögliche Sozialplankosten und Abfindungszahlungen gegenüber, die jedoch unter den Kosteneinsparungen liegen. Dies geht allerdings von einem kurzen Planungshorizont aus, denn sobald eine längerfristige Planung mit der Prämisse einer zukünftig positiveren Geschäftsentwicklung betrachtet wird, zieht diese Alternative weitere Kosten nach sich. Sobald wieder neue Mitarbeiter eingestellt werden, fallen Stellenbesetzungskosten wie Anwerbungskosten, Auswahl- und Einstellungskosten, evtl. Entschädigungszahlungen, Anlern- und Einarbeitungskosten, sowie Trainings- und Entwicklungskosten an.[550] Diese Wiederbeschaffungskosten verdeutlichen, dass es sich bei einer Reduzierung der Mitarbeiter tatsächlich um eine Desinvestition handelt. Grundsätzlich kann man eine Fluktuation oder Reduktion der Mitarbeiter als Desinvestition von Humankapital verstehen, da das in den Mitarbeiter für Anwerbung, Information, Aus- und Weiterbildung investierte Kapital noch vor Ablauf seiner eigentlichen Nutzungsdauer dem Unternehmen entzogen wird, d.h. die kostenwirksamen Investitionen fließen dem Unternehmen nicht mehr in vollem Umfang zu.[551]

---

[549] Dies kann auch als „Strategie des Hortens" von Mitarbeitern interpretiert werden. Vgl. dazu Eigler, Joachim [Personalabbau, 1997], Seiten 178.

[550] Vgl. Scholz, Christian [Personalmanagement, 1994], Seite 589.

[551] Vgl. Scholz, Christian [Personalmanagement, 1994], Seiten 588-589.

Auch die weiteren Nachteile einer Mitarbeiterreduzierung lassen sich als Kosten für das Unternehmen interpretieren.[552] Die Entlassung von Mitarbeitern führt zu einem Verlust von Erfahrungsträgern. In Phasen des Wiederaufschwungs stehen somit nicht genügend Mitarbeiter zur Verfügung, um die positive Geschäftsentwicklung mit zu tragen.[553] Durch die Reduktion werden das unternehmerische Organisations- und Sozialgefüge, sowie die miteinander vernetzten Lernprozesse gestört, was einen unmittelbaren Einfluss auf die Fähigkeiten des Unternehmens zum organisatorischen Lernen hat. Auch ein Verlust des Unternehmensgedächtnisses droht, d.h. es gibt keine transparente und für alle zugängliche Wissensbasis mehr, da mit dem Personalabbau auch Erfahrungen und kumuliertes Problemlösungswissen verloren geht.[554]

Diese möglichen negativen Implikationen, die ein Personalabbau nach sich ziehen kann, werden auch als personalwirtschaftliche Transaktionskosten bezeichnet.[555] Zusammen mit den tatsächlichen Kosten, die bei einer erneuten Mitarbeitereinstellung entstehen, dienen sie als Erklärung für die grundsätzliche Entscheidung, Mitarbeiter trotz einer negativen Geschäftsentwicklung so lange wie möglich zu halten.

Bezogen auf die Ergebnisse des Unternehmensvergleichs lässt sich daraus schließen, dass MBO-Manager diesen Kostenansatz mit einem langfristigen Planungshorizont kombinieren. Externe Investoren hingegen scheinen eher an kurzfristigen Kostensenkungsmaßnahmen interessiert zu sein und einen kürzeren Planungshorizont zu verfolgen.

Die Unterschiede liegen nicht nur in der unterschiedlichen Dauer des Planungshorizonts, sondern können auch in einer unterschiedlichen Einschätzung der zukünftigen Geschäftsentwicklung begründet sein. Die oben angeführten Kosten einer Mitarbeiterreduzierung fallen insbesondere dann ins Gewicht, wenn sich die Unternehmenssituation wieder bessert. Daraus kann man folgern, dass die externen Investoren im Vergleich zu den MBO-Managern eine eher negative Entwicklung

552 Vgl. Sabathil, Peter [Fluktuation, 1977], Seite 177.
553 Vgl. Arbeitskreis Organisation [Umbruch, 1996], Seite 642.
554 Vgl. Eigler, Joachim [Personalabbau, 1997], Seiten 177-178; Sabathil, Peter [Fluktuation, 1977], Seite 185.
555 Vgl. Eigler, Joachim [Transaktionskosten, 1996], Seite 91.

prognostizierten und entsprechend auf eine möglichst schnelle Kostenreduzierung vertrauten.

Auch die individuelle Auffassung der Manager über den Qualifikationsgrad der Mitarbeiter kann zu einer unterschiedlichen Bewertung und einer entsprechend abweichenden Entscheidung führen. Wenn die externen Investoren das Qualifikationsniveau der Mitarbeiter z.B. als eher gering und leicht ersetzbar ansehen, führt dies schneller zu einer Entlassungsentscheidung als wenn sie glauben, die Mitarbeiter sind hochqualifiziert und schwer zu ersetzen. Sie treffen damit eine personalpolitische Entscheidung und können nach einer Reduktion der Mitarbeiter mit Fähigkeitsdefiziten mit den verbleibenden Personalkapazitäten, gleiche oder sogar höhere Produktionsmengen in mindestens gleicher Qualität produzieren.[556]

Diese kostenorientierten Entscheidungsszenarien bilden einen weiteren möglichen Erklärungsansatz dafür, dass die externen Investoren in größerem Umfang Mitarbeiter reduziert haben als die MBO-Manager.

Die Erklärungsansätze beziehen sich hauptsächlich auf die Tendenz der MBO-Unternehmen geringere Personalabbaumaßnahmen durchzuführen. Ein wichtiger Faktor in der Bestimmung der Unterschiede bei beiden Privatisierungsformen liegt jedoch in der Berücksichtigung der Unternehmensschließungen mit ihrem Abbau der gesamten Belegschaft.

Erklärungsansätze für eine unterschiedliche Dauer der unternehmerischen Aktivitäten werden im folgenden Kapitel näher untersucht, wobei die Schlussfolgerungen genauso als Erklärung für die Unterschiede bei Arbeitsplatzsicherung und -erhalt herangezogen werden können.

17.1.2 Kontrollfunktion des Privatisierungsinstruments

Grundsätzlich ergeben sich Probleme bei den externen Investoren durch eine Trennung der Person des Eigentümers und des verantwortlichen Managements. Bei der Gesellschaftsform der GmbH, wie sie in den neuen Bundesländern hauptsächlich zur Anwendung kam, besteht die Gefahr von Ineffizienzen durch mangelnde Kontrolle, da die GmbH nicht

[556] Vgl. Laßmann, Gert [Weiterentwicklung, 1995], Seite 1051; Drumm, Hans Jürgen [Beschäftigungskrisen, 1983], Seite 45.

von den Kapitalmärkten kontrolliert wird. Probleme ergeben sich auch bei einer Abweichung der tatsächlichen von einer wertorientierten Unternehmenspolitik durch das Management.[557]

Dies bedeutet, dass eine Kontrolle durch die persönliche Motivation der angestellten Manager indirekt ausgeübt wird. Ihnen ist bewusst, dass der externe Arbeitsmarkt die Performance der von ihnen geführten Unternehmen als Indikator für ihre Managementleistungen betrachtet. Ihr professioneller Wert sinkt durch eine nach außen in Erscheinung tretende fachliche Inkompetenz und ineffziente Geschäftsführung. Entsprechend richten sich die „Opportunitätsgehälter", die ein Manager in einem anderen Unternehmen erzielen könnte nach der Geschäftsentwicklung des verantworteten Unternehmens.[558] Diese Möglichkeit der Kontrolle des Managements durch den Markt anhand der Performancemessung lässt sich reduzieren auf das Konkursrisiko, dem die Manager als Verantwortliche mit ihren Unternehmen ausgesetzt sind.[559]

Im Rahmen dieser empirischen Untersuchung hat sich gezeigt, dass der MBO besser geeignet ist, die Privatisierungsaktivitäten zu kontrollieren und für eine Aufrechterhaltung des Geschäftsbetriebes zu sorgen. Entsprechend des oben dargestellten theoretischen Ansatzes liegt der Grund hierfür in einer effizienteren Form der Kontrolle. Sie basiert nicht auf einer externen Instanz wie z.B. dem Markt (wenn die Manager durch ein Konkursrisiko und ihren sinkenden Marktwert kontrolliert werden), sondern ergibt sich durch die Ausgestaltung des MBO. Die Beteiligung des Managements stellt dabei eine system-immanente Funktion dar. Die Kontrolle beim MBO ist dadurch gewährleistet, dass die Käufer als angestellte Manager eine langjährige und emotionale Bindung an das zu privatisierende Unternehmen und seine Mitarbeiter aufgebaut haben und sich bewusst der sozialen Verantwortung eines Unternehmers stellen.

Unterstützung erfährt dieses Ergebnis durch qualitative Aussagen in den im Rahmen der Untersuchung geführten offenen Interviews. Die Erkenntnisse daraus lassen sich wie folgt zusammenfassen:

557 Vgl. Bea, Franz Xaver [Institutionalisierung, 1997], Seite 787.
558 Vgl. Fama, Eugene F. [Agency Problems, 1980], Seite 293.
559 Vgl. Bea, Franz Xaver [Institutionalisierung, 1997], Seite 788.

- Da die Manager das Unternehmen als Eigentümer erwerben wollen, fällt der Anreiz für Bereicherungsgeschäfte und Abschöpfungsstrategien im Vorfeld der Privatisierung weg.
- Nach dem Erwerb sind die MBO-Unternehmer weitaus mehr durch persönliche Bindungen und Erfahrungen an das Unternehmen gebunden,[560] so dass eine Stillegung oder Bereicherung durch einen Verkauf des Anlagevermögens, insbesondere Grundstücke weniger wahrscheinlich ist.
- Eine mögliche Konkurrenzsituation ist nicht gegeben, so dass eine vorsätzliche Stillegung des privatisierten Unternehmens zur Ausschaltung von Konkurrenz nicht in Betracht kommt.
- Als Eigentümer haben sie ein eigenes Interesse daran, eine möglichst rasche Anpassung an die neuen Gegebenheiten zu erreichen, wodurch Ineffizienzen in der Geschäftsaufführung vermieden werden.
- Auch eine unnötige und unproduktive Schuldenaufnahme fällt aufgrund der erhöhten Disziplinierung durch die Kapitalstruktur und des vorhandenen Konkursdrucks weg.
- Es ist eine Kontrolle der vertraglichen Zusagen möglich, da ein Unternehmenskonkurs, nur um etwaigen Vertragsstrafen zu entgehen, nicht billigend in Kauf genommen wird.

Im Hinblick auf die Kontrolle zeigt sich der MBO als sehr erfolgreiches Instrument, da er durch seine spezifische Ausgestaltung, wenn ehemals beschäftigte leitende Angestellte die Eigentümerposition übernehmen, eine durch persönliche Bindungen und lange Betriebszugehörigkeit entstehenden Kontrollmechanismus bietet.

17.2 Motivbegründete Einflüsse

Die Analyse der Motive der Beteiligten zeigt nicht nur deren Bedeutung und inwieweit die Privatisierungsform die Manager bei der Erfüllung ihrer Motive unterstützte, sondern lässt auch einen Einfluss auf die

[560] Vgl. Frage 4 des Fragebogens: 94,7 v.H. der MBO-Manager sehen eine signifikante Stärke in ihrer langen Betriebszugehörigkeit (Mann-Whitney-Test mit $p=0{,}013$). Hieraus kann man auf stärkere persönliche Bindungen an das Unternehmen schließen.

Geschäftsentwicklung vermuten. Die Motive werden nicht unabhängig genannt, sondern weisen verschiedene Abhängigkeiten auf. Signifikante Korrelationen lassen sich zwischen den folgenden Motiven nachweisen:[561]

MBO:

- Den Managern, denen die Sicherung von anderen Arbeitsplätzen wichtig ist liegt auch die Sicherung des eigenen Arbeitsplatzes am Herzen.[562] Sehr wenig Bedeutung messen sie hingegen der Aufrechterhaltung von Ostprodukten bei.[563]
- Die Manager, denen unternehmerische Unabhängigkeit wichtig ist, streben auch nach Prestige, Ansehen und Selbstverwirklichung.[564]

Externe Investoren:

- Wenn Investoren die Sicherung von Ostprodukten als Motiv angaben, hielten sie auch die Sicherung von Arbeitsplätzen,[565] sowie der eigenen Position für wichtig.[566]
- Ein Zusammenhang besteht zwischen dem Streben nach unternehmerischer Unabhängigkeit und nach Gewinn.[567]
- Gaben die Manager als Motiv Streben nach Prestige, Ansehen, Selbstverwirklichung an, sahen sie auch eine Bedeutung bei der Verhinderung einer feindlichen Übernahme,[568] sowie der Aussicht auf Fördergelder und Subventionen.[569]

Diese Zusammenhänge zwischen den Motiven sollen mit Hilfe einer Faktoranalyse zu inhaltlichen Zusammenhängen verdichtet werden, so dass eine Interpretation verschiedener Motivbündel möglich wird.[570] Die

---

561 Vgl. Korrelationsanalyse, Anhang.
562 Rangkorrelationskoeffizient nach Spearman $r_s=0,462$ mit $p<0,05$, n=19.
563 Rangkorrelationskoeffizient nach Spearman $r_s=-0,536$ mit $p<0,05$, n=16.
564 Rangkorrelationskoeffizient nach Spearman $r_s=0,690$ mit $p<0,01$, n=19.
565 Rangkorrelationskoeffizient nach Spearman $r_s=0,638$ mit $p<0,05$, n=12.
566 Rangkorrelationskoeffizient nach Spearman $r_s=0,912$ mit $p<0,01$, n=12.
567 Rangkorrelationskoeffizient nach Spearman $r_s=0,604$ mit $p<0,05$, n=12.
568 Rangkorrelationskoeffizient nach Spearman $r_s=0,664$ mit $p<0,05$, n=12.
569 Rangkorrelationskoeffizient nach Spearman $r_s=0,694$ mit $p<0,01$, n=12.
570 Die Faktoranalyse verdichtet eine größere Anzahl Variablen auf wenige Faktoren, indem sie stark korrelierende Variablen zusammenfaßt. Diese Variablengruppen

Analyse wird getrennt nach den beiden Privatisierungsformen durchgeführt. Zuerst werden die für die befragten Manager irrelevanten Motive ausgesondert.[571] Als Abgrenzungskriterium wird ein Median von kleiner als 2,0 gewählt, da diese Ausprägung im Fragebogen ein Motiv beschreibt, das „überhaupt nicht", bzw. „nicht zutreffend" war.[572] Entsprechend werden nur die folgenden, in Tabelle 20 aufgeführten Motive in die Faktoranalyse miteinbezogen.

Tabelle 20: Relevante Motive

MBO	Externer Investor
1. Sicherung von Arbeitsplätzen	1. Aufbau einer Präsenz in Ostdeutschland
2. Unternehmerische Unabhängigkeit	2. Sicherung von Arbeitsplätzen
3. Sicherung des eigenen Arbeitsplatzes	3. Expansionsgründe
4. Verhinderung einer feindlichen Übernahme	4. Gewinnstreben
5. Aufrechterhaltung von Traditionen	5. Aufrechterhaltung von Traditionen
6. Sicherung einer Präsenz in Ostdeutschland	6. Sicherung von Ostprodukten
7. Gewinnstreben	7. Unternehmerische Unabhängigkeit
8. Prestige, Ansehen, Selbstverwirklichung	8. Verhinderung einer feindlichen Übernahme
9. Sicherung von Ostprodukten	9. Begünstigung durch Fördergelder/ Subventionen

Quelle: Eigene Untersuchung.

Bei den MBOs ergeben sich die in Tabelle 21 ermittelten Faktorladungen für die einzelnen Übernahmemotive, wobei die betragsmäßig höchste Faktorladung für ein Motiv dessen Zuordnung zu den Faktoren 1 bis 4 bestimmt und dadurch eine Gruppierung ermöglicht.[573]

---

werden dann durch jeweils einen Faktor ausgedrückt, der im Anschluß inhaltlich interpretiert werden kann. Vgl. Bühl, Achim/ Zöfel, Peter [Einführung, 1998], S. 405.

571 Vgl. Backhaus, Klaus/ Erichson, Bernd/ Plinke, Wolf /Weiber, Rolf [Multivariate, 1996], Seite 199.

572 Vgl. Vergleich gruppierter Median/Mittelwert, Anhang.

573 Bei der Durchführung der Faktoranalyse wurden die methodischen Schritte wie folgt präzisiert: Kommunalitätenschätzung: Iterative Schätzung; Variablenextraktion: Hauptkomponentenanalyse; Zahl der Faktoren: Kaiser-Kriterium, Rotation: Varimax-Kriterium. Vgl. Backhaus, Klaus/ Erichson, Bernd/ Plinke, Wolf/ Weiber, Rolf [Multivariate, 1996], Seiten 222, 226, 255.

Tabelle 21: Faktorladung der Motive (MBO)

	Motiv	Faktor 1	Faktor 2	Faktor 3	Faktor 4
1.	Sicherung von Arbeitsplätzen	**-0,864**	-0,009	0,154	0,194
	Sicherung von Ostprodukten	**0,792**	0,114	0,444	0,140
	Sicherung einer Präsenz in Ostdeutschland	**0,592**	-0,199	-0,004	0,393
2.	Prestige, Ansehen, Selbstverwirklichung	-0,120	**0,825**	0,001	-0,356
	Unternehmerische Unabhängigkeit	0,003	**0,781**	0,277	-0,009
	Gewinnstreben	0,126	**0,682**	-0,006	0,194
3.	Verhinderung einer feindlichen Übernahme	0,008	0,200	**0,927**	0,006
	Sicherung des eigenen Arbeitsplatzes	-0,477	-0,293	**0,574**	-0,456
4.	Aufrechterhaltung von Traditionen	0,002	-0,008	-0,002	**0,948**

Quelle: Eigene Untersuchung.

Inhaltlich können die einzelnen Faktoren wie folgt interpretiert werden, wobei allerdings sowohl statistische Einschränkungen, als auch Ergebnisverzerrungen durch die Auswahl der befragten Personen, d.h. MBO-Manager im Vergleich zu teilweise angestellten Geschäftsführern der externen Investoren, möglich sind:[574]

Faktor 1:

Die Sicherung von Arbeitsplätzen, von Ostprodukten, sowie einer Präsenz in Ostdeutschland sind Ausdruck einer defensiven Erhaltungsstrategie, die eine wohltätige Grundeinstellung vermuten lässt. (→ „Bewahrer")

[574] Vgl. Backhaus, Klaus/ Erichson, Bernd/ Plinke, Wolf /Weiber, Rolf [Multivariate, 1996], Seiten 204-206: Statistisch gesehen müßte die Faktoranalyse aufgrund des Kaiser-Meyer-Olkin-Kriteriums mit MSA=0,410 verworfen werden. Erst nach einer sukzessiven Elimination der beiden Motive „Verhinderung einer feindlichen Übernahme" und „Unternehmerische Unabhängigkeit" ergibt sich ein akzeptabler MSA-Wert ≥0.5 mit MSA=0,523. Auch der Bartlett-Test, der untersucht, mit welcher Wahrscheinlichkeit die Variablen in der Erhebungsgesamtheit korreliert sind, fällt mit p=0,266 bzw. p=0,528 nach der Elimination der beiden Motive negativ aus.

Faktor 2:

Das Streben nach Prestige, Ansehen und Selbstverwirklichung, unternehmerischer Unabhängigkeit und Gewinn können unter dem Begriff des Entrepeneurship bzw. Unternehmertums zusammengefasst werden und verkörpern eine offensive Strategie. (→ „Entrepeneur")

Faktor 3:

Die Verhinderung einer feindlichen Übernahme, sowie die Sicherung des eigenen Arbeitsplatzes sind Ausdruck einer durch ein bestimmtes Ereignis beeinflussten Defensivstrategie, die eine passiv-pragmatische Einstellung widerspiegelt. (→ „Pragmatiker")

Faktor 4:

Der Wunsch, Traditionen aufrechtzuerhalten lässt eine konservativ-traditionalistische Einstellung vermuten, die als eine offensive Strategie gegen transformationsbedingte Umwälzungen verstanden werden kann. (→ „Traditionalist")

Diese Analyse lässt sich unter den gleichen Einschränkungen[575] auch bei den externen Investoren durchführen (siehe Tabelle 22).

Tabelle 22: Faktorladung der Motive (externer Investor)

	Motiv	Faktor 1	Faktor 2	Faktor 3	Faktor 4
1.	Verhinderung einer feindlichen Übernahme	**0,856**	0,223	0,199	-0,005
	Begünstigung durch Fördergelder/Subventionen	**0,738**	0,369	-0,390	0,246
	Aufbau einer Präsenz in Ostdeutschland	**-0,696**	0,622	0,131	-0,101
2.	Sicherung von Arbeitsplätzen	0,009	**0,886**	-0,212	-0,004
	Sicherung von Ostprodukten	0,289	**0,806**	0,441	-0,002
	Aufbau einer Präsenz in Ostdeutschland	-0,696	**0,622**	0,131	-0,101
3.	Aufrechterhaltung von Traditionen	-0,139	0,007	**0,947**	0,002
	Expansionsgründe	-0,484	0,009	**-0,693**	0,417
4.	Gewinnstreben	-0,140	0,001	-0,226	**0,927**
	Unternehmerische Unabhängigkeit	0,483	-0,009	0,182	**0,817**

Quelle: Eigene Untersuchung.

575 Kaiser-Meyer-Olkin-Kriterium: MSA=0,437, Bartlett-Test mit p=0,081.

Bei den externen Investoren ergibt sich folgende inhaltliche Interpretation der verschiedenen Faktoren:

Faktor 1:

Das Motiv eine fremde Übernahme zu verhindern, gleichzeitig Subventionen und Fördergelder zu erhalten und sich eine Präsenz in Ostdeutschland aufzubauen lässt auf einen eher passiven Pragmatiker schließen, der erst durch externe Anstöße wie ein weiteres Kaufangebot und die Möglichkeit staatlicher Förderung dazu verleitet wurde, ein Unternehmen zu privatisieren. (→ „Pragmatiker")

Faktor 2:

Das Motivbündel mit der Sicherung von Arbeitsplätzen und Ostprodukten, sowie ebenfalls dem Wunsch nach einer Präsenz in Ostdeutschland, zeigt eine hauptsächlich defensive Erhaltungsstrategie. (→ „Bewahrer")

Faktor 3:

Traditionen aufrechtzuerhalten, sowie Expansionsgründe, verweisen wieder auf eine aktive Einstellung, geprägt von dem Wunsch, die transformationsspezifischen Veränderungen im eigenen Sinne zu interpretieren und darauf zu reagieren. (→ „Traditionalist")

Faktor 4:

Als letztes Motivbündel ergibt sich die offensive, unternehmerisch geprägt Strategie mit offen verfolgtem Streben nach Gewinn und der unternehmerischen Unabhängigkeit. (→ „Entrepeneur")

Die graphische Zusammenfassung in Abbildung 14 zeigt, dass sich die Unternehmensgruppen nicht wesentlich unterscheiden. Bei beiden Privatisierungsformen scheinen sowohl entweder offensive, oder defensive Beweggründe ausschlaggebend gewesen zu sein. Auch die weitere Unterteilung entspricht sich im Wesentlichen: die einzigen Unterschiede finden sich bei den externen Investoren beim „Traditionalisten", der nicht nur Traditionen erhalten möchte, sondern auch aktive Expansionsbestrebungen verfolgt. Gut würde in diese Kategorie z.B. ein westdeutscher Investor passen, der einen früheren Betrieb wieder in Besitz nimmt. Auch bei dem defensiven Motivbündel zeigt sich ein kleiner Unterschied bei den „Pragmatikern", da diese bei den externen Investoren zwar eines Anstoßes von außerhalb bedürfen

(Subventionen), aber trotzdem aktiv eine Präsenz in Ostdeutschland aufbauen wollen, während die MBO-Pragmatiker hauptsächlich von ihrer Angst vor dem Verlust ihres Arbeitsplatzes getrieben werden.

Abbildung 14: Typisierung nach Motivfaktoren

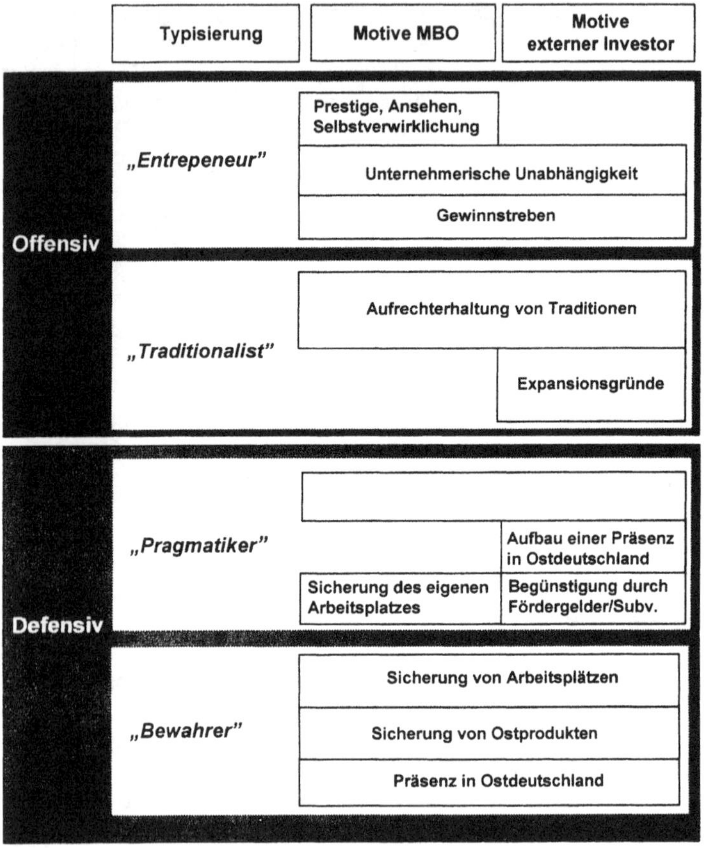

Quelle: Eigene Darstellung

Eine Auszählung der Häufigkeiten des überwiegenden Motivfaktors ergibt Diagramm 59. Dies zeigt eine schwach offensive Ausrichtung der MBO-Manager, da bei 57,9 v.H. der befragten Unternehmer offensive Beweggründe überwiegen. Bei den externen Investoren zeigt sich ein gegensätzliches Bild: nur bei 41,6 v.H. der Privatisierungen liegen offensive Motive zugrunde, während bei 58,3 v.H. eine eher defensive Ausrichtung bestimmend ist.

Nach den einzelnen Typen unterschieden ist beim MBO der „Traditionalist" mit 36,8 v.H. die wichtigste Typisierung, während bei den externen Investoren der „Pragmatiker" mit 33,4 v.H. am häufigsten vorkommt. Entsprechend der Gesamtauswertung ist der „Traditionalist" ein offensiver Typ, während der „Pragmatiker" eher einer defensiven Ausrichtung folgt.

Diagramm 59: Häufigkeit des überwiegenden Motivfaktors

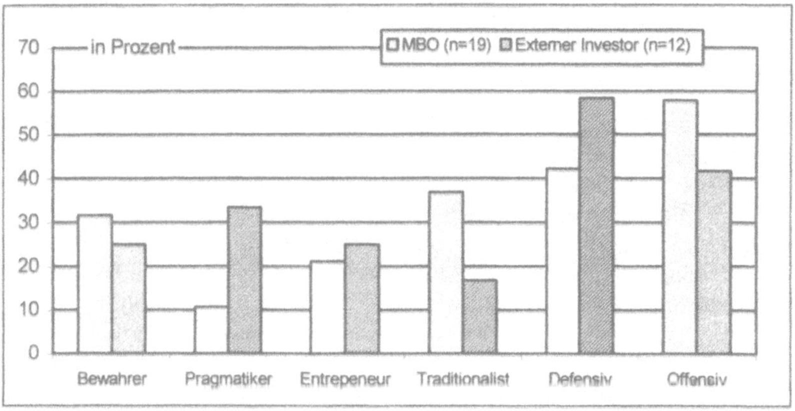

Quelle: Eigene Untersuchung.

Beim Versuch einer Einschätzung der Auswirkungen dieser Motivbündel auf die wirtschaftliche Entwicklung der Unternehmen kann man auf umfassende Forschungsergebnisse zurückgreifen. Diese zeigen, dass defensive Strategien den Unternehmenserfolg negativ beeinflussen, während die Offensivstrategien einen positiven Einfluss haben.[576]

Diese Annahme wird überprüft, indem die einzelnen Motivfaktoren auf einen Zusammenhang mit verschiedenen wirtschaftlichen Kennzahlen hin untersucht werden:

[576] Vgl. Barjak, F./ Heimpold, G./ Junkerheinrich, M./ Loose, B./ Skopp, R. [Management Buy-Outs, 1996], Seiten 83-84; Schwien, Bernd [Konzept, 1995], Seite 43.

- Umsatzentwicklung seit dem 1. Geschäftsjahr
- Entwicklung des Jahresüberschusses
- Entwicklung der Mitarbeiteranzahl

Eine signifikante Korrelation lässt sich nur beim MBO-Motivfaktor „Entrepeneurship" feststellen: ein hoher Faktorwert bei „Entrepeneurship" bedeutet gleichzeitig eine positive/gleichbleibende Entwicklung des Jahresüberschusses.[577] Dies deutet darauf hin, dass offensive Beweggründe für die Durchführung eines MBO einen auffallend positiven Einfluss auf die wirtschaftliche Entwicklung des Unternehmens haben.
Bei den anderen Faktoren und Kennzahlen ergaben sich keine signifikanten Zusammenhänge, so dass die wirtschaftliche Entwicklung der Unternehmen nicht monokausal durch eines dieser Motivbündel erklärt werden kann.[578]

Zusammenfassend zeigt die Faktoranalyse der Privatisierungsmotive, dass es bei der Zusammensetzung der Motivfaktoren nur geringe Unterschiede gibt. Beide Privatisierungsformen scheinen gleichermaßen für die Durchführung von vier verschiedenen Grundstrategien mit sowohl offensivem als auch defensivem Charakter geeignet zu sein. Es lässt sich kein signifikanter Unterschied beim tatsächlichen Vorliegen der Motivfaktoren feststellen.

Allerdings ist die vergleichende Analyse der Motive grundsätzlich dadurch verzerrt, dass die Auswahl der Interviewpartner nicht gesteuert werden konnte, d.h. durch das Interview eines Geschäftsführers wurde nicht immer der eigentliche externe Investor befragt, sondern dessen angestellter Geschäftsführer.

➢ Es zeigt sich kein bedeutender Zusammenhang zwischen Motivfaktoren und dem wirtschaftlichen Erfolg der Unternehmen. Bei den Einzelfaktoren ergeben sich signifikante Unterschiede, wenn es sich um die Sicherung des eigenen Arbeitsplatzes auf Seiten der MBOs bzw. Expansionsbestrebungen auf Seiten der externen Investoren handelt. Dies deckt sich mit den verschiedenen Interessen der beiden Käufergruppen, führt jedoch nicht zu einem unterschiedlichen

---

577 Rangkorrelationskoeffizient nach Spearman r_s=0.845 mit $p<0,01$, n=8.
578 Vgl. Korrelationsanalyse, Anhang.

Vorkommen verschiedener Motivfaktoren und bestätigt auch nicht die in der MBO-Forschung vertretene Annahme, dass MBOs nicht erfolgreich wären, da sie teilweise aus defensiven Gründen durchgeführt worden waren.[579]

Zu bedenken ist hier allerdings, dass die befragten Unternehmen zu den eher erfolgreichen Unternehmen gerechnet werden müssen, da sie sich nach 6-7 Jahren immer noch am Markt behaupten konnten. Entsprechend lässt sich eine Abschwächung der Auswirkung verschiedener Motivhintergründe vermuten, da man davon ausgehen kann, dass sich sowohl defensive als auch offensive Motive im Laufe der Zeit angleichen. Um so mehr, da es sich bei den Motiven um subjektive Empfindungen handelt, die in keinem zwingenden Zusammenhang mit den tatsächlichen Fähigkeiten stehen. Beispielsweise bedeutet das Überwiegen von altruistischen Motiven nicht notwendigerweise einen Mangel an unternehmerischen Fähigkeiten. Entsprechend definierte eine Untersuchung in den USA zwar die unternehmerische Motivation als einen wichtigen Faktor bei der Entscheidung zur Selbständigkeit, wesentlich wichtiger für einen Erfolg sind jedoch unternehmerische Fähigkeiten und materielle Mittel.[580]

17.3 Unternehmerische Geschäftsentwicklung

Bei der unternehmerischen Geschäftsentwicklung kann man auf unterschiedliche ökonomische Kennzahlen der Finanzanalyse zurückgreifen. Die Hauptaussage in diesem Bereich ergibt sich jedoch durch die unterschiedliche Existenz, wenn man sie als Ergebnis eines erfolgreicher geführten Unternehmens interpretiert. Dies lässt sich jedoch nicht in den untersuchten Kennziffern nachweisen.

Bei einem Vergleich der MBO-Unternehmen mit den Unternehmen der externen Investoren, lassen sich bei der Umsatzentwicklung positive Aussagen zu den MBOs machen. Dies würde bedeuten, dass die durch externe Investoren privatisierten Unternehmen keinen Vorteil in bezug auf eine einfachere und schnellere Erschließung von westlichen Märkten

[579] Vgl. Kokalj, Ljuba/ Hüfner, Peter [Übernahmestrategie, 1994], Seite 73; Gros, Stefan E. [Unternehmensprivatisierung, 1998], Seite 172

[580] Vgl. Barjak, F./ Heimpold, G./ Junkerheinrich, M./ Loose, B./ Skopp, R. [Management Buy-Outs, 1996], Seite 86.

durch z.B. Kontakte oder Geschäftsbeziehungen im Konzern- oder Unternehmensverbund hatten. Die ostdeutschen MBO-Manager scheinen sich im Gegenteil schneller auf den Absatzmarkt eingestellt zu haben.

Trotz einer höheren Umsatzsteigerung sind jedoch die Kapitalrenditen bei den MBOs geringer als bei den externen Investoren. Dies entspricht der Annahme, dass die externen Investoren auch noch andere Renditeobjekte als Anleger zur Verfügung haben und sich aus den privatisierten Unternehmen bei einer entsprechend mangelnden Rendite zurückziehen. Es bedeutet auch, dass den MBOs, wie bereits festgestellt, neben den reinen Renditeerwartungen noch andere Motive zugrundeliegen, da sie sich sonst bei einer geringen Rendite bereits zurückgezogen hätten. Die höhere Rendite der externen Investoren geht teilweise auf eine geringe Eigenkapital-Quote zurück, die in einigen Fällen als negative Position aufgrund eines nicht gedeckten Fehlbetrages in der Bilanz ausgewiesen wird. Daraus könnte man schließen, dass die externen Investoren ihre Eigenkapitalbasis aufbrauchen oder aus dem Unternehmen abziehen. Ein tatsächlicher Eigenkapitalverzehr ist aber nur bei einem der Unternehmen festzustellen.

Die Produktivität bei den MBOs wurde erfolgreich gesteigert. Eine Vermutung könnte sein, dass sie aufgrund eines längeren Erwartungshorizonts mehr investieren und investiert haben als die externen Investoren. Allerdings wurde festgestellt, dass sie tatsächlich weniger investieren bzw. investiert haben als die externen Investoren und über einen geringeren Anteil an Anlagevermögen verfügen. Eine Erklärung hierfür kann sein, dass die Manager lediglich den Firmenmantel, d.h. die rechtliche Unternehmensbasis übernommen haben ohne jedoch das Anlagevermögen zu erwerben, da die Eigentumsverhältnisse in vielen Fällen ungeklärt waren. In bezug auf die zukünftig geplanten Investitionen zeigten sich die MBO-Manager investitionsfreudiger als die externen Investoren. Dieses Verhalten lässt sich auf zweierlei Art und Weise einordnen: Einmal entspricht dies der Annahme, dass die Form des MBO geringere finanzielle Mittel zur Verfügung hat und aufnehmen kann als die externen Investoren. Zum anderen bestätigt dies, dass die MBOs eher längerfristige Investitionen tätigen. Sie denken nicht über eine gewinnmaximale Austrittstrategie nach, sondern investieren in das Unternehmen auch nach einigen Jahren der Geschäftstätigkeit in der freien Marktwirtschaft.

Als weitere Ursache für die signifikant verbesserte Produktivität können auch Effizienzgewinne aufgrund der Motivation des Management angeführt werden. Die empirischen Ergebnisse lassen keine zweifelsfreie und monokausale Zuordnung auf eine Ursache zu, entsprechen aber dennoch mit den festgestellten signifikanten Unterschieden bei der Produktivitätssteigerung den bisher in der empirischen Forschung festgestellten Effizienzsteigerungen durch die erhöhte Motivation nach einem MBO.

Grundsätzlich muss man bei der Untersuchung der ökonomischen Situation auf Unternehmensebene vor einer kritischen Beurteilung des beteiligten Management beachten, dass sich die MBO-Manager in einem grundsätzlichen Nachteil gegenüber den externen Investoren befanden: sie hatten keine Wahlmöglichkeiten in Bezug auf ihr Investitionsobjekt, da sich ihre Entscheidung nicht an reinen Investitionsüberlegungen orientierte und keine Analyse verschiedener Alternativen war, sondern sich von Beginn an nur auf ein Objekt konzentrierte. Dieser grundlegende Unterschied in der Auswahl der Renditeobjekte wird dadurch illustriert, dass der MBO oftmals als letzte Rettung für ein von Konkurs bedrohtes Unternehmen, das ansonsten keinen Interessenten fand, galt. Im Gegensatz dazu konnten die externen Investoren auf verschiedene Investitionsalternativen zurückgreifen und sie einer entsprechenden unvoreingenommenen Bewertung unterziehen. Dies verstärkte die Verhandlungsposition der Investoren gegenüber der Treuhand, während sich die MBO-Manager in einer eher schwächeren Position befanden, da die Treuhand von ihrem Interesse an dem spezifischen Unternehmen, in dem sie beschäftigt waren wusste.

17.4 Zusammenfassung der Aussagen zu Eignung und Erfolg

Die dargestellten Hypothesen und Erklärungsansätze verdeutlichen, wie schwer eine abschließende Bewertung der Untersuchungsergebnisse in Hinblick auf die Eignung der Privatisierungsform ist. Obwohl durch den dreigeteilten Untersuchungsansatz die Auswirkungen und Einflussfaktoren auf die privatisierten Unternehmen eine Struktur erhalten haben, ist es nur für Teilbereiche möglich, Aussagen zu Eignung und Erfolg zu machen.

Eine abschließende Bewertung zur Eignung des Privatisierungs-MBO scheitert an der Notwendigkeit, einen Bezugsrahmen zu definieren und die einzelnen Untersuchungsebenen und Ergebnisse zu gewichten. Trotz der Unmöglichkeit einer solchen Zuteilung und Gewichtung, lassen sich dennoch Hauptergebnisse der Untersuchung zusammenfassen:

⇨ Sechs bis sieben Jahren nach der Privatisierung existieren von den 43 Unternehmenspaaren signifikant mehr MBO-Unternehmen als externe Investor-Unternehmen. Nicht zuletzt aus diesem Grund gelingt es den MBOs mehr Arbeitsplätze zu erhalten als den externen Investoren.

Es ist nicht möglich, dieses Ergebnis monokausal auf einen Einflussfaktor zurückzuführen. Vielmehr scheint eine ganze Reihe von Faktoren diesem Resultat zugrunde zu liegen: angefangen von einer unterschiedlichen Motivation und stärkerer Bindung an das Unternehmen, bis hin zu einer besseren Kontrollfunktion, die Effizienzverluste durch betrügerische Absichten der Manager und Investoren verhindert.

Da jedoch nicht allen externen Investoren betrügerische Handlungen und bewusste Unternehmensschließungen unterstellt werden soll, muss als weitere Erklärung für diese Diskrepanz in der Existenz je nach Privatisierungsform auch die Möglichkeit einer alternativen Investition, die ein besseres Renditeobjekt darstellt in Betracht gezogen werden. Diese Alternative steht jedoch nur den externen Investoren und nicht den MBO-Managern zur Verfügung. Daraus ergibt sich ein entscheidender Unterschied der einen großen Einfluss auf die weiteren Untersuchungsebenen hat:

⇨ Die MBOs empfinden eine emotionale Bindung an ihr Unternehmen und ihre Mitarbeiter, während für die externen Investoren der Investitions- und Renditegedanke an erster Stelle steht.

Diese Erkenntnis fügt sich in die theoretische Grundlagenforschung zur Unternehmung ein, da sie die beiden Hauptkomponenten des

Unternehmerinteresses ausdrückt. Es beinhaltet einmal als Minimalforderung die Erhaltung des Unternehmens und in einem weiteren Schritt seine Rentabilität.[581] Man stellt fest, dass die MBO-Manager mehr Wert auf den Erhalt des Unternehmens legen, während die externen Investoren ihr Hauptziel für das Unternehmen in einer Rentabilität sehen.

Diese Begründungen zeigen auf welchen Ebenen und bei welchen Anforderungen der MBO ein geeignetes und im Vergleich zu anderen Methoden erfolgkeiches Privatisierungsinstrument ist.

[581] Vgl. Schmidt-Leithoff, Christian [Unternehmensleitung, 1989], Seite 83.

18. Einordnung des MBO als Privatisierungsinstrument

18.1 Stärken der Privatisierungsinstrumente

Die Auswertungen haben gezeigt, dass sich der MBO und der Verkauf an externe Investoren bei qualitativen Strukturveränderungen wie bei der Unterstützung und Bildung von Innovationsfähigkeit nicht unterscheiden. Quantitative Veränderungen konnten nicht untersucht werden. Allerdings war der MBO für viele Unternehmen die einzige Möglichkeit einer weiterführenden geschäftlichen Existenz, wodurch sich Unterschiede bei der Anzahl der mittelständischen Unternehmen ergeben können.

Privatisierungs-MBOs zeigen sich immer dann überlegen, wenn es um die Kontrolle während der Transformationsphase und den Privatisierungen geht. Gerade in den Transformationsländern, die über ein wenig gefestigtes politisches und wirtschaftliches System verfügen und auch nach der eigentlichen Umgestaltung noch unter Auswirkungen der mangelnden Kontrollinstanzen leiden, bietet der MBO mit seinen system-immanenten Kontrollfunktionalitäten einer emotionalen Bindung an das Unternehmen, einen Vorteil in Bezug auf die Sicherstellung einer effizienten, gerechten und legalen Abwicklung der Privatisierungen.

Der Verkauf an externe Investoren hingegen bietet sich immer dann an, wenn das Hauptaugenmerk auf einen Kapital- und Know-how-Transfer gelegt wird, da dies nur von den externen Investoren geleistet werden kann. Sie scheinen auch eher renditeorientiert zu sein, was eine ökonomische Unternehmensführung unterstützt.

Im Gegensatz dazu kommt das Interesse der MBOs, das eher auf einen Unternehmenserhalt gerichtet ist, dem politischen Anliegen nach einer umfassenden Arbeitsplatzsicherung zugute. Auch bietet sich der MBO insbesondere dann an, wenn eine umfangreiche Konkurrenzausschaltung durch externe Investoren zu befürchten ist, d.h. wenn sich die externen Investoren auf einem für sie interessanten Absatzmarkt engagieren und gleichzeitig Lieferung und Leistung durch eigene unternehmerische Resourcen gewährleisten können.

Die Form des MBO bietet auch dann Vorteile, wenn nicht mit einer raschen Konsolidierung der wirtschaftlichen Lage im Transformationsland zu rechnen ist, da sich das Hauptaugenmerk nicht auf eine schnelle Renditeerzielung, sondern auf einen langfristigen Unternehmenserhalt richtet.

Es empfiehlt sich jedoch, die externen Investoren dann zu beteiligen, wenn es um die möglichst schnelle und weitreichende Sicherung der Transformation und ihrer Reformschritte geht, da die externen Investoren nicht nur eigene Interessen vertreten, sondern immer auch externe Interessengemeinschaften verkörpern und entsprechend Verstärkung auch außerhalb des Transformationslandes finden.

Tabelle 23 fasst die Stärken, respektive Schwächen der beiden Privatisierungsformen zusammen. Sie ergeben sich als Antwort auf spezifische Anforderungen, die durch Problemsituationen während des Transformationsprozesses entstehen:

Es zeigt sich, dass eine Entscheidung für eine der beiden Privatisierungsformen nicht ohne nähere Informationen bezüglich der politisch-ökonomischen Ausgangslage mit den jeweiligen Problemstellungen und Dringlichkeiten im Transformationsprozess getroffen werden kann. Nur durch diese zusätzlichen Informationen wird es möglich, die unterschiedlichen Stärken und Schwächen eines MBO oder eines Verkaufs an externe Investoren abzuwägen und ihr volles Potential auszuschöpfen.

Tabelle 23: Stärken der Privatisierungsformen

Privatisierungs-form	Problemsituation	Problemrelevante Stärke
MBO	Effizienzverluste und illegale Aktivitäten in der Transformationsphase	System-immanente Kontrollfunktionalitäten
	Verzögerung des Transformationsprozesses und der wirtschaftlichen Konsolidierung	Vorrangiges Interesse an einem Unternehmenserhalt anstelle von kurzfristiger Renditeerzielung
	Gefahr der Ausschaltung von Konkurrenz und des Ausverkaufs an ausländische Investoren	Betriebsvermögen und Unternehmen bleiben in Händen inländischer Investoren, die keine Konkurrenzunternehmen besitzen
	Verlust der Unterstützung in der Bevölkerung durch massiv ansteigende Arbeitslosigkeit	Emotionale Verpflichtung und sozialpolitische Verantwortung als Unternehmer sichern den Erhalt von Arbeitsplätzen
Verkauf an externe Investoren	Mangelnder marktwirtschaftlicher Kenntnisstand	Erfahrung und Ressourcen für Know-how Transfer
	Fehlendes inländisches Sparvermögen und Investitionskapital	Vorhandene finanzielle Mittel für Kapitaltransfer und Investitionen
	Gefahr eines Rückschritts oder Abbruchs des Transformationsprozesses vor Beendigung	Außenstehende Interessengruppen werden durch das Engagement der externen Investoren einbezogen
	Mangelnde Anpassung an betriebswirtschaftliche Unternehmensführung	Kurzfristige Renditeoptimierung als Hauptmotiv

Quelle: Eigene Darstellung.

18.2 Implikationen für die Gestaltung von Privatisierungs-MBOs

Oben dargestellte Stärken der einzelnen Formen führen zu der ersten Implikation für die Gestaltung von Privatisierungs-MBOs:

Vor der eigentlichen Privatisierung muss eine Analyse der landes- und situationsbedingten Anforderungen durchgeführt werden. Je nach Ausrichtung und zu setzender Schwerpunkte kann dann die Entscheidung für einen bevorzugten Einsatz und Förderung des MBO fallen.

Die grundsätzliche Eignung der MBOs bezieht sich auf kleine und mittlere Betriebe, jedoch nicht auf Großunternehmen. Nur bei kleineren Unternehmen gelingt es, die system-immanenten Vorteile voll auszuspielen:

- persönliche Bindung an das Unternehmen
- hohe Motivation
- kleines Management-Team
- eigenverantwortliches und unternehmerisches Handeln.

Diese Aspekte eines MBO, die sich sehr auf die Person des oder der beteiligten Manager beziehen erlauben die Ausnutzung seiner Stärken im Rahmen einer Transformationssituation.

Für die tatsächliche Ausgestaltung ergaben sich durch die Auswertung der geführten Interviews und durch die vorangestellten empirischen Ergebnisse wichtige Eckpunkte für den MBO als Privatisierungsinstrument.

Aufgrund ihres spezifischen Aufbaus fördern die Privatisierungs-MBOs weder illegale Bereicherungen noch die übermäßige Reduzierung von Arbeitsplätzen. Entsprechend sollte auch von vertraglichen Verpflichtungen (Arbeitsplatzzusagen) oder wie dies in den neuen Bundesländern der Fall war, ökonomisch wenig sinnvollen und für die Unternehmen nicht tragbaren Auflagen (Investitionszusagen) abgesehen werden. Gerade die Kontrollversuche der Treuhandanstalt haben zu einer großen Verbitterung auf Seiten der MBO-Manager geführt und den durch den MBO begründeten Motivationsschub verhindert bzw. gebremst. Entsprechend sollte sich die Ausgestaltung der Privatisierungs-MBOs auf die internen Kontrollmechanismen verlassen und keine weiteren Einschränkungen und Auflagen beinhalten.

Als eine wichtige Voraussetzung für den Erfolg der Privatisierungs-MBOs ist zu gewährleisten, dass die Eigentumsrechte geklärt sind, da es den MBOs nur dann möglich ist, das Anlagevermögen zur Besicherung und zur dringend benötigten Aufnahme von Fremdkapital zu verwenden. Gerade die zögerliche Erfassung und Klärung der Eigentumsrechte führte bei vielen Unternehmen zu einem Verlust von zeitlichen Wettbewerbsvorteilen und Lähmung der geschäftlichen Interessen. Auch sollte die Ausgliederung und Rückübertragung von betriebsnotwendigem Anlagevermögen verhindert werden, da dadurch eine entsprechende Besicherungsgrundlage entfällt. Nur bei einer ausreichenden Sicherheitenbasis ist es den MBO-Managern möglich, Investitionen in gewünschtem Umfang zu tätigen.

Zusammenfassend lässt sich sagen, dass ein erfolgreicher MBO zuerst eine Situationsanalyse und bewusste Entscheidung für den Einsatz der Privatisierungsform erfordert.

Danach können sich die Stärken des MBO als Privatisierungsinstrument voll entfalten, wenn er sich auf kleine bis mittlere Unternehmen beschränkt und weder vertragliche Einschränkungen noch besondere Fördermaßnahmen erfährt, sowie den marktwirtschaftlichen sowie internen Regeln überlassen wird.

VII. Kapitel:

Zusammenfassung

VII. ZUSAMMENFASSUNG

19. Kritische Würdigung der Eignung des MBO als Privatisierungsinstrument

Ausgangspunkt war die Frage nach der Eignung des MBO als Privatisierungsinstrument.

Es wurde geprüft, inwieweit der MBO die an ihn gestellten Anforderungen als Privatisierungsinstrument in den neuen Bundesländern erfüllt. Diese leiten sich aus den Zielen der verschiedenen Teilnehmer am Privatisierungsprozess ab und werden für eine Überprüfung in Erfolgskriterien übersetzt. Erfolgreich ist der MBO immer dann, wenn er die Anforderungen und Erwartungen besser erfüllt als die hier benutzte Vergleichsmethode, also die Privatisierung durch einen Verkauf an externe Investoren.

Zuerst wurde die zugrundegelegte Form des MBO als Privatisierungs-MBO definiert und die Unterschiede zu anderen Formen des Buy-Out, sowie zu anderen Privatisierungsmethoden herausgearbeitet.

Es ergaben sich Beschränkungen bei der Anwendung eines Vergleichs in einer Transformationssituation, wie die der deutschen Wiedervereinigung. Als problematisch zeigten sich insbesondere schwierige Vergleichbarkeit der Unternehmensdaten vor und nach der Wiedervereinigung und mangelhafter Einblick in die ökonomischen Daten der Unternehmen. Zu jedem der herausgearbeiteten Problemkreise wurde daraufhin ein Lösungsansatz, dargestellt in Abbildung 15, entwickelt.

Konzipiert wurde eine eigene empirische Untersuchung, die sich auf einen neuen Vergleichsansatz stützt. Es wurde ein Unternehmensvergleich entwickelt, der möglichst ähnliche Untenehmen gegenüberstellt, die sich nur in der Form der Privatisierung unterscheiden, d.h. Privatisierungs-MBO im Vergleich zu einem Verkauf an externe Investoren. Der Untersuchungsfokus wurde erweitert, um den vielfältigen Dimensionen des Privatisierungs-MBO gerecht zu werden und die an ihn gestellte Anforderungen der unterschiedlichen Privatisierungsteilnehmer umfassend aufzunehmen. Diese Erwartungen, Ziele und Kennzahlen auf der gesamtwirtschaftlichen, der individuellen und der unternehmerischen Ebene bestimmten die verwendeten Erfolgskriterien.

Abbildung 15: Problemfelder und Lösungsansätze

Problemfeld	Lösungsansatz
Mangelnde Vergleichsgrundlage bei unternehmerischen Daten	Neuer Vergleichsansatz in Form eines Betriebsvergleichs von Unternehmen, die auf unterschiedliche Weise privatisiert wurden.
Beschränkter Einblick in ökonomische Daten	Erweiterung des Untersuchungsfokus auf alle Dimensionen eines Privatisierungs-MBO.
Problem der empirischen Messbarkeit	Bestimmung von Erfolgskriterien und empirisch messbaren Indikatoren über Korrespondenzregeln.

Quelle: Eigene Darstellung.

Um die Erfolgskriterien zu operationalisieren, d.h. sie oder ihre Indikatoren zu messen, mussten zuerst die sekundären Datenquellen identifiziert und bewertet werden. Dann wurden die primären Datenerhebungsinstrumente ausgewählt und für die Untersuchung entwickelt. Die Untersuchungsmenge wurde definiert, das Auswertungsdesign sowie genaue Messvorgaben für die Indikatoren festgelegt und auf die zur Verfügung stehenden Datenquellen angewandt.

Nach der praktischen Durchführung der Untersuchung wurde die statistische Auswertung vorgenommen und die einzelnen Ergebnisse interpretiert. Diese wurden mit Hilfe von statistischen Testverfahren auf signifikante Unterschiede hin untersucht und auf mögliche Einflussfaktoren überprüft.

Aussagen zur Eignung des MBO als Privatisierungsinstrument ergaben sich in bezug auf die unterschiedlichen Anforderungen, die verschiedene Teilnehmer des Privatisierungsprozesses stellten. Sein Erfolg wurde daran gemessen, ob sich der MBO im Vergleich zu einer anderen

Privatisierungsform in bezug auf die Erfüllung bestimmter Erwartungen als überlegen zeigte. Daraus ergaben sich entsprechende Stärken, respektive Schwächen des Privatisierungs-MBO. Es konnten bestimmte Problemsituationen identifiziert werden, für die sich ein Einsatz des MBO empfiehlt.

Der MBO ist immer dann eine geeignete Privatisierungsmethode, wenn seine spezifische Ausgestaltung eines Verkaufs an vorher beschäftigte Manager zum Tragen kommt und Einfluss auf die jeweilige Situation nimmt. Dies ist der Fall, sobald es um Handlungen und Entscheidungen geht, die auf den Erwartungen und der emotionalen Bindung der Manager basieren.

Dies führt zu einer Eignung des Privatisierungs-MBO insbesondere in bezug auf die Sicherung und den Erhalt von Arbeitsplätzen.

Die Untersuchung hat ergeben, dass die MBOs signifikant mehr Arbeitsplätze erhalten und gesichert haben, als die vergleichbaren externen Investor-Unternehmen. Ein Erklärungsansatz liegt in der emotionalen Bindung der Manager an „ihre Mitarbeiter", die sie aufgrund von sozialer Verpflichtung und möglicher Angst vor Reputationsverlusten so lange als möglich weiter beschäftigen.

Eine weitere Erklärung lässt sich herausarbeiten, wenn man den Wert eines Mitarbeiters, also das Humankapital, auf drei Ebenen aufteilt: fachlicher, betrieblicher und persönlicher Wert. MBO-Unternehmer haben weniger Arbeitsplätze abgebaut, weil sie die Arbeitnehmer als „wertvoller" einschätzen. Sie haben im Zeitablauf eine emotionale Bindung an sie aufgebaut und empfinden eine persönliche Wertschätzung für sie, während die externen Investoren zum Zeitpunkt der Privatisierung und in den folgenden Jahren den Wert eines Mitarbeiters lediglich auf der fachlichen und betrieblichen Ebene messen.

Die Untersuchung ergab einen weiteren signifikanten Unterschied im Hinblick auf die Existenz der Unternehmen: es waren wesentlich mehr MBO-Unternehmen nach 6-7 Jahren noch tätig als externe Investor-Unternehmen.

Die externen Investoren erzielen jedoch eine bessere Eigen- wie auch Gesamtkapitalrendite und scheinen ein eher renditeorientiertes Unternehmensinteresse im Vergleich zu einem eher am Unternehmenserhalt interessierten MBO-Unternehmer zu haben. Daraus lässt sich schliessen, dass Privatisierungs-MBOs einen eher langfristigen Erwartungshorizont verkörpern, während externe Investoren kurzfristigen Renditegesichtspunkten folgen.

Es bleibt jedoch die Frage, welche Gründe letztendlich ausschlaggebend für die Aufgabe der Unternehmen war: sind die MBOs geschäftlich erfolgreicher, wurden die externen Investor-Unternehmen zu früh aufgegeben, da ihre Renditeerwartungen nicht erfüllt wurden, oder haben die externen Investoren lediglich aus wirtschaftlich sinnvollen Gründen den Betrieb eingestellt?

Auffällig war auch die Schnelligkeit, mit der es den externen Investoren gelang, die Privatisierungen abzuwickeln, was eine der Anforderungen an ein Privatisierungsinstrument darstellt. Die MBO-Privatisierung führt hingegen zu keiner schnelleren Abwicklung der Privatisierung, sondern bedingt längere Verhandlungen.

Der Privatisierungs-MBO erweist sich jedoch als insgesamt gut geeignet, die gesamtwirtschaftlichen Anforderungen an ein Privatisierungsinstrument zu erfüllen.

Mit bezug auf die individuelle Dimension des MBO ergaben die Interviews mit den MBO-Managern, dass sie sich überwiegend mit dem eingeschlagenen Weg eines Privatisierungs-MBO unzufrieden zeigten.

Man kann vermuten, dass sie aus einer emotionalen Bindung an das Unternehmen heraus und ihrer sozialen Verpflichtung gegenüber den Angestellten das Unternehmen und den Geschäftsbetrieb aufrechterhalten, allerdings unter Aufgabe der eigenen unternehmerischen Ziele und ohne eine Geschäftsentwicklung mit Gewinn zu fordern.

Dies verdeutlicht, dass der Privatisierungs-MBO weniger geeignet ist, die individuellen Erwartungen, die die Manager vor der Durchführung an ihn stellen, zu erfüllen. Diese Aussage wird noch verstärkt, wenn man bedenkt, dass es sich bei den Interviewten um die noch existenten, also

„erfolgreicheren" Unternehmen handelte und die rückblickende Beurteilung durch die befragten MBO-Manager trotzdem weitgehend negativ ausfällt.

Die finanzielle Analyse in der unternehmerischen Dimension zeigte, dass der MBO immer dann unterlegen ist, wenn die Einbindung der externen Investoren mit ihren finanziellen und personellen Ressourcen gefragt ist. Sie verfügen über eine größere Erfahrung in marktwirtschaftlichen Fragestellungen und bieten einen breiteren Zugang zu Absatzmärkten, da sie nicht jahrelang durch eine erzwungene Isolation vom internationalen Wettbewerb eingeschränkt wurden.

Als wichtigster Punkt kristallisierte sich heraus, dass der Verkauf an externe Investoren zu bevorzugen ist, wenn ein möglichst umfassender Transfer von Kapital für die notwendigen Investitionen erreicht werden soll. Bezüglich eines Erhalts und Sicherung von Investitionen liefert der MBO während der ersten Jahre der Geschäftstätigkeit geringere gesamte, wie auch relative Investitionssummen, was sich erst im Zeitablauf wieder auszugleichen beginnt.

Die Form des MBO kann bei dieser Zielsetzung nicht zuletzt aufgrund ihrer Ausgestaltung als überwiegend fremdfinanzierte Übernahme weniger gute Ergebnisse erzielen als ein Verkauf an externe Investoren, die aufgrund der unterschiedlichen Eigentümerstruktur, einen weitreichenderen Zugang zu Kapital haben, wenn sie z.B. durch das Mutterunternehmen unterstützt werden.

Zusammengefasst zeigen die Ergebnisse, dass der MBO die an ihn gestellten Anforderungen nur teilweise erfüllt hat. Seine Eignung und Erfolg richten sich nach der Betrachtungsperspektive, da er überwiegend politische Zielsetzungen auf der gesamtwirtschaftlichen Ebene erfüllen konnte. Für die individuellen Erwartungen hat er sich als weniger geeignet herausgestellt. Zu der unternehmerischen Ebene konnte abgesehen von der Investitionstätigkeit keine abschliessende Aussage gemacht werden, da die lückenhafte Datenlage und geringe Untersuchungsmenge keine eindeutigen Ergebnisse aus der finanziellen Kennzahlenanalyse lieferte.

Anhang

ANHANG

A1. Anschreiben

A1.1 MBO-Manager

Universität Regensburg
Wirtschaftswissenschaftliche Fakultät
Lehrstuhl für Wirtschaftsgeschichte
Professor Dr. Rainer Gömmel

93040 Regensburg,
Tel. (0941) 943-2717 / 2716 (Sekr.)
Telefax (0941) 943-4493

Paketanschrift:
Universitätsstraße 31
93053 Regensburg

«Firmenname»
z. Hd. Geschäftsleitung
«Straße»
«PLZ» «Ort»

Umfrage zur Effizienz des MBO als Privatisierungsinstrument

Sehr geehrte Damen und Herren der Geschäftsleitung,

Der Lehrstuhl für Wirtschaftsgeschichte der Universität Regensburg führt mit Hilfe öffentlicher Fördergelder eine Untersuchung zur Effizienz des MBO in den neuen Bundesländern durch.
Nach unseren Informationen leiten Sie ein Unternehmen, das Ende 1991/ Anfang 1992 durch einen MBO privatisiert wurde. Dadurch gehört Ihr Betrieb zu einem ausgewählten Kreis von Firmen, die ganz bestimmte Strukturen aufweisen und für unsere Umfrage von besonderer Bedeutung sind.
Durch Ihre Mithilfe hoffen wir, die positive Einschätzung der Entwicklung der MBO-Unternehmen auch im direkten Vergleich zu normalen Privatisierungen bestätigen zu können. Ferner suchen wir nach den Implikationen, die sich daraus für den zukünftigen Einsatz verschiedener Privatisierungsinstrumente ergeben. Dazu würden wir Ihnen gerne in einem kurzen, persönlichen Gespräch eine Reihe von vorbereiteten Fragen zu Ihrem Unternehmen stellen, um im Anschluß daran Ihre Antworten statistisch auszuwerten.

Unsere Mitarbeiterin Frau Weiß wird sich in Kürze mit Ihnen telefonisch in Verbindung setzten, um einen Termin zwischen Mitte Februar und Mitte April 1998 zu vereinbaren. Bei dieser Gelegenheit kann Ihnen Frau Weiß auch das Anliegen unserer Untersuchung näher erläutern. Wenn es schon im Vorfeld Fragen Ihrerseits geben sollte, oder Sie eine telefonische Befragung vorziehen, bitten wir Sie, direkt mit Frau Weiß unter **Tel. 089-390484** Kontakt aufzunehmen.
Selbstverständlich sichern wir Ihnen zu, daß ihre Angaben und Daten absolut vertraulich und anonym behandelt werden und Ihr Unternehmen keinesfalls namentlich in den Untersuchungsergebnissen erwähnt wird.

Wir möchten betonen, wie wichtig Ihre Mithilfe für dieses Projekt ist, und bedanken uns bereits jetzt für Ihre Unterstützung und Hilfsbereitschaft.

Mit freundlichen Grüßen

Prof. Dr. Rainer Gömmel

Dipl.-Kffr. Barbara Weiß

A1.2 Externer Investor

Universität Regensburg
Wirtschaftswissenschaftliche Fakultät
Lehrstuhl für Wirtschaftsgeschichte
Professor Dr. Rainer Gömmel

93040 Regensburg,
Tel. (0941) 943-2717 / 2716 (Sekr.)
Telefax (0941) 943-4493

Paketanschrift:
Universitätsstraße 31
93053 Regensburg

«Firmenname»
z. Hd. Geschäftsleitung
«Straße»
«PLZ» «Ort»

Umfrage zur Effizienz des MBO als Privatisierungsinstrument

Sehr geehrte Damen und Herren der Geschäftsleitung,

Der Lehrstuhl für Wirtschaftsgeschichte der Universität Regensburg führt mit Hilfe öffentlicher Fördergelder eine Untersuchung zur Effizienz des MBO in den neuen Bundesländern durch.
Nach unseren Informationen leiten Sie ein Unternehmen, das Ende 1991/ Anfang 1992 durch einen Verkauf an externer Investoren privatisiert wurde. Dadurch gehört Ihr Betrieb zu einem ausgewählten Kreis von Firmen, die ganz bestimmte Strukturen aufweisen und für unsere Umfrage von besonderer Bedeutung sind.
Durch Ihre Mithilfe erhoffen wir uns Einblicke darüber, ob sich die bisher positive Einschätzung der Entwicklung der MBO-Unternehmen tatsächlich bestätigen läßt, oder ob ein direkter Vergleich mit normalen Privatisierungen zu einer Korrektur dieses Bildes führt. Ferner suchen wir nach den Implikationen, die sich daraus für den zukünftigen Einsatz verschiedener Privatisierungsinstrumente ergeben. Dazu würden wir Ihnen gerne in einem kurzen, persönlichen Gespräch eine Reihe von vorbereiteten Fragen zu Ihrem Unternehmen stellen, um im Anschluß daran Ihre Antworten statistisch auszuwerten.

Unsere Mitarbeiterin Frau Weiß wird sich in Kürze mit Ihnen telefonisch in Verbindung setzen, um einen Termin zwischen Mitte Februar und Mitte April 1998 zu vereinbaren. Bei dieser Gelegenheit kann Ihnen Frau Weiß auch das Anliegen unserer Untersuchung näher erläutern. Wenn es schon im Vorfeld Fragen Ihrerseits geben sollte, oder Sie eine telefonische Befragung vorziehen, bitten wir Sie, direkt mit Frau Weiß unter **Tel. 089-390484** Kontakt aufzunehmen.
Selbstverständlich sichern wir Ihnen zu, daß ihre Angaben und Daten absolut vertraulich und anonym behandelt werden und Ihr Unternehmen keinesfalls namentlich in den Untersuchungsergebnissen erwähnt wird.

Wir möchten betonen, wie wichtig Ihre Mithilfe für dieses Projekt ist, und bedanken uns bereits jetzt für Ihre Unterstützung und Hilfsbereitschaft.

Mit freundlichen Grüßen

Prof. Dr. Rainer Gömmel

Dipl.-Kffr. Barbara Weiß

A2. Fragebogen

Fragebogen Nr.: ________

Zur Effizienz des Management Buy-Out
im Vergleich zu anderen Privatisierungsinstrumenten

Eine empirische Untersuchung

Durchgeführt von:
Dipl.-Kffr. Barbara Weiss
Hesseloher Str. 20
80802 München

Betreut von:

Prof. Dr. Rainer Gömmel
Lehrstuhl für Wirtschaftsgeschichte
Universität Regensburg

Prof. Dr. Jochen Drukarczyk
Lehrstuhl für Betriebswirtschaftslehre
& Finanzierung
Universität Regensburg

Zu dieser Untersuchung

Sehr geehrte Damen und Herren,

Zur Zeit führen wir am Lehrstuhl für Wirtschaftsgeschichte der Universität Regensburg mit Hilfe öffentlicher Fördergelder eine Untersuchung zur Effizienz des MBO in den neuen Bundesländern durch.

Nach unseren Informationen leiten Sie ein Unternehmen, das Ende 1991/ Anfang 1992 entweder in Form eines MBO oder durch einen Verkauf an externe Investoren privatisiert wurde. Dadurch gehören Sie zu einem ausgewählten Kreis von Firmen, die ganz bestimmte Strukturen aufweisen und für unsere Umfrage von besonderer Bedeutung sind.

Durch Ihre Mithilfe erhoffen wir uns Einblicke darüber, wie sich MBO-Unternehmen im direkten Vergleich zu normalen Privatisierungen entwickelt haben und welche Implikationen sich daraus für den zukünftigen Einsatz verschiedener Privatisierungsinstrumente ergeben. Auch erhoffen wir uns konkrete, erfolgversprechende Handlungsmöglichkeiten für mittelständische Betriebe.

Dazu würden wir Sie bitten, nachfolgenden Fragebogen so weit als möglich zu beantworten. Im Anschluß daran werden Ihre Antworten statistisch ausgewertet und Sie über die Ergebnisse informiert.

Selbstverständlich versichern wir Ihnen, bei der Auswertung, die absolute Anonymität ihres Unternehmens und Geheimhaltung ihrer Daten und Antworten zu gewährleisten.

Wir möchten betonen, wie wichtig Ihre Mithilfe für dieses Projekt ist, und danken Ihnen schon jetzt für Ihre Unterstützung und Hilfsbereitschaft beim Ausfüllen des Fragebogens.

Mit freundlichen Grüßen

Prof. Dr. Rainer Gömmel

Dipl.-Kffr. Barbara Weiß

Das Ausfüllen des Fragebogens

Im folgenden Fragebogen werden Ihnen drei verschiedene Fragetypen begegnen, die wir Sie bitten, entsprechend der folgenden Beispiele, auszufüllen.

1. Beispiel: Fragetyp „Ankreuzen"

Sie müssen zum Beantworten nur die jeweiligen Kästchen ankreuzen, wobei bei einigen Fragen auch mehrere Kreuze möglich sind.

Beispielsfrage: *Welches ist Ihre genaue Funktion in Unternehmen ?*

❒ *Geschäftsführer*

❒ *Geschäftsführer und alleiniger Gesellschafter*

❒ *Geschäftsführer und Gesellschafter*

usw.

2. Beispiel: Fragetyp „Bewertung"

Sie müssen eine Einschätzung zu einer gegebenen Aussage treffen, wobei sie eine Zahl zwischen 1 bis 5 entsprechend Ihrer Bewertung ankreuzen. Die jeweiligen Definitionen für die Werte sind vorgegeben und unterscheiden sich von Frage zu Frage.

Beispielsfrage: *Wie beurteilen Sie das Investitionsvolumen Ihres Unternehmen ?*

Viel zu gering	*Zu gering*	*Ausreichend*	*Gut*	*Optimal*
①	②	③	④	⑤

3. Beispiel: Fragetyp „Ausfüllen"

Hier werden Sie gebeten eine Definition, einen numerischen Wert, eine Prozentzahl usw. anzugeben. Auch lassen manche Fragen Raum für Ihren eigenen Zusatz bzw. Kommentar.

Beispielsfrage: *Wie viele Mitarbeiter waren zum Zeitpunkt der Privatisierung in Ihrem Unternehmen beschäftigt ?*

________________ *Personen*

Und auf der nächsten Seite geht es los....

Fragen zum Management

1. Welches ist Ihre genaue Funktion im Unternehmen ?
   - ❐ Geschäftsführer
   - ❐ Geschäftsführer und alleiniger Gesellschafter
   - ❐ Geschäftsführer und Gesellschafter
   - ❐ Führungsfunktion
   - ❐ Führungsfunktion und Gesellschafter

2. Waren Sie bereits vor der Privatisierung tätig ...
   - ❐ in diesem Unternehmen?
   - ❐ in einem ostdeutschen Unternehmen der gleichen Branche?
   - ❐ in einem westdeutschen Unternehmen der gleichen Branche?
   - ❐ in einem ostdeutschen Unternehmen einer anderen Branche?
   - ❐ in einem westdeutschen Unternehmen einer anderen Branche?
   - ❐ Sonstiges: ______________________

3. Wie würden Sie sich persönlich in Bezug auf die folgenden Eigenschaften einschätzen ?

	Sehr schwach ausgeprägt	*Schwach ausgeprägt*	*Normal ausgeprägt*	*Stärker ausgeprägt*	*Sehr stark ausgeprägt*
Entscheidungs-freudigkeit	①	②	③	④	⑤
Durchsetzungs-fähigkeit	①	②	③	④	⑤
Flexibilität	①	②	③	④	⑤
Eigeninitiative	①	②	③	④	⑤
Kreativität	①	②	③	④	⑤
Risikobereitschaft	①	②	③	④	⑤
Führungswille	①	②	③	④	⑤
Planungstalent	①	②	③	④	⑤
Emotionale Kontrolle	①	②	③	④	⑤

4. Worin sehen Sie Ihre persönlichen Stärken in Bezug auf die Unternehmensleitung ?

	Trifft nicht zu	*Trifft kaum zu*	*Trifft zu*	*Trifft verstärkt zu*	*Trifft genau zu*
Langjährige Erfahrung/ Tätigkeit im Unternehmen	①	②	③	④	⑤
Erfahrung in der Branche	①	②	③	④	⑤
Erfahrung in verwandten Branchen	①	②	③	④	⑤
Erfahrung in der Region	①	②	③	④	⑤
Hohe Motivation	①	②	③	④	⑤
Fundierte betriebswirtschaftliche Kenntnisse	①	②	③	④	⑤
Fundierte technische Kenntnisse	①	②	③	④	⑤
Gutes Verhältnis zu Mitarbeitern	①	②	③	④	⑤
Marktwirtschaftliche Erfahrung	①	②	③	④	⑤
Gute Kontakte zu Banken und Investoren	①	②	③	④	⑤
Gute Kontakte zu Kunden und Lieferanten	①	②	③	④	⑤
Sonstiges:	①	②	③	④	⑤

____

Mitarbeiter

5. Wie viele Mitarbeiter waren zum Zeitpunkt der Privatisierung in Ihrem Unternehmen beschäftigt ?
_____________ Personen

6. Wie viele Mitarbeiter waren zum Abschluß des Geschäftsjahres 1997 in Ihrem Unternehmen beschäftigt ?
_______________ Personen

7. Inwieweit werden bzw. wurden durch diese Mitarbeiteranzahl die Bedingungen im Privatisierungsvertrag erfüllt ?

Bei weitem nicht erfüllt	*Nicht erfüllt*	*Genau erfüllt*	*Gut erfüllt*	*Weit mehr als erfüllt*
①	②	③	④	⑤

8. Wie sieht Ihre diesjährige Planung in bezug auf die Anzahl Ihrer Mitarbeiter aus ?

Stark verringern	*Etwas verringern*	*Gleichbleibend*	*Etwas erhöhen*	*Stark erhöhen*
①	②	③	④	⑤

9. Wie wurden die Mitarbeiter vor der Privatisierung in die Entscheidung über mögliche Investoren/Käufer mit einbezogen ?

Kein Mitsprache-recht	*Kaum Mitspracherecht*	*Mitspracherecht*	*Weitreichendes Mitspracherecht*	*Starkes Mitsprache-recht*
①	②	③	④	⑤

10. Wie würden Sie die Akzeptanz des Managements und seines Führungsstils unter den Mitarbeitern beurteilen ?

Sehr zurück-haltend	*Zurückhaltend*	*Normal*	*Weitreichend*	*Vollkommen*
①	②	③	④	⑤

Investition und Finanzierung

11. In welcher Höhe haben Sie seit der Privatisierung Investitionen getätigt ?

__________________ DM

12. Welchen Prozentsatz Ihres Umsatzes verwenden Sie durchschnittlich für Investitionsmaßnahmen ?

__________________ in Prozent vom Jahresumsatz

13. Inwieweit erfüllen bzw. erfüllten Sie dadurch die Investitionszusagen im Privatisierungsvertrag ?

Bei weitem nicht erfüllt	*Nicht erfüllt*	*Genau erfüllt*	*Gut erfüllt*	*Weit mehr als erfüllt*
①	②	③	④	⑤

14. Wie beurteilen Sie das Investitionsvolumen Ihres Unternehmen ?

Viel zu gering	*Zu gering*	*Ausreichend*	*Gut*	*Optimal*
①	②	③	④	⑤

15. Wie sieht Ihre Planung für das Investitionsvolumen in diesem Jahr aus ?

Stark verringern	*Etwas verringern*	*Gleichbleibend*	*Etwas erhöhen*	*Stark erhöhen*
①	②	③	④	⑤

16. In welcher Ertragslage befand sich Ihr Unternehmen im Jahr 1997 ?

Hoher Verlust	*Leichter Verlust*	*Ausgeglichen*	*Leichter Gewinn*	*Hoher Gewinn*
①	②	⑤	④	③

17. Wie beurteilen Sie die Eigenkapitalausstattung Ihres Unternehmens ?

Viel zu gering	*Zu gering*	*Ausreichend*	*Gut*	*Optimal*
①	②	③	④	⑤

18. Wie beurteilen Sie die Fremdkapitalausstattung Ihres Unternehmens ?

Viel zu gering	*Zu gering*	*Ausreichend*	*Gut*	*Optimal*
①	②	③	④	⑤

19. Wie beurteilen Sie die Möglichkeiten Ihres Unternehmens Fremdkapital nach der Privatisierung aufzunehmen ?

Unmöglich	*Schwer*	*Normal*	*Relativ problemlos*	*Problemlos*
①	②	③	④	⑤

20. Führten folgende Punkte bei Ihrem Unternehmen zu Schwierigkeiten bei der Fremdkapitalaufnahme?

	Keinen Einfluss	*Kaum Einfluss*	*Etwas Einfluss*	*Stärkeren Einfluss*	*Sehr großen Einfluss*
Zu geringe Eigenkapitalausstattung	①	②	③	④	⑤
Schwierigkeiten bei der Kreditbesicherung	①	②	③	④	⑤
Schwierigkeiten im Absatzbereich	①	②	③	④	⑤
Fehlende Verhandlungserfahrung mit Fremdkapitalgebern	①	②	③	④	⑤
Fehlende Informationen über potentielle Fremdkapitalgeber	①	②	③	④	⑤
Schwächen im strategischen Unternehmenskonzept	①	②	③	④	⑤
Mangelhafte oder fehlende Absatz-, Finanz- und Liquiditätspläne	①	②	③	④	⑤

21. Welche der folgenden Fördermaßnahmen konnte Ihr Unternehmen tatsächlich in Anspruch nehmen ?

- ❐ Investitionskredite
- ❐ Investitionsförderprogramme
- ❐ Eigenkapitalhilfe-Programm (EHK-Programm)
- ❐ European Recovery Program (ERP-Programm)
- ❐ Gemeinschaftsaufgabe „Verbesserung der regionalen Wirtschaftsstruktur" (GA-Programm)
- ❐ Öffentliche Bürgschaften
- ❐ Innovationsförderprogramme
- ❐ Absatzhilfen
- ❐ Förderung von Beratungsleistungen
- ❐ Bevorzugung bei öffentlichen Aufträgen
- ❐ Liquiditätshilfen
- ❐ Sonstiges: ________________

22. Wie beurteilen Sie die gegenwärtige Liquiditätslage Ihres Unternehmens ?

Sehr problematisch	*Problematisch*	*Zufriedenstellend*	*Gut*	*Optimal*
①	②	③	④	⑤

23. Beurteilen Sie bitte, inwieweit folgende Punkte eine Rolle bei einer möglichen Liquiditätsschwäche Ihres Unternehmens spielen bzw. spielten.

	Keinen Einfluss	*Kaum Einfluss*	*Etwas Einfluss*	*Stärkeren Einfluss*	*Sehr großen Einfluss*
Schwierigkeiten im Absatzbereich	①	②	③	④	⑤
Ungünstige Zahlungsbedingungen der Lieferanten	①	②	③	④	⑤
Hohe Außenstände bei den Kunden	①	②	③	④	⑤
Forderungsausfälle	①	②	③	④	⑤
Zu geringer Kreditrahmen	①	②	③	④	⑤
Zu hohe finanzielle Belastungen durch Tilgung und Zinszahlungen	①	②	③	④	⑤
Schwierigkeiten bei der Kreditaufnahme	①	②	③	④	⑤
Zu geringe Eigenkapitalausstattung	①	②	③	④	⑤
Sonstiges: ____________	①	②	③	④	⑤

Verhandlungen mit der Treuhand

24. Wie lange dauerten in etwa die Privatisierungsverhandlungen bis zum Abschluss ?

- ❐ Bis zu 4 Wochen
- ❐ Bis zu 3 Monaten
- ❐ Bis zu 6 Monaten
- ❐ Bis zu 1 Jahr
- ❐ Länger als ein Jahr

25. Wie beurteilen Sie die Informationslage über Ihr Unternehmen vor seinem Erwerb?

Sehr schlecht	*Schlecht*	*Normal*	*Gut*	*Optimal*
①	②	③	④	⑤

26. Wie beurteilen Sie die Verhandlungsführung der Treuhand in Ihrem Fall ?

Sehr streng	*Streng*	*Normal*	*Fair*	*Sehr fair*
①	②	③	④	⑤

27. Wie wichtig waren für Ihr Unternehmen Nachverhandlungen in den folgenden Punkten ?

	Nicht notwendig	*Kaum notwendig*	*Notwendig*	*Wichtig*	*Sehr wichtig*
Arbeitsplatzzusagen	①	②	③	④	⑤
Investitionszusagen	①	②	③	④	⑤
Ökologische Altlasten	①	②	③	④	⑤
Altschulden	①	②	③	④	⑤
Kaufpreis	①	②	③	④	⑤
Höhe der Pönalen	①	②	③	④	⑤
Nachbewertung	①	②	③	④	⑤
Sonstiges:	①	②	③	④	⑤

____

28. Wie beurteilen Sie insgesamt die Privatisierungsleistung der Treuhand in Ihrem Fall ?

Sehr schlecht	*Schlecht*	*Befriedigend*	*Gut*	*Sehr gut*
①	②	③	④	⑤

Innovationen und Forschung

29. Wie hat sich Ihrer Meinung nach die Wettbewerbsstruktur auf das Innovationspotential Ihres Unternehmens ausgewirkt ?

Sehr nachteilig	*Nachteilig*	*Neutral*	*Vorteilhaft*	*Sehr vorteilhaft*
①	②	③	④	⑤

30. Wie beurteilen Sie das Ausmaß der angebotsbezogenen Veränderung in Ihrem Unternehmen seit der Privatisierung in Bezug auf ...

	Keine Veränderung	*Schwache Veränderung*	*Bemerkbare Veränderung*	*Weitreichende Veränderung*	*Komplette Umstellung*
...Art der produzierten Güter und Dienstleistungen	①	②	③	④	⑤
...Eigenschaften der produzierten Güter und Dienstleistungen	①	②	③	④	⑤
...Qualität der produzierten Güter und Dienstleistungen	①	②	③	④	⑤
...Produktionsprozess der produzierten Güter und Dienstleistungen	①	②	③	④	⑤

Motivation

31. Welche Motive waren bei Ihrem Unternehmen ausschlaggebend für seine Übernahme von der Treuhand ?

	Trifft nicht zu	*Trifft kaum zu*	*Trifft zu*	*Trifft verstärkt zu*	*Trifft genau zu*
Sicherung des eigenen Arbeitsplatzes	①	②	③	④	⑤
Sicherung von Arbeitsplätzen	①	②	③	④	⑤
Streben nach unternehmerischer Unabhängigkeit	①	②	③	④	⑤
Streben nach Prestige, Ansehen, Selbstverwirklichung	①	②	③	④	⑤
Verhinderung einer feindlichen Übernahme	①	②	③	④	⑤
Begünstigung durch Fördergelder/ Subventionen	①	②	③	④	⑤
Gewinnstreben	①	②	③	④	⑤
Expansionsgründe	①	②	③	④	⑤
Aufbau/Sicherung einer Präsenz in Ostdeutschland	①	②	③	④	⑤
Sicherung von Ostprodukten	①	②	③	④	⑤
Aufrechterhaltung von Traditionen	①	②	③	④	⑤
Sonstiges:	①	②	③	④	⑤

____

32. Würden Sie den gewählten Weg der Privatisierung noch einmal einschlagen ?

- ☐ Ja
- ☐ Nein

Absatz

33. Wie beurteilen Sie die Erfolgswirksamkeit folgender strategischer Alternativen für Ihr Unternehmen ?

	Sehr gering	*Gering*	*Mittelmäßig*	*Hoch*	*Sehr hoch*
Kosten bzw. Preisführerschaft	①	②	③	④	⑤
Differenzierung durch hohe Produkt- oder Servicequallität	①	②	③	④	⑤
Gewährleistung von Kundennähe	①	②	③	④	⑤
Konzentration auf regionale Marktnischen	①	②	③	④	⑤
Expansion auf überregionale/ globale Märkte	①	②	③	④	⑤
Möglichst flexibles und innovatives Produkt- und Dienstleistungsangebot	①	②	③	④	⑤
Möglichst umfangreiches Produkt- und Dienstleistungsangebot	①	②	③	④	⑤
Differenzierung durch Imagevorsprung	①	②	③	④	⑤
Sonstiges: ____________	①	②	③	④	⑤

Organisation

34. Wie beurteilen Sie das Ausmaß der seit der Privatisierung durchgeführten Veränderungen in den folgenden innerbetrieblichen Bereichen ?

	Keine Veränderung	*Schwache Veränderung*	*Bemerkbare Veränderung*	*Weitreichende Veränderung*	*Sehr große Veränderung*
Produktion	①	②	③	④	⑤
Lagerwirtschaft/Logistik	①	②	③	④	⑤
Marketing/Vertrieb	①	②	③	④	⑤
Finanzierung/Investition	①	②	③	④	⑤
EDV/Informations-technologie	①	②	③	④	⑤
Personalabteilung	①	②	③	④	⑤
Allg. Verwaltung	①	②	③	④	⑤
Rechnungswesen	①	②	③	④	⑤
Sonstiger Bereich	①	②	③	④	⑤

____

Grundsätzliche Daten

Zeitpunkt der Privatisierung: ________________________

Branche: ________________________________

- ❑ MBO *oder*
- ❑ Verkauf an externe Investoren

Ökonomische Daten des Unternehmens

Rumpfdaten GuV - 1997:	**Rumpfdaten GuV - 1996:**
Umsatzerlöse:__________ DM	Umsatzerlöse:__________ DM
Materialaufwand:__________ DM	Materialaufwand:__________ DM
Personalaufwand:__________ DM	Personalaufwand:__________ DM
Sonstiger Aufwand:__________ DM	Sonstiger Aufwand:__________ DM
Zinsaufwand: __________ DM	Zinsaufwand: __________ DM
Steuern: __________ DM	Steuern: __________ DM
Abschreibungen:__________ DM	Abschreibungen:__________ DM
Rückstellungs-Veränderung: __________ DM	Rückstellungs-Veränderung: __________ DM
Jahresüberschuss:__________ DM	Jahresüberschuss:__________ DM

Rumpfdaten GuV – 1. vollständiges Geschäftsjahr:
Umsatzerlöse:__________ DM
Materialaufwand:__________ DM
Personalaufwand:__________ DM
Sonstiger Aufwand.__________ DM
Zinsaufwand: __________ DM
Steuern: __________ DM
Abschreibungen:__________ DM
Rückstellungs-Veränderung: __________ DM
Jahresüberschuss:__________ DM

Rumpfdaten Bilanz - 1997:	**Rumpfdaten Bilanz - 1996:**
Umlaufvermögen:_____________ DM	Umlaufvermögen: __________DM
Anlagevermögen:_____________ DM	Anlagevermögen: __________DM
Eigenkapital: ______________ DM	Eigenkapital: __________ DM
Kzfr. Rückstellungen:__________DM	Kzfr. Rückstellungen:__________ DM
Lgfr. Rückstellungen:__________DM	Lgfr. Rückstellungen:__________ DM
Kzfr. Fremdkapital: __________DM	Kzfr. Fremdkapital:____________ DM
Lgfr. Fremdkapital: __________DM	Lgfr. Fremdkapital:____________ DM
Bilanzsumme: __________ DM	Bilanzsumme:_______________ DM

Rumpfdaten Bilanz – 1. vollständiges Geschäftsjahr:
Umlaufvermögen:_____________ DM
Anlagevermögen:_____________ DM
Eigenkapital: ______________ DM
Kzfr. Rückstellungen:__________ DM
Lgfr. Rückstellungen:__________ DM
Kzfr. Fremdkapital:____________ DM
Lgfr. Fremdkapital:____________ DM
Bilanzsumme:_______________ DM

Vielen Dank für Ihre Mühen !!!!

A3. Statistische Auswertungen

A3.1 Ergänzungen zur Häufigkeitsauszählung

Fragen 1 bis 2: siehe Text

Frage 3: Persönliche Einschätzung

in Prozent		**Sehr stark ausgeprägt**	**Stärker ausgeprägt**	**Normal ausgeprägt**	**Schwächer ausgeprägt**	**Sehr schwach ausgeprägt**	**Total (N=19) (N=12)**
Entscheidungsfreudigkeit	*MBO*	15,8	68,4	15,8			
	Prozent kum.	15,8	84,2	100,0			
	Ext. Inv.	33,3	41,7	16,7	8,3		
	Prozent kum.	33,3	75,0	91,7	100,0		
Durchsetzungsfähigkeit	*MBO*	21,1	68,4	10,5			
	Prozent kum.	21,1	89,5	100,0			
	Ext. Inv.	16,7	66,7	8,3	8,3		
	Prozent kum.	16,7	83,3	91,7	100,0		
Flexibilität	*MBO*	42,1	52,6	5,3			
	Prozent kum.	42,1	94,7	100,0			
	Ext. Inv.	25,0	33,3	33,3	8,3		
	Prozent kum.	25,0	58,3	91,7	100,0		
Eigeninitiative	*MBO*	21,1	63,2	15,8			
	Prozent kum.	21,1	84,2	100,0			
	Ext. Inv.	8,3	50,0	33,3	8,3		
	Prozent kum.	8,3	58,3	91,7	100,0		
Kreativität	*MBO*	10,5	47,4	31,6	10,5		
	Prozent kum.	10,5	57,9	89,5	100,0		
	Ext. Inv.	8,3	33,3	25,0	25,0	8,3	
	Prozent kum.	8,3	41,7	66,7	91,7	100,0	
Risikobereitschaft	*MBO*	26,3	26,3	42,1	5,3		
	Prozent kum.	26,3	52,6	94,7	100,0		
	Ext. Inv.	25,0	33,3	25,0	16,7		
	Prozent kum.	25,0	58,3	83,3	100,0		
Führungswille	*MBO*	26,3	57,9	15,8			
	Prozent kum.	26,3	84,2	100,0			
	Ext. Inv.	8,3	41,7	25,0	16,7	8,3	
	Prozent kum.	8,3	50,0	75,0	91,7	100,0	
Planungstalent	*MBO*	26,3	47,4	26,3			
	Prozent kum.	26,3	73,7	100,0			
	Ext. Inv.	16,7	33,3	41,7	8,3		
	Prozent kum.	16,7	50,0	91,7	100,0		
Emotionale Kontrolle	*MBO*	10,5	47,4	31,6	10,5		
	Prozent kum.	10,5	57,9	89,5	100,0		
	Ext. Inv.	8,3	25,0	25,0	41,7		
	Prozent kum.	8,3	33,3	58,3	100,0		

Frage 4: Stärken in bezug auf die Unternehmensleitung

in Prozent		Trifft genau zu	Trifft verstärkt zu	Trifft zu	Trifft kaum zu	Trifft nicht zu	Total (N=19) (N=12)
Langjährige	*MBO*	57,9	31,6	5,3	5,3		
Erfahrung im	*Prozent kum.*	57,9	89,5	94,7	100,0		
Unternehmen	*Ext. Inv.*	25,0	16,7	25,0	25,0	8,3	
	Prozent kum.	25,0	41,7	66,7	91,7	100,0	
Langjährige	*MBO*	57,9	26,3	10,5	5,3		
Erfahrung in	*Prozent kum.*	57,9	84,2	94,7	100,0		
der Branche	*Ext. Inv.*	33,3	50,0	16,7			
	Prozent kum.	33,3	83,3	100,0			
Erfahrung in	*MBO*	10,5	26,3	10,5	26,3	26,3	
verwandten	*Prozent kum.*	10,5	36,8	47,4	73,7	100,0	
Branchen	*Ext. Inv.*	16,7	33,3	16,7	25,0	8,3	
	Prozent kum.	16,7	50,0	66,7	91,7	100,0	
Erfahrung in	*MBO*	26,3	36,8	21,1		15,8	
der Region	*Prozent kum.*	26,3	63,2	84,2		100,0	
	Ext. Inv.	25,0	25,0	25,0	16,7	8,3	
	Prozent kum.	25,0	50,0	75,0	91,7	100,0	
Hohe	*MBO*	52,6	26,3	21,1			
Motivation	*Prozent kum.*	52,6	78,9	100,0			
	Ext. Inv.	41,7	50,0		8,3		
	Prozent kum.	41,7	91,7		100,0		
Fundierte	*MBO*	10,5	42,1	36,8	10,5		
BWL-	*Prozent kum.*	10,5	52,6	89,5	100,0		
Kenntnisse	*Ext. Inv.*	16,7	33,3	33,3	16,7		
	Prozent kum.	16,7	50,0	83,3	100,0		
Fundierte	*MBO*	26,3	42,1	21,1	5,3	5,3	
technische	*Prozent kum.*	26,3	68,4	89,5	94,7	100,0	
Kenntnisse	*Ext. Inv.*	33,3	50,0	8,3	8,3		
	Prozent kum.	33,3	83,3	91,7	100,0		
Gutes	*MBO*	42,1	52,6		5,3		
Verhältnis zu	*Prozent kum.*	42,1	94,7		100,0		
Mitarbeitern	*Ext. Inv.*	16,7	50,0	25,0	8,3		
	Prozent kum.	16,7	66,7	91,7	100,0		
Marktwirt-	*MBO*	10,5	26,3	52,6	10,5		
schaftliche	*Prozent kum.*	10,5	36,8	89,5	100,0		
Erfahrung	*Ext. Inv.*	16,7	41,7	16,7	25,0		
	Prozent kum.	16,7	58,3	75,0	100,0		
Gute	*MBO*	26,3	36,8	26,3	10,5		
Kontakte zu	*Prozent kum.*	26,3	63,2	89,5	100,0		
Banken und	*Ext. Inv.*	16,7	25,0	33,3	8,3	16,7	
Investoren	*Prozent kum.*	16,7	41,7	75,0	83,3	100,0	
Gute	*MBO*	42,1	31,6	21,1	5,3		
Kontakte zu	*Prozent kum.*	42,1	73,7	94,7	100,0		
Kunden und	*Ext. Inv.*	16,7	33,3	33,3	8,3	8,3	
Lieferanten	*Prozent kum.*	16,7	50,0	83,3	91,7	100,0	
Sonstiges	*MBO*						
	Prozent kum.						
	Ext. Inv.		8,3				N=1
	Prozent kum.		100,0				

Fragen 5 bis 19: siehe Text

Frage 20: Schwierigkeiten bei der Fremdkapitalaufnahme

in Prozent		Keinen Einfluss	Kaum Einfluss	Etwas Einfluss	Stärkeren Einfluss	Sehr großen Einfluss	Total (N=19) (N=12)
Zu geringe Eigenkapitalausstattung	*MBO*	26.3	10.5	21.1	31.6	10.5	
	Prozent kum.	100.0	73.7	63.2	42.1	10.5	
	Ext. Inv.	33.3	33.3	25.0	8.3		
	Prozent kum.	100.0	66.7	33.3	8.3		
Schwierigkeiten bei der Kreditbesicherung	*MBO*	15.8	10.5	15.8	42.1	15.8	
	Prozent kum.	100.0	84.2	73.7	57.9	15.8	
	Ext. Inv.	25.0	25.0	8.3	33.3	8.3	
	Prozent kum.	100.0	75.0	50.0	41.7	8.3	
Schwierigkeiten im Absatzbereich	*MBO*	47.4	31.6	10.5	5.3	5.3	
	Prozent kum.	100.0	52.6	21.1	10.5	5.3	
	Ext. Inv.	33.3	33.3	25.0	8.3		
	Prozent kum.	100.0	66.7	33.3	8.3		
Fehlende Verhandlungserfahrung mit Fremdkapitalgebern	*MBO*	47.4	15.8	21.1	15.8		
	Prozent kum.	100.0	52.6	36.8	15.8		
	Ext. Inv.	75.0	8.3	8.3	8.3		
	Prozent kum.	100.0	25.0	16.7	8.3		
Fehlende Informationen über potentielle Fremdkapitalgeber	*MBO*	57.9	15.8		26.3		
	Prozent kum.	100.0	42.1		26.3		
	Ext. Inv.	66.7	8.3	16.7	8.3		
	Prozent kum.	100.0	33.3	25.0	8.3		
Schwächen im strategischen Unternehmenskonzept	*MBO*	63.2	15.8	15.8	5.3		
	Prozent kum.	100.0	36.8	21.1	5.3		
	Ext. Inv.	75.0		8.3	16.7		
	Prozent kum.	100.0		25.0	16.7		
Mangelhafte oder fehlende Absatz-, Finanz- und Liquiditätspläne	*MBO*	68.4	15.8	10.5	5.3		
	Prozent kum.	100.0	31.6	15.8	5.3		
	Ext. Inv.	75.0	8.3	8.3	8.3		
	Prozent kum.	100.0	25.0	16.7	8.3		

Frage 21: Inanspruchname der Fördermaßnahmen

in Prozent	Investitionskredite	Investitionsförderprogramme	EKH-Programme	ERP-Programme	GA-Programme	Öffentl. Bürgschaften	Innovationsförderprogramme	Absatzhilfen	Förderung von Beratungsleistungen	Bevorzugung bei öffentl. Aufträgen	Liquiditätshilfen	Sonstiges
MBO	63,2	42,1	68,4	73,7	21,1	10,5	10,5	5,3	21,1	10,5	15,8	10,5
Externer Investor	66,7	66,7	58,3	58,3	25,0	0	8,3	8,3	41,7	0	16,7	0

Frage 22: siehe Text

Frage 23: Gründe für Liquiditätsschwäche

in Prozent		Sehr großen Einfluss	Stärkeren Einfluss	Etwas Einfluss	Kaum Einfluss	Keinen Einfluss	Total (N=19) (N=12)
Schwierig-	*MBO*		31,6	26,3	15,8	26,3	
keiten im	*Prozent kum.*		31,6	57,9	73,7	100,0	
Absatz-	*Ext. Inv.*	8,3	16,7	25,0	41,7	8,3	
bereich	*Prozent kum.*	8,3	25,0	50,0	91,7	100,0	
Ungünstige	*MBO*	5,3	26,3	5,3	10,5	52,6	
Zahlungs-	*Prozent kum.*	5,3	31,6	36,8	47,4	100,0	
bedingungen	*Ext. Inv.*	25,0	33,3	16,7	8,3	16,7	
d. Lieferanten	*Prozent kum.*	25,0	58,3	75,0	83,3	100,0	
Hohe	*MBO*	26,3	21,1	36,8	10,5	5,3	
Außenstände	*Prozent kum.*	26,3	47,4	84,2	94,7	100,0	
bei den	*Ext. Inv.*	16,7	58,3	8,3	16,7		
Kunden	*Prozent kum.*	16,7	75,0	83,3	100,0		
Forderungs-	*MBO*	31,6	36,8		26,3	5,3	
ausfälle	*Prozent kum.*	31,6	68,4		94,7	100,0	
	Ext. Inv.	33,3	33,3		16,7	16,7	
	Prozent kum.	33,3	66,7		83,3	100,0	
Zu geringer	*MBO*	5,3	26,3	15,8	10,5	42,1	
Kreditrahmen	*Prozent kum.*	5,3	31,6	47,4	57,9	100,0	
	Ext. Inv.	8,3	8,3	8,3	41,7	33,3	
	Prozent kum.	8,3	16,7	25,0	66,7	100,0	
Zu hohe	*MBO*	15,8	47,7	15,8	10,5	10,5	
finanzielle	*Prozent kum.*	15,8	63,2	78,9	89,5	100,0	
Belastungen	*Ext. Inv.*		8,3	25,0	33,3	33,3	
durch Tilgung	*Prozent kum.*		8,3	33,3	66,7	100,0	
und							
Zinszahlung							
Schwierig-	*MBO*		26,3	26,3	10,5	36,8	
keiten bei der	*Prozent kum.*		26,3	52,6	63,2	100,0	
Kreditauf-	*Ext. Inv.*			8,3	58,3	33,3	
nahme	*Prozent kum.*			8,3	66,7	100,0	
Zu geringe	*MBO*	15,8	36,8	26,3	5,3	15,8	
Eigenkapital-	*Prozent kum.*	15,8	52,6	78,9	84,2	100,0	
ausstattung	*Ext. Inv.*		8,3		50,0	41,7	
	Prozent kum.		8,3		58,3	100,0	

Fragen 24 bis 26: siehe Text

Frage 27: Bedeutung von Nachverhandlungen

in Prozent		Sehr wichtig	Wichtig	Not-wendig	Kaum not-wendig	Nicht not-wendig	Total (N=19) (N=12)
Arbeitsplatz-	*MBO*	26,3	21,1			52,6	
zusagen	*Prozent kum.*	26,3	47,4			100,0	
	Ext. Inv.		16,7		8,3	75,0	
	Prozent kum.		16,7		25,0	100,0	
Investitions-	*MBO*	10,5	10,5	5,3		73,7	
zusagen	*Prozent kum.*	10,5	21,1	26,3		100,0	
	Ext. Inv.		16,7	8,3	16,7	58,3	
	Prozent kum.		16,7	25,0	41,7	100,0	
Ökologische	*MBO*	5,3	15,8	5,,3	15,8	57,9	
Altlasten	*Prozent kum.*	5,3	21,1	26,3	42,1	100,0	
	Ext. Inv.		16,7		16,7	66,7	
	Prozent kum.		16,7		33,3	100,0	

Fortsetzung zu Frage 27:

in Prozent		**Sehr wichtig**	**Wichtig**	**Not-wendig**	**Kaum not-wendig**	**Nicht not-wendig**	**Total (N=19) (N=12)**
Altschulden	*MBO*	26,3	21,1	5,3	5,3	42,1	
	Prozent kum.	26,3	47,4	52,6	57,9	100,0	
	Ext. Inv.	16,7	33,3	8,3	8,3	33,3	
	Prozent kum.	16,7	50,0	58,3	66,7	100,0	
Kaufpreis	*MBO*	15,8	21,1	21,1		42,1	
	Prozent kum.	15,8	36,8	57,9		100,0	
	Ext. Inv.		16,7	33,3	16,7	33,3	
	Prozent kum.		16,7	50,0	66,7	100,0	
Höhe der Pönalen	*MBO*	5,3	10,5	15,8		68,4	
	Prozent kum.	5,3	15,8	31,6		100,0	
	Ext. Inv.			16,7	8,3	75,0	
	Prozent kum.			16,7	25,0	100,0	
Nach-bewertung	*MBO*	26,3	5,3	10,5		57,9	
	Prozent kum.	26,3	31,6	42,1		100,0	
	Ext. Inv.		16,7			83,3	
	Prozent kum.		16,7			100,0	
Sonstiges	*MBO*	5,3	5,3				N=2
	Prozent kum.	50,0	100,0				
	Ext. Inv.						
	Prozent kum.						

Fragen 28 bis 29: siehe Text

Frage 30: Ausmaß der angebotsbezogenen Veränderungen im Unternehmen

in Prozent		**Komplette Um-stellung**	**Weitreich-ende Veränder-ung**	**Bemerk-bare Veränder-ung**	**Schwache Veränder-ung**	**Keine Veränder-ung**	**Total (N=19) (N=12)**
Art der produzierten Güter und Dienst-leistungen	*MBO*	21,1	26,3	15,8	21,1	15,8	N=17
	Prozent kum.	21,1	47,4	63,2	84,2	100,0	
	Ext. Inv.	16,7	33,3	25,0	16,7	8,3	
	Prozent kum.	16,7	50,0	75,0	91,7	100,0	
Deren Eigen-schaften	*MBO*	15,8	26,3	21,1	5,3	31,6	
	Prozent kum.	15,8	42,1	63,2	68,4	100,0	
	Ext. Inv.	16,7	8,3	41,7	16,7	16,7	
	Prozent kum.	16,7	25,0	66,7	83,3	100,0	
Deren Qualität	*MBO*	23,5	35,3	29,4	5,9	5,9	
	Prozent kum.	23,5	58,8	88,2	94,1	100,0	
	Ext. Inv.	33,3	50,0	8,3		8,3	
	Prozent kum.	33,3	83,3	91,7		100,0	
Produktions-prozeß	*MBO*	28,6	28,6	35,7		7,1	N=14
	Prozent kum.	28,6	57,1	92,9		100,0	
	Ext. Inv.	16,7	50,0	25,0		8,3	
	Prozent kum.	16,7	66,7	91,7		100,0	

Fragen 31 bis 32: siehe Text

Frage 33: Bedeutung strategischer Alternativen

in Prozent		Sehr hoch	Hoch	Mittel-mäßig	Gering	Sehr gering	Total (N=19) (N=12)
Kosten- bzw, Preisführer-schaft	*MBO*	27,8	5,6	50,0	11,1		N=18
	Prozent kum.	27,8	33,3	83,3	94,4		
	Ext. Inv.	25,0	41,7	8,3	25,0		
	Prozent kum.	25,0	66,7	75,0	100,0		
Differenzie-rung durch Produkt- und Servicequal.	*MBO*	57,9	42,1				
	Prozent kum.	57,9	100,0				
	Ext. Inv.	41,7	50,0		8,3		
	Prozent kum.	41,7	91,7		100,0		
Gewähr-leistung von Kundenähe	*MBO*	47,4	36,8	10,5		5,3	
	Prozent kum.	47,4	84,2	94,7		100,0	
	Ext. Inv.	50,0	41,7	8,3			
	Prozent kum.	50,0	91,7	100,0			
Konzentration auf regionale Marktnischen	*MBO*	10,5	31,6	10,5	31,6	15,8	
	Prozent kum.	10,5	42,1	52,6	84,2	100,0	
	Ext. Inv.	16,7	33,3	33,3		16,7	
	Prozent kum.	16,7	50,0	83,3		100,0	
Expansion auf über-regionale Märkte	*MBO*	21,1	26,3	5,3	5,3	42,1	
	Prozent kum.	21,1	47,4	52,6	57,9	100,0	
	Ext. Inv.		25,0	25,0	25,0	25,0	
	Prozent kum.		25,0	50,0	75,0	100,0	
Flexibles und innovatives Produkt- und Dienst-leistungs-angebot	*MBO*	42,1	52,6		5,3		
	Prozent kum.	42,1	94,7		100,0		
	Ext. Inv.	25,0	33,3	33,3	8,3		
	Prozent kum.	25,0	58,3	91,7	100,0		
Umfangrei-ches Produkt- und Dienst-leistungs-angebot	*MBO*	27,8	36,8	11,1	11,1	11,1	N=18
	Prozent kum.	27,8	66,7	77,8	88,9	100,0	
	Ext. Inv.	9,1	27,3	45,5	18,2		N=11
	Prozent kum.	9,1	36,4	81,8	100,0		
Differen-zierung durch Image-vorsprung	*MBO*	36,8	31,6	10,5	5,3	15,8	
	Prozent kum.	36,8	68,4	78,9	84,2	100,0	
	Ext. Inv.	8,3	50,0	10,7	16,7	8,3	
	Prozent kum.	8,3	58,3	75,0	91,7	100,0	

Frage 34: Ausmaß der innerbetrieblichen Veränderungen

in Prozent		Sehr große Ver-änderung	Weit-reichende Ver-änderung	Bemerk-bare Ver-änderung	Schwache Ver-änderung	Keine Ver-änderung	Total (N=19) (N=12)
Produktion	*MBO*	47,4	10,5	21,1			N=15
	Prozent kum.	60,0	73,3	100,0			
	Ext. Inv.	33,3	41,7	16,7			N=11
	Prozent kum.	36,4	81,8	100,0			
Lager-wirtschaft/ Logistik	*MBO*	42,1	15,8	15,8	5,3	15,8	N=18
	Prozent kum.	44,4	61,1	77,8	83,3	100,0	
	Ext. Inv.	58,3	25,0	8,3			N=11
	Prozent kum.	63,6	90,9	100,0			
Marketing/ Vertrieb	*MBO*	26,3	36,8	21,1		15,8	
	Prozent kum.	26,3	63,2	84,2		100,0	
	Ext. Inv.	66,7	33,3				
	Prozent kum.	66,7	100,0				

Fortsetzung zu Frage 34:

Finanzierung/ Investition	*MBO*	42,1	26,3	21,1	10,5		
	Prozent kum.	42,1	68,4	89,5	100,0		
	Ext. Inv.	33,3	33,3	16,7	8,3		N=11
	Prozent kum.	36,4	72,7	90,9	100,0		
EDV/ Informations-technologie	*MBO*	52,6	42,1	5,3			
	Prozent kum.	52,6	94,7	100,0			
	Ext. Inv.	75.0	25,0				
	Prozent kum.	75,0	100,0				
Personal-abteilung	*MBO*	5,3	21,1	15,8	5,3	5,3	N=10
	Prozent kum.	10,0	50,0	80,0	90,0	100,0	
	Ext. Inv.	25,0	16,7	41,7			N=10
	Prozent kum.	30,0	50,0	100,0			
Allg. Verwaltung	*MBO*	10,5	15,8	26,3	15,8	5,3	N=14
	Prozent kum.	14,3	35,7	71,4	92,9	100,0	
	Ext. Inv.	33,3		50,0	16,7		
	Prozent kum.	33,3		83,3	100,0		
Rechnungs-wesen	*MBO*	21,1	31,6	26,3	10,5	10,5	
	Prozent kum.	21,1	52,6	78,9	89,5	100,0	
	Ext. Inv.	33,3	25,0	25,0	16,7		
	Prozent kum.	33,3	58,3	83,3	100,0		
Sonstiger Bereich			5,3				N=1
			100,0				
		8,3					N=1
		100,0					

A3.2 Vergleich gruppierter Median/Mittelwert

Frage Nr.		MBO				Verkauf an externe Investoren			
		n	**Median (gruppiert)**	Mittelwert	Standardabweichung	n	**Median (gruppiert)**	Mittelwert	Standardabweichung
1	Funktion	19	**2,68**	2,68	,48	12	**1,86**	2,33	1,56
2	Tätigkeit	19	**1,11**	1,11	,32	12	**2,20**	2,33	1,37
3	Entscheidungsfreudigkeit	19	**4,00**	4,00	,58	12	**4,11**	4,00	,95
3	Durchsetzungsfähigkeit	19	**4,12**	4,11	,57	12	**4,00**	3,92	,79
3	Flexibilität	19	**4,39**	4,37	,60	12	**3,75**	3,75	,97
3	Eigeninitiative	19	**4,06**	4,05	,62	12	**3,60**	3,58	,79
3	Kreativität	19	**3,60**	3,58	,84	12	**3,14**	3,08	1,16
3	Risikobereitschaft	19	**3,69**	3,74	,93	12	**3,71**	3,67	1,07
3	Führungswille	19	**4,13**	4,11	,66	12	**3,38**	3,25	1,14
3	Planungstalent	19	**4,00**	4,00	,75	12	**3,56**	3,58	,90
3	Emotionale Kontrolle	19	**3,60**	3,68	,84	12	**2,88**	3,00	1,04
4	Erfahrung im Unternehmen	19	**4,53**	4,42	,84	12	**3,20**	3,25	1,36
4	Erfahrung in der Branche	19	**4,50**	4,37	,90	12	**4,20**	4,17	,72
4	Erfahrung in verandten Branchen	19	**2,57**	2,68	1,42	12	**3,33**	3,25	1,29
4	Erfahrung in der Region	19	**3,82**	3,58	1,35	12	**3,50**	3,42	1,31
4	Hohe Motivation	19	**4,40**	4,32	,82	12	**4,36**	4,25	,87
4	Fund. BWL-Kenntnisse	19	**3,53**	3,53	,84	12	**3,50**	3,50	1,00
4	Fund. techn. Kenntnisse	19	**3,92**	3,79	1,08	12	**4,20**	4,08	,90
4	Gutes Verhältnis zu Mitarbeitern	19	**4,39**	4,32	,75	12	**3,78**	3,75	,87
4	Marktwirtschaftliche Erfahrung	19	**3,33**	3,37	,83	12	**3,57**	3,50	1,09
4	Kontakte zu Banken/Investoren	19	**3,83**	3,79	,98	12	**3,29**	3,17	1,34
4	Kontakte zu Kunden/Lieferanten	19	**4,21**	4,11	,94	12	**3,50**	3,42	1,16
4	Sonstiges	0				1		4,00	
5	Mitarbeiter-Anzahl (Privatisierung)	19	**32,50**	43,42	35,31	12	**52,50**	67,50	64,82
6	Mitarbeiter-Anzahl 1997	19	**26,00**	40,63	38,12	12	**29,00**	40,67	32,22
7	Arbeitsplatzzusagen	19	**3,91**	3,84	1,13	12	**3,13**	3,17	,94
8	Mitarbeiter-Planung	19	**3,22**	3,21	,54	12	**2,83**	2,83	,58
9	Mitarbeiter-Einbeziehung	19	**2,14**	2,32	1,34	12	**2,14**	2,17	1,03
10	Akzeptanz des Managements	18	**3,62**	3,61	,92	12	**3,80**	3,83	,72
11	Höhe der Investitionen	19	**1.975 TDM**	2.933 TDM	2.999 TDM	12	**3.250 TDM**	4.137 TDM	3.482 TDM
12	Anteil des Umsatzes für Investitionen	13	**5,000**	7,731	6,473	6	**4,250**	5,750	5,232
13	Investitionszusagen	19	**4,38**	4,21	1,03	12	**4,25**	4,17	,94
14	Investitionsvolumen	19	**3,60**	3,58	1,22	12	**3,40**	3,42	,79
15	Investitionsplanung	19	**3,13**	3,00	,88	12	**2,78**	2,83	1,03
16	Ertragslage 1997	19	**3,33**	3,26	,73	12	**3,18**	3,08	,79
17	Eigenkapitalausstattung	19	**2,43**	2,37	,90	12	**3,55**	3,50	,67
18	Fremdkapitalausstattung	18	**3,29**	3,22	,94	11	**3,38**	3,36	,92
19	Möglichkeit der Fremdkapitalaufnahme	19	**2,75**	2,89	1,15	12	**4,00**	4,00	,60
20	Zu geringe Eigenkapitalausstattung	19	**3,10**	2,89	1,41	12	**2,00**	2,08	1,00
20	Schwierigkeiten bei der Kreditbesicherung	19	**3,55**	3,32	1,34	12	**2,75**	2,75	1,42
20	Schwierigkeiten im Absatzbereich	19	**1,67**	1,89	1,15	12	**2,00**	2,08	1,00
20	Fehlende Verhandlungserfahrung	19	**1,83**	2,05	1,18	12	**1,30**	1,50	1,00

Fortsetzung Vergleich gruppierter Median/Mittelwert:

Frage Nr.		MBO				Verkauf an externe Investoren			
		n	**Median (gruppiert)**	Mittelwert	Standardabweichung	n	**Median (gruppiert)**	Mittelwert	Standardabweichung
20	Fehlende Informationen	19	**1,57**	1,95	1,31	12	**1,44**	1,67	1,07
20	Schwächen im strat. U-konzept	19	**1,47**	1,63	,96	12	**1,60**	1,67	1,23
20	Mangelhafte Absatz-, Finanz-, Liquiditätspläne	19	**1,38**	1,53	,90	12	**1,30**	1,50	1,00
21	Investitionskredite	19	**1,37**	1,37	,50	12	**1,33**	1,33	,49
21	Investitionsförder-programme	19	**1,58**	1,58	,51	12	**1,33**	1,33	,49
21	EKH-Programm	19	**1,32**	1,32	,48	12	**1,42**	1,42	,51
21	ERP-Programme	19	**1,26**	1,26	,45	12	**1,42**	1,42	,51
21	GA-Programm	19	**1,79**	1,79	,42	12	**1,75**	1,75	,45
21	Öffentliche Bürgschaften	19	**1,89**	1,89	,32	12		2,00	,00
21	Innovationsförder-programme	19	**1,89**	1,89	,32	12	**1,92**	1,92	,29
21	Absatzhilfen	19	**1,95**	1,95	,23	12	**1,92**	1,92	,29
21	Förderung von Beratungsleistungen	19	**1,79**	1,79	,42	12	**1,58**	1,58	,51
21	Bevorzugung bei öffent. Aufträgen	19	**1,89**	1,89	,32	12		2,00	,00
21	Liquiditätshilfen	19	**1,84**	1,84	,37	12	**1,83**	1,83	,39
21	Sonstiges	19	**1,89**	1,89	,32	12		2,00	,00
22	Liquiditätslage	19	**2,87**	2,89	,88	12	**3,33**	3,33	,49
23	Schwierigkeiten im Absatzbereich	19	**2,75**	2,63	1,21	12	**2,63**	2,75	1,14
23	Zahlungsbedingungen der Lieferanten	19	**1,75**	2,21	1,47	12	**3,67**	3,42	1,44
23	Hohe Außenstände	19	**3,55**	3,53	1,17	12	**3,88**	3,75	,97
23	Forderungsausfälle	19	**4,00**	3,63	1,34	12	**4,00**	3,50	1,57
23	Zu geringer Kreditrahmen	19	**2,20**	2,42	1,43	12	**1,89**	2,17	1,27
23	Belastungen durch Zins und Tilgung	19	**3,67**	3,47	1,22	12	**2,00**	2,08	1,00
23	Schwierigkeiten bei der Kreditaufnahme	19	**2,43**	2,42	1,26	12	**1,73**	1,75	,62
23	Zu geringe EK-Ausstattung	19	**3,50**	3,32	1,29	12	**1,64**	1,75	,87
23	Sonstiges	0				0			
24	Dauer der Privatisie-rungsverhandlungen	19	**4,40**	4,32	,82	12	**3,50**	3,58	1,16
25	Informationslage vor Erwerb	19	**4,15**	3,84	1,34	12	**3,89**	3,83	,83
26	Verhandlungsführung der THA	19	**1,67**	1,84	1,01	12	**3,22**	3,08	1,16
27	Nachverh. Arbeitsplatzzusagen	19	**2,93**	2,68	1,86	12	**1,30**	1,58	1,16
27	Nachverh. Investitionszusagen	19	**1,67**	1,84	1,50	12	**1,56**	1,83	1,19
27	Nachverh. Altlasten	19	**1,57**	1,95	1,35	12	**1,40**	1,67	1,15
27	Nachverh. Altschulden	19	**3,00**	2,84	1,77	12	**3,20**	2,92	1,62
27	Nachverh. Kaufpreis	19	**2,83**	2,68	1,60	12	**2,33**	2,33	1,15
27	Nachverh. Höhe der Pönalen	19	**1,75**	1,84	1,34	12	**1,30**	1,42	,79
27	Nachverh. Nachbewertung	19	**2,23**	2,42	1,80	12	**1,50**	1,50	1,17
27	Sonstiges	2	**4,50**	4,50	,71	0			
28	Privatisierungsleistung der THA	19	**1,56**	1,79	1,13	12	**3,22**	3,08	1,16
29	Auswirkung auf Innovationspotential	17	**3,50**	3,47	,94	12	**4,00**	3,92	,79
30	Veränderungen bei Art der Güter/DL	19	**3,25**	3,16	1,42	12	**3,43**	3,33	1,23

Fortsetzung Vergleich gruppierter Median/Mittelwert:

Frage Nr.		MBO				Verkauf an externe Investoren			
		n	**Median (gruppiert)**	Mittelwert	Standardabweichung	n	**Median (gruppiert)**	Mittelwert	Standardabweichung
30	Veränderungen bei Eigenschaften	19	**3,11**	2,89	1,52	12	**2,86**	2,92	1,31
30	Veränderungen bei Qualität	17	**3,73**	3,65	1,11	12	**4,20**	4,00	1,13
30	Veränderungen bei Produktionsprozess	14	**3,78**	3,71	1,14	12	**3,78**	3,67	1,07
31	Sicherung des eigenen Arbeitsplatzes	19	**4,09**	3,68	1,49	12	**1,75**	2,17	1,47
31	Sicherung von Arbeitsplätzen	19	**4,13**	4,11	,74	12	**4,22**	4,08	1,00
31	Unternehmerische Unabhängigkeit	19	**4,33**	4,00	1,33	12	**2,00**	2,42	1,51
31	Prestige, Ansehen, Selbstverwirklichung	19	**2,14**	2,37	1,34	12	**1,30**	1,50	1,00
31	Verhinderung einer feindlichen Übernahme	19	**3,67**	3,21	1,78	12	**1,86**	2,33	1,61
31	Begünstigung durch Fördergelder/Subv.	19	**1,35**	1,42	,69	12	**1,75**	2,08	1,38
31	Gewinnstreben	19	**2,70**	2,63	1,12	12	**3,38**	3,08	1,38
31	Expansionsgründe	19	**1,31**	1,58	1,12	12	**3,67**	3,50	1,09
31	Aufbau einer Präsenz in Ostdeutschland	19	**2,88**	2,74	1,28	12	**4,25**	4,25	,45
31	Sicherung von Ostprodukten	16	**1,70**	2,00	1,32	12	**2,33**	2,67	1,61
31	Aufrechterhaltung von Traditionen	19	**3,40**	3,16	1,42	12	**3,00**	3,00	1,81
31	Sonstiges	3	**4,67**	4,67	,58	2	**4,50**	4,50	,71
32	Gewählter Weg	19	**1,53**	1,53	,51	12	**1,17**	1,17	,39
33	Kosten bzw. Preisführerschaft	18	**3,30**	3,39	1,20	12	**3,83**	3,67	1,15
33	Hohe Qualität	19	**4,58**	4,58	,51	12	**4,36**	4,25	,87
33	Kundennähe	19	**4,38**	4,21	1,03	12	**4,45**	4,42	,67
33	Regionale Marktnischen	19	**2,88**	2,89	1,33	12	**3,50**	3,33	1,30
33	Überregionale/globale Märkte	19	**3,00**	2,79	1,72	12	**2,50**	2,50	1,17
33	Flexibilität und Innovation	19	**4,39**	4,32	,75	12	**3,75**	3,75	,97
33	Umfangreiches Angebot	18	**3,89**	3,61	1,33	11	**3,25**	3,27	,90
33	Imagevorsprung	19	**4,08**	3,68	1,45	12	**3,50**	3,33	1,15
33	Sonstiges	0				0			
34	Produktion	15	**4,45**	4,33	,90	11	**4,22**	4,18	,75
34	Lagerwirtschaft/Logistik	18	**4,09**	3,67	1,53	11	**4,60**	4,55	,69
34	Marketing/Vertrieb	19	**3,82**	3,58	1,35	12	**4,67**	4,67	,49
34	Finanzierung/Investition	19	**4,15**	4,00	1,05	11	**4,13**	4,00	1,00
34	EDV/Informationstechnologie	19	**4,50**	4,47	,61	12	**4,75**	4,75	,45
34	Personalabteilung	10	**3,43**	3,30	1,16	10	**3,71**	3,80	,92
34	Allg. Verwaltung	14	**3,13**	3,14	1,17	12	**3,40**	3,50	1,17
34	Rechnungswesen	19	**3,55**	3,42	1,26	12	**3,83**	3,75	1,14
34	Sonstiges	1		4,00		1		5,00	

A3.3 Korrelationsanalyse

Zusammenhang Dauer, Informationslage, Verhandlungsführung und Privatisierungsleistung

MBO		Dauer der Privatisierungs-verhandlungen	Informationslage vor Erwerb	Verhandlungs-führung der THA	Privatisierungs-leistung der THA
Dauer der Privatisierungs-verhandlungen	Korrelations-koeffizient	1	0,030	-0,258	-0,291
	Sig. (2-seitig)	,	0,902	0,286	0,226
	N	19	19	19	19
Informations-lage vor Erwerb	Korrelations-koeffizient	0,030	1,000	0,083	0,194
	Sig. (2-seitig)	0,902	,	0,736	0,426
	N	19	19	19	19
Verhandlungs-führung der THA	Korrelations-koeffizient	-0,258	0,083	1,000	0,778
	Sig. (2-seitig)	0,286	0,736	,	**0,000**
	N	19	19	19	19
Privatisierungs-leistung der THA	Korrelations-koeffizient	-0,291	0,194	0,778	1
	Sig. (2-seitig)	0,226	0,426	**0,000**	,
	N	19	19	19	19

Verkauf an externe Investoren		Dauer der Privatisierungs-verhandlungen	Informations-lage vor Erwerb	Verhandlungs-führung der THA	Privatisierungs-leistung der THA
Dauer der Privatisierungs-verhandlungen	Korrelations-koeffizient	1	0,006	-0,627	-0,106
	Sig. (2-seitig)	,	0,985	**0,029**	0,743
	N	12	12	12	12
Informations-lage vor Erwerb	Korrelations-koeffizient	0,006	1	-0,272	-0,101
	Sig. (2-seitig)	0,985	,	0,392	0,754
	N	12	12	12	12
Verhandlungs-führung der THA	Korrelations-koeffizient	-0,627	-0,272	1,000	0,671
	Sig. (2-seitig)	**0,029**	0,392	,	**0,017**
	N	12	12	12	12
Privatisierungs-leistung der THA	Korrelations-koeffizient	-0,106	-0,101	0,671	1
	Sig. (2-seitig)	0,743	0,754	**0,017**	,
	N	12	12	12	12

Gesamt		Dauer der Privatisierungs-verhandlungen	Informations-lage vor Erwerb	Verhandlungs-führung der THA	Privatisierungs-leistung der THA
Dauer der Privatisierungs-verhandlungen	Korrelations-koeffizient	1	0,052	-0,444	-0,357
	Sig. (2-seitig)	,	0,780	0,012	0,048
	N	31	31	31	31
Informations-lage vor Erwerb	Korrelations-koeffizient	0,052	1	-0,060	0,034
	Sig. (2-seitig)	0,780	,	0,748	0,854
	N	31	31	31	31
Verhandlungs-führung der THA	Korrelations-koeffizient	-0,444	-0,060	1,000	0,890
	Sig. (2-seitig)	0,012	0,748	,	0,000
	N	31	31	31	31
Privatisierungs-leistung der THA	Korrelations-koeffizient	-0,357	0,034	0,890	1
	Sig. (2-seitig)	0,048	0,854	0,000	,
	N	31	31	31	31

Zusammenhang Einbeziehung Mitarbeiter und Akzeptanz des Managements

Gesamt		Mitarbeiter-Einbeziehung	Akzeptanz des Managements
Mitarbeiter-Einbeziehung	Korrelations-koeffizient	1	0,066
	Sig. (2-seitig)	,	0,728
	N	31	30
Akzeptanz des Managements	Korrelations-koeffizient	0,066	1
	Sig. (2-seitig)	0,728	,
	N	30	30

Zusammenhang Motive und Unternehmensentwicklung anhand Umsatz, Jahresüberschuss und Mitarbeiteranzahl

MBO		Bewahrer	Entrepeneur	Pragmatiker	Traditionalist
Umsatz-entwicklung	Korrelations-koeffizient	-0,342	0,000	-0,195	-0,439
	Sig. (2-seitig)	0,253	1,000	0,523	0,133
	N	13	13	13	13
Jahresüber-schuss-Entwicklung	Korrelations-koeffizient	0,169	0,845	-0,394	0,056
	Sig. (2-seitig)	0,689	0,008	0,334	0,895
	N	8	8	8	8
MA-Entwicklung in Prozent	Korrelations-koeffizient	0,135	0,224	0,180	-0,051
	Sig. (2-seitig)	0,581	0,357	0,461	0,836
	N	19	19	19	19

Externer Investor		Bewahrer	Entrepeneur	Pragmatiker	Traditionalist
Umsatz-entwicklung	Korrelations-koeffizient	,	,	,	,
	Sig. (2-seitig)	,	,	,	,
	N	4	4	4	4
Jahres-überschuss-Entwicklung	Korrelations-koeffizient	0,000	0,000	0,866	0,866
	Sig. (2-seitig)	1,000	1,000	0,333	0,333
	N	3	3	3	3
MA-Entwicklung in Prozent	Korrelations-koeffizient	0,413	0,028	-0,175	-0,053
	Sig. (2-seitig)	0,182	0,931	0,586	0,871
	N	12	12	12	12

Zusammenhang zwischen Motiven für die Unternehmensprivatisierung

MBO		Sicherung des eigenen Arbeits-platzes	Sicherung von Arbeits-plätzen	Unter-nehmeri-sche Unab-hängig-keit	Prestige, Ansehen, Selbstver-wirk-lichung	Verhinde-rung einer feindli-chen Über-nahme	Begünsti-gung durch Förder-gelder/ Subventi-onen	Gewinn-streben	Expan-sions-gründe	Aufbau von Präsenz in Ostdtl.	Sicherung von Ostpro-dukten	Aufrecht-erhaltung von Traditi-onen
Sicherung des eigenen Arbeitsplatzes	Korrela-tions-koeffi-zient	1,000	0,462	-0,021	0,024	0,409	0,175	-0,219	-0,366	-0,293	-0,301	-0,431
	Sig. (2-seitig)	,	**0,046**	0,932	0,922	**0,082**	0,475	0,368	0,123	0,224	0,257	**0,066**
	N	19	19	19	19	19	19	19	19	19	16	19
Sicherung von Arbeits-plätzen	Korrela-tions-koeffi-zient	0,462	1,000	0,071	-0,031	0,004	-0,188	-0,139	-0,244	-0,240	-0,536	0,041
	Sig. (2-seitig)	**0,046**	,	0,771	0,900	0,985	0,440	0,569	0,313	0,322	**0,032**	0,867
	N	19	19	19	19	19	19	19	19	19	16	19
Unter-nehmer-ische Unab-hängigkeit	Korrela-tions-koeffi-zient	-0,021	0,071	1,000	0,690	0,314	-0,194	0,243	0,095	-0,193	0,103	-0,095
	Sig. (2-seitig)	0,932	0,771	,	**0,001**	0,191	0,427	0,316	0,700	0,430	0,704	0,698
	N	19	19	19	19	19	19	19	19	19	16	19
Prestige, Ansehen, Selbstver-wirklichung	Korrela-tions-koeffi-zient	0,024	-0,031	0,690	1,000	0,163	0,084	0,426	0,183	-0,121	0,025	-0,388
	Sig. (2-seitig)	0,922	0,900	**0,001**	,	0,504	0,733	0,069	0,453	0,622	0,925	**0,100**
	N	19	19	19	19	19	19	19	19	19	16	19
Verhinder-ung einer feindlichen Übernahme	Korrela-tions-koeffi-zient	0,409	0,004	0,314	0,163	1,000	0,178	0,144	0,062	-0,196	0,363	-0,008
	Sig. (2-seitig)	**0,082**	0,985	0,191	0,504	,	0,466	0,556	0,801	0,422	0,167	0,974
	N	19	19	19	19	19	19	19	19	19	16	19
Begünsti-gung durch Förder-gelder/ Subventi-onen	Korrela-tions-koeffi-zient	0,175	-0,188	-0,194	0,084	0,178	1,000	-0,125	0,229	0,307	0,098	-0,184
	Sig. (2-seitig)	0,475	0,440	0,427	0,733	0,466	,	0,611	0,345	0,201	0,718	0,450
	N	19	19	19	19	19	19	19	19	19	16	19

Fortsetzung Zusammenhang zwischen Motiven:

MBO		Sicherung des eigenen Arbeitsplatzes	Sicherung von Arbeitsplätzen	Unternehmerische Unabhängigkeit	Prestige, Ansehen, Selbstverwirklichung	Verhinderung einer feindlichen Übernahme	Begünstigung durch Fördergelder/ Subventionen	Gewinnstreben	Expansionsgründe	Aufbau von Präsenz in Ostdtl.	Sicherung von Ostprodukten	Aufrechterhaltung von Traditionen
Gewinnstreben	Korrelationskoeffizient	-0,219	-0,139	0,243	0,426	0,144	-0,125	1,000	0,222	0,042	0,175	0,067
	Sig. (2-seitig)	0,368	0,569	0,316	**0,069**	0,556	0,611	.	0,362	0,864	0,518	0,786
	N	19	19	19	19	19	19	19	19	19	16	19
Expansionsgründe	Korrelationskoeffizient	-0,366	-0,244	0,095	0,183	0,062	0,229	0,222	1,000	0,192	0,299	0,076
	Sig. (2-seitig)	0,123	0,313	0,700	0,453	0,801	0,345	0,362	.	0,432	0,261	0,758
	N	19	19	19	19	19	19	19	19	19	16	19
Aufbau von Präsenz in Ostdtl.	Korrelationskoeffizient	-0,293	-0,240	-0,193	-0,121	-0,196	0,307	0,042	0,192	1,000	0,491	0,272
	Sig. (2-seitig)	0,224	0,322	0,430	0,622	0,422	0,201	0,864	0,432	.	**0,054**	0,260
	N	19	19	19	19	19	19	19	19	19	16	19
Sicherung von Ostprodukten	Korrelationskoeffizient	-0,301	-0,536	0,103	0,025	0,363	0,098	0,175	0,299	0,491	1,000	0,084
	Sig. (2-seitig)	0,257	**0,032**	0,704	0,925	0,167	0,718	0,518	0,261	**0,054**	.	0,757
	N	16	16	16	16	16	16	16	16	16	16	16
Aufrechterhaltung von Traditionen	Korrelationskoeffizient	-0,431	0,041	-0,095	-0,388	-0,008	-0,184	0,067	0,076	0,272	0,084	1,000
	Sig. (2-seitig)	**0,066**	0,867	0,698	**0,100**	0,974	0,450	0,786	0,758	0,260	0,757	.
	N	19	19	19	19	19	19	19	19	19	16	19

Verkauf an externe Investoren		Sicherung des eigenen Arbeitsplatzes	Sicherung von Arbeitsplätzen	Unternehmerische Unabhängigkeit	Prestige, Ansehen, Selbstverwirklichung	Verhinderung einer feindlichen Übernahme	Begünstigung durch Fördergelder/ Subventionen	Gewinnstreben	Expansionsgründe	Aufbau von Präsenz in Ostdtl.	Sicherung von Ostprodukten	Aufrechterhaltung von Traditionen
Sicherung des eigenen Arbeitsplatzes	Korrelationskoeffizient	1,000	0,516	0,218	0,601	0,535	0,240	-0,240	-0,512	0,250	0,912	0,322
	Sig. (2-seitig)	.	**0,086**	0,497	**0,039**	**0,073**	0,446	0,446	**0,089**	0,434	**0,000**	0,307
	N	12	12	12	12	12	12	12	12	12	12	12
Sicherung von Arbeitsplätzen	Korrelationskoeffizient	0,516	1,000	0,029	0,394	0,048	0,405	0,070	0,081	0,354	0,638	0,000
	Sig. (2-seitig)	**0,086**	.	0,929	0,205	0,883	0,192	0,828	0,803	0,259	**0,026**	1,000
	N	12	12	12	12	12	12	12	12	12	12	12
Unternehmerische Unabhängigkeit	Korrelationskoeffizient	0,218	0,029	1,000	0,520	0,218	0,399	0,604	0,000	-0,463	0,028	-0,030
	Sig. (2-seitig)	0,497	0,929	.	**0,083**	0,496	0,199	**0,037**	1,000	0,129	0,931	0,926
	N	12	12	12	12	12	12	12	12	12	12	12
Prestige, Ansehen, Selbstverwirklichung	Korrelationskoeffizient	0,601	0,394	0,520	1,000	0,664	0,694	0,203	-0,092	0,037	0,570	-0,086
	Sig. (2-seitig)	**0,039**	0,205	**0,083**	.	**0,019**	**0,012**	0,527	0,775	0,910	**0,053**	0,790
	N	12	12	12	12	12	12	12	12	12	12	12

Fortsetzung Zusammenhang zwischen Motiven:

Verkauf an externe Investoren		Sicherung des eigenen Arbeitsplatzes	Sicherung von Arbeitsplätzen	Unternehmerische Unabhängigkeit	Prestige, Ansehen, Selbstverwirklichung	Verhinderung einer feindlichen Übernahme	Begünstigung durch Fördergelder/ Subventionen	Gewinnstreben	Expansionsgründe	Aufbau von Präsenz in Ostdtl.	Sicherung von Ostprodukten	Aufrechterhaltung von Traditionen
Verhinderung einer feindlichen Übernahme	Korrelationskoeffizient	0,535	0,048	0,218	0,664	1,000	0,434	-0,300	-0,488	-0,329	0,485	0,023
	Sig. (2-seitig)	**0,073**	0,883	0,496	**0,019**	.	0,159	0,344	0,108	0,297	0,110	0,942
	N	12	12	12	12	12	12	12	12	12	12	12
Begünstigung durch Fördergelder/ Subventionen	Korrelationskoeffizient	0,243	0,405	0,399	0,694	0,434	1,000	0,063	0,075	-0,299	0,200	-0,421
	Sig. (2-seitig)	0,446	0,192	0,199	**0,012**	0,159	.	0,845	0,816	0,346	0,534	0,173
	N	12	12	12	12	12	12	12	12	12	12	12
Gewinnstreben	Korrelationskoeffizient	-0,243	0,070	0,604	0,203	-0,300	0,063	1,000	0,638	0,029	-0,225	-0,153
	Sig. (2-seitig)	0,446	0,828	**0,037**	0,527	0,344	0,845	.	**0,026**	0,928	0,482	0,634
	N	12	12	12	12	12	12	12	12	12	12	12
Expansionsgründe	Korrelationskoeffizient	-0,512	0,081	0,000	-0,092	-0,488	0,075	0,638	1,000	0,249	-0,503	-0,573
	Sig. (2-seitig)	**0,089**	0,803	1,000	0,775	0,108	0,816	**0,026**	.	0,435	**0,096**	**0,051**
	N	12	12	12	12	12	12	12	12	12	12	12
Aufbau von Präsenz in Ostdtl.	Korrelationskoeffizient	0,250	0,354	-0,463	0,037	-0,329	-0,299	0,029	0,249	1,000	0,404	0,232
	Sig. (2-seitig)	0,434	0,259	0,129	0,910	0,297	0,346	0,928	0,435	.	0,193	0,468
	N	12	12	12	12	12	12	12	12	12	12	12
Sicherung von Ostprodukten	Korrelationskoeffizient	**0,912**	**0,638**	**0,028**	**0,570**	**0,485**	**0,200**	**-0,225**	**-0,503**	**0,404**	**1,000**	**0,452**
	Sig. (2-seitig)	**0,000**	**0,026**	0,931	**0,053**	0,110	0,534	0,482	**0,096**	0,193	.	0,140
	N	12	12	12	12	12	12	12	12	12	12	12
Aufrechterhaltung von Traditionen	Korrelationskoeffizient	0,322	0,000	-0,030	-0,086	0,023	-0,421	-0,153	-0,573	0,232	0,452	1,000
	Sig. (2-seitig)	0,307	1,000	0,926	0,790	0,942	0,173	0,634	**0,051**	0,468	0,140	.
	N	12	12	12	12	12	12	12	12	12	12	12

A3.4 Kreuztabellierung

Existenz der Unternehmen			Externer Investor		Gesamt
			„existiert"	„existiert nicht"	
MBO	„existiert"	Anzahl	23	11	34
		v.H. der Gesamtzahl	53,5	25,6	79,1
	„existiert nicht"	Anzahl	4	5	9
		v.H. der Gesamtzahl	9,3	11,6	20,9
Gesamt		Anzahl	27	16	43
		v.H. der Gesamtzahl	62,8	37,2	100,0

Erfüllung der Arbeitsplatzzusagen			Externer Investor		Gesamt
			„erfüllt"	„nicht erfüllt"	
MBO	„erfüllt"	Anzahl	3	12	15
		v.H. der Gesamtzahl	14,3	57,1	71,4
	„nicht erfüllt"	Anzahl	3	3	6
		v.H. der Gesamtzahl	14,3	14,3	28,6
Gesamt		Anzahl	6	15	21
		v.H. der Gesamtzahl	28,6	71,4	100,0

Art der Geschäftstätigkeit			Externer Investor			Gesamt
			„volle Geschäftstätigkeit"	„eingeschränkte Geschäftstätigkeit"	„eingestellte Geschäftstätigkeit"	
MBO	„volle Geschäftstätigkeit"	Anzahl	18	5	10	33
		v.H. der Gesamtzahl	41,9	11,6	23,3	76,7
	„eingeschränkte Geschäftstätigkeit"	Anzahl			1	1
		v.H. der Gesamtzahl			2,3	2,3
	„eingestellte Geschäftstätigkeit"	Anzahl	4		5	9
		v.H. der Gesamtzahl	9,3		11,6	20,9
Gesamt		Anzahl	22	5	16	43
		v.H. der Gesamtzahl	51,2	11,6	37,2	100,0

A4. Statistische Testverfahren

A4.1 Gepaarte Stichproben-„Matched-pair"-Design

A4.1.1 Nichtparametrische Tests (Vorzeichen, McNemar)

Existenz der Unternehmen

Vorzeichen Test		
Existenz externer Investor - Existenz MBO		
Negative Differenzen	4	*Existenz (ext. Inv.) < Existenz (MBO)*
Positive Differenzen	11	*Existenz (ext. Inv.) > Existenz (MBO)*
Bindungen	28	*Existenz (MBO) = Existenz (ext. Inv.)*
Gesamt	43	*mit 1=„existiert", 2=„existiert nicht"*
Exakte Signifikanz (2-seitig)	0,118	

McNemar Test	*Externer Investor*	
MBO	„existiert"	„existiert nicht"
„existiert"	23	11
„existiert nicht"	4	5
N	43	
Exakte Signifikanz (2-seitig)	0,118	

Erfüllung der Arbeitsplatzzusagen

Vorzeichen Test		
Erfüllung Arbeitsplatzzusage externer Investor – Erfüllung Arbeitsplatzzusage MBO		
Negative Differenzen	3	*Erfüllung Arbeitsplatzzusage (ext. Inv.) < Erfüllung Arbeitsplatzzusage (MBO)*
Positive Differenzen	12	*Erfüllung Arbeitsplatzzusage (ext. Inv.) > Erfüllung Arbeitsplatzzusage (MBO)*
Bindungen	6	*Erfüllung Arbeitsplatzzusage (MBO) = Erfüllung Arbeitsplatzzusage (ext. Inv.)*
Gesamt	21	*mit 1=„erfüllt", 2=„nicht erfüllt"*
Exakte Signifikanz (2-seitig)	0,035	

McNemar Test	Externer Investor	
MBO	„erfüllt"	„nicht erfüllt"
„erfüllt"	3	12
„nicht erfüllt"	3	3
N	21	
Exakte Signifikanz (2-seitig)	0,035	

Art der Geschäftstätigkeit

Vorzeichen Test		
Existenz externer Investor - Existenz MBO		
Negative Differenzen	4	*Art der Geschäftstätigkeit (ext. Inv.)< Art der Geschäftstätigkeit (MBO)*
Positive Differenzen	16	*Art der Geschäftstätigkeit (ext. Inv.) > Art der Geschäftstätigkeit (MBO)*
Bindungen	23	*Art der Geschäftstätigkeit (MBO) = Art der Geschäftstätigkeit (ext. Inv.)*
Gesamt	43	*mit 1=„volle Geschäftstätigkeit", 2=„eingeschränkte Geschäftstätigkeit", 3=„eingestellte Geschäftstätigkeit"*
Exakte Signifikanz (2-seitig)	0,012	

A4.1.2 Kolmogorov-Smirnov-Test

Indikator	**Form**	**N**	**Parameter der Normalverteilung**		**Extremste Differenzen**			**Kolmo-gorov-Smirnov -Z**	**Asymp. Signifikanz (2-seitig)**
			Mittelwert	*Standard-abweichung*	*Absolut*	*Positiv*	*Negativ*		
Mitarbeiter-Anzahl (Privatisierung)	MBO	19	43,42	35,31	0,17	0,17	-0,16	0,75	0,62
	Externer Investor	12	67,50	64,82	0,26	0,26	-0,21	0,89	0,41
	Gesamt	31	52,74	49,30	0,18	0,15	-0,18	1,01	0,26
Mitarbeiter-Anzahl 1997	MBO	19	40,63	38,12	0,21	0,21	-0,19	0,92	0,36
	Externer Investor	12	40,67	32,22	0,27	0,27	-0,18	0,94	0,33
	Gesamt	31	40,65	35,39	0,21	0,21	-0,17	1,17	0,13
Höhe der Investitionen	MBO	19	2.933 TDM	2.999 TDM	0,24	0,24	-0,17	1,05	0,22
	Externer Investor	12	4.137 TDM	3.481 TDM	0,16	0,16	-0,13	0,54	0,93
Anteil des Umsatzes für Investitionen	MBO	13	7,73	6,47	0,30	0,30	-0,21	1,07	0,20
	Externer Investor	6	5,75	5,23	0,22	0,22	-0,14	0,55	0,92
Investitions-volumen pro Mitarbeiter	MBO	19	82 TDM	88 TDM	0,22	0,21	-0,22	0,94	0,34
	Externer Investor	12	114 TDM	87 TDM	0,28	0,28	-0,13	0,97	0,30
Wachstums-rate Umsatz	MBO	9	0,09	0,09	0,19	0,19	-0,18	0,57	0,90
	Externer Investor	9	-0,08	0,22	0,17	0,10	-0,17	0,50	0,97
Umsatzrendite	MBO	7	-0,03	0,06	0,21	0,10	-0,21	0,57	0,91
	Externer Investor	7	-0,09	0,22	0,37	0,26	-0,37	0,98	0,30
Eigenkapital-rendite	MBO	3	-11.52	25,99	0,365	0,263	-0,365	0,63	0,82
	Externer Investor	3	7,47	6,43	0,299	0,299	-0,315	0,52	0,96
Gesamtkapital-rendite	MBO	7	-0,03	0,08	0,19	0,18	-0,19	0,49	0,97
	Externer Investor	7	-0,03	0,10	0,26	0,21	-0,26	0,67	0,75

Fortsetzung Kolmogorov-Smirnov Test:

Indikator	Form	N	Parameter der Normalverteilung		Extremste Differenzen			Kolmogorov-Smirnov-Z	Asymp. Signifikanz (2-seitig)
			Mittelwert	*Standardabweichung*	*Absolut*	*Positiv*	*Negativ*		
Steigerung MA-Produktivität	MBO	8	1,09	0,80	0,20	0,20	-0,11	0,58	0,89
	Externer Investor	8	0,75	0,68	0,24	0,24	-0,15	0,69	0,73
Anlagevermögensintensität	MBO	7	0,41	0,14	0,17	0,17	-0,15	0,45	0,99
	Externer Investor	7	0,57	0,22	0,17	0,11	-0,17	0,45	0,99
Investitionsverhältnis	MBO	7	1,93	1,18	0,20	0,20	-0,14	0,53	0,95
	Externer Investor	7	1,23	1,19	0,23	0,23	-0,19	0,60	0,86
Kapitalumschlagshäufigkeit	MBO	7	2,27	1,95	0,30	0,30	-0,21	0,80	0,55
	Externer Investor	7	1,65	0,95	0,23	0,23	-0,15	0,61	0,85
Eigenkapitalquote	MBO	7	0,14	0,21	0,20	0,19	-0,20	0,52	0,95
	Externer Investor	7	0,22	0,26	0,22	0,22	-0,16	0,59	0,88
Deckungsgrad A	MBO	7	0,16	0,74	0,35	0,23	-0,35	0,93	0,35
	Externer Investor	7	0,49	0,62	0,19	0,19	-0,15	0,51	0,95
Deckungsgrad B	MBO	7	0,80	0,82	0,25	0,13	-0,25	0,67	0,76
	Externer Investor	7	0,64	0,66	0,24	0,24	-0,21	0,64	0,81
Liquiditätsgrad 1	MBO	7	0,20	0,26	0,36	0,36	-0,25	0,95	0,33
	Externer Investor	7	0,12	0,15	0,30	0,30	-0,22	0,80	0,55
Liquiditätsgrad 2	MBO	7	0,83	0,32	0,16	0,16	-0,15	0,43	0,99
	Externer Investor	7	0,65	0,41	0,21	0,17	-0,21	0,54	0,93
Liquiditätsgrad 3	MBO	7	1,32	0,42	0,20	0,20	-0,15	0,54	0,93
	Externer Investor	7	0,81	0,49	0,17	0,17	-0,13	0,45	0,99
Cash Flow	MBO	7	229 TDM	497 TDM	0,31	0,31	-0,23	0,82	0,51
	Externer Investor	7	-355 TDM	1.551 TDM	0,38	0,20	-0,38	1,00	0,27
Zinsdeckung	MBO	6	0,50	2,19	0,26	0,22	-0,26	0,63	0,83
	Externer Investor	6	1,71	3,18	0,15	0,15	-0,14	0,37	1,00

A4.1.3 T-Test bei gepaarten Stichproben

Indikator-Paarung	Gepaarte Differenzen					t	df	Sig. (2-seitig)
	Mittelwert	*Standardabweichung*	*Standardfehler des Mittelwertes*	*95% Konfidenzintervall der Differenz*				
				Untere	*Obere*			
MBO: Mitarbeiter-Anzahl (Priv.)-Mitarbeiter-Anzahl 1997	3	34	8	-14	19	0,355	18	0,727
Externer Investor: Mitarbeiter-Anzahl (Priv.)-Mitarbeiter-Anzahl 1997	27	54	15	-7	61	1,733	11	0,111
Wachstum Umsatz (MBO) – Wachstum Umsatz (ext. Inv.)	0,169	0,259	0,086	-0,030	0,368	1,963	8	0,085
Umsatzrendite (MBO) – Umsatzrendite (ext. Inv.)	0,061	0,209	0,079	-0,132	0,255	0,774	6	0,468
Eigenkapitalrendite (MBO) – Eigenkapitalrendite (ext. Inv.)	-0,603	0,605	0,229	-1,163	-0,044	-2,640	6	0,039
Gesamtkapitalrendite (MBO) – Gesamtkapitalrendite (ext. Inv.)	0,000	0,146	0,055	-0,135	0,135	0,000	6	1,000
Steigerung MA-Produktivität (MBO) – Steigerung MA-Produktivität (ext. Inv.)	0,337	1,011	0,357	-0,508	1,182	0,943	7	0,377
Anlagevermögensintensität (MBO) – Anlagevermögens-intensität (ext. Inv.)	-0,159	0,285	0,108	-0,422	0,105	-1,474	6	0,191
Investitionsverhältnis (MBO) – Investitionsverhältnis (ext. Inv.)	0,702	1,671	0,632	-0,843	2,248	1,112	6	0,309
Kapitalumschlagshäufigkeit (MBO) – Kapitalumschlags-häufigkeit (ext. Inv.)	0,629	1,987	0,751	-1,209	2,467	0,838	6	0,434
Eigenkapitalquote (MBO) – Eigenkapitalquote (ext. Inv.)	-0,080	0,216	0,082	-0,280	0,119	-0,985	6	0,363
Deckungsgrad A (MBO) – Deckungsgrad A (ext. Inv.)	-0,337	0,886	0,335	-1,156	0,482	-1,007	6	0,353
Deckungsgrad B (MBO) – Deckungsgrad B (ext. Inv.)	0,161	1,166	0,441	-0,917	1,239	0,364	6	0,728
Liquiditätsgrad 1 (MBO) – Liquiditätsgrad 1 (ext. Inv.)	0,074	0,336	0,127	-0,237	0,385	0,583	6	0,581
Liquiditätsgrad 2 (MBO) - Liquiditätsgrad 2 (ext. Inv.)	0,187	0,501	0,189	-0,277	0,650	0,986	6	0,362
Liquiditätsgrad 3 (MBO) - Liquiditätsgrad 3 (ext. Inv.)	0,509	0,801	0,303	-0,231	1,250	1,684	6	0,143
Cash Flow (MBO) - Cash Flow (ext. Inv.) (in TDM)	585	2.007	759	-1.271	2.441	0,771	6	0,470
Zinsdeckung (MBO) - Zinsdeckung (ext. Inv.)	-1,2	4,7	1,9	-6,2	3,7	-0,6	5	0,557

A4.2 Unabhängige Stichproben-„Matched-group"-Design

A4.2.1 Nichtparametrische Tests (Mann-Whitney)

Frage Nr.	Frage bzw. Frageunterpunkt	Mann-Whitney-U	Wilcoxon-W	Z	Asymp. Signifikanz (2-seitig)
1	Funktion	91,5	169,5	-0,968	0,333
2	Tätigkeit	53,5	243,5	-3,067	**0,002**
3	Entscheidungsfreudigkeit	107,5	297,5	-0,297	0,767
3	Durchsetzungsfähigkeit	103	181	-0,540	0,589
3	Flexibilität	71	149	-1,881	**0,060**
3	Eigeninitiative	77	155	-1,689	**0,091**
3	Kreativität	86	164	-1,199	0,231
3	Risikobereitschaft	111,5	189,5	-0,106	0,916
3	Führungswille	63,5	141,5	-2,223	**0,026**
3	Planungstalent	83,5	161,5	-1,317	0,188
3	Emotionale Kontrolle	75,5	153,5	-1,640	0,101
4	Erfahrung im Unternehmen	56,5	134,5	-2,476	**0,013**
4	Erfahrung in der Branche	91	169	-1,017	0,309
4	Erfahrung in verandten Branchen	87	277	-1,125	0,261
4	Erfahrung in der Region	103,5	181,5	-0,440	0,660
4	Hohe Motivation	109	187	-0,221	0,825
4	Fund. BWL-Kenntnisse	112	190	-0,086	0,932
4	Fund. techn. Kenntnisse	96,5	286,5	-0,757	0,449
4	Gutes Verhältnis zu Mitarbeitern	69,5	147,5	-1,983	**0,047**
4	Marktwirtschaftliche Erfahrung	102,5	292,5	-0,491	0,624
4	Kontakte zu Banken/Investoren	83,5	161,5	-1,282	0,200
4	Kontakte zu Kunden/Lieferanten	74,5	152,5	-1,673	**0,094**
7	Arbeitsplatzzusagen	71	149	-1,825	**0,068**
10	Akzeptanz des Managements	94	265	-0,633	0,527
13	Investitionszusagen	109	187	-0,225	0,822
14	Investitionsvolumen	103	181	-0,469	0,639
15	Investitionsplanung	95	173	-0,848	0,396
16	Ertragslage 1997	99	177	-0,709	0,478
17	Eigenkapitalausstattung	38	228	-3,248	**0,001**
18	Fremdkapitalausstattung	92,5	263,5	-0,310	0,756
19	Möglichkeit der Fremdkapitalaufnahme	50	240	-2,711	**0,007**
20	Zu geringe Eigenkapitalausstattung	75	153	-1,626	0,104
20	Schwierigkeiten bei der Kreditbesicherung	88,5	166,5	-1,074	0,283
20	Schwierigkeiten im Absatzbereich	96,5	286,5	-0,753	0,452
20	Fehlende Verhandlungserfahrung	82,5	160,5	-1,431	0,152
20	Fehlende Informationen	101	179	-0,604	0,546
20	Schwächen im strat. U-konzept	107,5	185,5	-0,318	0,750
20	Mangelhafte Absatz-, Finanz-, Liqu.-pläne	108,5	186,5	-0,279	0,780
21	Investitionskredite	110	188	-0,196	0,845
21	Investitionsförderprogramme	86	164	-1,311	0,190
21	EKH-Programm	102,5	292,5	-0,562	0,574
21	ERP-Programme	96,5	286,5	-0,876	0,381
21	GA-Programm	109,5	187,5	-0,252	0,801
21	Öffentliche Bürgschaften	102	292	-1,143	0,253
21	Innovationsförderprogramme	111,5	301,5	-0,198	0,843

Fortsetzung: Mann-Whitney-Test bei unabhängigen Stichproben

Frage Nr.	Frage bzw. Frageunterpunkt	Mann-Whitney-U	Wilcoxon-W	Z	Asymp. Signifikanz (2-seitig)
21	Absatzhilfen	110,5	188,5	-0,333	0,739
21	Förderung von Beratungsleistungen	90,5	168,5	-1,212	0,226
21	Bevorzugung bei öffent. Aufträgen	102	292	-1,143	0,253
21	Liquiditätshilfen	113	191	-0,064	0,949
22	Liquiditätslage	76	266	-1,767	**0,077**
23	Schwieirgkeiten im Absatzbereich	110,5	300,5	-0,146	0,884
23	Zahlungsbedingungen der Lieferanten	64,5	254,5	-2,099	**0,036**
23	Hohe Außenstände	100,5	290,5	-0,569	0,569
23	Forderungsausfälle	110	188	-0,170	0,865
23	Zu geringer Kreditrahmen	106,5	184,5	-0,317	0,751
23	Belastungen durch Zins und Tilgung	44	122	-2,921	**0,003**
23	Schwieirgkeiten bei der Kreditaufnahme	81,5	159,5	-1,374	0,169
23	Zu geringe EK-Ausstattung	41	119	-3,037	**0,002**
24	Dauer der Privatisierungsverhandlungen	72,5	150,5	-1,797	**0,072**
25	Informationslage vor Erwerb	101	179	-0,554	0,579
26	Verhandlungsführung der THA	50	240	-2,695	**0,007**
27	Nachverh. Arbeitsplatzzusagen	79	157	-1,629	0,103
27	Nachverh. Investitionszusagen	104,5	294,5	-0,465	0,642
27	Nachverh. Altlasten	102	180	-0,557	0,577
27	Nachverh. Altschulden	113	303	-0,042	0,966
27	Nachverh. Kaufpreis	100	178	-0,593	0,553
27	Nachverh. Höhe der Pönalen	100,5	178,5	-0,685	0,493
27	Nachverh. Nachbewertung	82	160	-1,569	0,117
28	Privatisierungsleistung der THA	48	238	-2,788	**0,005**
29	Auswirkung auf Innovationspotential	73	226	-1,394	0,163
30	Veränderungen bei Art der Güter/DL	107	297	-0,291	0,771
30	Veränderungen bei Eigenschaften	112,5	190,5	-0,063	0,950
30	Veränderungen bei Qualität	79	232	-1,074	0,283
30	Veränderungen bei Produktionsprozess	83	161	-0,054	0,957
31	Sicherung des eigenen Arbeitsplatzes	62	100	-2,581	**0,010**
31	Sicherung von Arbeitsplätzen	110	300	-0,173	0,862
31	Unternehmerische Unabhängigkeit	53,5	131,5	-2,540	**0,011**
31	Prestige, Ansehen, Selbstverwirklichung	69	147	-1,976	**0,048**
31	Abwehr einer feindlichen Übernahme	82	160	-1,358	0,174
31	Begünstigung durch Fördergelder/Subv.	85	275	-1,348	0,178
31	Gewinnstreben	87,5	277,5	-1,115	0,265
31	Expansionsgründe	32,5	222,5	-3,579	**0,000**
31	Aufbau/Sicherung einer Präsenz in Ostdeutschland	33	223	-3,472	**0,001**
31	Sicherung von Ostprodukten	71	207	-1,229	0,219
31	Aufrechterhaltung von Traditionen	113	191	-0,042	0,967
32	Gewählten Weg noch einmal einschlagen	73	151	-1,970	**0,049**
33	Kosten bzw. Preisführerschaft	93,5	264,5	-0,636	0,525
33	Hohe Qualität	91,5	169,5	-1,039	0,299
33	Kundennähe	106,5	296,5	-0,334	0,738
33	Regionale Marktnischen	93	283	-0,875	0,381
33	Überregionale/globale Märkte	103,5	181,5	-0,441	0,659
33	Flexibilität und Innovation	73,5	151,5	-1,769	**0,077**
33	Umfangreiches Angebot	75	141	-1,116	0,264
33	Imagevorsprung	88	166	-1,099	0,272

Fortsetzung: Mann-Whitney-Test bei unabhängigen Stichproben

Frage Nr.	Frage bzw. Frageunterpunkt	Mann-Whitney-U	Wilcoxon-W	Z	Asymp. Signifikanz (2-seitig)
34	Produktion	71	137	-0,649	0,516
34	Lagerwirtschaft/Logistik	69	240	-1,463	0,144
34	Marketing/Vertrieb	54	244	-2,595	**0,009**
34	Finanzierung/Investition	103	169	-0,068	0,946
34	EDV/Informationstechnologie	87	277	-1,285	0,199
34	Personalabteilung	40	95	-0,795	0,426
34	Allg. Verwaltung	72	177	-0,649	0,516
34	Rechnungswesen	98,5	288,5	-0,648	0,517
Zus.	Art der Geschäftstätigkeit	651,5	1597,5	-2,717	**0,007**

A4.2.2 Levene-Test und t-Test nach Student

Indikator	Form	N	Mittelwert	Standardabweichung	Standardfehler des Mittelwertes
Höhe der Investitionen	MBO	19	2.933 TDM	2.999 TDM	688 TDM
	Externer Investor	12	4.138 TDM	3.482 TDM	1.005 TDM
Investitionsvolumen pro Mitarbeiter	MBO	19	82 TDM	88 TDM	20 TDM
	Externer Investor	12	114 TDM	87 TDM	25 TDM
Anteil des Umsatzes für Investitionen	MBO	13	7,7	6,5	1,8
	Externer Investor	6	5,8	5,2	2,1

Indikator	Levene-Test der Varianzgleichheit			t-Test für die Mittelwertgleichheit						
		F	*Signifikanz*	*t*	*df*	*Sig. (2-seitig)*	*Mittlere Differenz*	*Standardfehler der Differenz*	*95% Konfidenzintervall der Differenz*	
									Untere	*Obere*
Höhe der Investitionen	Varianzen sind gleich	0,457	0,504	-1,024	29	**0,314**	-1.205 TDM	1.177 TDM	-3.611 TDM	1.201 TDM
	Varianzen sind nicht gleich			-0,989	20,92	0,334	-1.205 TDM	1.218 TDM	-3.738 TDM	1.329 TDM
Investitionsvolumen pro Mitarbeiter	Varianzen sind gleich	0,114	0,739	-0,995	29	**0,328**	-32 TDM	32 TDM	-98 TDM	34 TDM
	Varianzen sind nicht gleich			-0,996	23,63	0,329	-32 TDM	32 TDM	-99 TDM	34 TDM
Anteil des Umsatzes für Investitionen	Varianzen sind gleich	0,714	0,410	0,654	17	**0,522**	1,98	3,03	-4,41	8,37
	Varianzen sind nicht gleich			0,710	12,05	0,491	1,98	2,79	-4,10	8,06

Verzeichnisse

ABKÜRZUNGSVERZEICHNIS

Abs.	Absatz
AG	Aktiengesellschaft oder Die Aktiengesellschaft (Zeitschrift)
AGP der	Arbeitsgemeinschaft zur Förderung der Partnerschaft in Wirtschaft e.V.
AktG	Aktiengesetz
Art.	Artikel
Asymp.	Asymptotisch
Aufl.	Auflage
BB	Betriebsberater (Zeitschrift)
Bd.	Band
BddW	Blick durch die Wirtschaft (Zeitung)
BDU	Bundesverband Deutscher Unternehmensberater
Beil.	Beilage
BFuP	Betriebswirtschaftliche Forschung und Praxis (Zeitschrift)
BGB	Bürgerliches Gesetzbuch
BGBl.	Bundesgesetzblatt
BGH	Bundesgerichtshof
BISS	Berliner Institut für Sozialwissenschaftliche Studien
BMF	Bundesminister der Finanzen
BMWi	Bundesminister der Wirtschaft
BS	Bilanzsumme
BT-Drucksache	Bundestag-Drucksache
BVS	Bundesanstalt für vereinigungsbedingte Sonderaufgaben
CF	Cash Flow
CMBOR	Centre for Management Buy-Out Research (Nottingham)
DB	Der Betrieb (Zeitschrift)
DDR	Deutsche Demokratische Republik
DG	Deckungsgrad
Diss.	Dissertation
DIW	Deutsches Institut für Wirtschaftsforschung
DM	Deutsche Mark
DMBilG	Gesetz über die Eröffnungsbilanz in DM und die Kapitalneufestsetzung

EK	Eigenkapital
EKH	Eigenkapitalhilfe
EKQ	Eigenkapitalquote
ERP	European Recovery Program
EStG	Einkommensteuergesetz
EU	Europäische Union
ext. Inv.	externer Investor
f.	folgende
FAZ	Frankfurter Allgemeine Zeitung
ff.	fortfolgende
FK	Fremdkapital
GBl.	Gesetzblatt der DDR
GK	Gesamtkapital
GKR	Gesamtkapitalrendite
GmbH	Gesellschaft mit beschränkter Haftung
GmbH & Co. KG	Gesellschaft mit beschränkter Haftung und Company Komanditgesellschaft
GmbHG	Gesetz betreffend die Gesellschaft mit beschränkter Haftung
GmbHR	GmbH-Rundschau (Zeitschrift)
HB	Handelsblatt (Zeitung)
HBR	Harvard Business Review (Zeitschrift)
HFA	Hauptfachausschuß
HGB	Handelsgesetzbuch
Hrsg.	Herausgeber
i.V.m.	in Verbindung mit
idF	in der Fassung
IDW	Institut der Wirtschaftsprüfer in Deutschland e.V.
Ifo	Institut für Wirtschaftsforschung e.V.
InvZulG	Investitionszulagengesetz
Idw	Informationsdienst des Instituts der deutschen Wirtschaft
kzfr.	kurzfristig
KG	Kommanditgesellschaft
KO	Konkursordnung
KStG	Körperschaftsteuergesetz
LBO	Leveraged Buy-Out
lfr.	langfristig
LQ	Liquiditätsgrad

MA	Mitarbeiter
MAB	Mitarbeiterbeteiligung
MBI	Management Buy-In
MBO	Management Buy-Out
Mio.	Million(en)
Mrd.	Milliarde(n)
o.V.	ohne Verfasser
Rdnr.	Randnummer
RGW	Rat für gegenseitige Wirtschaftshilfe
SED	Sozialistische Einheitspartei Deutschlands
Sig.	Signifikanz
StGB	Strafgesetzbuch
THA	Treuhandanstalt
TDM	Tausend Deutsche Mark
UmwG	Umwandlungsgesetz
USA	United States of America
v.H.	von Hundert
WiSt	Wirtschaftswissenschaftliches Studium (Zeitschrift)
wisu	Das Wirtschaftsstudium (Zeitschrift)
WiWo	Wirtschaftswoche (auch als Ost-Ausgabe)
WM	Wertpapier-Mitteilungen - Zeitschrift für Wirtschafts- und Bankrecht
WPg	Die Wirtschaftsprüfung (Zeitschrift)
ZfB	Zeitschrift für Betriebswirtschaft
ZfbF	Schmalenbachs Zeitschrift für betriebswirtschaftliche Forschung
ZfgK	Zeitschrift für das gesamte Kreditwesen
ZHR	Zeitschrift für das gesamte Handelsrecht und Wirtschaftsrecht
ZIP	Zeitschrift für Wirtschaftsrecht

LITERATURVERZEICHNIS

Alvano, Wolfgang [Exit-Strategien, 1991]: Exit-Strategien beim Management Buy-Out, Seiten 174-186, in: HB/ BDU/ APG (Hrsg.), Dokumentation zum 4. Management Buy-Out Kongreß am 7./8. März 1991 in Frankfurt/Main

Apolte, Thomas/ Cassel, Dieter/ Cichy, Dieter [Vereinigung, 1994]: Die Vereinigung: Verpaßte ordnungspolitische Chancen, Seiten 105-128, in: Gutmann, Gernot/ Wagner, Ulrich (Hrsg.), Ökonomische Erfolge und Mißerfolge der deutschen Vereinigung - Eine Zwischenbilanz, 1. Aufl., Stuttgart; Jena; New York: G. Fischer, 1994 (Schriften zum Vergleich von Wirtschaftsordnungen, Band 44)

Arbeitskreis Organisation [Umbruch, 1996]: Arbeitskreis Organisation der Schmalenbach Gesellschaft, Deutsche Gesellschaft für Betriebswirtschaft e.V., Organisation im Umbruch, Seiten 621-665, in: zfbf, Heft 6 (1996)

Atteslander, Peter [Sozialforschung, 1984]: Methoden der empirischen Sozialforschung, 5., völlig neu bearb. u. erw. Aufl., Berlin; New York: de Gruyter, 1984 (Sammlung Göschen; 2100)

Backhaus, Klaus/ Erichson, Bernd/ Plinke, Wolf/ Weiber, Rolf [Multivariate, 1996]: Multivariate Analysemethoden: eine anwendungsorientierte Einführung, 8., verb. Aufl., Berlin; Heidelberg; New York; Barcelona; Budapest; Hongkong, London; Mailand; Paris; Santa Clara; Singapur; Tokio: Springer, 1996 (Springer-Lehrbuch)

Baetge, Jörg [Bilanzanalyse, 1998]: Bilanzanalyse, Düsseldorf: IDW-Verlag, 1998

Baetge, J./ Commandeur, D. [§264 HGB, 1990]: §264 HGB. Pflicht zur Aufstellung, Seiten 1101-1123, in: Küting, K./ Weber, C.-P., Handbuch der Rechnungslegung: Kommentar zur Bilanzierung und Prüfung, 3., grundlegend überarb. u. wesentl. erw. Aufl., Stuttgart: Schäffer, Verl. für Wirtschaft und Steuern, 1990

Baetge, J./Commandeur, D. [Vergleichbar, 1986]: Vergleichbar-vergleichbare Beträge in aufeinanderfolgenden Jahresabschlüssen, Seiten 326-335, in: Leffson, U./ Rückle, D./ Großfeld, B. (Hrsg.), Handwörterbuch unbestimmter Rechtsbegriffe im Bilanzrecht des HGB, Köln: O. Schmidt, 1986

Ballwieser, Wolfgang/ Schmidt, Helmut [Charakteristika, 1990]: Charakteristika und Problembereiche von Management Buy-Outs (I/II), in: WISU, Heft 5/6 (1990), Seiten 299-305 und Seiten 358-363

Barjak, F./ Heimpold, G./ Junkerheinrich, M./ Loose, B./ Skopp, R. [Management Buy-Outs, 1996]: Management Buy-Outs in Ostdeutschland, IWH-Institut für Wirtschaftsforschung Halle, Sonderheft 2 (1996)

Barjak, F./ Heimpold, G./ Junkerheinrich, M./ Loose, B./ Skopp, R. [Kurzfassung, 1996]: Management Buy-Outs in Ostdeutschland-Kurzfassung der Ergebnisse, IWH-Institut für Wirtschaftsforschung Halle, 1996

Bea, Franz Xaver [Institutionalisierung, 1997]: Institutionalisierung des Shareholder-Value-Konzepts bei der GmbH, in: DB, Heft 16 (1997), Seiten 787-792

Beaver, William [Financial, 1966]: Financial Ratios as Predictors of Failure, in: Empirical Research in Accounting: Selected Studies (1966), Seiten 71-111

Berger, Matthias [Mitarbeiterbeteiligung, 1992]: Management buy-out und Mitarbeiterbeteiligung: finanzwirtschafliche Analyse von Konzepten zur Übernahme von Unternehmen durch Management und Belegschaft, 1. Aufl., Köln: Müller Botermann, 1993 (Reihe: Finanzierung, Steuern, Wirtschaftsprüfung; Bd. 19) (zugl.: Münster, Univ., Diss., 1992)

Berger, Roland [Perspektiven, 1991]: Unternehmerische Aufgaben und Perspektiven bei der Restrukturierung der ostdeutschen Wirtschaft, in: BFuP, Heft 2 (1991), Seiten 104-120

Blommestein, Hans/ Marrese, Michael [Transformation, 1991]: Transformation of Planned Economies: Property Rights Reform and Macroeconomic Stability, Paris: OECD, 1991

Blumers, Wolfgang [Gestaltungsalternativen, 1991]: Leveraged-Buy-Out/ Managemen-Buy-Out und Buchwertaufstockung-Gestaltungalternativen für die Praxis, in: DB, Heft 12 (1991), Seiten 609-613

Böhler, Heymo [Marktforschung, 1992]: Marktforschung, 2., überarb. Aufl., Stuttgart; Berlin; Köln: Kohlhammer, 1992 (Kohlhammer-Edition Marketing)

Bohnet, Armin/ Reichhardt, Michael [Privatisierungsstrategien, 1993]: Privatisierungsstrategien und Transaktionskosten, Seiten 124-141, in: Thieme, H. Jörg (Hrsg.): Privatisierungsstrategien im Systemvergleich, Berlin: Duncker & Humblot, 1993 (Schriften des Vereins für Socialpolitik, Gesellschaft für Wirtschafts- und Sozialwissenschaften; N. F., Band 223)

Boycko, M./Shleifer, A./Vishny, R. [Voucher, 1994]: Voucher Privatization, in: Journal of Financial Economics, Heft 35 (1994), Seiten 249-266

Brandenstein-Zeppelin, Constantin von [Geschäftsplan, 1992]: Der Geschäftsplan - professionelle Selbstdarstellung für externe Kapitalgeber, Seiten 61-89, in: Lütjen, Gerd (Hrsg.), Management Buy-out: Firmenübernahme durch Management und Belegschaft, 1. Aufl., Frankfurt am Main: Frankfurter Allgemeine, Zeitung für Deutschland; Wiesbaden: Gabler, 1992

Breuel, Birgit [Wiedervereinigung, 1994]: Deutsche Wiedervereinigung-Aufgabe für einen Standort mit Zukunft, Seiten 7-14, in: Konrad-Adenauer-Stiftung (Hrsg.), Aktuelle Fragen der Politik, Heft 11 (1994)

Breuel, Birgit [Spannungsfeld, 1992]: Die Treuhandanstalt im Spannungsfeld-Konflikt zwischen Neustrukturierung und sozialer Sicherheit, in: Frankfurter Allgemeine Zeitung Nr. 77 vom 31. März 1992, Seite B5

Brosius, Felix [Statistik, 1998]: SPSS 8.0: Professionelle Statistik unter Windows, Bonn: MTP-Verlag GmbH, 1998

Brotchie, Chris/ Kühr, Thomas [Business Plan, 1992]: Der „Business Plan" ist die Visitenkarte des Managers, in: HB, Ausgabe Nr. 66 vom 7.4.1992, Seite B7

Bühl, Achim/ Zöfel, Peter [Einführung, 1998]: SPSS Version 8 [Medienkombination]: Einführung in die moderne Datenanalyse unter Windows, 5., überarb. und erw. Aufl., Bonn: Addison-Wesley-Longman, 1998

Bühl, Achim/ Zöfel, Peter [Datenanalyse, 1995]: SPSS für Windows Version 6.1: Praxisorientierte Einführung in die moderne Datenanalyse, 2. Aufl., Bonn; Paris; Reading, Mass (u.a.): Addison-Wesley, 1995

Bühner, Rolf [Dimensionierung, 1995]: Die Dimensionierung des Unternehmens, Stuttgart: Schäffer-Poeschel, 1995

Bundesministerium der Finanzen (Hrsg.) [Privatisierung, 1994]: Privatisierung, Bonn: Eigenverlag, 1994

BVS [Abschlußstatistik, 1994]: Abschlußstatistik der Treuhandanstalt per 31.12.1994, hrsg. von Bundesanstalt für vereinigungsbedingte Sonderaufaben, Vorstandstab/Controlling, Berlin: Eigenverlag, 1994

Carlin, Wendy [Privatization, 1994]: Privatization and deindustrialization in East Germany, Seiten 127-153, in: Estrin, Saul (Hrsg.): Privatization in Central and Eastern Europe, London; New York: Longman, 1994 (Key Issues in the Realignment of Central and Eastern Europe)

Chmielevicz, K./ Schweitzer, M. (Hrsg.) [Handwörterbuch, 1993]: Handwörterbuch des Rechnungswesens, 3., völlig neu gest. und erg. Aufl., Stuttgart: Schäffer-Poeschel Verlag, 1993

Coenenberg, Adolf G. [Jahresabschluß, 1993]: Jahresabschluß und Jahresabschlußanalyse: Betriebswirtschaftliche, handels- und steuerrechtliche Grundlagen, 14. überarb. Auflage, Landsberg / Lech: Verlag Moderne Industrie, 1993 (mi-Studienbibliothek Betriebswirtschaft; 2)

Cox, Helmut [Entflechtung, 1990]: Entflechtung und Privatisierung in der DDR: Überlegungen und Denkmodelle, Duisburg: Universität Duisburg, 1990 (Diskussionsbeiträge zur öffentlichen Wirtschaft)

Crane, Keith [Reform, 1991]: Property Rights Reform: Hungarian Country Study, Seiten 69-91, in: Blommestein, Hans/ Marrese, Michael [Transformation, 1991]: Transformation of Planned Economies: Property Rights Reform and Macroeconomic Stability, Paris: OECD, 1991

Davies, David / Brucato, Peter [Property, 1987]: Property Rights and Transaction Costs: Theory and Evidence on Privately-Owned and Govenment-Owned Enterprises, in: Journal of Institutional and Theoretical Economics (JITE), Vol. 143 (1987), Seiten 7-22

DeAngelo, Linda Elizabeth [Buyouts, 1986]: Accounting Numbers as Market Valuation Substitutes. A Study of Management Buyouts of Public Stockholders, in: The Acounting Review, Vol. LXI, No. 3 (1986), Seiten 400-420

Deutscher Bundestag (Hrsg.) [Drucksache, 1994]: Drucksache 12/8404 vom 01.08.1994-Beschlußempfehlung und Bericht des 2. Untersuchungsausschusses „Treuhandanstalt" nach Artikel 44 des Grundgesetzes, Bonn: Eigenverlag, 1994

Deutsches Institut für Wirtschaftsforschung [Anpassungsfortschritte, 1998]: Gesamtwirtschaftliche und unternehmerische Anpassungsfortschritte in Ostdeutschland, Bericht 18, Kiel: Institut für Weltwirtschaft, 1998 (Kieler Diskussionsbeiträge; 322/323)

Dhanji, Farid/ Milanovic, Branko [Privatisation, 1991]: Privatisation: Objectives, constraints, and divestiture models, Seiten 13-43, in: Marer, P./Zecchini, S. (Hrsg.): The Transition to a Market Economy - Volume 2: Special Issues, Paris: OECD, 1991

Dichtl, Erwin/ Issing, Otmar (Hrsg.) [Wirtschaftslexikon, 1994]: Vahlens großes Wirtschaftslexikon, 2. überarb. und erw. Auflage, München: Beck; DTV, 1994

DIW (Hrsg.) [13. Bericht, 1995]: Gesamtwirtschaftliche und unternehmerische Anpassungsfortschritte in Ostdeutschland-13. Bericht vom 13.7.1995, in: DIW-Wochenberichte, Nr. 27-28 (1995), Seiten 464-493

Domberger, Simon/ Pigott, John [Privatization, 1986]: Privatization Policies and Public Enterprise: A Survey, in: Economic Record, Vol. 62 (1986), Seiten 145-162

Drukarczyk, Jochen [Effizienzgewinne, 1993]: Management Buyouts – Effizienzgewinne, Vermögensumverteilung und gesellschaftsrechtliche Schranken, Seiten 19-52, in: Stachle, W.H./Sydow, J. (Hrsg.): Managementforschung 3, Berlin; New York: Walter de Gruyter, 1993

Drukarczyk, Jochen [Buyouts, 1992]: Management Buyouts, Regensburger Diskussionsbeiträge zur Wirtschaftswissenschaft, Nr. 248, 1992

Drukarczyk, Jochen [Finanzierung, 1991]: Finanzierung: eine Einführung, 5. Aufl., Stuttgart: G. Fischer, 1991 (UTB für Wissenschaft: Uni Taschenbücher, 1229) (Grundwissen der Ökonomik: Betriebswirtschaftslehre)

Drukarczyk, Jochen [Buyouts, 1990]: Management Buyouts, in: WiSt, Heft 11 (1990), Seiten 545-549

Drumm, Hans Jürgen [Beschäftigungskrisen, 1983]: Personalplanung bei Beschäftigungskrisen, Seiten 35-54, in: Drumm, H. J., et al.: Gegenwartsprobleme der betrieblichen Personalplanung, Mannheim; Wien, Zürich: Bibliographisches Institut, 1983 (Gesellschaft, Recht, Wirtschaft, 11)

Dürr, Ernst [Wachstumstheorie, 1978]: Wege der Forschung, Band CDLXXII, Darmstadt: Wirssenschaftliche Buchgesellschaft, 1978

Egger, Urs/ Kappel, Rolf/ Melzer, Alex [Osteuropa, 1992]: Osteuropa auf dem Weg zur Marktwirtschaft: Gedanken zur Unterstützung des Übergangs, in: Osteuropa-Wirtschaft, Heft Nr. 1 (1992), Seiten 19-51

Eigler, Joachim [Personalabbau, 1997]: Fehlsteuerungen durch hektischen Personalabbau in der Krise, in: Personal, Heft 4 (1997), Seiten 176-179

Eigler, Joachim [Transaktionskosten, 1996]: Transaktionskosten als Steuerungsinstrument für die Personalwirtschaft, Frankfurt am Main; Berlin; Bern; New York; Paris; Wien: Lang, 1996 (Regensburger Beiträge zur betriebswirtschaftlichen Forschung; Bd. 11) (zugl.: Regensburg, Univ., Diss., 1995)

Enke, Margit [Entstehung, 1993]: Entstehung effizienter Unternehmen durch Management Buy Out's? Die Politik der Treuhandanstalt, Seiten 259-275, in: Bühner, Rolf: Die Dimensionierung des Unternehmens, Stuttgart: Schäffer-Poeschel, 1995

Estrin, Saul (Hrsg.) [Privatization, 1994]: Privatization in Central and Eastern Europe, London; New York: Longman, 1994 (Key Issues in the Realignment of Central and Eastern Europe)

Estrin, Saul [Transition, 1994]: Economic Transition and Privatization: the Issues, Seiten 3-30, in: Estrin, Saul (Hrsg.): Privatization in Central and Eastern Europe, London; New York: Longman, 1994 (Key Issues in the Realignment of Central and Eastern Europe)

Fama, Eugene F. [Agency Problems, 1980]: Agency Problems and the Theory of the Firm, in: Journal of Political Economy, Volume 1 (1980), Seiten 288-307

Fehl, Ulrich [Betriebsgrößenstruktur, 1990]: Einige Überlegungen zur Betriebsgrößenstruktur der DDR-Wirtschaft angesichts des Übergangs von der Zentralverwaltungswirtschaft zur Marktwirtschaft, Seiten 115-129, in: Schüller, Alfred (Hrsg.): Zur Transformation von Wirtschaftssystemen, Marburg: Forschungsstelle zum Vergleich wirtschaftlicher Lenkungssysteme, 1990 (Arbeitsberichte zum Systemvergleich; 15)

Fehrle, Klaus [Buyout-Verfahren, 1992]: Das Buyout-Verfahren als Beitrag zum Transformationsprozeß, Seiten 475-489, in: Fischer, J./ Messner, F./ Wohlmut, K.: Marktwirtschaft: Marktentwicklung und Kooperationschancen, Münster; Hamburg: Lit, 1992 (Osteuropa-Politik; 3)

Fischer, Stanley/ Gelb, Alan [Transformation, 1991]: The Process of Socialist Economic Transformation, in: Journal of Economic Perspectives, Vol. 5, No. 4 (1991), Seiten 91-105

Forst, Martin [Übernahme, 1992]: Management Buy-out und Buy-in als Form der Übernahme mittelständischer Unternehmen, Stuttgart. Schäffer-Poeschel, 1992 (Schriften zur Mittelstandsforschung; Nr. 48NF)

Forst, Martin [Unternehmen, 1992]: Welches Unternehmen ist MBO-geeignet? Seiten 17-49, in: Lütjen, Gerd (Hrsg.), Management Buy-out: Firmenübernahme durch Management und Belegschaft, 1. Aufl., Frankfurt am Main: Frankfurter Allgemeine, Zeitung für Deutschland; Wiesbaden: Gabler, 1992

Freese, Christopher [Privatisierungstätigkeit, 1995]: Die Privatisierungstätigkeit der Treuhandanstalt: Strategien und Verfahren der Privatisierung in der Systemtransformation, 1. Aufl., Frankfurt/Main; New York: Campus Verlag, 1995

Friedrich, Werner [Management-Buy-Out, 1993]: Management-Buy-Out und Management-Buy-In in den neuen Bundesländern – Untersuchung im Auftrag des Bundesministers für Wirtschaft, Köln: ISG Sozialforschung und Gesellschaftspolitik GmbH, 1993

Friedrich, Werner [Ergebnisse, 1992]: Management-Buy-Out und Management-Buy-In in den neuen Bundesländern-Erste vorläufige Ergebnisse einer empirischen Untersuchung, Seiten 134-152, in: HB/ BDU/ AGP (Hrsg.): Dokumentation zum 6. Management Buy-Out Kongreß am 10./11. März 1993 in Frankfurt/Main

Gabler [Wirtschaftslexikon, 1997]: Wirtschaftslexikon, 14. Auflage, Wiesbaden: Gabler, 1997

Gabler [Volkswirtschafts-Lexikon, 1996]: Gabler-Volkswirtschafts-Lexikon, Wiesbaden: Gabler, 1996

Garz, D./ Kraimer, K. [Sozialforschung, 1991], Qualitativ-empirische Sozialforschung: Konzepte, Methoden, Analysen, Opladen: Westdt. Verlag, 1991

Gräper, Matthias [Management Buy-Out, 1993]: Management Buy-Out: Eine empirische Analyse zur deutschen Entwicklung bis 1990, Kiel: Wiss.-Verl. Vauk, 1993 (Kieler Schriften zur Finanzwirtschaft; Band 14) (zugl.: Kiel, Univ., Diss. 1993)

Gros, Stefan E. [Unternehmensprivatisierung, 1998]: Das Management Buyout-Konzept als Instrument der Unternehmensprivatisierung bei der Transformation einer Planwirtschaft in eine Marktwirtschaft: eine eigentumstheoretische Analyse unter besonderer Berücksichtigung der neuen Bundesländer, Frankfurt am Main; Berlin; Bern; New York; Paris; Wien: Lang, 1998 (Europäische Hochschulschriften: Reihe 5; Volks- und Betriebswirtschaft; Bd. 2266) (zugl.: Köln, Univ., Diss., 1997)

Grüner, Dietmar [Fehler, 1993]: Fehler, Hauptprobleme, Erfahrungen im MBO (Teil I/II/III)-Die Fehler der früheren MBO-Teams, in: Wirtschaft & Markt, Heft 2/3/5 (1993), Seiten 63/66-67/76-77

Gruszecki, T./ Winiecki, J [Privatization, 1991]: Privatization in East-Central Europe: A Comparative Pespective, in: Außenwirtschaft, 46. Jahrgang, Heft 1 (1991), Seiten 67-100

Gutmann, Gernot/ Wagner, Ulrich (Hrsg.) [Vereinigung, 1994]: Ökonomische Erfolge und Mißerfolge der deutschen Vereinigung - Eine Zwischenbilanz, 1. Aufl., Stuttgart; Jena; New York: G. Fischer, 1994 (Schriften zum Vergleich von Wirtschaftsordnungen, Band 44)

Gutmann, Gernot [Prinzipien, 1991]: Euckens konstituierende Prinzipien der Wirtschaftspolitik und der ordnungspolitische Wandel in den neuen Ländern Osteuropas, in: Schüller, Alfred (Hrsg.): Zur Transformation von Wirtschaftssystemen-Von der sozialistischen Planwirtschaft zur sozialen Marktwirtschaft, 2. überarb. und erw. Aufl., Marburg: Forschungsstelle zum Vergleich wirtschaftlicher Lenkungssysteme, 1991 (Arbeitsberichte zum Systemvergleich; 15)

Haase, Herwig [DDR, 1983]: Das Wirtschaftssystem der DDR: eine Einführung, 1. Aufl., Berlin: Berlin Verlag, 1983 (Staatliche Planungen; Bd. 5)

Hamel, Hannelore (Hrsg.) [Marktwirtschaft, 1989]: Soziale Marktwirtschaft - Sozialistische Planwirtschaft: Ein Vergleich Bundesrepublik Deutschland – DDR, 5., neubearb. Aufl., München: Vahlen, 1989

Hamer, Eberhard [Miteigentum, 1992]: Miteigentum an der Firma schafft den Antrieb für Höchstleistungen, in: Welt am Sonntag vom 16.2.1992, Seite 38

Handelsblatt/ Bundesverband Deutscher Unternehmensberater e.V./ Arbeitsgemeinschaft zur Förderung der Partnerschaft in der Wirtschaft e.V. (Hrsg.) [Dokumentation, 1991]: Dokumentation zum 4. Management Buy-Out Kongreß am 7./8. März 1991 in Frankfurt/Main

Handelsblatt/ Bundesverband Deutscher Unternehmensberater e.V./ Arbeitsgemeinschaft zur Förderung der Partnerschaft in der Wirtschaft e.V. (Hrsg.) [Dokumentation, 1994]: Dokumentation zum 7. Management Buy-Out Kongreß am 9./10. März 1994 in Frankfurt/Main

Handelsblatt/ Bundesverband Deutscher Unternehmensberater e.V./ Arbeitsgemeinschaft zur Förderung der Partnerschaft in der Wirtschaft e.V. (Hrsg.) [Dokumentation, 1993]: Dokumentation zum 6. Management Buy-Out Kongreß am 10./11. März 1993 in Frankfurt/Main

Handelsblatt/ Bundesverband Deutscher Unternehmensberater e.V./ Arbeitsgemeinschaft zur Förderung der Partnerschaft in der Wirtschaft e.V. (Hrsg.) [Dokumentation, 1992]: Dokumentation zum 5. Management Buy-Out Kongreß am 18./19. März 1992 in Frankfurt/Main

Handelsblatt/ Bundesverband Deutscher Unternehmensberater e.V./ Arbeitsgemeinschaft zur Förderung der Partnerschaft in der Wirtschaft e.V. (Hrsg.) [Dokumentation, 1991]: Dokumentation zum 4. Management Buy-Out Kongreß am 7./8. März 1991 in Frankfurt/Main

Hanke, Alexander [Transaktionen, 1993]: Der besondere Reiz west-ostdeutscher Transaktionen – Chancen, Probleme, Lösungsansätze, Seiten 15-23, in: Frank, Gert-M./ Stein, Ingo (Hrsg.), Management von Unternehmensakquisitionen, Stuttgart: Schäffer-Poeschel, 1993

Harbers, Nicolas [Zivilrechtliche, 1992]: Zivilrechtliche Probleme beim Management Buy-Out, 1. Aufl., München: VVF, 1992 (Rechtswissenschaftliche Forschung und Entwicklung; Bd. 378) (zugl.: Augsburg, Univ., Diss., 1992)

Hare, Paul [Privatization, 1994]: Privatization in comparative perspective: an overview of the emerging issues, Seiten 31-53, in: Estrin, Saul (Hrsg.): Privatization in Central and Eastern Europe, London; New York: Longman, 1994 (Key Issues in the Realignment of Central and Eastern Europe)

Hatzig, Christoph [Unternehmensbewertung, 1995]: Unternehmensbewertung und Kaufpreisfindung beim Management Buy-Out: Eine ökonomische Analyse unter besonderer Berücksichtigung von Informationsvorteilen des Managements, Hamburg: S+W Steuer und Wirtschaftsverlag, 1995 (Betriebswirtschaft aktuell; Bd. 14)

Hauer, A./ Kleinhenz, Th./ Schuttenbach, L. v. [Transformationsprozeß, 1993]: Der Mittelstand im Transformationsprozeß Ostdeutschlands und Osteuropas. Projektleitung: Gerhard Zeitel; Hans Heinrich Nadetkamp, 1. Aufl., Heidelberg: Physica-Verl., 1993 (Beiträge zur Mittelstandsforschung; Bd. 1)

Hauschildt, Jürgen [Krisendiagnose, 1988]: Krisendiagnose durch Bilanzanalyse, Köln: O. Schmidt, 1988

Hax, Herbert [Privatization, 1992]: Privatization Agencies: The Treuhand Approach, Seiten 143-155, in: Siebert, Horst (Hrsg.), Privatization – Symposium in Honor of Herbert Giersch, Institut für Weltwirtschaft an der Universität Kiel, Tübingen: Mohr, 1992

Heinze, Frank [VEB, 1991]: MBO aus einem VEB, Seiten 273-277, in: Handelsblatt/ Bundesverband Deutscher Unternehmensberater e.V./ Arbeitsgemeinschaft zur Förderung der Partnerschaft in der Wirtschaft e.V. (Hrsg.): Dokumentation zum 4. Management Buy-Out Kongreß am 7./8. März 1991 in Frankfurt/Main

Helbling, Carl [Unternehmensbewertung, 1998]: Unternehmensbewertung und Steuern: Unternehmensbewertung in Theorie und Praxis, insbesondere die Berücksichtigung der Steuern aufgrund der Verhältnisse in der Schweiz und in Deutschland, 9. nachgeführte Auflage, Düsseldorf: IDW-Verlag, 1998

Helbling, Carl [Erfolgsanalyse, 1994]: Bilanz- und Erfolgsanalyse: Lehrbuch und Nachschlagewerk für die Praxis mit besonderer Berücksichtigung der Darstellung im Jahresabschluß- und Revisionsbericht, 9., nachgeführte Aufl., Bern; Stuttgart; Wien; Haupt, 1994

Hemming, Richard / Mansoor, Ali [Privatisierung, 1988]:Ist Privatisierung die Antwort?, in: Finanzierung & Entwicklung, Heft Nr. 3 (1988), Seiten 31-33

Henneberg, Gerhard [Treuhandanstalt, 1993]: Unternehmenserwerb in den neuen Bundesländern-Kriterien der Treuhandanstalt, Bewertung, Hindernisse, in: Frank, Gert-M./ Stein, Ingo (Hrsg.), Management von Unternehmensakquisitionen, Stuttgart: Schäffer-Poeschel, 1993

Hippmann, Hans-Dieter [Statistik, 1994]: Statistik für Wirtschafts- und Sozialwissenschaftler, Stuttgart: Schäffer-Poeschel, 1994 (UTB für Wissenschaft: Große Reihe)

Hochstädter, Dieter [Methodenlehre, 1991]: Statistische Methodenlehre: ein Lehrbuch für Wirtschafts- und Sozialwissenschaftler, 7., verb. und erw. Aufl., Thun; Frankfurt am Main: Deutsch, 1991

Hoffmann, Peter [DDR-Wirtschaft, 1990]: Management-Buy-Out als Möglichkeit zur Entflechtung der DDR-Wirtschaft, in: Die Bank, Heft 5 (1990), Seiten 273-276

Hornef, Heinrich [Systemtransformation, 1996]: Systemtransformation auf dem Prüfstand: Rückblick und Ausblick, Seiten 13-28, in: Schweickhart, Klaus/ Witt, Ralf (Hrsg.), Systemtransformation in Osteuropa: Herausforderungen an Unternehmen beim Übergang von der Planwirtschaft in die Marktwirtschaft, Stuttgart: Schäffer-Poeschel, 1996 (Dresdner wirtschaftswissenschaftliche Beiträge: Reihe Betriebswirtschaftslehre)

Hummel, Marlies [Finanzierungsprobleme, 1994]: Finanzierungsprobleme kleiner und mittlerer Unternehmen der gewerblichen Wirtschaft in den neuen Bundesländern, von ifo Institut für Wirtschaftsforschung; Institut für Wirtschaftsforschung Halle, IWH, München: ifo Institut für Wirtschaftsforschung, 1994

Hundsdiek, Detlef/ May-Strobl, Eva [Entwicklungslinien, 1986]: Entwicklungslinien und Entwicklungsrisiken neugegründeter Unternehmen, Stuttgart: Poeschel, 1986 (Schriften zur Mittelstandsforschung; N.F., Nr. 9)

Huydts, Henrik J.M.A. [Nachfolge, 1992]: Management Buyout als strategische Option zur Regelung der Nachfolge in mittelgroßen Familienunternehmen – Erfolgsfaktoren und Gestaltungsvarianten, St. Gallen, Hochschule, Dissertation, 1992

IDW (Hrsg.) [Unternehmesbewertungen, 1990]: Stellungnahme HFA 2/1990 - Anwendung der Grundsätze zur Durchführung von Unternehmensbewertungen in der DDR, in: WPg, Heft 14 (1990), Seiten 403-404

Jacobs, Otto H. [Bilanzanalyse, 1994]: Bilanzanalyse: EDV-gestützte Jahresabschlußanalyse als Planungs- und Entscheidungsrechnung, 2., neubearb. und erw. Aufl., München: Vahlen, 1994 (Vahlens Handbücher der Wirtschafts- und Sozialwissenschaften)

Jeinsen, Henning v. [Gesellschafterdarlehen, 1992]: Die besondere Problematik der kapitalersetzenden Gesellschafterdarlehen bei Management Buyouts in den neuen Bundesländern, in: BB, Heft 17 (1992), Seiten 1149-1152

Jensen, Michael/ Meckling, William [Agency Costs, 1976]: Theory of the firm: Managerial Behavior, Agency Costs and Ownership Structure, in: Journal of Financial Economics, Vol. 3 (1976), Seiten 305-360

Kaminski, Hans (Hrsg.) [Planwirtschaft, 1996]: Von der Planwirtschaft zur Marktwirtschaft: transformationspolitische Konzepte, ausgewählte Länderberichte, spezifische transformationspolitische Themenstellungen, Frankfurt am Main; Berlin; Bern; New York; Paris; Wien: Lang, 1996

Kaplan, Steven [Taxes, 1989]: Management Buyouts: Evidence on Taxes as a source of Value, in: Journal of Finance, Vol. XLIV No. 3 (1989), Seiten 611-632

Kaplan, Steven [Value, 1988]: Sources of Value in Management Buyouts, Ann Arbor: UMI, 1988 (zugl.: Cambridge, Harvard University, Dissertation, 1988)

Karsunky, Robert [Entwicklung, 1992]: Entwicklung eines funktionenorientierten „Leveraged-Management-Buy-Out"-Modells und Beurteilung seiner Strukturierungs- und Finanzierungsalternativen in der Bundesrepublik Deutschland, Großbritannien und Frankreich, 1. Aufl., Frankfurt am Main; Bern; New York; Paris: Lang, 1992 (Europäische Hochschulschriften: Reihe 5, Volks- und Betriebswirtschaft; Bd. 1254) (zugl.: Aachen, Technische Hochschule, Diss., 1991)

Kathemann, Werner [Wirtschaftsstandort, 1993]: Aufbau mittelständischer Strukturen am Wirtschaftsstandort Ostdeutschland-dargestellt an einem konkreten Beispiel, Seite 232, in: HB/ BDU/ AGP (Hrsg.): Dokumentation zum 6. Management Buy-Out Kongreß am 10./11. März 1993 in Frankfurt

Kemmler, Marc [DDR-Volkseigentums, 1994]: Die Entstehung der Treuhand: von der Wahrung zur Privatisierung des DDR-Volkeigentums, 1. Aufl., Frankfurt/Main; New York: Campus Verlag, 1994

Kessel, Annette [Buyout, 1995]: Der Leveraged Buyout in den USA und in der Bundesrepublik Deutschland: eine agency-theoretische Betrachtungsweise, Frankfurt am Main; Berlin; Bern; New York; Paris; Wien: Lang, 1995 (Europäische Hochschulschriften: Reihe 5, Volks- und Betriebswirtschaft; Bd. 1658) (zugl.: Gießen, Univ., Diss., 1994)

Kessel, Bernd [Grundlagen, 1991]: Management buy-out: Grundlagen und Probleme, 1. Aufl., Frankfurt am Main; Bern; New York; Paris: Lang, 1991 (Wirtschaftsrecht und Wirtschaftsverfassung; Bd. 12)

Kittner, Michael [Human Ressources, 1997]: „Human Ressources" in der Unternehmensbewertung, in: Der Betrieb, Heft 46 (1997), Seiten 2285-2290

Kloten, Norbert [Transformation, 1991]: Die Transformation von Wirtschaftsordnungen: theoretische, phänotypische und politische Aspekte, Tübingen: Mohr, 1991 (Vorträge und Aufsätze, Walter Eucken Institut; 132)

Knüpfer, Werner [Eigentumsverhältnisse, 1990]: Wandlungen der Eigentumsverhältnisse durch die neue Wirtschaftsgesetzgebung in der DDR, in: BB, Beilage 20 zu Heft 15 (1990), Seiten 1-9

Koch, Maximilian [Möglichkeiten, 1997]: Eine empirische Studie über Möglichkeiten und Chancen von Management Buyouts in der Schweiz, Dissertation, Universität St. Gallen, Scheßlitz: Rosch-Buch, 1997

Kokalj, Ljuba/ Hüfner, Peter [Übernahmestrategie, 1994]: Management-Buy-Out / Buy-In als Übernahmestrategie ostdeutscher Unternehmen, 1. Aufl., Stuttgart: Schäffer-Poeschel, 1994 (Schriften zur Mittelstandsforschung; Nr. 54 NF)

Kokalj, Ljuba/ Richter, Wolf [Privatisierung, 1992]: Mittelstand und Mittelstandspolitik in den neuen Bundesländern: Privatisierung, Stuttgart: Poeschel, 1992 (Schriften zur Mittelstandsforschung; N.F., Nr. 46)

Koop, Michael/ Nunnenkamp, Peter [Transformationskrise, 1994]: Die Transformationskrise in Mittel- und Osteuropa: Ursachen und Auswege, in: Die Weltwirtschaft, Heft 1 (1994), Seiten 67-92

Koromzay, V./Zecchini, S. [Transformation, 1991]: The Transformation Prozess: An OECD View, Seiten 33-37, in: Marer, P./Zecchini, S. (Hrsg.): The Transition to a Market Economy - Volume 1: The Broad Issues, Paris: OECD, 1991

Kramer, Joachim [Buy-Outs, 1989]: Buy-Outs in Deutschland (I/II), in: ZfgK, Heft 20/21 (1989), Seiten 954-961 und 1001-1003

Krebs, Alexander E. [Finanzierungskonzepte, 1990]: Management Buyout in der Schweiz: Rahmenbedingungen und Finanzierungskonzepte, Bern; Stuttgart: Haupt, 1990 (Schriftenreihe des Instituts für Betriebswirtschaft, Wirtschaftswissenschaftliches Zentrum der Universität Basel; Bd. 23)

Kromrey, Helmut [Sozialforschung, 1994]: Empirische Sozialforschung-Modelle und Methoden der Datenerhebung und Datenauswertung, 6. Aufl., Opladen: Leske Verlag und Budrich GmbH, 1994 (Uni Taschenbücher 1040)

Küting, K./ Weber, C.-P. [Bilanzanalyse, 1999]: Die Bilanzanalyse, Lehrbuch zur Beurteilung von Einzel- und Konzernabschlüssen, 4., erw. und aktualisierte Aufl., Stuttgart: Schäffer-Poeschel, 1999

Küting, K./ Weber, C.-P. [Rechnungslegung, 1990]: Handbuch der Rechnungslegung: Kommentar zur Bilanzierung und Prüfung, 3., grundlegend überarb. u. wesentl. erw. Aufl., Stuttgart: Schäffer, Verl. für Wirtschaft und Steuern, 1990

Lanfermann, Josef/ Gewehr, Michael [DM-Bilanzgesetzes, 1990]: Grundsätze eines DM-Bilanzgesetzes (DDR), in: WPg, Heft 14 (1990), Seiten 385-392.

Laßmann, Gert [Weiterentwicklung, 1995]: Stand und Weiterentwicklung des internen Rechnungswesens, in: zfbf, Heft 11 (1995), Seiten 1044-1063

Laub, Jens [Bundesländer,1995]: Management Buy-Outs und Management Buy-Ins in den neuen Bundesländern: Situationsanalyse – Expertenbefragung - Handlungs-empfehlungen, 1. Aufl., Wiesbaden: Deutsche Universitäts-Verlag, Gabler, 1995 (zugl. St. Gallen, Univ., Diss., 1994)

Laub, Jens [Management Buy-Outs, 1995]: Management Buy-Outs und Management Buy-Ins in den neuen Bundesländern: Situationsanalyse – Expertenbefragung – Handlungsempfehlungen, Wiesbaden: Dt. Univ.-Verl.; Wiesbaden: Gabler, 1995 (Gabler Edition Wissenschaft) (zugl.; St. Gallen, Univ., Diss., 1994)

Leffson, U./ Rückle, D./ Großfeld, B. (Hrsg.) [Handwörterbuch, 1986]: Handwörterbuch unbestimmter Rechtsbegriffe im Bilanzrecht des HGB, Köln: O. Schmidt, 1986

Lehn, Kenneth/ Poulsen, Annette [Going Private, 1989]: Free Cash Flow and Stockholder Gains in Going Private Transactions, in: Journal of Finance, Vol. XLIV, No. 3 (1989), Seiten 771-787

Leibenstein, Harvey [X-Effizienz, 1966]: Allokative Effizienz versus „X-Effizienz“, Seiten 331-366, in: Dürr, Ernst, Wachstumstheorie, Wege der Forschung, Band CDLXXII, Darmstadt: Wirssenschaftliche Buchgesellschaft, 1978

Leimbach, Andreas [Transactions, 1989]: Transactions in Corporate Control: an empirical investigation of the nature, determinants and effects of corporate buyouts, Frankfurt am Main; Bern; New York; Paris: Lang, 1989 (European University Studies: Ser. 5, economics and management; Vol. 1026) (zugl.: Paderborn, Univ., Diss., 1989)

Leipold, Helmut [Eigentum, 1983]: Eigentum und wirtschaftlich-technischer Fortschritt: eine dogmenhistorische und systemvergleichende Studie, Köln: Bachem, 1983 (Grundlagen-Eigentum und Politik; Bd. 7)

Leipold, Helmut [Privatisierung, 1990]: Die Politik der Privatisierung und Deregulierung: Lehren für die Wirtschaftsreformen im Sozialismus, Seiten 130-155, in: Schüller, Alfred (Hrsg.): Zur Transformation von Wirtschaftssystemen, Marburg: Forschungsstelle zum Vergleich wirtschaftlicher Lenkungssysteme, 1990 (Arbeitsberichte zum Systemvergleich; 15)

Leipold, Helmut [Privatisierungsmethoden, 1993]: Alternative Privatisierungs- und Sanierungsmethoden in Mittel- und Osteuropa, Seiten 13-40, in: Thieme, H. Jörg (Hrsg.): Privatisierungsstrategien im Systemvergleich, Berlin: Duncker & Humblot, 1993 (Schriften des Vereins für Socialpolitik, Gesellschaft für Wirtschafts- und Sozialwissenschaften; N. F., Band 223)

Leipold, Helmut [Staatseigentum, 1992]: Probleme und Konzepte der Privatisierung von Staatseigentum, WiSt, Heft 2 (1992), Seiten 54-59

Lennardt, Jörg [Unternehmergeneration, 1994]. Entstehung einer neuen Unternehmergeneration, in: Die Wirtschaft, Ausgabe vom 12.05.1994, Seiten 5-6

Lösch, Dieter [Marktwirtschaft, 1993]: Der Weg zur Marktwirtschaft: Grundzüge einer Theorie der Transformationspolitik, Baden Baden: Nomos Verl.-Ges., 1993 (Veröffentlichungen des HWWA-Institut für Wirtschaftsforschung-Hamburg; Bd. 4)

Lowenstein, Louis [Buyout, 1985]: Management Buyout, in: Columbia Law Review, Vol. 85, No. 4, Mai 1985, Seiten 730-784

Luippold, Thomas L. [Evaluation, 1991]: Management Buy-Outs – Evaluation ihrer Einsatzmöglichkeiten in Deutschland, St. Gallen, Hochschule, Dissertation, 1991 (zugl. in: Bank- und finanzwirtschaftliche Forschung, Bd. 145, Bern; Stuttgart: Paul Haupt Verlag, 1991)

Lütjen, Gerd (Hrsg.) [Management Buy-out, 1992]: Management Buy-out: Firmenübernahme durch Management und Belegschaft, 1. Aufl., Frankfurt am Main: Frankfurter Allgemeine, Zeitung für Deutschland; Wiesbaden: Gabler, 1992

Mackebrandt, Lutz [Kaufpreisfindung, 1992]: Kaufpreisfindung bei MBO in Ostdeutschland, Seiten 44 - 54, in: HB / BDU / AGP (Hrsg.), Dokumentation zum 5. Management Buy-Out Kongreß am 18./19. März 1992 in Frankfurt

Malms, Christoph [Nachfolgelösung, 1990]: Management Buyout als Nachfolgelösung bei Klein- und Mittelbetrieben, in: io Management Zeitschrift, Heft 59 (1990) Nr. 9, Seiten 79-84

Marer, P./Zecchini, S. (Hrsg.) [Transition, 1991]: The Transition to a Market Economy - Volume 1: The Broad Issues, Paris: OECD, 1991

Marer, P./Zecchini, S. (Hrsg.) [Economy, 1991]: The Transition to a Market Economy - Volume 2: Special Issues, Paris: OECD, 1991

Marer, Paul [Pitfalls, 1991]: Pitfalls in Transferring Market-Economy Experiences to the European Economies in Transition, Seiten 38-56, in:

Maskin, Eric S. [Privatization, 1992]: Auctions and Privatization, Seiten 115-136, in: Siebert, Horst (Hrsg.), Privatization – Symposium in Honor of Herbert Giersch, Institut für Weltwirtschaft an der Universität Kiel, Tübingen: Mohr, 1992

Maskow, Dietrich/ Hoffmann, Jutta [Privatisierung, 1990]: Rechtsfragen der Privatisierung in den ostdeutschen Bundesländern, in: BB, Beilage 40 zu Heft 35/36 (1990), Seiten 1-10

Matzen, Thomas/ Krenz, Thomas [Option, 1989]: Leverage- und Management Buy-Outs als Option der strategischen Konzernplanung, Seiten 451-469, in: Riekhof, Hans-Christian (Hrsg.): Strategieentwicklung: Konzepte und Erfahrungen, Stuttgart: Poeschel, 1989

Mayr, Robert [Privatisierungspolitik, 1995]: Die Privatisierungspolitik der Treuhandanstalt: eine Analyse zur Vertragsgestaltung auf der Basis einer empirischen Untersuchung, Stuttgart: Schäffer-Poeschel, 1995 (Controlling-Anwendungen)

Meuser, M./ Nagel, U. [ExpertInneninterviews, 1991]: ExpertInnen-interviews - vielfach erprobt, wenig bedacht, Seiten 441-471, in: Garz, D./ Kraimer, K. (Hrsg.), Qualitativ-empirische Sozialforschung: Konzepte, Methoden, Analysen, Opladen: Westdt. Verlag, 1991

Müller, Joachim [Ortsbuch, 1996]: Müllers großes deutsches Ortsbuch, 26. Auflage, Wuppertal: Post- und Ortsbuchverlag Müller, 1996

Nunnenkamp, Peter/ Schmieding, Holger [Wirtschaftsreformen, 1991]: Zur Konsistenz und Glaubwürdigkeit von Wirtschaftsreformen–Einige Erfahrungen und Lehren für die Systemtransformation in Mittel- und Osteuropa, Kiel: Institut für Weltwirtschaft, 1991 (Kieler Diskussionsbeiträge; 166)

o.V. [Wettbewerbsfähigkeit, 1999]: Ostdeutschland-Wettbewerbsfähigkeit macht Sorgen, in: iwd-Informationsdienst, Ausgabe Ausgabe Nr. 3 (1999), Seiten 4-5

o.V. [Osteuropa, 1998]: Mittel- und Osteuropa – Die sieben mageren Jahre sind vorbei, in: iwd, Nr. 9 (1998), Seiten 4-5

o.V. [Strukturwandel, 1995]: Ost-Strukturwandel: Die Dienste hinken noch hinterher, in: iwd-Informationsdienst, Ausgabe Nr. 8 vom 23.2.1995

o.V. [Privatisierungs-Ära, 1994]: Treuhand-Eine Privatisierungs-Ära geht zu Ende, in: iwd, Nr. 51/52 (1994), Seite 2 o.V. [Fehleinschätzungen, 1993]: Fehleinschätzungen mit Folgewirkungen, in: Die Wirtschaft, Heft 41 (1993), Seite 18.

o.V. [Wettlauf, 1992]: Privatisierung Osteuropa – Wettlauf mit der Zeit, in: iwd, Nr. 47 (1992), Seiten 4-5

Oelsnitz, Dietrich von der [Entwicklungstendenzen, 1993]: Management Buy-Out in den neuen Bundesländern-Erfahrungen und Entwicklungstendenzen, in: WiSt, Heft 12 (1993), Seiten 629-632

Österreichische Kammer [Fachgutachten, 1989]: Fachgutachten der österreichischen Kammer der Wirtschaftstreuhänder zur „Unternehmensbewertung", Seiten 696-714, in: Helbling, Carl: Unternehmensbewertung und Steuern: Unternehmensbewertung in Theorie und Praxis, insbesondere die Berücksichtigung der Steuern aufgrund der Verhältnisse in der Schweiz und in Deutschland, 9. nachgeführte Auflage, Düsseldorf: IDW-Verlag, 1998

Otto, Hans-Jochen [Leveraged Buy-Out, 1989]: Fremdfinanzierte Übernahmen – Gesellschafts- und steuerrechtliche Kriteien des Leveraged Buy-Out, in: DB, Heft 27/28 (1989), Seiten 1389-1396

Paraskewopoulos, Spiridon/ Schenzer, Werner [Problemfelder, 1993]: Problemfelder der Privatisierung aus ordnungspolitischer Sicht, Seiten 101-123, in: Thieme, H. Jörg (Hrsg.): Privatisierungsstrategien im Systemvergleich, Berlin: Duncker & Humblot, 1993 (Schriften des Vereins für Socialpolitik, Gesellschaft für Wirtschafts- und Sozialwissenschaften; N. F., Band 223)

Peltzer, Martin [Problematik, 1987]: Rechtliche Problematik der Finanzierung des Unternehmenskaufs beim MBO, in: DB, Heft 19 (1987), Seiten 973 - 978

Peters, Hans-Rudolf [Transformationstheorie, 1990]: Transformations-theorie und Ordnungspolitik, in: WiSt, Heft 8 (1990), Seiten 384-389

Picot, Gerhard (Hrsg.) [Kauf, 1995]: Kauf und Restrukturierung von Unternehmen: Handbuch zum Wirtschaftsrecht, 1. Aufl., München: Beck, 1995

Picot, Gerhard [Unternehmenskaufs, 1995]: Besonderheiten des Unternehmenskaufs in den neuen Bundesländern, Teil A, Seiten 79-83, in: Picot, Gerhard (Hrsg.), Kauf und Restrukturierung von Unternehmen: Handbuch zum Wirtschaftsrecht, 1. Aufl., München: Beck, 1995

Rees, Ray [Economics, 1984]: Public enterprise economics, 2nd edition, London: Weidenfeld and Nicolson, 1984 (LSE handbooks in economic analysis series)

Reißig, Rolf (Hrsg.) [Zukunft, 1993]: Rückweg in die Zukunft: über den schwierigen Transformationsprozeß in Ostdeutschland, 1. Aufl., Frankfurt am Main; New York: Campus Verlag, 1993

Riebell, Claus [Bilanzauswertung, 1992]: Die Praxis der Bilanzauswertung, 5., durchges. u. erg. Aufl., Stuttgart: Deutscher Sparkassenverlag, 1992 (Sparkassen, Praxis, Wissen)

Rieger, Markus [Managemen-Buy-Out, 1994]: Management- und Belegschafts-Buy-Out in Bulgarien und Ungarn, München: LDV, 1994 (Transformationsökonomie, Bd. 6) (zugl.: München, Univ., Diplomarbeit, 1994)

Riekhof, Hans-Christian (Hrsg.) [Strategieentwicklung, 1989]: Strategieentwicklung: Konzepte und Erfahrungen, Stuttgart: Poeschel, 1989

Rossig, Hans [Startbedingungen, 1993]: Um gute Startbedingungen kämpfen, in: Die Wirtschaft, Heft Nr. 34 (1993), Ausgabe vom 26.8.1993, Seite 18

Sabathil, Peter [Fluktuation, 1977]: Fluktuation von Arbeitskräften: Determinanten, Kosten und Nutzen aus betriebswirtschaftlicher Sicht, München: Florentz, 1977 (Schriftenreihe wirtschaftswissenschaftliche Forschung und Entwicklung, Bd. 6)

Sachverständigenrat [Entscheidungen, 1998]: Vor weitreichenden Entscheidungen, Jahresgutachten 1998/1999 des Sachverständigenrat zur Begutachtung der gesamtwirtschaftlichen Entwicklung, Stuttgart: Metzler-Poeschel, 1998

Sachverständigenrat [Aufschwung, 1994]: Den Aufschwung sichern- Arbeitsplätze schaffen- Jahresgutachten 1994/1995 des Sachverständigenrat zur Begutachtung der gesamtwirtschaftlichen Entwicklung, Stuttgart: Metzler-Poeschel, 1994

Schmalen, Helmut [Grundlagen, 1996]: Grundlagen und Probleme der Betriebswirtschaft: Studienausgabe, 10. Aufl., Köln: Wirtschaftsverl. Bachem, 1996

Schmidt, Gerhard [Bestandsaufnahme, 1993]: Praktische Erfahrungen und neueste Entwicklungen bei MBOs in Ost und West - eine Bestandsaufnahme, Seiten 115-132, in: HB/ BDU/ AGP (Hrsg.), Dokumentation zum 6. Management Buy-Out Kongreß am 10./11. März 1993 in Frankfurt/Main

Schmid, Helmut [Management Buy-Out, 1994]: Leveraged Management Buy-Out: Begriff, Gestaltungen, optimale Kapitalstruktur und ökonomische Bewertung, 1. Aufl., Frankfurt am Main; Berlin; Bern; New York; Paris; Wien: Lang, 1994 (Betriesbwirtschaftliche Studien Rechnungs- und Finanzwesen, Organisation und Institution; Bd. 24) (zugl.: Hannover, Univ., Diss., 1994)

Schmidt, Helmut [Bewertung, 1990]: Die Bewertung von MBO-Unternehmen-Theorie und Praxis, in: DB, Heft 38 (1990), Seiten 1877-1882

Schmidt, Klaus-Dieter [Privatisierung, 1993]: Strategien der Privatisierung, Seiten 211-240, in: Fischer, Wolfram (Hrsg.): Treuhandanstalt - Das Unmögliche wagen; Forschungsberichte, Berlin: Akademie Verlag, 1993

Schmidt, Peter [Ostberliner, 1992]: Die Übernahme eines Ostberliner Forschungs- und Entwicklungszentrums durch Führungskräfte und Mitarbeiter, Seiten 21-40, in: Handelsblatt/ Bundesverband Deutscher Unternehmensberater e.V./ Arbeitsgemeinschaft zur Förderung der Partnerschaft in der Wirtschaft e.V. (Hrsg.): Dokumentation zum 5. Management Buy-Out Kongreß am 18./19. März 1992 in Frankfurt/Main

Schmidt-Leithoff, Christian [Unternehmensleitung, 1989]: Die Verantwortung der Unternehmensleitung, Tübingen: Mohr, 1989 (zugl.: Universität Freiburg (Breisgau), Habil.-Schr. 1986/87)

Schmieding, Holger / Koop, Michael [Privatisierung, 1991]: Privatisierung in Mittel- und Osteuropa: Konzepte für den Hindernislauf zur Marktwirtschaft, Kiel: Institut für Weltwirtschaft, 1991 (Kieler Diskussionsbeiträge, Nr. 165)

Schmieding, Holger [Approaches, 1992]: Alternative Approaches to Privatization: Some Notes on the Debate, Seiten 97-108, in: Siebert, Horst (Hrsg.), Privatization – Symposium in Honor of Herbert Giersch, Institut für Weltwirtschaft an der Universität Kiel, Tübingen: Mohr, 1992

Schneider, Gernot [DDR-Wirtschaft, 1990]: DDR-Wirtschaft von 1945 bis 1990, Seiten 17-23, in: Frankfurter Allgemeine Zeitung GmbH-Informationsdienste (Hrsg.): DDR-Perspektiven: Wirtschaft, Gesellschaft, Recht, Frankfurt / Main: Frankfurter Allgemeine Zeitung, 1990

Schnell, Rainer/ Hill, Paul/ Esser, Elke [Sozialforschung, 1999]: Methoden der empirischen Sozialforschung, 6. völlig überarb. und erw. Aufl., München; Wien: R. Oldenbourg Verlag, 1999

Schnettler, Albert [Betriebsvergleich, 1961]: Betriebsvergleich-Grundlagen und Praxis zwischenbetrieblicher Vergleiche, 3., völlig neu bearb. Aufl., Stuttgart: C.E. Peoschel Verlag, 1961

Schoepff, Nikolai v. [Geschichte, 1990]: Geschichte der DDR von 1949 bis 1990, Seiten 10-16, in: Frankfurter Allgemeine Zeitung GmbH-Informationsdienste (Hrsg.): DDR-Perspektiven: Wirtschaft, Gesellschaft, Recht, Frankfurt/Main: Frankfurter Allgemeine Zeitung, 1990

Scholz, Christian [Personalmanagement, 1994]: Personalmanagement, informationsorientierte und verhaltenstheoretische Grundlagen, 4., verb., Aufl., München: Vahlen, 1994

Schraufstätter, Ernst [Privatisierung, 1993]: Die Privatisierung der ostdeutschen chemischen Industrie, Seiten 67-75, in: Thieme, H. Jörg (Hrsg.): Privatisierungsstrategien im Systemvergleich, Berlin: Duncker & Humblot, 1993 (Schriften des Vereins für Socialpolitik, Gesellschaft für Wirtschafts- und Sozialwissenschaften; N. F., Band 223)

Schüller, Alfred (Hrsg.) [Transformation, 1990]: Zur Transformation von Wirtschaftssystemen, Marburg: Forschungsstelle zum Vergleich wirtschaftlicher Lenkungssysteme, 1990 (Arbeitsberichte zum Systemvergleich; 15)

Schult, Eberhard [Bilanzanalyse, 1999]: Bilanzanalyse: Möglichkeiten und Grenzen externer Unternehmensbeurteilung, 10., erw. Aufl., Berlin: Erich Schmidt, 1999

Schuppert, Gunnar Folke [Treuhandanstalt, 1992]: Die Treuhandanstalt - Zum Leben einer Organisation im Überschneidungsbereich zweier Rechtskreise, in: Staatswissenschaften und Staatspraxis, Heft 1 (1992), Seiten 186-210

Schweickhart, Klaus/ Witt, Ralf (Hrsg.) [Systemtransformation, 1996]: Systemtransformation in Osteuropa: Herausforderungen an Unternehmen beim Übergang von der Planwirtschaft in die Marktwirtschaft, Stuttgart: Schäffer-Poeschel, 1996 (Dresdner wirtschaftswissenschaftliche Beiträge: Reihe Betriebswirtschaftslehre)

Schwien, Bernd [Konzept, 1995]: Das Management-Buy-Out-Konzept in der Bundesrepublik Deutschland: ein Instrument zur Erhaltung und Schaffung mittelständischer Wirtschaftsstrukturen, insbesondere in den neuen Bundesländern, Frankfurt am Main; Berlin; New York; Paris; Wien: Lang, 1995 (Europäische Hochschulschriften: Reihe 5, Volks- und Betriebswirtschaft; Bd. 1768) (zugl.: Oldenburg, Univ., Diss., 1995)

Siebert, Horst (Hrsg.) [Symposium, 1992], Privatization – Symposium in Honor of Herbert Giersch, Institut für Weltwirtschaft an der Universität Kiel, Tübingen: Mohr, 1992

Sinn, Gerlinde/ Sinn, Hans-Werner [Kaltstart, 1991]: Kaltstart: volkswirtschaftliche Aspekte der deutschen Vereinigung, Tübingen: Mohr, 1991

Sinnecker, Eberhard [Privatisierung, 1992]: Privatisierung und Erfahrung mit MBO, Seiten 196-198, in: HB/ BDU/ AGP (Hrsg.), Dokumentation zum 5. Management Buy-Out Kongreß am 18./19. März 1992 in Frankfurt/Main

Sondhof, Harald/ Stahl, Markus [Privatisierung, 1993]: Management Buy-Out zur Privatisierung in Osteuropa, Seiten 37-48, in: Frank, Gert-M./ Stein, Ingo (Hrsg.), Management von Unternehmensakquisitionen, Stuttgart: Schäffer-Poeschel, 1993

Stachle, W.H./Sydow, J. (Hrsg.) [Managementforschung]: Management-forschung 3, Berlin; New York: Walter de Gruyter, 1993

Stahl, Markus [Transformationsländern, 1995]: Buyouts zur Privatisierung in den Transformationsländern Mittel- und Osteuropas: eine Analyse im Lichte der Neuen Institutionenökonomik, Wiesbaden: Dt. Univ.-Vlg.; Gabler, 1995 (Gabler Edition Wissenschaft) (zugl.. Tübingen, Univ., Diss., 1995)

Stefanovic´, Milos [Bedeutung, 1994]: Die Bedeutung von MBOs als Unternehmensnachfolge und Erfahrungen einer Großbank in den neuen Bundesländern, Seiten 14-21, in: HB/ BDU/ AGP (Hrsg.), Dokumentation zum 7. Management Buy-Out Kongreß am 9./10. März 1994 in Frankfurt/Main

Stier, Winfried [Forschungsmethoden, 1996]: Empirische Forschungs-methoden, Berlin; Heidelberg; New York; Barcelona; Budapest; Hongkong, London; Mailand; Paris; Santa Clara; Singapur; Tokio: Springer, 1996 (Springer-Lehrbuch)

Streck, Michael [Steuerinteressen, 1992]: Die Steuerinteressen und Steuermodelle beim Unternehmenskauf, in: BB, Heft 10 (1992), Seiten 685-690

Streck, Michael/ Schwedhelm, Rolf [Gewinnausschüttung, 1992]: Management Buy-Out und verdeckte Gewinnausschüttung, in: BB, Heft 12 (1992), Seiten 792-795

Stuchtey, Tim [Privatisierungsstrategien, 1994]: Privatisierungsstrategien im Transformationsprozeß Mittel- und Osteuropas: eine ökonomische Wirkungsanalyse der ehemaligen DDR, Polens und Ungarns, Frankfurt am Main; Berlin; Bern; New York; Paris, Wien: Lang, 1994 (Studien der Bremer Gesellschaft für Wirtschaftsforschung e.V., Band 5)

Sunstein, Cass [Constitutionalism, 1991]: Constitutionalism, Prosperity, Democracy: Transition in Eastern Europe, in: Constitutional Political Economy, Vol. 2, Nr. 3 (1991), Seiten 371-394

Thieme, H. Jörg (Hrsg.) [Privatisierungsstrategien, 1993]: Privatisierungsstrategien im Systemvergleich, Berlin: Duncker & Humblot, 1993 (Schriften des Vereins für Socialpolitik, Gesellschaft für Wirtschafts- und Sozialwissenschaften; N. F., Band 223)

Thommen, Jean-Paul [Betriebswirtschaftslehre, 1996]: Betriebswirtschaftslehre, Band 2, Rechnungswesen-Finanzierung-Investition, 4. Auflage, Zürich: Versus, 1996

Tirole, Jean [Incentives, 1991]: Privatization in Eastern Europe: Incentives and the Economics of Transition, in: NBER-Macroeconomics Annual, No. 7 (1991), Seiten 221-253

Töpfer, Armin [Transformationsprozeß, 1996]: Unternehmensführung beim Transformationsprozeß in die Marktwirtschaft: Anforderungen und Probleme – Befunde einer empirischen Studie, Seiten 29-51, in: Schweickhart, Klaus/ Witt, Ralf (Hrsg.) [Systemtransformation, 1996]: Systemtransformation in Osteuropa: Herausforderungen an Unternehmen beim Übergang von der Planwirtschaft in die Marktwirtschaft, Stuttgart: Schäffer-Poeschel, 1996 (Dresdner wirtschaftswissenschaftliche Beiträge: Reihe Betriebswirtschaftslehre)

Treuhandanstalt (Hrsg.) [Mittelstand, 1993]: Treuhand - Initiative Mittelstand, Berlin: Eigenverlag, 1993

Treuhandanstalt (Hrsg.) [Monatsinformationen, 1991-94]: Monatsinformationen der THA, Juli 1991 bis September 1994, Berlin: Eigenverlag, 1991-1994

Treuhandanstalt (Hrsg.) [Niederlassungsberichte,1990-93]: Niederlassungsberichte (Zentrales Controlling), monatlich, 1990-1993

Treuhandanstalt (Hrsg.) [Orientierungsrahmen, 1991]: Orientierungsrahmen der Treuhandanstalt zur Veräußerung von Beteiligungsunternehmen an deren leitende Mitarbeiter (MBO), Berlin 1991, in: Dokumentation Treuhandanstalt 1990-1994, Bd. 10, Seiten 224-231, herausgegeben in 15 Bänden von der Treuhandanstalt, Berlin: Eigenverlag, 1994

Treuhandanstalt (Hrsg.) [Privatisierung, 1991]: Fragen und Antworten zur Privatisierung ehemaligen Volksvermögens in den neuen Bundesländern, Berlin: Eigenverlag, 1991

Vest, Peter [Verkauf, 1995]: Der Verkauf von Konzernunternehmen durch Management Buy-Out, Wiesbaden: Dt. Univ. Verlag; Gabler, 1995 (zugl. Mainz, Universität, Dissertation, 1994)

Vickers, John/ Yarow, George [Privatization, 1991]: Economic Perspectives on Privatization, in: Journal of Economic Perspectives, Heft Vol. 5, Nr. 2 (1991), Seiten 111-132

Vodrazka, Karl [Vergleichsrechnungen, 1993]: Vergleichsrechnungen, Sp. 1997-2005, in: Chmielevicz, K./ Schweitzer, M. (Hrsg.), Handwörterbuch des Rechnungswesens, 3., völig neu gest. und erg. Aufl., Stuttgart: Schäffer-Poeschel Verlag, 1993

Wagner, Klaus-R. [Arbeitnehmerbeteiligung, 1993]: Management Buy-Out: Führungskräftebeteiligung, Arbeitnehmerbeteiligung; Grundlagen-Modellhinweise-neue Bundesländer-Rechtspolitik, Neuwied; Kriftel; Berlin: Luchterhand, 1993

Wagner, Klaus-R. [Mitarbeiterbeteiligung, 1991]: MBO und Mitarbeiterbeteiligung-zukünftige gemeinsame Finanzierungsformen der Unternehmensfortführung?, Seiten 66-101, in: HB/ BDU/ AGP (Hrsg.), Dokumentation zum 4. Management Buy-Out Kongreß am 7./8. März 1991 in Frankfurt/Main

Weilbach, Erich [Zwangspublizität, 1992]: Noch schützt das Bilanzrichtlinien-Gesetz den Mittelstand vor der Zwangspublizität, in: Der Betrieb, Heft 31 (1992), Seiten 1537-1538

Wieser, Oliver [Wandel, 1997]: Unternehmenskultureller Wandel durch Privatisierung in Form von Management-Buyouts innerhalb der verstaatlichten Industrie Österreichs, Regensburg: Roderer, 1997 (Theorie und Forschung; Bd. 469: Wirtschaftswissenschaften; Bd. 45) (zugl. Graz, Techn. Univ., Diss., 1996)

Wild, Klaus-Peter [Privatisierung, 1995]: Privatisierung von Unternehmen der Treuhandanstalt im Rahmen von Management Buy-Out/Buy-In, Seiten 107-110, in: Bayerisches Staatsministerium für Wirtschaft, Verkehr und Technologie (Hrsg.): Unternehmensfinanzierung, Management Buy-Out, Management Buy-In, Reihe Tagungsberichte, Band 21, München 1995

Winiecki, Jan [Privatization, 1992]: Privatization in Poland, A comparative Perspective, Tübingen: Mohr, 1992 (Kieler Studien; 248)

Winiecki, Jan [Kapitalisten, 1990]: Kapitalisten gesucht: Bei der Privatisierung der Unternehmen gibt es kein Patentrezept. Methodenvielfalt ist angesagt, in: WirtschaftsWoche, Heft Nr. 46 (1990), Seiten 94-105

Wöhe, Günther [Einführung, 1993]: Einführung in die allgemeine Betriebswirtschaftslehre, 18. Auflage, München: Vahlen, 1993 (Vahlens Handbücher der Wirtschafts- und Sozialwissenschaften)

Wohlmut, Karl [Transformation, 1992]: Zur Transformation von Plan- in Marktwirtschaften, Seiten 35-57, in: Fischer, J./ Messner, F./ Wohlmut, K.: Marktwirtschaft: Marktentwicklung und Kooperationschancen, Münster; Hamburg: Lit, 1992 (Osteuropa-Politik; 3)

Wolbert, J.G./ Hornberger, M. [MBO-Instrumentarien, 1993]: Klassische MBO-Instrumentarien und ihre Übertragbarkeit auf die neuen Bundesländer, Seiten 49-69, in: Frank, Gert-M./ Stein, Ingo (Hrsg.), Management von Unternehmensakquisitionen, Stuttgart: Schäffer-Poeschel, 1993

Wright, M./Thompson, S./ Chiplin, B./ Robbie, K. [Buy-Outs, 1992]: Buy-Ins and Buy-Outs – New Strategies in Corporate Management, London; Dordrecht; Boston: Graham & Trotman, 1992 (International Management Series)

Zimmermann, Ekkart [Experiment, 1972]: Das Experiment in den Sozialwissenschaften, Stuttgart: B.G. Teubner, 1972

QUELLENVERZEICHNIS

Anordnung über den Abschluß der Buchführung in Mark der DDR zum 30.6.1990, GBl. I, 1990, Seite 593

Beschluß zur Gründung der Anstalt zur treuhänderischen Verwaltung des Volkseigentums (Treuhandanstalt), GBl. I, 1990, Seite 107

Einigungsvertrag vom 31.8.1990, BGBl. II, 1990, Seite 889

Gesetz über die Gründung und Tätigkeit privater Unternehmen und über Unternehmensbeteiligungen, GBl. I, 1990, Seite 141.

Gesetz zur abschließenden Erfüllung der verbliebenen Aufgaben der Treuhandanstalt, BGBl. I, 1994, Seiten 2062, 2063

Gesetz zur Änderung und Ergänzung der Verfassung der Deutschen Demokratischen Republik, GBl. I, 1990, Seite 15.

Gesetz zur Privatisierung und Reorganisation der volkseigenen Vermögen (Treuhandgesetz), GB1.I, 1990, Seite 300.

Umwandlungsverordnung, GBl. I, 1990, Seite 107

Verordnung über die Aufgaben, Rechte und Pflichten der volkseigenen Betriebe, Kombinate und VVB vom 28.3.1973, GBl. I, 1973, Seite 129

Verordnung über die volkseigenen Kombinate, Kombinatsbetriebe, volkseigenen Betriebe, GBl. I, 1979, Seite 355.

Verordnung über die Gründung und Tätigkeit von Unternehmen mit ausländischer Beteiligung, GBl. I, 1990, Seite 16.

Kolibri 360 GmbH
Ferdinand-Jühlke-Straße 7
99095 Erfurt, Deutschland
produktsicherheit@kolibri360.de

Druck:
CPI Druckdienstleistungen GmbH
im Auftrag der
Kolibri 360 GmbH
Ferdinand-Jühlke-Str. 7
99095 Erfurt